voglia di Creare

voglia di Creare

Tecniche, materiali e idee
per realizzare e decorare bellissimi oggetti
e complementi d'arredo

a cura di
JOCELYN KERR HOLDING

ISTITUTO GEOGRAFICO
DeAGOSTINI

Coordinamento editoriale: Valeria Camaschella

Edizione a cura di Studio 3, Milano

Coordinamento fotografico a cura del Centro Iconografico dell'Istituto Geografico De Agostini diretto da Maria Serena Battaglia

Copertina di Marco Volpati

Catalogo 141085
ISBN 88-415-8595-1

Stampa Officine Grafiche De Agostini, Novara - 2000
Legatura: Legatoria del Verbano

SOMMARIO

Introduzione

La fine del secondo millennio ha visto un progressivo recupero delle tradizioni: al consumismo indiscriminato si è contrapposta in modo sempre più diffuso la richiesta di oggetti che abbiano un carattere e una storia, quasi un bisogno di recuperare le nostre radici. Anche a livello amatoriale, l'esigenza di esprimere la propria creatività nella confezione di un regalo, in un decoro per la casa, personalizzando una maglietta o recuperando vecchi elementi d'arredo è sempre più sentita.
L'obiettivo di questo volume è fornire una ricca serie di esempi, sia di tipo tradizionale sia innovativi e originali, che consentano anche alle meno esperte di avvicinarsi senza titubanze alle arti minori. Seguendo le indicazioni riportate per ognuno dei progetti illustrati passo dopo passo, riuscirete a riprodurli senza particolari difficoltà e soprattutto avrete modo di acquisire una buona padronanza delle varie tecniche, così da potervi cimentare presto in creazioni frutto della vostra fantasia.
Il panorama proposto è straordinariamente vasto e molto stimolante: affronteremo lavorazioni come il découpage, recente riscoperta di una piacevole attività infantile, quella di ritagliare le figurine; affascinanti arti di origine orientale come la cartapesta, la marmorizzazione e soprattutto l'origami, che semplicemente piegando un foglio consente di ricreare il mondo intero; sperimenteremo la ricetta essenziale ed economica della pasta al sale, per realizzare la tradizionale ghirlanda natalizia e molti altri oggetti; rinnoveremo stoffe, pareti, mobili, piastrelle con una dotazione minima di colori e pennelli e qualche mascherina per stencil; vedremo come sfruttare al meglio materiali versatili e innovativi come il cernit e il pirkka... Nella sezione dedicata alle tecniche del ricamo, dell'uncinetto e della maglia, una "mini-enciclopedia" dei punti più belli rivisita in chiave moderna schemi classici per decorare tende, tovaglie, lenzuola e asciugamani. Come appendice al volume, una preziosa rassegna dei materiali e delle tecniche di base è ricca di consigli che aiuteranno a individuare la dotazione essenziale e l'approccio migliore in funzione del progetto scelto.

FANTASIE DI CARTA

Découpage

Decorazioni con la carta

Cartonaggio

Pirkka

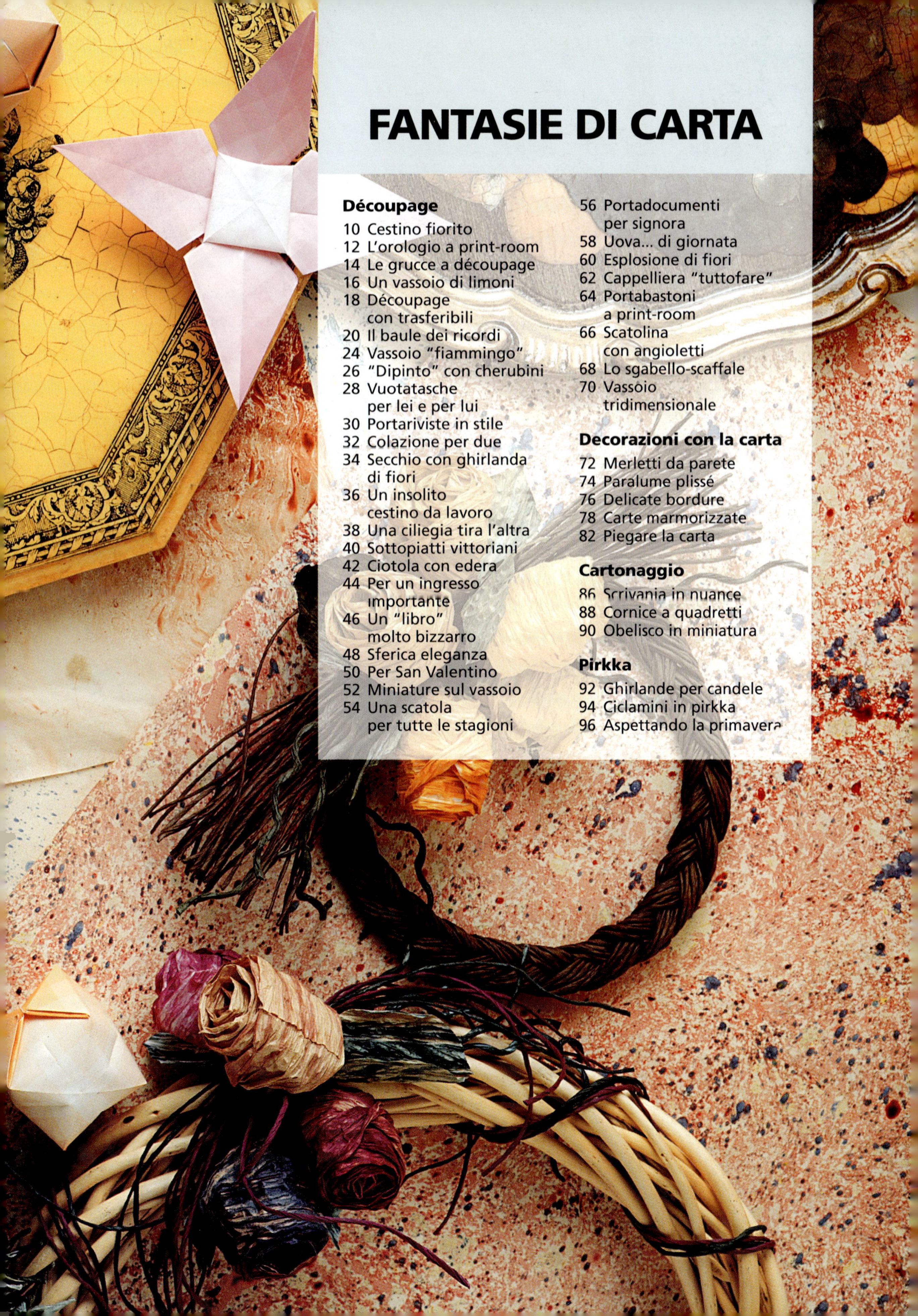

OCCORRENTE

- cestino per la carta di MDF
- pasta acrilica per modellare
- spatola
- colori acrilici
ocra e verde chiaro
- colla vinilica
- carta da regalo con motivi
floreali
- carta assorbente da cucina
- vernice di finitura ad acqua
- vernice di finitura
a olio in gel

Cestino Fiorito

Il tradizionale cestino per la carta cambia look decorandolo con corolle di fiori a découpage. Per il fondo e i motivi floreali scegliete tinte intonate a quella della stanza a cui è destinato.

In questo caso la decorazione viene eseguita su una base insolita: una specifica pasta acrilica per modellare, che potete lasciare del colore naturale o miscelare a piccole quantità di pigmento fino a ottenere la tonalità desiderata. Per distribuirla in modo uniforme sulla base di MDF, utilizzate una spatola di metallo e incollate con cura i ritagli di carta, perché spesso la superficie così prodotta non è perfettamente uniforme.

1

Versate un cucchiaio di pasta per modellare in un piattino di plastica.

2

Aggiungete alla pasta mezzo cucchiaino di ocra e un cucchiaino d'acqua e mescolate con cura.

3

Ora applicate la miscela sul cestino servendovi della spatola. Distribuitela uniformemente sull'intera superficie con movimenti circolari e lasciate asciugare.

4

Incollate i motivi floreali sul cestino, picchiettando leggermente con un pezzo di carta assorbente da cucina per eliminare la colla in eccesso ed eventuali bolle d'aria.

5

Completate il lavoro dipingendo il bordo del cestino con una tenue tonalità di verde. Da ultimo, applicate una mano di vernice di finitura ad acqua e quattro di vernice in gel, carteggiando fra una e l'altra.

L'Orologio a Print Room

La ricercatezza dei fregi e il raffinato quadrante fanno di questo orologio un regalo insolito e davvero particolare con cui festeggiare il compleanno di un amico che ama l'arredamento in stile.

OCCORRENTE

- base di legno grezzo di 24 x 30 cm, spesso 2 cm, con foro centrale del diametro di 1 cm
- foglio con bordi e fregi a print-room
- quadrante di carta con numeri romani
- forbici
- colla vinilica
- colore acrilico nero
- vernice di finitura a olio
- patina antichizzante
- meccanismo di orologio al quarzo

Il print-room è un tipo particolare di découpage, realizzato in bianco e nero, che utilizza come ritagli bordi, ghirlande e fregi di ispirazione vittoriana. Si presta praticamente a ogni tipo di oggetti: sedie, cappelliere, set da scrivania, vassoi, piatti, paraventi. Quello illustrato è un esempio di applicazione del "print room" su una superficie di dimensioni limitate: decorato con ghirlande di sapore ottocentesco, è stato trattato con una speciale vernice che gli conferisce una patina d'antico. La base di legno grezzo è facilmente reperibile nei negozi di belle arti, ma se preferite potete costruirla personalmente utilizzando un pannello di compensato: tracciate la sagoma desiderata, ritagliatela con un seghetto e foratela al centro con un trapano.

1

Versate in un piattino una piccola quantità di colore acrilico nero, aggiungete un cucchiaio d'acqua e mescolate con cura. Inumidite un pennello piatto e applicate uno strato uniforme di pittura sulla base di legno. Lasciate asciugare.

2

Ritagliate la ghirlanda con grande cautela e prima di incollare i vari elementi fate una serie di prove in modo da individuare la composizione più felice.

UN CONSIGLIO

Talvolta la colla è tanto densa che diventa difficile applicarla. In questo caso diluitela con un cucchiaio di acqua.

3

Con un pennello, stendete la colla vinilica sul retro del quadrante, procedendo dal centro verso i bordi, e applicatelo sulla base di legno, in modo che il centro del quadrante coincida con il foro del pannello. Con la punta delle forbici bucate il quadrante al centro in corrispondenza del foro sul pannello.

4

Ora incollate la ghirlanda sopra il quadrante, esercitando una leggera pressione per eliminare eventuali bolle d'aria. Poi incollate anche i fregi sulla parte inferiore.

5

Aggiungete alla vernice a olio una goccia di patina antichizzante e stendete la miscela sull'orologio con pennellate irregolari. Lasciate asciugare e applicate due mani di vernice a olio. Quando anche questa è asciutta, montate il meccanismo.

OCCORRENTE

● gruccia per abiti in legno naturale ● motivi per découpage con rose
● forbicine affilate
● colla vinilica ● pennello
● resina acrilica
● vernice di finitura a olio
● 1 m di nastrino di raso in tinta con i motivi floreali
● colla tipo forte

Le Grucce a Découpage

Grazie al découpage, oggetti praticamente indispensabili, ma spesso anonimi, come le grucce per abiti diventano allegri e molto "personali".

In molti oggetti di uso corrente, spesso l'estetica e la fantasia vengono sacrificate alla funzionalità. È il caso delle grucce per abiti, un "classico" irrinunciabile in ogni armadio, dal design sempre uguale e quindi di per sé piuttosto anonimo, per non dire un po' triste. Eppure, con un pizzico di creatività potrete creare un set coordinato personalizzandole con la praticissima tecnica del découpage. Nessun ricorso a pittura e pennello; basterà incollare dei motivi floreali, magari fotocopiando a colori le roselline riprodotte in queste pagine e ritagliandole con cura, e rivestire il gancio di metallo con un nastrino di raso. Ovviamente, prima di riutilizzare la gruccia, lasciate asciugare completamente la vernice di finitura.

1

Diluite la colla con un po' d'acqua e applicatela con il pennello sul retro della prima rosellina, che incollerete sulla gruccia esercitando una pressione decisa perché aderisca perfettamente.

2

Tamponate con cautela il ritaglio con un foglio di carta assorbente da cucina, così da eliminare l'eccesso di colla. Applicate gli altri ritagli nello stesso modo fino a completare la composizione.

3

Ora stendete una mano di resina acrilica sull'intera superficie e, una volta asciutta, applicate almeno tre strati di vernice a olio, lasciando asciugare fra uno e l'altro.

4

Applicate un filo di colla forte su un'estremità di una lunga striscia di nastro e fissatela alla base del gancio di metallo.

5

Rivestite il gancio avvolgendovi intorno il nastro e fermando l'estremità finale alla base del gancio con altra colla forte.

6

Con un altro pezzetto di nastro fate un fiocco alla base del gancio e tagliate le estremità a coda di rondine.

OCCORRENTE

- vassoio in legno grezzo di 28 x 46 cm
- foglio di carta da regalo decorata con limoni
- matita
- colla polivinilica
- pennello piatto
- resina acrilica
- vernice di finitura a olio

Un Vassoio di Limoni

Senza dover usare colori e pennelli, "dipingete" una natura morta su un semplice vassoio di legno grezzo.

Decorare piccoli oggetti in legno per la casa, senza ricorrere necessariamente alla tavolozza, è un piacevole passatempo per le appassionate di lavori manuali. Per esempio, sarà facilissimo e divertente conferire un nuovo look a un vassoio usando un foglio di carta da regalo con un motivo invitante e colorato come i limoni.

Non è necessario ritagliare le singole sagome: basta preparare il foglio seguendo le dimensioni e la forma del vassoio da rivestire. Prendendo le misure con attenzione, le giunture non si noteranno e, senza aver preparato alcun fondo o mescolato e sfumato i colori, vi troverete un vassoio con effetto "dipinto a mano".

1

Appoggiate il vassoio sul retro del foglio di carta da regalo e segnatene il perimetro con la matita. Prendete quindi le misure del fondo interno e riportatele sul retro del foglio di carta. Infine, ritagliate entrambe le sagome con le forbici.

2

Diluite un cucchiaio di colla vinilica con un cucchiaio d'acqua. Poi, con il pennello piatto, stendetela sul retro dei ritagli, che applicherete sul fondo interno ed esterno del vassoio.

3

Appoggiate sul retro del foglio di carta da regalo uno dei lati con il manico e tracciatene il contorno a matita, badando di segnare l'apertura per l'impugnatura.

4

Con le forbici ritagliate la sagoma appena disegnata. Per effettuare un taglio più accurato dell'apertura potete utilizzare un taglierino.

5

Stendete la colla diluita sul retro dei vari ritagli e posizionateli. Una volta completato il rivestimento, passate su tutto il lavoro uno strato di resina acrilica e quindi una mano di vernice di finitura.

DÉCOUPAGE CON TRASFERIBILI

Un soprammobile divertente, che comporta un investimento minimo, per rallegrare uno scaffale della scrivania nella stanza dei bambini.

OCCORRENTE

- smalto ad acqua opaco grigio
- colore acrilico giallo primula
- trasferibili
- recipiente di metallo per il latte
- vernice di finitura ad acqua

Per le appassionate di découpage i trasferibili possono rappresentare una comoda alternativa ai consueti ritagli di carta. Quelli usati in questo caso, che riproducono scene di vita marina, vivacizzano il classico recipiente per il latte, dipinto di grigio e poi variegato con tocchi di giallo. Se preferite, potete utilizzarlo come cache-pot per fiori secchi o come contenitore per pergamene, poster o progetti arrotolati.

1

Colorate l'intera superficie con lo smalto ad acqua grigio, lasciate asciugare e poi applicate tocchi di giallo primula sotto forma di corpose pennellate.

2

Immergete i trasferibili in acqua tiepida finché riuscirete a staccarli dal foglio di supporto.

3

Estraete ogni trasferibile procedendo con una certa cautela e posizionatelo sul recipiente, esercitando una leggera pressione per farlo aderire.

4

Continuate nello stesso modo fino a completare la composizione. Poi trattate la superficie con due mani di vernice di finitura.

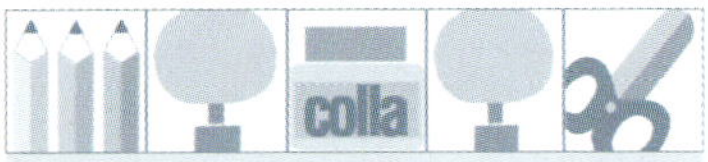

IL BAULE DEI RICORDI

Perché rinunciare a un vecchio contenitore pieno di ricordi, anche se un po' "ammaccato" dagli anni? Spesso, per restituirgli l'antico splendore bastano qualche intervento di stuccatura, un po' di pratica di découpage e un trattamento antichizzante.

OCCORRENTE

- vecchio baule di legno
- ammoniaca e panno di cotone
- stucco, spatola e cartavetrata
- pennello piatto medio
- pennellino piatto
- colori acrilici: ocra, terra di Siena bruciata, beige
- mordente a base d'alcol
- forbicine
- figurine di soldatini per il découpage
- colla vinilica
- pennellino tondo
- vernice antichizzante, vernice screpolante
- asciugacapelli

Ogni soffitta regala la sorpresa di oggetti e mobili ormai dimenticati, che talvolta sono proprio quello che cercavamo per completare l'arredamento del soggiorno. È il caso di questo baule, che dopo una sapiente operazione di restauro può diventare il contenitore per le bottiglie dell'angolo bar o un portalegna accanto al caminetto. Ma anche un simpatico portagiocattoli per la stanza dei bambini. Per una buona riuscita del trattamento invecchiante, è essenziale preparare con cura la superficie e applicare la vernice solo dopo aver lasciato asciugare completamente lo stucco e la colla usata per il découpage (se preferite, potete fotocopiare e ritagliare i motivi riprodotti nelle pagine seguenti).

1

Diluite in una bacinella mezzo bicchiere di ammoniaca con un litro d'acqua. Immergete il panno di cotone in questa soluzione e passatelo con cura sull'intera superficie del baule così da pulirla a fondo.

2

Usando la spatola, applicate lo stucco sulle aree che richiedono un intervento di restauro. Lasciate asciugare.

3

Carteggiate le parti stuccate, per renderle lisce e uniformi, ed eliminate ogni traccia di polvere passando la superficie con un panno morbido.

LA TECNICA

Gli impieghi dello stucco

Lo stucco è una miscela di gesso cotto e finemente macinato, impastato con colla, olio e altri ingredienti. Si usa per turare fori e crepe, livellare superfici irregolari, decorare pareti o mobili e anche per modellare statuette. In quest'ultimo caso, però, è composto di gesso o marmo tritato finissimo, di calce e di pozzolana.

4

In un piattino, diluite con poca acqua una miscela di ocra, terra di Siena bruciata e beige fino a ottenere una tonalità il più possibile simile a quella del baule. Colorate le parti stuccate con questa tinta, applicandola con il pennellino piatto.

5

Quando i ritocchi sono asciutti, ravvivate il colore del legno stendendo sull'intera superficie del baule uno strato di mordente diluito con un po' d'alcol, applicato con il pennello piatto medio.

6

È arrivato il momento di passare al découpage: scegliete le figurine in base alle forme e ai colori (in questo caso ci sono sembrati più adatti dei soldatini) e ritagliatele con cura.

7

Diluite in un piattino un cucchiaio di colla vinilica con un cucchiaino d'acqua e stendete la miscela così ottenuta sia sul retro del ritaglio, sia sulla superficie del baule, nel punto stabilito, servendovi del pennellino tondo.

8

Applicate il ritaglio sul baule, esercitando una leggera pressione con le dita per farlo aderire perfettamente. Applicate le restanti immagini nello stesso modo e lasciate asciugare.

9

A decorazione ultimata, con il pennello piatto medio applicate su ogni immagine un abbondante strato di vernice invecchiante e lasciate asciugare completamente (occorreranno almeno 24 ore).

10

Sempre con il pennello piatto, stendete ora su tutte le immagini una corposa mano di vernice screpolante.

11

Per accelerare l'effetto "invecchiamento", utilizzate un asciugacapelli finché la reazione fra le due vernici risulterà molto evidente.

VASSOIO "FIAMMINGO"

Una stimolante opportunità per mettersi alla prova e al tempo stesso verificare l'estrema versatilità del découpage.

OCCORRENTE

- vassoio di legno rotondo
- mordente a olio per legno
- ritagli con immagini di frutta
- colla vinilica
- candela
- preparato per trattamento screpolante
- colore a olio terra d'ombra
- colore acrilico oro
- paglietta di ferro
- vernice di finitura ad acqua
- vernice di finitura a olio in gel

In questo caso partiamo da un vassoio di legno, con cornice in pasta di legno, e da alcuni ritagli di carta con vari tipi di frutta che richiamano le nature morte dei maestri fiamminghi.
Una volta costruita la composizione, interverremo con due tipi di operazioni: screpolante e antichizzante (mediante cera solida). Alla fine bisogna trattare la superficie con almeno cinque mani di vernice di finitura in gel, carteggiando con cura fra la seconda e l'ultima.
Un consiglio: quando eseguite il trattamento screpolante, per ottenere crepe uniformi e di piccole dimensioni non esagerate con la vernice ad acqua e applicatela solo quando quella a olio è quasi asciutta.

1

Prima di tutto applicate una mano di mordente.

2

Fate alcune prove, disponendo i ritagli leggermente sovrapposti fino a costruire la composizione di frutta che più vi convince. Procedete dal centro verso l'esterno e quando sarete soddisfatti del risultato incollate i vari pezzi. Poi applicate una mano di vernice ad acqua e lasciate asciugare.

3

Ora intervenite con la prima fase del trattamento screpolante, stendendo uno strato uniforme di vernice a olio versata direttamente sul pennello.

4

Passate alla seconda fase quando la vernice a olio è quasi asciutta (ve ne accorgerete perché risulta viscosa al tatto): occorreranno da 30 minuti a 2 ore a seconda delle condizioni di umidità e temperatura ambientali. A questo punto applicate sul precedente uno strato di vernice ad acqua.

5

Mentre la vernice agisce formando le screpolature, strofinate la cornice del vassoio con la candela e poi applicate sull'area trattata il colore acrilico oro. Lasciate asciugare e "frizionate" la cornice con la paglietta così da completare l'effetto antichizzante.

6

Quando la vernice screpolante è asciutta, versate un po' di acquaragia su un panno, intingetelo nel terra d'ombra e strofinate la superficie del vassoio con movimenti circolari, in modo che il colore penetri nelle crepe. Lasciate asciugare per una decina di minuti e quindi rimuovete la pittura in eccesso tamponando con carta assorbente da cucina. Completate applicando la vernice di finitura in gel.

"Dipinto" con Cherubini

Ed ecco un autentico falso d'autore. Per rendere più credibile la sua origine "rinascimentale", dovrete avere una certa padronanza dei trattamenti antichizzanti.

OCCORRENTE

- tavola di MDF di 49 x 40 cm e cornice alta 5 cm
- colori acrilici: oro, bianco e azzurro
- pennello per stencil medio
- carta assorbente da cucina
- paglietta di ferro
- colla vinilica
- paraffina
- carta da regalo con cherubini
- preparato per trattamento screpolante
- vernice di finitura a olio in gel

Un progetto di grande soddisfazione, che richiede però una certa disinvoltura. Per il supporto di base vi consigliamo di utilizzare una tavola di MDF: a decorazione ultimata, conferite alla superficie una patina d'antico con il trattamento screpolante, seguendo le istruzioni riportate sulla confezione. Per la cornice di legno, che fisserete alla tavola con colla vinilica, ricorrete invece alla paraffina, metodo semplice e molto efficace.

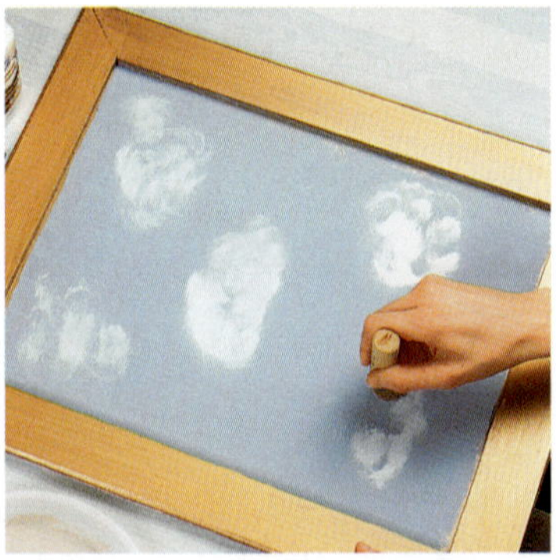

1

Colorate la tavola con l'azzurro e la cornice con l'oro. Poi, con il pennello per stencil, riproducete soffici nuvole.

2

Immergete in acqua un pezzo di carta assorbente da cucina, strizzatelo e con esso ritoccate le nubi sfumandole.

3

Sempre con il pennello per stencil, applicate tocchi di bianco su qualche nuvola per accentuare i contrasti tonali.

4

Strofinate la cornice dorata con la paraffina e quindi stendete una mano di acrilico azzurro.

5

Prima che l'azzurro asciughi del tutto (per verificarlo, osservate la cornice controluce: alcune aree appariranno lucide, altre opache), strofinate la superficie con la paglietta di ferro, così da rimuovere parte della pittura.

6

Ritagliate gli angeli e incollateli sulla pittura di fondo, picchiettando con un pezzo di carta da cucina umido per eliminare eventuali bolle d'aria. Intervenite con il trattamento screpolante e infine applicate la vernice di finitura in gel.

Vuotatasche per Lei e per Lui

Un classico di tutti i tempi, molto utile ancora oggi, per personalizzare in modo divertente i due comodini.

OCCORRENTE

- 2 piccoli vassoi ovali di legno
- colori acrilici: magenta, bianco, terra d'ombra, verde oliva, blu cobalto e oro
- pennello piatto
- carta assorbente da cucina
- carte per découpage con fantasie a scelta
- colla vinilica
- vernice di finitura ad acqua
- vernice di finitura a olio in gel

Due vassoietti di legno identici, ma decorati con soggetti su misura: il suo cane, i suoi hobby e alcuni oggetti da toeletta per lui; una "romantica donna inglese" per lei (se preferite un look più sofisticato, sostituitela con una collezione di orologini antichi e qualche spilla Liberty). Pour bonheur ideale per l'inaugurazione della nuova casa di una coppia di amici, è un progetto particolarmente adatto a chi si cimenta nel découpage per la prima volta: i ritagli sono di piccole dimensioni e quindi facili da incollare su superfici piatte come queste.

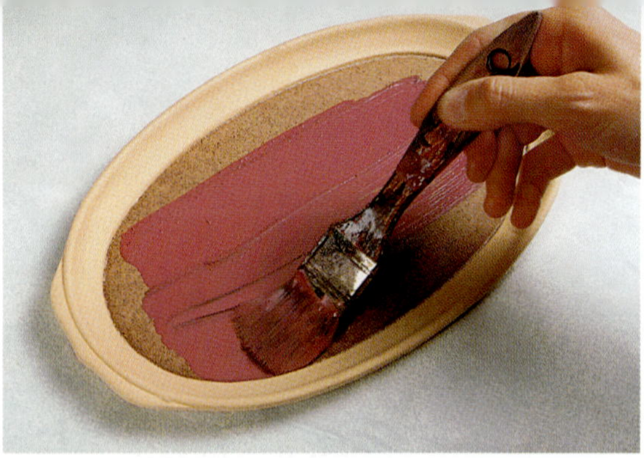

1

Prima di tutto colorate i due vassoietti. Per il vuotatasche da signora usate un rosa antico, ottenuto miscelando 2 parti di magenta, 2 di bianco e 1 di terra d'ombra; invece, il fondo del vassoietto per lui è uno scuro tono di turchese preparato con 2 parti di verde oliva, 1 di blu cobalto, 1 di bianco e mezza di terra d'ombra.

2

Ritagliate le varie immagini e posizionatele sui vassoietti, facendo alcune prove per individuare la composizione che più vi soddisfa e sovrapponendole in parte. Poi applicate un velo di adesivo sul retro di ognuna di esse e incollatele.

3

"Frizionate" i ritagli con un pezzo di carta assorbente da cucina inumidito, così da eliminare eventuali bolle d'aria e rimuovere l'eccesso di colla.

4

Quando la colla è asciutta, applicate uno strato uniforme di vernice ad acqua sull'intera superficie.

5

Ora, con un dito, stendete l'acrilico oro sul bordo: dovete produrre uno strato non omogeneo, che lasci intravedere la tinta di fondo qua e là. Rifinite con tre mani di vernice a olio.

OCCORRENTE

- portariviste di MDF a due compartimenti
- colori acrilici: bianco, terra d'ombra e terra di Siena
- ghirlande a print-room
- colla vinilica
- cartavetrata 01
- pennelli piatti, di cui uno lungo
- vernice di finitura ad acqua
- vernice di finitura a olio in gel

PORTARIVISTE IN STILE

Ghirlande in bianco e nero su un fondo rosa antico per conferire un tocco di romantica eleganza all'angolo riservato alla lettura.

Molti sostengono che giornali e riviste abbandonati sul tavolino del soggiorno, su un divano o sul comò rendono la casa più intima e "vissuta", ma in certi momenti si sente il bisogno di fare un po' d'ordine e di avere tutto a portata di mano. Un portariviste come quello che proponiamo consente di soddisfare tale esigenza senza rinunciare all'estetica. Tutto quello che occorre sono alcuni colori acrilici, delle ghirlande a print-room e, se preferite conferire alla vostra creazione una patina d'antico, un po' di gommalacca da applicare dopo la vernice di finitura ad acqua.

1

Preparate la tinta di fondo miscelando 3 parti di acrilico bianco con mezza di terra d'ombra e mezza di terra di Siena, fino a ottenere una chiara tonalità di beige rosato. Applicatene due strati uniformi sulla superficie esterna del portariviste e lasciate asciugare.

2

Carteggiate la superficie appena dipinta per renderla liscia e uniforme, eseguendo movimenti circolari ed esercitando una lieve pressione.

3

Ora, servendovi di un pennello piatto lungo, dipingete l'interno del portariviste. Anche in questo caso, applicate due strati di colore, così da coprire completamente la scura tonalità di fondo.

4

Incollate due ghirlande grandi su entrambi i lati lunghi del portariviste e due motivi di dimensioni adeguate su quelli corti. Poi rifinite con una mano di vernice ad acqua e quattro di vernice a olio.

OCCORRENTE

- piccolo vassoio di legno
- colori acrilici: bianco, giallo ocra, terra d'ombra, azzurro
- pennello piatto n. 30 e pennellino per belle arti
- carta da parati
- colla vinilica
- carta assorbente da cucina
- vernice di finitura ad acqua
- vernice di finitura a olio in gel

COLAZIONE PER DUE

Tono su tono il vassoio per rendere più dolce e graduale il confronto con un nuovo giorno.

Ecco un altro lavoro che permette di avvicinarsi senza traumi alla tecnica del découpage: non è richiesta alcuna abilità compositiva, perché la carta si ritaglia e si incolla in un "pezzo solo". Oltretutto, la carta da parati è molto più facile da maneggiare rispetto alla solita versione da regalo, che è più delicata. Unico accorgimento: essendo più spessa, a decoro ultimato dovrete rifinire la superficie del vassoio con almeno tre mani di vernice a olio, in modo che non si percepisca alcun "gradino" fra il legno e i contorni del ritaglio.

1

Colorate il vassoio con un tenue tono di giallo, ottenuto mescolando 3 parti di bianco con mezza di terra d'ombra e mezza di giallo ocra. Applicate la miscela con pennellate lunghe e decise, tutte nella stessa direzione.

2

Tagliate in misura la carta da parati, in modo che sia lunga quanto il lato maggiore del vassoio, scontornate la parte superiore dei vari elementi, stendete uno strato uniforme di colla sul retro della striscia così ottenuta e applicatela. Poi passate sul decoro un pezzo di carta assorbente da cucina inumidita per eliminare eventuali bolle d'aria e rimuovere l'eccesso di colla.

3

Servendovi del pennellino per belle arti, dipingete il bordo del vassoio con l'acrilico azzurro. Non dovrebbe essere necessario proteggere il decoro con nastro adesivo di carta; invece, se può facilitarvi il compito, sostenete la mano con il classico poggiamano, così da rendere più sicuro il tocco del pennello. Rifinite con una mano di vernice ad acqua e tre di vernice a olio.

OCCORRENTE

- smalto ad acqua opaco blu scuro
- colore acrilico azzurro
- carta per découpage con motivi floreali
- colla vinilica
- due pennelli piatti e un pennellino per applicare la colla
- vernice di finitura ad acqua
- vernice di finitura a olio in gel

SECCHIO CON GHIRLANDA DI FIORI

Clematidi e ortensie: un abbinamento insolito, ma molto efficace, per un contenitore "multiuso" giocato sui toni dell'azzurro e del rosa.

Un altro esempio che dimostra l'utilità di qualche ora trascorsa in soffitta o nel garage-ripostiglio. Spesso, infatti, si scoprono oggetti da riciclare che, oltre a stimolare la creatività e magari ricordare una persona cara, consentono un contenimento dei costi. È il caso del classico secchio di metallo della nonna. Invece di eliminarlo, provate a rinfrescarne il look a découpage, con due fiori apparentemente "estranei", ma altrettanto solari ed esuberanti, come le clematidi e le ortensie. Come utilizzarlo nella casa di campagna? Può diventare un portariviste, un contenitore per attrezzi, la "cesta" per la biancheria e perfino l'"armadietto" in cui riporre le scarpe da tennis e il pallone dei ragazzi.

1

Stendete sul secchio una mano di smalto ad acqua in modo da disporre di uno strato di fondo che favorisca l'adesione della pittura.

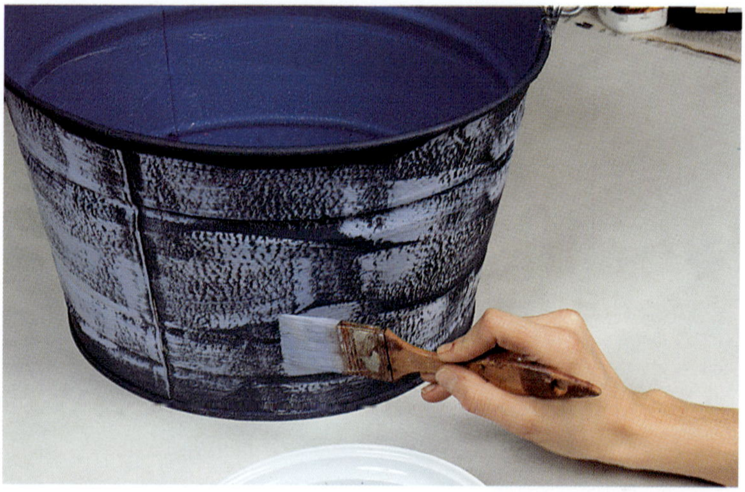

2

Quando la tinta di fondo è asciutta, colorate il secchio con l'acrilico azzurro, applicando pennellate decise e irregolari che lascino intravedere qua e là macchie più scure prodotte dalla tonalità dello smalto.

3

Ritagliate i fiori e disponeteli a ghirlanda, incollando le corolle più voluminose in prossimità della base del secchio e fiori progressivamente più delicati man mano che procedete verso l'alto.

4

Stendete a pennello uno strato di vernice ad acqua sull'intera superficie e quindi rifinite con quattro mani di vernice a olio.

OCCORRENTE

- scatola di MDF di 16 x 24 x 10 cm
- colori acrilici: turchese, bianco e terra d'ombra
- pennello piatto n. 40
- carta per découpage con motivi adatti
- colla vinilica
- nastro adesivo di carta
- taglierino
- vernice di finitura ad acqua
- vernice di finitura a olio in gel

Un insolito Cestino da Lavoro

Curiosa e allegra la scatola trasformata in contenitore dove riporre tutto l'occorrente per il cucito. Con ritagli in tema, potrete sbizzarrirvi costruendo a découpage la composizione che vi è più congeniale.

Ecco un'idea che si può sfruttare anche per altri contenitori (per esempio, decorando con vari strumenti musicali la scatola destinata a ospitare degli spartiti e con attrezzi da giardino quella in cui riporre l'occorrente per la cura delle piante). In questo caso gli elementi che compongono il corredo per il cucito e il ricamo sono vivacizzati da una carta dal disegno nuovo e originale: la classica "treccia" di fili con gugliate di tutti i colori.

1

Preparate un chiaro tono di azzurro, miscelando 2 parti di turchese, 1 di bianco e mezza di terra d'ombra, e con il pennello applicatene due strati uniformi sulla scatola. Ricavate dalla carta per découpage i ritagli necessari e disponeteli sul coperchio, facendo alcune prove fino a individuare la composizione più felice e sovrapponendoli di tanto in tanto, così da conferire spessore e profondità al decoro.

2

Dopo aver bloccato il coperchio con nastro adesivo di carta, iniziate a decorare i lati della scatola. Incollate i ritagli anche in corrispondenza dell'apertura, come indicato dalla foto, e lasciate asciugare. Per accelerare l'operazione, se preferite potete utilizzare un asciugacapelli.

3

Con la punta di un taglierino affilato, e procedendo con cautela, tagliate la carta seguendo il bordo del coperchio, in modo da aprire la scatola. Da ultimo, rifinite con una mano di vernice ad acqua e tre di vernice a olio.

Una Ciliegia Tira l'Altra

Trasformare un normalissimo piatto di ceramica bianca in un variopinto portafrutta è facile e divertente: non resta che ispirarsi a una carta da regalo con una composizione di ciliegie e trasferire il motivo con la tecnica del découpage.

OCCORRENTE

- piatto di ceramica bianca
- carta da regalo fantasia con composizioni di ciliegie
- colla a base d'acqua e pennello
- forbici piccole con lame ricurve
- vernice trasparente a base d'olio
- matita
- alcol
- panno morbido

Una tecnica come il découpage, tradizionalmente usata per incollare ritagli di carta stampata su mobili e oggetti di legno, si presta anche alla decorazione di "pezzi" in plastica, vetro, metallo e ceramica. L'importante è che la superficie sia uniforme e abbastanza resistente da assorbire o tollerare l'umidità della colla e della vernice.
Per semplificare le operazioni, scegliete un piatto piano, anziché fondo, che è più facile da decorare. Quanto alla carta da regalo, in genere è piuttosto fragile, per cui dovrete maneggiarla con cautela, soprattutto dopo l'applicazione della colla. Orientatevi su un motivo coordinato con gli altri oggetti presenti sulla tavola (tovaglia, maioliche, sottobicchieri...).

1

Pulite il piatto con un panno imbevuto di alcol, così da eliminare ogni traccia di polvere. Scegliete sulla carta da regalo le composizioni che più vi convincono e ritagliatele con cura.

UN CONSIGLIO

Se, una volta incollata, la carta si sollevasse in alcuni punti, forate con uno spillo la bolla che si è formata ed esercitate una pressione decisa fino a eliminare tutta l'aria.

2

Con il pennello, stendete la colla sul rovescio del primo ritaglio, procedendo dal centro verso l'esterno. Posizionate la sagoma sul piatto, centrandola, ed esercitate una leggera pressione per farla aderire.

3

Posizionate nello stesso modo anche gli altri ritagli fino a coprire l'intera superficie, oltrepassando il bordo del piatto.

4

Verificate che la carta aderisca perfettamente al piatto in ogni punto e poi con le forbicine rifilate il bordo.

5

Stendete uno strato uniforme di colla su tutto il piatto e strofinate delicatamente con le dita per farla penetrare fra un ritaglio e l'altro.

6

Applicate una mano di vernice trasparente, con pennellate tutte nella stessa direzione. Lasciate asciugare (circa 3 ore) e stendete un secondo strato di vernice.

OCCORRENTE

- basi ottagonali di legno grezzo o MDF
- foglio con bordi e fregi a print-room
- nastro adesivo di carta
- colla vinilica
- colori acrilici: bianco, giallo e terra d'ombra
- preparato per trattamento screpolante e colore a olio terra d'ombra
- vernice di finitura a olio in gel

SOTTOPIATTI VITTORIANI

La decorazione a print-room conferisce un tocco di solenne eleganza ai sottopiatti con cui "arredare" la tavola delle grandi occasioni.

Una semplice greca lungo il bordo e una ghirlanda di gusto ottocentesco sono tutto quello che occorre per impreziosire accessori "poveri" come questi sottopiatti di legno grezzo, di solito realizzati in materiali pregiati come l'argento o il silver. Disegni e fregi in stile vittoriano sono riprodotti in specifiche pubblicazioni facilmente reperibili in libreria o nei negozi per belle arti; per antichizzarli, ricorrete a un po' di gommalacca diluita con alcol o, se preferite preparazioni più artigianali, a un tè leggero.

1

Mescolate abbondante bianco con piccole quantità di giallo e terra d'ombra, fino a ottenere una tonalità avorio, e dipingete le basi ottagonali.

2

Tagliate i bordi a print-room lasciando una leggera eccedenza e posizionate le prime due strisce su una base di legno, in modo che risultino sovrapposte in corrispondenza degli angoli.

3

Posizionate nello stesso modo anche gli altri bordi, bloccandoli con pezzetti di nastro adesivo.

4

Tenendole saldamente fra pollice e indice, rifilate le strisce di carta in corrispondenza degli angoli, tagliandole con un'inclinazione di 45° perché combacino perfettamente.

5

Ora intervenite con il trattamento screpolante. Stendete prima uno strato di vernice ad acqua e quindi uno di vernice a olio, lasciando asciugare finché assume una consistenza viscosa. A questo punto applicate due strati di vernice ad acqua: in breve inizieranno a formarsi le crepe. Lasciate asciugare completamente e poi tamponate la superficie con un pezzo di carta assorbente da cucina intinto nel colore a olio terra d'ombra, in modo che la pittura penetri nelle screpolature conferendo al sottopiatto una patina d'antico. Tamponate nuovamente la superficie con carta assorbente da cucina per rimuovere il colore in eccesso e, dopo circa un'ora, applicate tre mani di vernice di finitura in gel.

OCCORRENTE

- catino di plastica
- alcol e carta assorbente da cucina
- smalto ad acqua opaco bianco
- carta per découpage con una fantasia di rametti di edera
- colla vinilica
- pennello piatto
- vernice di finitura ad acqua
- vernice di finitura a olio in gel

CIOTOLA CON EDERA

Un'operazione di "lifting" per trasformare il classico catino di plastica stile anni Cinquanta in una comoda ciotola portafrutta da usare come centrotavola nella casa di campagna.

Una capatina in soffitta è spesso l'occasione per riscoprire oggetti dimenticati, che per le amanti del fai-da-te possono costituire importanti spunti creativi. È il caso di questo normalissimo catino di plastica, che una mano di bianco e un intervento a découpage "nobilitano" a ciotola. Applicando lo smalto senza diluirlo, un solo strato dovrebbe essere sufficiente.

1

Ritagliate dalla carta rametti di edera di varie dimensioni, disponendoli sul piano di lavoro fino a individuare la composizione più felice.

2

Pulite il catino con un pezzo di carta assorbente da cucina imbevuto di alcol e quindi applicate lo smalto ad acqua: se, dopo la prima mano, lo strato di fondo non è perfettamente uniforme, stendetene una seconda.

3

Ora applicate una mano di colla sul retro di ogni ritaglio (è possibile che i più piccoli si "imbarchino": per ovviare a questo inconveniente, immergeteli in acqua per qualche secondo) e iniziate a costruire la composizione partendo dal bordo e cercando di imitare il naturale sviluppo dell'edera.

4

Continuate procedendo dal bordo della ciotola verso il centro. A decoro ultimato, rifinite con una mano di vernice ad acqua e quattro di vernice a olio.

Per un Ingresso Importante

Un decoro apparentemente impegnativo, che con un po' di ironia può servire a sdrammatizzare la stanza più importante, quella in cui ci si riunisce a chiacchierare.

OCCORRENTE

- colori acrilici: terra d'ombra, verde oliva, verde vescica e rosa
- stampe con riproduzioni di anfore antiche
- bordure con ghirlande di fiori in bianco e nero
- colla vinilica
- pennellino per belle arti n. 3

Per decorare la parete, un'anfora barocca, impreziosita da bordure che riproducono particolari di affreschi "copiati" da quelli di una villa di Pompei. Tutt'attorno, una ghirlanda di fiori, che fa della porta il punto focale della stanza. Le varie fasi di lavorazione richiedono una certa dose di pazienza e soprattutto il ricorso a un piccolo trucco: diluite con abbondante acqua i colori acrilici, così da imitare le impalpabili velature che solo gli acquerelli regalano. Otterrete tonalità più brillanti e la pittura asciugherà in fretta.

1

Diluite ogni colore acrilico con acqua in rapporto 1 a 1, così da ottenere miscele "trasparenti" come le tipiche velature ad acquerello, e iniziate a dipingere la prima ghirlanda di fiori. Alternate colori chiari e scuri rispettando gli equilibri tonali del disegno in bianco e nero.

2

Ora occupatevi delle stampe, colorando le quattro bordure che incorniciano l'anfora, e poi l'anfora stessa, con un delicato tono di rosa. Lasciate asciugare. Stendete uno strato uniforme di colla sulle ghirlande e applicatele attorno alla porta. Infine, posizionate le stampe per verificare che siano simmetriche e incollate anch'esse.

UN "LIBRO" MOLTO BIZZARRO

Avete un amico che "stravede" per il suo compagno più fedele? Ecco un regalo molto affettuoso per prenderlo un po' in giro.

OCCORRENTE

- scatola a forma di libro in legno grezzo
- colori acrilici nero e oro
- carta per découpage con ritratto di cane
- colla vinilica
- carta assorbente da cucina
- pennello piatto, pennellino per belle arti n. 3 e pennello per stencil
- piccolo decoro a stencil per il dorso

Spesso, oltre che da fatti "autobiografici", l'idea per un motivo diverso dal solito ci viene suggerita proprio dalla forma inconsueta dell'oggetto da decorare. È il caso di questa originale scatola a forma di libro, che si presta alle destinazioni più disparate: semplice soprammobile da scrivania, contenitore per i mazzi di chiavi di scorta, portadocumenti e, perché no, "finto libro" in cui custodire la videocassetta con le immagini più tenere del nostro amico-cane.
Prima di iniziare il decoro vero e proprio, colorate la scatola (interno compreso) con l'acrilico nero, applicandone almeno due mani per coprire del tutto la tonalità di fondo.

1

Mentre la pittura di fondo asciuga, ritagliate l'immagine in misura, in modo che risulti perfettamente centrata sul coperchio della scatola. Applicate uno strato uniforme di adesivo, distribuendolo dal centro del ritaglio verso l'esterno, e incollatelo sulla "copertina" del libro. Poi passate la superficie con un pezzo di carta assorbente inumidita per eliminare eventuali bolle d'aria (evitate il contatto con le mani perché la carta bagnata è molto delicata e potrebbe lacerarsi).

2

Servendovi del pennellino per belle arti, tracciate un sottile profilo con l'acrilico oro per incorniciare l'immagine, magari utilizzando un poggiamano per procedere con mano ferma.

3

Rifinite il dorso con due fasce dorate, una in prossimità del bordo superiore e l'altra qualche centimetro sotto.

4

Da ultimo, posizionate la mascherina, centrandola sul dorso, ed eseguite il decoro a stencil con l'acrilico oro e l'apposito pennello.

Sferica Eleganza

Fregi, chiavi, coccarde, ghirlande... E bagliori dorati nel fondo verde malva, che sembrano riflessi dagli stessi motivi ornamentali.

OCCORRENTE

- sfera di legno con piedistallo
- colori acrilici verde malva e oro
- ritagli di carta con motivi a scelta
- colla
- vernice di finitura ad acqua
- vernice di finitura a olio in gel

Con la sua forma perfetta, la sfera è un simbolo di totalità e uno degli elementi più decorativi di ogni composizione. Per i motivi sobri ed eleganti, questa è particolarmente adatta alla mensola del caminetto o allo scaffale di una libreria. Scegliendo disegni più spiritosi, o i personaggi dei cartoni animati, diventerà un allegro soprammobile per la cameretta dei più piccoli. Di facile realizzazione, il progetto richiede un unico accorgimento: per ottenere una superficie liscia e omogenea applicate le vernici con un pennello morbido.

1

Con un chiodo e il martello praticate un piccolo foro alla sommità della sfera e inseritevi una vite ad anello in modo da poter appendere la sfera mediante una catenella.

2

Stendete uno strato uniforme di verde malva sull'intera superficie. Poi inumidite con acqua un pezzo di carta assorbente da cucina, immergetelo nell'acrilico oro e con esso screziate la sfera per produrre un effetto striato.

3

Scegliete ritagli di carta non più lunghi di 6 cm, applicate uno strato di colla sul retro di ognuno di essi e immergeteli in acqua per renderli più malleabili. Quindi fateli aderire alla sfera, premendo delicatamente la carta con pollice e indice.

4

Infine, stendete uno strato di vernice di finitura ad acqua e sei di vernice a olio, carteggiando fra uno e l'altro.

Per San Valentino

Senza rinunciare al romantico cuore, un modo molto personale per salutare la festa degli innamorati.

OCCORRENTE

- vassoio a forma di cuore
- colore acrilico nero
- carta da regalo con motivi floreali
- colla vinilica
- carta assorbente da cucina
- preparato per trattamento screpolante
- colore a olio oro
- vernice ad acqua
- vernice di finitura a olio in gel

All'avvicinarsi di San Valentino, la gamma di idee-regalo nelle vetrine di cartolerie, pasticcerie e fioristi è talmente ampia che spesso si ha solo l'imbarazzo della scelta. A lungo andare, però, sono piuttosto ripetitive, tanto che vien voglia di inventare qualcosa di diverso. E poi, perché non creare con le proprie mani l'oggetto per la persona che più ci sta a cuore? È il caso di questo vassoio realizzato a découpage, che, pur rispettando nella forma la classica "iconografia" della festa degli innamorati, aggiunge una nota di colore e allegria al tavolo della cucina. Un consiglio: scegliete una carta con grandi fiori rossi e bianchi, che verranno esaltati dallo sfondo nero.

1

Applicate sull'intera superficie due strati uniformi di colore acrilico nero. Poi posizionate i fiori facendo alcune prove, così da individuare la composizione che più si adatta alla forma del vassoio.

2

Incollate i motivi esercitando una leggera pressione con un pezzo di carta assorbente da cucina inumidito, in modo da eliminare eventuali bolle d'aria e rimuovere la colla in eccesso. Infine, applicate una mano di vernice ad acqua e lasciate asciugare.

3

A questo punto intervenite con il trattamento screpolante. Stendete uno strato di vernice a olio, versata direttamente sul pennello, e quando è quasi asciutta applicate una mano di vernice ad acqua.

4

Una volta che si sono formate le crepe, lasciate asciugare per una ventina di minuti e poi stendete il colore a olio oro con un pezzo di carta assorbente da cucina, eseguendo movimenti circolari in modo che la pittura penetri nelle screpolature.

5

Dopo circa mezz'ora rimuovete la pittura in eccesso, tamponando con carta assorbente da cucina, e applicate quattro mani di vernice di finitura in gel.

OCCORRENTE

- vassoio di legno con bordo intagliato
- cartavetrata 01
- colori acrilici rosso indiano e oro
- pennello piatto n. 30 e pennellino per belle arti
- carta per découpage con miniature incorniciate
- colla vinilica
- carta assorbente da cucina
- vernice di finitura ad acqua
- vernice di finitura a olio in gel

MINIATURE SUL VASSOIO

Dopo un lavoro tanto meticoloso, come vassoio potrebbe sembrare sprecato. Se avete questa sensazione, provate a vedere se le alternative proposte in questa pagina vi convincono.

Realizzare questo progetto non comporta un particolare impegno: stendere un colore acrilico su una superficie piatta è facilissimo (solo il bordo in rilievo richiede un po' più di attenzione) e i ritagli sono talmente piccoli che sembra... si incollino da sé. Invece, data la scelta dei motivi, le più impazienti potrebbero annoiarsi nel rifilare i riccioli delle cornici di alcune miniature. Quindi, se questa composizione è perfetta per un angolo del vostro soggiorno, anziché nasconderla sotto piattini e tazze, consideratela il vostro primo quadro e appendetela a una parete. In alternativa, sostituite le miniature con "sobrie" foto dei vostri familiari, dotate il vassoio di supporto posteriore e usatelo come un originale album portafotografie.

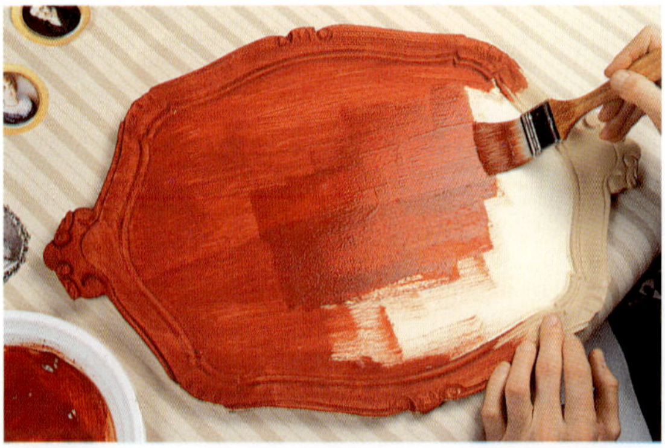

1

Dopo aver carteggiato con cura il vassoio fino a ottenere una superficie liscia e uniforme, applicate due mani di rosso indiano con pennellate nella stessa direzione.

2

Mentre la pittura asciuga, ritagliate le miniature e posizionatele sul vassoio facendo qualche prova. Individuata la composizione che vi convince di più, iniziate a incollarle, procedendo dal centro verso l'esterno.

3

Tamponate ogni ritaglio con carta assorbente da cucina per eliminare eventuali bolle d'aria e rimuovere l'eccesso di colla.

4

Ora dipingete il bordo del vassoio con l'acrilico oro e il pennellino per belle arti, ma senza diluire il pigmento così da ottenere una corposa tonalità dorata.
Prima che la pittura asciughi, tamponate qua e là con un pezzo di carta assorbente da cucina per rimuovere parte del colore e far affiorare guizzi del rosso sottostante. Rifinite con una mano di vernice ad acqua e tre di vernice a olio.

UNA SCATOLA PER TUTTE LE STAGIONI

OCCORRENTE

- scatola di legno
- foglio con bordo e fregi a print-room
- nastro adesivo di carta
- colori acrilici avorio e beige
- alcol
- colla vinilica
- vernice ad acqua
- vernice di finitura a olio in gel

I profili a print-room in bianco e nero, da applicare sul coperchio e lungo i bordi inferiori, esaltano il decoro centrale.

La tecnica del découpage è molto apprezzata per confezionare scatole e cofanetti da utilizzare come contenitori o piccoli regali. Questa, in particolare, è perfetta come scatola dei ricordi, perché lo stile un po' decadente ne fa una sorta di scrigno in cui custodire i propri segreti. Volendo, potete sostituire il motivo centrale con un paesaggio o una natura morta: infatti, la superficie striata prodotta con i colori acrilici e l'alcol si rivela uno sfondo adatto a qualsiasi soggetto.

1
Posizionate i profili a print-room lungo i bordi, sovrapponendoli in corrispondenza degli angoli come illustrato dalla foto.

2
Bloccate le striscioline con pezzi di nastro adesivo e rifilatene le estremità con tagli inclinati a 45°, in modo che combacino con quelle adiacenti.

3
Ultimato il lavoro in corrispondenza degli angoli, fissate i profili con la colla vinilica. Poi incollate il motivo centrale.

4
Applicate i profili a print-room anche lungo i bordi inferiori.

5
Se è necessaria una "giunta", praticate un taglio in diagonale all'estremità della nuova striscia di carta e sovrapponetela alla precedente in modo che i motivi combacino.

6
Applicate uno strato uniforme di vernice ad acqua e quattro mani di vernice di finitura a olio, lasciando asciugare fra una e l'altra.

LA TECNICA

Dipingere ad alcol

Trattando con alcol una superficie dipinta con acrilici, si ottengono straordinarie striature sfumate. Vediamo come procedere. Applicate uno strato di acrilico avorio e, quando è asciutto, una mano di beige. Poi, prima che il secondo colore asciughi completamente (per verificarlo, osservate la superficie controluce: alcune aree appariranno lucide, altre opache), tamponate la scatola con carta assorbente da cucina imbevuta di alcol, così da ottenere striature alternate dei due colori.

PORTADOCUMENTI PER SIGNORA

Rustico, ma ingentilito da un romantico motivo floreale il portadocumenti antichizzato con la tecnica della paraffina.

OCCORRENTE

- portadocumenti di legno
- colori acrilici violetto scuro e blu oltremare francese
- pennello piatto n. 40
- paraffina
- paglietta di ferro
- carta per découpage con motivi floreali
- colla vinilica
- vernice di finitura ad acqua
- vernice di finitura a olio in gel

Pittura, paraffina, pittura e paglietta di ferro: è uno dei metodi più immediati per conferire una patina antica a un oggetto di legno. Le operazioni, in sé piuttosto semplici, richiedono però un certo "tempismo", perché bisogna intervenire con la paglietta prima che il colore sia completamente asciutto, cioè quando appare lucido in alcuni punti e opaco in altri. Prima di iniziare, carteggiate con cura il portadocumenti, così da lavorare su una superficie il più possibile liscia e omogenea.

1

Stendete dapprima il colore acrilico violetto, con pennellate regolari tutte nella stessa direzione. Lasciate asciugare e quindi applicate sull'intera superficie uno strato uniforme di paraffina, anche in questo caso con movimenti nella stessa direzione.

2

Dopo aver lavato il pennello, stendete il blu, operando come in precedenza.

3

Prima che la pittura asciughi del tutto, passate l'intera superficie con la paglietta, in modo da rimuovere parte del colore producendo striature verticali che lascino intravedere il violetto di fondo.

4

Quando il portadocumenti è asciutto, iniziate a incollare foglie e fiori, sovrapponendoli leggermente e procedendo dall'alto verso il basso. A questo punto, rifinite con una mano di vernice ad acqua e tre di vernice a olio.

OCCORRENTE

- due uova di legno alte 12 cm con relativi piedistalli
- colori acrilici: bianco, giallo ocra e terra d'ombra
- vari motivi decorativi in bianco e nero
- colla vinilica
- vernice ad acqua
- pennello piatto morbido
- preparato per trattamento antichizzante
- colore a olio terra d'ombra in tubetto e acquaragia
- carta assorbente da cucina
- vernice di finitura a olio in gel
- cartavetrata

Uova... di Giornata

Una versione elegante, discreta e di facile realizzazione delle uova forse più "ricercate" del mondo.

Quelle che, alla fine dell'Ottocento, l'orafo Peter Carl Fabergé realizzava ogni anno per la Pasqua degli zar richiedevano mesi di lavoro e l'impiego di oro, gemme e smalti. Tempi e costi forse "anacronistici", se rapportati al nostro stile di vita. Abbiamo quindi deciso di ripiegare su un materiale come il legno, vivo, molto versatile e che si presta in modo particolare al trattamento antichizzante. La semplicità dei decori applicati, e l'immediatezza della tecnica del découpage, vi permetteranno di esibire la vostra creazione "in giornata" (basta solo prevedere i tempi necessari perché le vernici e il colore a olio asciughino): potete usare le due uova come decorativi fermalibri su uno scaffale della libreria, come soprammobili per la mensola del caminetto o creare una composizione di elementi grandi e piccoli da sistemare in una ciotola sul comò.

1

Prima di tutto dipingete le uova con una tonalità avorio ottenuta miscelando 3 parti di bianco con mezza di giallo ocra e mezza di terra d'ombra. Quando la pittura è asciutta, applicate la colla sui motivi decorativi e immergeteli per qualche secondo in acqua per favorirne l'adesione sulla superficie curva.

2

Scegliete preferibilmente motivi piccoli e iniziate a disporli in modo uniforme sul primo uovo, procedendo dal centro verso le estremità.

3

Trattate l'intera superficie con una mano di vernice ad acqua, diluendo 2 parti di prodotto con 1 di acqua. Lasciate asciugare per 20 minuti.

4

Ora intervenite con il trattamento antichizzante. Stendete dapprima la vernice a olio, lasciate asciugare per circa 45 minuti, finché risulterà viscosa al tatto, e quindi applicate la vernice ad acqua: nel giro di una ventina di minuti compariranno le screpolature. Lasciate asciugare per un'ora e poi tamponate la superficie con il colore a olio terra d'ombra (spremuto direttamente dal tubetto su carta assorbente imbevuta di acquaragia), in modo che penetri nelle crepe.

5

Dopo una decina di minuti rimuovete il colore in eccesso con un pezzo di carta assorbente pulita, eseguendo movimenti circolari. Lasciate asciugare la pittura penetrata nelle crepe (occorrerà circa un'ora) e rifinite con 4-6 mani di vernice a olio, carteggiando fra una e l'altra.

OCCORRENTE

- carta da regalo con bouquet di fiori
- vassoio di legno di 65 x 52 cm
- colori acrilici bianco e blu oltremare
- colla vinilica
- vernice di finitura ad acqua
- vernice di finitura a olio in gel
- carta assorbente da cucina

ESPLOSIONE DI FIORI

Effetti quasi pittorici per questo decoro floreale, ottenuto scomponendo un bouquet e ricostruendolo in base alla propria sensibilità cromatica e compositiva.

Ecco un progetto interessante per chi non ha grande dimestichezza con il disegno a mano libera, pennelli e colori. La tonalità di fondo, facile da stendere su una superficie piatta, esalta la "tridimensionalità" della composizione, conferendo rilievo alle forme e ai contrasti cromatici. L'unica cautela consiste nel ritagliare le sagome più complesse, per cui armatevi di un po' di pazienza e usate forbicine sottili e affilate.
Un consiglio: iniziate il decoro partendo dal vaso e scegliete corolle piccole e compatte per il primo piano e via via più grandi per lo sfondo.

1

Colorate il vassoio con una miscela di blu oltremare e bianco e mentre la pittura asciuga ritagliate il vaso e le roselline più piccole, destinate al lato sinistro della composizione. Ricavatene una alla volta, così da posizionarle liberamente in base al vostro gusto.

2

Ora "costruite" il lato destro, scegliendo fiori che per forme e colori contribuiscano a esaltare quelli appena applicati. Cercate di creare una composizione equilibrata in altezze e volumi.

3

Per la parte superiore del bouquet usate fiori più lunghi, che vi aiutino a trasmettere la sensazione della massa. Il risultato finale è un mazzo compatto, con fiori di forme e dimensioni diverse che danno luogo a un insieme molto armonioso.

4

Trovata la composizione che più vi soddisfa, non vi resta che iniziare a incollare i vari elementi (per evitare che qualcuno di essi si muova durante l'operazione, bloccate il tutto con qualche peso). A decoro ultimato, "frizionate" la superficie con carta assorbente da cucina e rifinite con una mano di vernice ad acqua e tre di vernice a olio.

OCCORRENTE

- cappelliera di cartone
- colori acrilici oro e avorio
- alcol e carta assorbente da cucina
- due pennelli piatti
- ritagli di figurini anni Venti
- colla vinilica
- vernice di finitura ad acqua
- vernice di finitura a olio in gel

CAPPELLIERA "TUTTOFARE"

Forse nella sua funzione originaria la tipica cappelliera delle nostre nonne sembra un po' démodé, ma può diventare un prezioso contenitore per oggetti che non hanno "fissa dimora".

Ecco una comoda variante della scatola in cui riporre cinture, bigiotteria, fotografie, documenti. Data la forma, è anche particolarmente adatta a custodire la classica ghirlanda che nel periodo natalizio si appende sulla porta. È un modo divertente per riciclare un ricordo di famiglia ormai fuori moda, ma che dispiace eliminare o relegare in soffitta. Questa, destinata all'armadio degli abiti, è stata decorata a découpage utilizzando figurini che ne esaltano lo stile anni Venti. Un consiglio importante: non diluite troppo il colore, perché per effetto dell'acqua il coperchio di cartone potrebbe rischiare di "imbarcarsi".

1

Stendete sull'intera superficie una mano uniforme di acrilico oro (diluendo 3 parti di colore con mezza di acqua). Qualora si intravedesse ancora la tinta di fondo, applicate un secondo strato. Lasciate asciugare e stendete l'avorio, diluendolo come in precedenza.

2

Prima che l'avorio asciughi completamente (per verificarlo, osservate la superficie controluce: alcune aree appariranno lucide, altre opache), tamponate la cappelliera con carta assorbente da cucina imbevuta di alcol, così da ottenere striature alternate dei due colori.

3

Posizionate i figurini sul coperchio, facendo una serie di prove fino a individuare la composizione che più vi convince.

4

Stendete una mano di colla sul retro di ogni ritaglio e applicateli sul coperchio e sui lati della cappelliera, sovrapponendoli leggermente qua e là per creare una decorazione "mossa" e vivace. Da ultimo, rifinite con uno strato di vernice ad acqua e tre di vernice a olio.

PORTABASTONI A PRINT-ROOM

OCCORRENTE

- tavole di legno spesse 1 cm: quattro di 30 x 85 cm e una quadrata con lato di 24 cm
- seghetto
- matita e squadra
- colore acrilico nero
- 2 pennelli piatti medi
- pennello piatto sottile
- colla a base d'acqua
- bordi e fiocchi a print-room
- cartavetrata
- forbicine
- colla tipo forte
- medium per colori acrilici
- vernice di finitura a olio

Con un pizzico di fantasia e la tecnica del découpage potrete trasformare un'infinità di oggetti comuni in piccole opere d'arte, come nel caso di questo portabastoni.

I bastoni da passeggio non si usano ormai quasi più e sono diventati veri e propri pezzi da collezione. Per metterli in mostra, oltre ad appenderli a una parete, provate a realizzare questo portabastoni di legno, poi decorato a print-room con la tecnica del découpage: si farà subito notare per la sua sobria eleganza.
Per semplificare il lavoro, conviene farsi sagomare le tavole di legno dal negoziante presso il quale si acquistano.

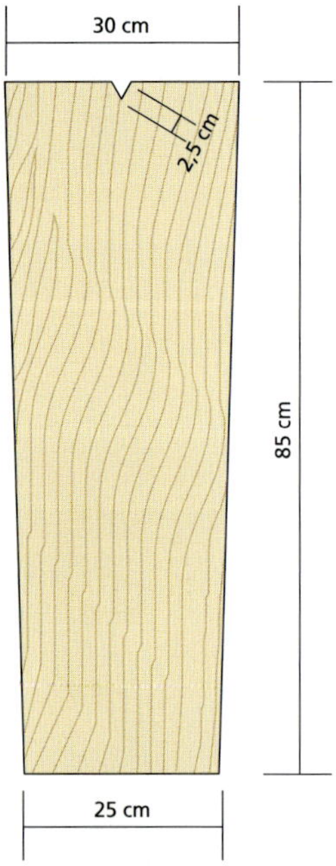

1

Innanzitutto disegnate su ogni tavola rettangolare un trapezio con base maggiore di 30 cm, base minore di 25 e altezza di 85 cm. Indicate il centro su ogni base maggiore e su questo punto tracciate un triangolo equilatero con lato di 2,5 cm.

2

Ritagliate i quattro trapezi con il seghetto, in modo che i lati dei triangolini risultino leggermente arrotondati, e levigate i bordi con la cartavetrata.

3

Spolverate con cura i pezzi con un panno morbido e, usando il pennello piatto, dipingeteli con il colore acrilico nero su entrambe le facce. Lasciate asciugare.

4

Ritagliate i fiocchi e i bordi e quindi preparate in un piattino l'adesivo che userete per il découpage, diluendo un cucchiaio di colla con un cucchiaino d'acqua.

5

Per ora incollate i bordi solo su due trapezi (che chiameremo A), esercitando una leggera pressione con le dita per eliminare eventuali bolle d'aria. Incollate invece il fiocco su tutti i trapezi (chiameremo B quelli senza bordo), esattamente al centro e a 7 cm di distanza dal triangolo intagliato.

6

Stendete una striscia di colla forte sul margine di un lato lungo di un trapezio A e un'altra striscia sul rovescio, a filo del margine, del lato lungo opposto al precedente di un trapezio B. Aiutandovi con la squadra, unite i due trapezi, esercitando una pressione decisa finché la colla avrà fatto presa.

7

Unite gli altri trapezi ai precedenti operando nello stesso modo e alternando sempre un A e un B. Poi incollate la tavola con lato di 24 cm alla base. Per finire, applicate i bordi a découpage sui trapezi B, coprendo le linee di giunzione, e con il pennello medio stendete sul portabastoni uno strato di medium e tre mani di vernice di finitura.

OCCORRENTE

- scatolina di legno con coperchio bombato
- mordente color tek
- carta da regalo con angioletti
- colla vinilica
- carta assorbente da cucina
- colori acrilici oro e bronzo
- pennello piatto morbido e pennellino per belle arti n. 3
- vernice di finitura ad acqua
- vernice di finitura a olio in gel

Scatolina con Angioletti

Davvero deliziosa la scatolina a découpage impreziosita con profili d'oro. Per quanto piccola, può diventare un utile contenitore.

Girando per un mercatino di modernariato, capita di trovare oggetti che ci affascinano per l'armonia delle forme e delle dimensioni, ma al tempo stesso non ci convincono del tutto perché ci sembrano piuttosto anonimi. Eppure, spesso basta poco per rinnovarne il look. Di questa scatolina colpisce soprattutto il coperchio bombato, che la rende perfetta come portagioie da comodino in cui riporre anelli e orecchini alla fine della giornata. Se preferite, scegliendo un altro decoro può diventare un simpatico portasigari da destinare al tavolino del soggiorno. Un piccolo accorgimento per gli artisti alle prime armi: per un risultato più accurato, tracciate i profili dorati ricorrendo al classico poggiamano.

1

Applicate il mordente su tutta la scatolina, interno compreso. Qualora si formassero delle striature, stendete una seconda mano.

2

Stendete la colla sul retro del ritaglio con gli angioletti, distribuitela con movimenti dal centro verso l'esterno e posizionate il decoro sul coperchio. Fatelo aderire utilizzando un pezzo di carta assorbente inumidita.

3

Incorniciate il decoro con un sottile profilo d'oro, tracciato con il pennellino per belle arti. Per ottenere una tinta più coprente, usate il pigmento puro, senza diluirlo.

4

Incorniciate le quattro facce laterali operando come al punto 3 e adagiando di volta in volta la scatolina sul piano di lavoro in modo che la faccia che state decorando sia orizzontale, così da esercitare un maggior controllo del pennello.

5

Ora tracciate un ovale esattamente al centro della prima faccia e decoratelo con una "smerlatura", come illustrato dalla foto. Poi colorate l'interno con l'acrilico bronzo. Procedete nello stesso modo sulle tre facce restanti.

6

Incorniciate con il solito profilino dorato anche le due facce laterali del coperchio e infine coloratele con il bronzo. Quando la pittura è asciutta, applicate una mano di vernice ad acqua e tre di vernice a olio.

LO SGABELLO-SCAFFALE

OCCORRENTE

- sgabello di legno
- mordente color tek
- pennello piatto morbido
- carta da regalo
con motivi a scelta
- colla vinilica
- carta assorbente da cucina
- vernice di finitura ad acqua
- vernice di finitura a olio in gel
- cartavetrata

Quale decoro più adatto per lo sgabello da collocare davanti alla poltrona preferita per leggere un libro ?

Un tocco spiritoso per il classico "sgabello da biblioteca", che ci aiuta a rilassarci quando ci sediamo in poltrona a leggere. Per restare in tema, abbiamo scelto di trasformare il piano d'appoggio nello scaffale di una libreria. Ovviamente, un oggetto come questo si presta anche ad altri tipi di utilizzo, per cui proponiamo un decoro alternativo – le composizioni di frutta a fianco – se per caso preferite tenere lo sgabello in cucina, così da riuscire a raggiungere facilmente i ripiani più alti.

1

Trattate l'intera superficie dello sgabello con il mordente, applicandone a pennello un solo strato in modo che si intravedano le venature del legno. Lasciate asciugare per circa un'ora.

2

Iniziate a decorare lo sgabello riproducendo il classico scaffale di una libreria, ed eventualmente alternando a libri "sdraiati" e "in piedi" vasi e piatti di porcellana. Volendo, potete incollare sulle gambe ritagli di dimensioni adeguate che riproducano soggetti analoghi. Una volta posizionati i motivi, fateli aderire con un pezzo di carta assorbente inumidita.

3

Rifinite lo sgabello con una mano di vernice ad acqua e, una volta asciutta, con due di vernice a olio, carteggiando leggermente fra una e l'altra.

OCCORRENTE

- vassoio di legno
- colori acrilici: bianco, oro e nero
- pennello piatto e pennellino per belle arti n. 3
- carta da regalo con motivi a scelta
- colla vinilica
- vernice di finitura ad acqua
- vernice di finitura a olio in gel

VASSOIO TRIDIMENSIONALE

Divertente e... provocatorio il vassoio che a colpo d'occhio non sappiamo dire cosa "sostiene" e cosa "contiene".

Una sapiente combinazione di due tecniche – découpage e trompe-l'œil – consente di creare un decoro davvero "speciale". Per il découpage si procede come di consueto, individuando i motivi più adatti e incollandoli in modo da costruire una composizione equilibrata e armoniosa. A fare la differenza è proprio l'effetto trompe-l'œil: attraverso la definizione delle ombre proiettate dai vari oggetti, dà la sensazione che anche i ritagli siano appoggiati sul vassoio, esattamente come la tazzina. È un'operazione che richiede gesti accurati e una certa "coerenza", perché si tratta di stabilire in fase preliminare la direzione dalla quale proviene la luce (in questo caso da destra, per cui le ombre vanno posizionate lungo il lato sinistro di ogni oggetto).

1

Dipingete il vassoio con un miscela di bianco e oro in rapporto 3 a 1, applicata sotto forma di pennellate fluide e decise nella stessa direzione. Lasciate asciugare e quindi producete una serie di striature con una tinta ottenuta mescolando oro e acqua in parti uguali.

2

Ritagliate i motivi dalla carta da regalo e, individuata la composizione più felice, incollateli sul vassoio, sovrapponendone alcuni, se lo ritenete utile.

3

Per conferire profondità ai vari elementi della composizione, e suggerire il senso della tridimensionalità, dovete indicare le ombre. Queste sono molto scure in corrispondenza dell'oggetto e progressivamente più chiare man mano che si "allontanano". Per un lavoro più accurato, usate il pennellino per belle arti.

4

Tracciate l'ombreggiatura attorno al libro: iniziate con una miscela diluita di nero e aggiungete via via un pizzico di bianco.

5

Ora dipingete il bordo del vassoio con una calda tonalità dorata. Riuscendo ad alternare aree scure ad altre più chiare, conferirete all'oggetto una patina d'antico: per le prime usate il colore senza diluirlo, per le aree più chiare miscelatelo con acqua in parti uguali.

OCCORRENTE

- cornice di 25 x 18 cm
- sottobicchieri di carta traforata con diametro di 12 cm
- 2 bombolette di vernice spray: nera e oro
- fogli di giornale
- matita
- forbicine con punte ricurve
- colla spray riposizionabile

MERLETTI DA PARETE

Normali sottobicchieri di carta possono dar vita a una raffinata collezione di merletti da incorniciare e appendere alle pareti di una cucina all'antica.

La realizzazione di ricami traforati sulla carta richiede una buona dose di creatività e soprattutto molta pazienza. In questo caso, però, partiamo avvantaggiati perché come base si utilizzano sottobicchieri in parte già traforati. Si tratta quindi di modificare leggermente i trafori, per poi conferire ai merletti una gradevole patina d'antico spruzzando sulla carta un velo di vernice color oro. Per farli risaltare meglio all'interno della cornice, abbiamo dipinto di nero i pannelli sui quali applicarli; se preferite, potete ovviamente cambiare tinta, ma vi consigliamo comunque di scegliere un colore scuro.

1

Separate i vari elementi che compongono la cornice e spruzzate un velo uniforme di vernice nera sul lato diritto del pannello di fondo.

2

Disegnate al centro del pizzo di carta un fiorellino a sei petali e poi evidenziate a matita i contorni dei motivi che intendete ritagliare.

3

Seguendo le linee a matita, ritagliate con cura prima il fiorellino e poi i motivi evidenziati.

4

Collocate il merletto su un foglio di giornale e ricopritelo con uno strato uniforme di vernice spray oro.

5

Spruzzate un velo di colla sul retro del merletto e applicatelo sul pannello di fondo, centrandolo perfettamente.

6

Da ultimo, assemblate gli elementi della cornice, maneggiando con cautela il pannello di fondo.

PARALUME PLISSÉ

Il fascino di questa romantica lampada da tavolo è dovuto al paralume, realizzato con una speciale carta di origine francese.

OCCORRENTE

- carta *toile de jouy* alta 90 cm
- forbici
- squadra
- matita
- colla a base d'acqua
- fettuccia di cotone alta 1,5 cm, in tinta con la carta
- perforatrice
- scheletro conico di metallo per paralumi

La stoffa e la carta stampate raffiguranti scene pastorali, divinità greche o avvenimenti storici nacquero nel Settecento dall'idea di alcuni artigiani francesi di creare fantasie monocromatiche su fondo neutro: l'effetto è altamente scenografico, ma al tempo stesso leggero e arioso. Queste caratteristiche stoffe e carte sono dette *toile de jouy* dal nome del paese d'origine, Jouy en Josas; beige, blu, grigio, magenta e verde sono i tipici colori usati per stamparle. Un progetto come questo richiede pazienza e precisione, in quanto il motivo plissettato deve risultare molto regolare.

Vi consigliamo inoltre di scegliere per la lampada una base in legno, che contribuirà a esaltare la raffinatezza del paralume.

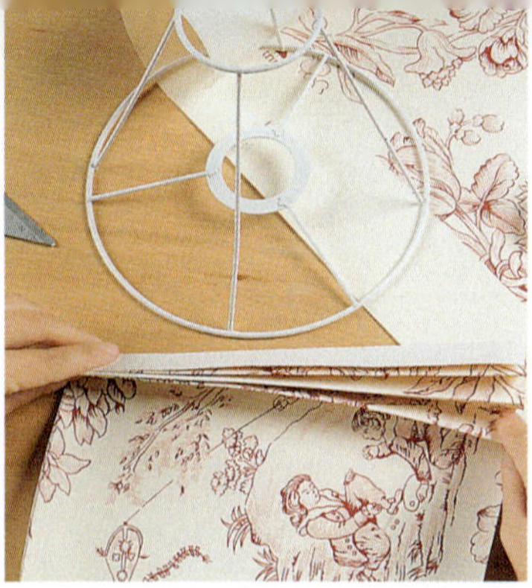

1

Ricavate dalla carta *toile de jouy* un rettangolo alto quanto lo scheletro del paralume e lungo come la circonferenza alla base e iniziate a eseguire il plissé: partendo da un lato corto, piegatelo a fisarmonica, facendo attenzione a mantenere costante la larghezza delle pieghe (2 cm).

2

Tagliate la fettuccia in modo che misuri quanto un lato lungo della carta, stendete uno strato di colla e applicatela, per metà larghezza, su un margine plissettato; poi ripiegate l'altra metà sulla carta così da coprirne il bordo. Ripetete sull'altro margine plissettato.

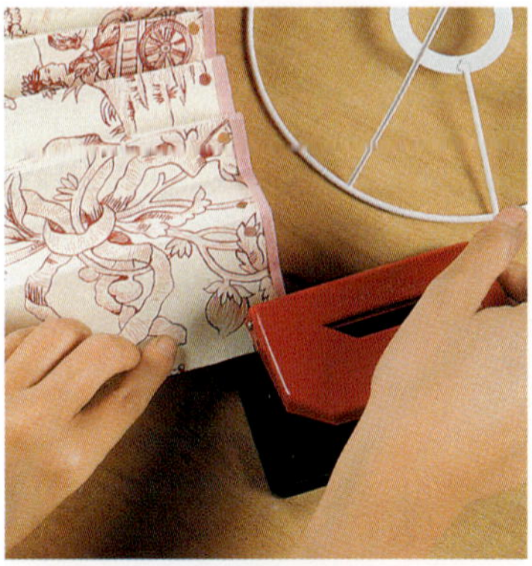

3

Usando la perforatrice, praticate, alla stessa altezza, un foro al centro di ogni piega di uno dei due margini plissettati (quello che corrisponderà al bordo superiore del paralume).

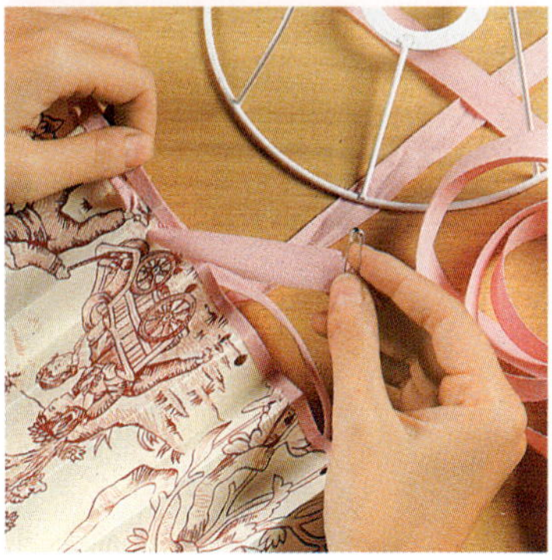

4

Ora infilate a passanastro una striscia di fettuccia nei fori, procedendo con molta cautela per non rischiare di rompere la carta.

5

Incollate le due estremità della fascia plissettata, tirate delicatamente la fettuccia e annodatela formando un fiocco.

6

Per finire, rivestite i due anelli dello scheletro del paralume con una striscia di fettuccia e appoggiate su di essi il cono plissettato.

OCCORRENTE

- striscia di carta bianca di circa 15 x 120 cm
- squadra e compasso
- matita
- nastro adesivo di carta, colla o nastro biadesivo
- asse di legno
- taglierino
- forbicine

DELICATE BORDURE

Ricavate da una striscia di carta un evanescente pizzo per impreziosire la mensola di una vetrinetta.

La carta è uno dei materiali più amati da chi si diletta in lavori manuali, in quando la varietà di oggetti che consente di creare è davvero straordinaria. Il lavoro proposto, realizzato con una lunga striscia di carta bianca, è un'evidente conferma. L'importante è scegliere un motivo adatto per eseguire il traforo, meglio se dal contorno facile da ritagliare come questo romantico cuore.

Per ottenere la bordura formata da una fila di cuori traforati si ricorre alla semplicissima "tecnica delle bamboline": si piega la striscia di carta tante volte quanti sono i cuori, si ricalca il motivo, lo si ritaglia e infine si apre la striscia disponendo dell'intera bordura.

Misurate la lunghezza della mensola sulla quale applicare la bordura e poi, aiutandovi con una fotocopiatrice, ingrandite il motivo qui a destra in modo che la sua larghezza sia un sottomultiplo della misura della mensola. Questo cuore è largo 16 cm.

1

Su un lato lungo della striscia di carta segnate a matita tanti moduli quanti sono i cuori che occorrono: ogni modulo deve essere largo come il cuore.

2

Piegate la striscia in corrispondenza di ogni modulo: le pieghe devono risultare perfettamente diritte e perpendicolari al lato sul quale sono stati segnati i moduli.

3

Con la matita, ricalcate il cuore sul primo modulo piegato. Per ottenere curve più precise, utilizzate il compasso o il curvilineo.

4

Fissate la striscia di carta sull'asse di legno con il nastro adesivo e, servendovi del taglierino, ritagliate le parti interne del cuore. Esercitate una pressione decisa in modo da incidere tutti gli strati di carta.

5

Ora ritagliate il contorno esterno del cuore con le forbici, lasciando unita la striscia per circa 1 cm sui due lati (in corrispondenza delle piegature), così da tenere i cuori attaccati l'uno all'altro in una lunga fila.

6

Aprite con cautela la striscia e con un po' di colla, o del nastro biadesivo, fissate la bordura sulla mensola.

Carte Marmorizzate

Usate in origine soprattutto per le rilegature dei libri, negli ultimi tempi le carte marmorizzate hanno trovato applicazione nel decoro di un gran numero di oggetti, da accessori per scrivania a scatole dei formati più vari.

OCCORRENTE

- carta da 90 a 120 g/mq
- vaschetta piatta di plastica o metallo, reperibile nei negozi di articoli per fotografi
- colla in polvere per carta da parati
- colori a olio in tubetto
- acquaragia
- piattini di plastica per diluire i colori (uno per tinta)
- pennelli
- bastoncini e pettine per marmorizzazione

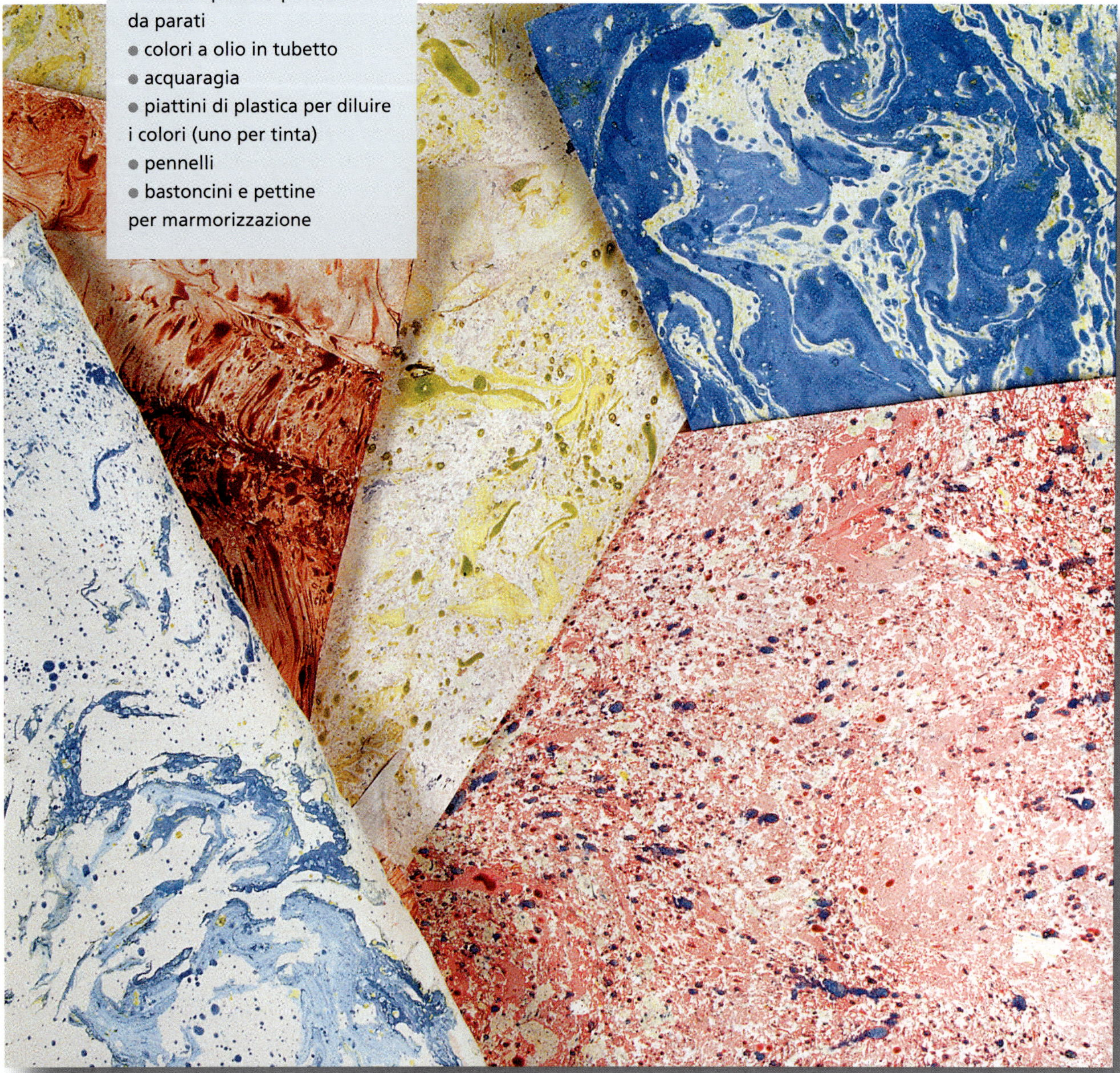

La marmorizzazione è oggi uno dei metodi più apprezzati per decorare la carta. Tecnicamente si esegue spruzzando pittura a olio su un apposito liquido, in modo che galleggi; quindi si appoggia il foglio da "marmorizzare" per qualche secondo, finché il disegno creato dai colori si trasferisce sulla facciata. Si ritiene che questo procedimento, messo a punto a partire dal XVI secolo, sia stato ideato nell'Europa dell'est, ma la storia è tuttora circondata da un alone di mistero, come peraltro la stessa tecnica: pare fosse consuetudine insegnare agli apprendisti solo alcune fasi del lavoro, in modo che non potessero divulgare informazioni utili ai produttori rivali.
Dei possibili metodi di realizzazione, quello che proponiamo è leggermente più complesso, ma permette di esercitare un miglior controllo del disegno: infatti, i colori a olio vengono fatti galleggiare su un bagno colloso, e quindi piuttosto denso, che ne frena il movimento, consentendo di distribuire le tinte in base alla composizione desiderata.
Proteggete il piano di lavoro e procedete con metodo, scegliendo tonalità armoniose e in nuance con il colore di fondo della carta da decorare.

1

Versate una piccola quantità di ogni colore in un piattino e diluitelo con qualche goccia di acquaragia: dovete produrre miscele piuttosto fluide.

2

Ora preparate il bagno colloso: riempite la vaschetta con acqua tiepida e aggiungete la colla da parati (mezzo cucchiaio per litro d'acqua), mescolando con un bastoncino fino a ottenere una soluzione omogenea.

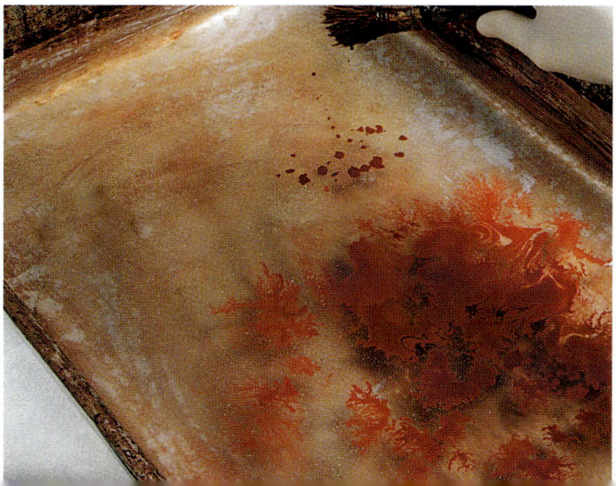

3

Caricate il pennello con il primo colore e schizzate alcune gocce sul bagno colloso, battendo il manico contro il bordo della vaschetta o aiutandovi con un altro pennello. La pittura si dilaterà formando una serie di "dischi".

4

Ripetete l'operazione con un secondo ed eventualmente un terzo colore.

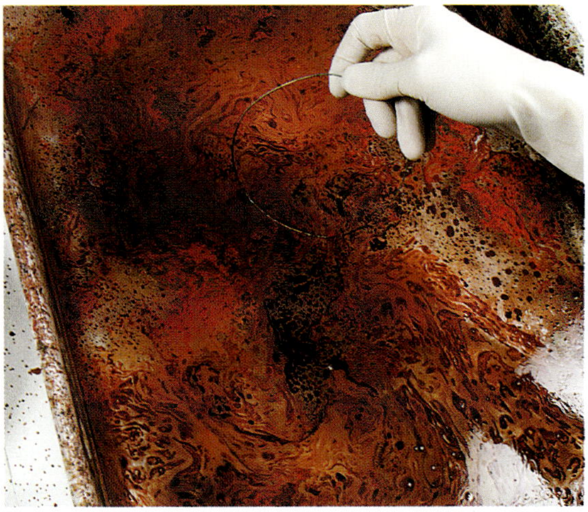

5

Servendovi di un bastoncino o del pettine per marmorizzazione, muovete con cautela i colori sulla superficie del bagno, così da creare la composizione desiderata. Quando sarete soddisfatti del risultato, trasferitelo sulla carta.

6

Prendete il foglio da decorare e, tenendolo per due angoli opposti in diagonale, appoggiatelo sulla superficie del bagno colloso. Accompagnatelo con un movimento lento e uniforme per evitare che si formino bolle d'aria, che produrrebbero antiestetiche macchie bianche.

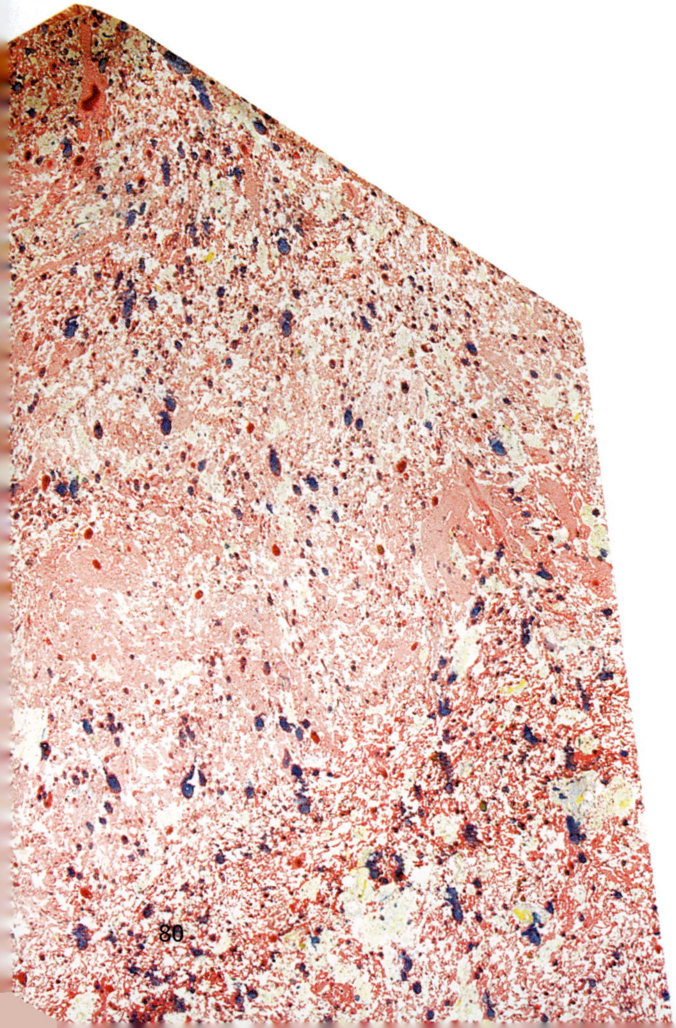

7

Lasciate il foglio immerso nel bagno colloso finché la carta avrà assorbito il colore in modo uniforme, eventualmente muovendo la vaschetta avanti e indietro per favorire il processo.

8

A questo punto estraete il foglio, sempre tenendolo per due angoli e facendolo scorrere sul bordo della vaschetta per eliminare il liquido in eccesso. Quindi stendetelo ad asciugare su un piano perfettamente orizzontale.

OCCORRENTE

- foglio quadrato di carta per origami o da regalo

PIEGARE LA CARTA

Un semplice foglio di carta può diventare un animale, un fiore, un elemento geometrico. L'antica arte giapponese dell'origami è un classico esempio di sapiente combinazione di tecnica e creatività.

Oltre che un bellissimo gioco, l'origami è un'arte che oggi trova applicazione nei settori più disparati, dalla grafica alla scenografia, dalla pubblicità alla moda. I primi modelli risalgono al Medioevo giapponese (*ori* significa piegare, *kami* carta). In quel periodo, l'affermazione di alcune sette buddiste favorì l'introduzione di regole di etichetta, fra cui la cerimonia del tè, l'*ikebana* (l'arte di disporre i fiori) e il "rituale" di presentare al sovrano lettere in buona piegatura. Questa consuetudine coinvolse nobili, favorite, sudditi, tanto che biglietti piegati a forma di gru, farfalla, fiore o secondo sagome geometriche stilizzate venivano inviati agli amici per bene augurare o alla persona amata per esprimere attenzione e dedizione. L'origami giunse in Europa alla fine del Settecento, ma non sarebbe giusto affermare che il Vecchio Continente non praticava la piegatura; per esempio, gli spagnoli vantano una scoperta autonoma, che chiamano *pajarita*. Il vero sviluppo di questa tecnica si ha comunque dopo la seconda guerra mondiale, grazie all'opera di alcuni artisti che hanno ideato un origami creativo, teso alla realizzazione di modelli nuovi, svincolati dalla tradizione. Da allora, con la semplice piegatura della carta, e senza ricorrere a colla e forbici, si scoprì come raffigurare qualsiasi cosa.

Apparentemente complicato, l'origami affascina e "tenta" anche i meno esperti per la bellezza, l'essenzialità e la purezza dei suoi modelli. Rispettando alcune regole essenziali, riuscirete ben presto a realizzare forme che vi regaleranno divertimento e grande soddisfazione: realizzate piegature precise, seguite attentamente l'ordine dei vari passaggi e scegliete con cura la carta, che deve essere sottile e resistente (potete usare carta da macchina per scrivere, carta velina, da regalo o speciale carta per origami, reperibile in alcune librerie e nei negozi di giocattoli). Per i due modelli illustrati in queste pagine abbiamo usato un foglio quadrato, con un lato colorato (quello da collocare a contatto con il piano di lavoro).

LA TECNICA

Nella costruzione dei vari modelli, due sono le "piegature base", la piega a monte e la piega a valle.

Piega a monte È una piega all'indietro; la traccia della piega si presenta rivolta verso l'alto, quindi forma un "monte".

Piega a valle È una piega in avanti; la traccia della piega si presenta rivolta verso il basso, quindi forma una "valle".

PALLONCINO-CUBO

1

Eseguite una piega a valle lungo la linea mediana, facendo combaciare perfettamente gli angoli.

2

Piegate nuovamente a metà, con una seconda piega a valle, e quindi aprite, riportando il modello nella posizione illustrata al punto 1.

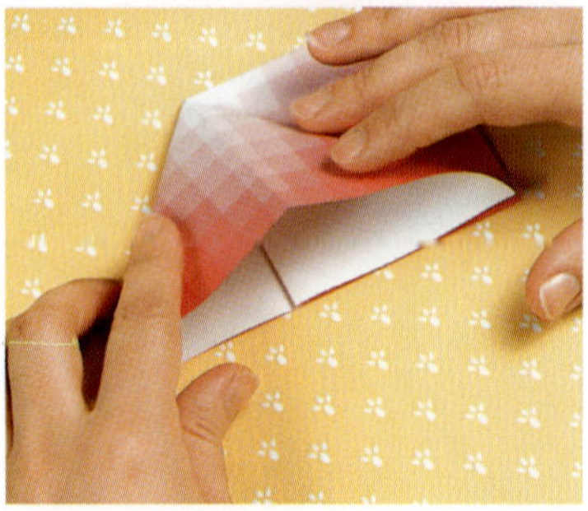

3

Piegate a monte lungo la diagonale, riaprite e portate l'angolo superiore sulla base del triangolo.

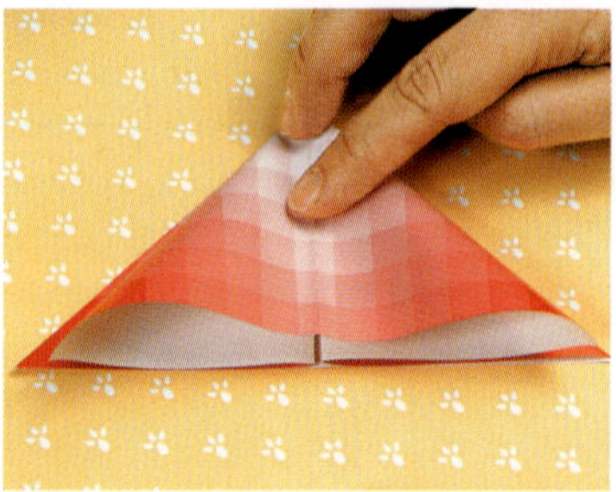

4

Capovolgete il foglio e ripetete l'operazione.

5

Piegate a valle, portando i due angoli inferiori su quello superiore.

6

Capovolgete e ripetete.

7

Con pieghe a valle portate i due angoli esterni sulla diagonale del rombo, in modo da ottenere due tasche.

8

Capovolgete e ripetete.

9

Con una piega a valle portate una delle punte superiori sulla traccia centrale.

10

Con un'altra piega a valle infilate il triangolino nella tasca corrispondente ricavata al punto 7. Ripetete le operazioni per ognuna delle tre punte restanti.

11

Allargando leggermente i quattro lati, gonfiate soffiando nel foro della punta inferiore, fino a ottenere un palloncino. Usando carta non troppo sottile e accentuando lati e angoli, otterrete un cubo.

STELLA

1

Eseguite una piega a valle lungo la diagonale e un'altra, sempre a valle, lungo l'altezza del triangolo ottenuto.

2

Piegate a monte sull'altezza, aprite e portate l'angolo superiore su quello inferiore fino a ottenere un rombo.

3

Capovolgete e ripetete l'operazione.

4
Portate gli angoli esterni del rombo sulla traccia centrale con una piega a valle.

5
Ora, sempre con una piega a valle, portate l'angolo superiore sulla diagonale.

6
Aprite tutte le pieghe e portate verso l'alto l'angolo inferiore seguendo le tracce esistenti. Capovolgete e ripetete.

7
Eseguite una piega a valle lungo la traccia centrale. Capovolgete e ripetete.

8
Con una piega a valle portate l'angolo inferiore del rombo sulle due punte superiori. Capovolgete e ripetete.

9
Portate uno degli angoli inferiori sull'altezza del triangolo.

10
Con una piega a monte aprite il triangolino così ottenuto, premendo lungo la traccia.

11
Con due pieghe a valle portate gli angoli superiori sulla linea mediana. Poi aprite lungo le pieghe fino a formare un piccolo rombo.

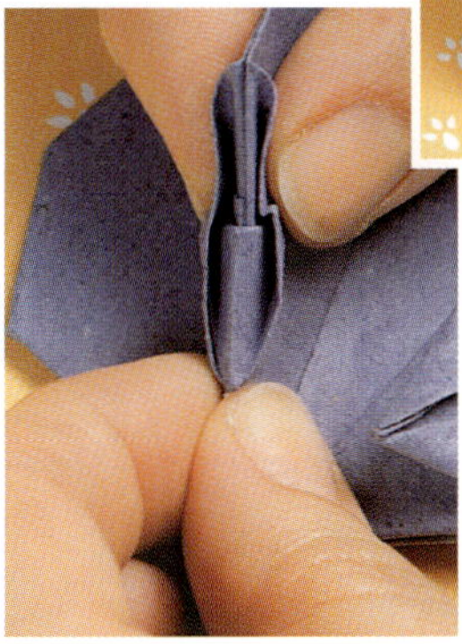

12
Eseguite una piega a monte lungo la diagonale. Ripetete le operazioni descritte a partire dal punto 9 sugli altri tre angoli.

13
Divaricate le quattro punte e tirate verso l'esterno fino ad appiattire il cuore della stella.

OCCORRENTE

● barattolo di latta del tipo per alimenti ● matite colorate da rivestire ● pennarello e matita morbida ● squadra ● carta decorata ● colla vinilica ● pennello tondo ● forbici

Scrivania in Nuance

Matite personalizzate da collocare in un contenitore "fatto apposta". Una soluzione insolita e facile da realizzare per una scrivania tono su tono.

Rivestire oggetti usando carte decorate, tecnica che rientra nell'ambito del cartonnage, è un'operazione relativamente facile, che richiede però una certa precisione, sia nel prendere le misure sia durante la fase di incollaggio. Il progetto proposto in queste pagine è un'ottima opportunità per mettersi alla prova realizzando un simpatico set da scrivania in cui le matite e il portamatite sono personalizzati con lo stesso rivestimento.

Prima di tutto riportate sul barattolo la misura richiesta tracciando con il pennarello una linea diritta (sarà il punto dal quale partirete per applicare la carta) e disegnate sulla carta un rettangolo alto quanto il barattolo e largo quanto la sua circonferenza, prevedendo su un lato lungo e uno corto un esubero di 1 cm. Quindi ritagliate il rettangolo.

1

Diluite un cucchiaio di colla con un cucchiaio d'acqua e applicatela sul rettangolo con il pennello. Quindi posizionate la carta sul barattolo, sovrapponendo di 1 cm i lati corti e facendo sporgere in alto l'esubero del lato lungo.

2

Dopo aver esercitato una leggera pressione con le mani per eliminare eventuali bolle d'aria, praticate piccoli tagli sul bordo di carta eccedente e ripiegatelo all'interno, applicando altra colla se necessario.

3

Ora ritagliate una striscia di carta alta 1,5 cm e lunga quanto la circonferenza del barattolo, applicate uno strato di colla e fissatela all'interno del portamatite a filo del bordo, così da coprire il margine ripiegato.

4

Ritagliate un disco di carta di diametro uguale a quello del barattolo, stendete uno strato di colla con il pennello e fatelo aderire alla base del portamatite, anche in questo caso esercitando una leggera pressione con le dita.

5

Ritagliate tante striscioline di carta quante sono le matite da rivestire (misura standard 3 x 16 cm). Poi applicate uno strato di colla su ognuna di esse e adagiatevi una matita, arrotolando la carta con cura.

6

Lisciate la carta con le dita in modo che aderisca perfettamente, applicando altra colla soprattutto in corrispondenza dei punti di unione e lungo l'estremità da temperare. Lasciate asciugare.

OCCORRENTE

- cartoncino quadrato con lato di 50 cm, spesso 2 mm
- foglio di carta da regalo a quadretti
- riga e squadra
- matita
- taglierino
- colla a base d'acqua
- pennello tondo medio

CORNICE A QUADRETTI

Davvero deliziosa questa cornice di cartone foderato da realizzare per la cameretta dei più piccoli: richiede solo un po' di pazienza e un investimento minimo.

Costruire una cornice di cartone è semplice e rilassante: basta tagliare con cura gli angoli dei vari pezzi e distribuire la colla in modo uniforme. Prima di iniziare, decidete dove sistemare la cornice, in modo da scegliere una carta di rivestimento intonata con l'arredo della stanza. Un consiglio: orientatevi su carte con disegni geometrici, perché è più facile farle combaciare rispetto a quelle con motivi fantasia. In alternativa, specie se completata con una foto che ricorda un avvenimento significativo, la stessa cornice può trasformarsi in un'ottima idea regalo.

1

Disegnate la sagoma del sostegno sul cartoncino: tracciate dapprima due linee ad angolo retto, lunghe 4,5 cm, poi la bisettrice di quest'angolo, lunga 16,5 cm, alla cui estremità segnerete un segmento perpendicolare di 3,2 cm. Completate la sagoma unendo le estremità e ritagliatela con il taglierino.

2

Usando il sostegno come traccia, ritagliate dal foglio di carta due sagome: una uguale e l'altra più grande di 1,5 cm tutt'attorno. Poi, con il taglierino, praticate un'incisione a 2,5 cm dall'estremità diritta del sostegno e diluite in un piattino un cucchiaio di colla con un cucchiaino d'acqua.

3

Servendovi del pennello, applicate uno strato uniforme di colla sul ritaglio di carta più grande, centratelo sul sostegno e ripiegate con cura i bordi all'indietro. Quindi stendete uno strato di colla anche sul ritaglio "in misura" e posizionatelo sull'altra faccia del sostegno, verificando che i contorni coincidano.

4

Ora occupatevi della cornice. Ricavate dal cartoncino un rettangolo di 19,5 x 15 cm, con una finestra centrale di 13,5 x 9 cm. Ritagliate la stessa cornice dalla carta, lasciando lungo tutti i margini (esterni e interni) un esubero di 1,5 cm, e incollatela sul cartoncino, ripiegando i bordi all'indietro.

5

Per il retro della cornice, ritagliate dal cartoncino un rettangolo di 19,5 x 15 cm e dalla carta uno di 22,5 x 18; poi incollate la carta sul cartoncino, anche in questo caso ripiegando accuratamente i bordi. Infine, applicate la colla su tre lati della cornice, lasciando un margine di 1 cm tutt'attorno alla finestra, e fissatela al retro.

6

Stendete uno strato di colla sul sostegno, dall'incisione all'estremità diritta, e, facendo coincidere l'estremità a punta con un angolo della cornice, fissate il sostegno sul retro. Lasciate asciugare e quindi sollevate leggermente il sostegno per accentuare la piega lungo l'incisione.

OCCORRENTE

- cartone spesso 2 mm
- carta da regalo fantasia
- per il piedistallo, 3 pannelli quadrati di MDF o di truciolato con le seguenti misure: uno con lato di 13 cm, alto 1,5 cm; uno con lato di 11 cm, alto 0,8 cm; uno con lato di 9 cm, alto 7 cm
- 2 taglierini: per moquette e per carta
- matita
- riga e squadra
- colla a base d'acqua
- stucco francese
- pennello piatto piccolo
- medium per acrilici
- vernice di finitura a olio

OBELISCO IN MINIATURA

Per quanto suggestivi, quelli veri sono un po' ingombranti, mentre l'obelisco che proponiamo può tranquillamente trovar posto sulla scrivania o su una mensola della libreria.

Con un semplice cartone e una carta da regalo colorata è possibile creare complementi d'arredo decisamente insoliti, come questo obelisco. Realizzarlo non richiede particolare abilità, ma presuppone la massima precisione nel costruire la struttura di base, che verrà poi rivestita con la carta. L'obelisco è composto da un solido di forma trapezoidale, chiuso in alto da una piccola piramide e poggiato su un piedistallo formato da tre pannelli quadrati di diverse altezze, incollati l'uno sull'altro.

1

Disegnate sul cartone quattro trapezi (base maggiore 8 cm, base minore 5 cm e altezza 30 cm), due quadrati (lato 10 cm) e quattro triangoli equilateri (5 cm di lato). Ritagliate le sagome con il taglierino per moquette e poi, utilizzando l'erogatore, distribuite la colla sugli spigoli dei trapezi.

UN CONSIGLIO

Assemblate con grande cura le varie parti che costituiscono l'obelisco. Per favorire l'uniforme aderenza della carta da regalo, chiudete le fessure nei punti in cui gli elementi non combaciano perfettamente con un po' di stucco.

2

Unite i trapezi a due a due ad angolo retto. Poi stendete la colla lungo i lati dei triangoli e uniteli formando una piramide; applicate la colla anche sullo spessore della base della piramide e fissatela alla base minore del solido trapezoidale. Stuccate le fessure e lasciate asciugare per un paio d'ore.

3

Sul retro della carta fantasia disegnate lo sviluppo della piramide e del solido (seguendo gli schemi qui sotto), prevedendo un esubero di 1 cm sui lati di base e su quelli verticali; ritagliate le sagome. Poi disegnate e ritagliate anche gli sviluppi dei tre pannelli (in questo caso abbiamo riprodotto quelli del più piccolo e del più grande) e dei due quadrati.

4

Diluite in un piattino due cucchiai di colla con uno di acqua, stendete a pennello l'adesivo su uno dei lati del rivestimento di carta e appoggiatevi il solido. Quindi applicate la colla sul successivo lato del rivestimento.

5

Ripiegate la carta sul solido, esercitando una pressione decisa perché aderisca bene, e ripetete le stesse operazioni fino a rivestire completamente la struttura. Poi ricoprite anche i pannelli e i quadrati di cartone, ripiegando con cura i margini di ogni ritaglio.

6

Con il pennello, stendete sui vari elementi uno strato di medium, lasciate asciugare e rifinite applicando più mani di vernice a olio. A questo punto non vi resta che assemblare l'obelisco; incollate i pezzi uno sull'altro in quest'ordine: i due pannelli alti 1,5 e 0,8 cm, un quadrato, il terzo pannello, l'ultimo quadrato e il solido a punta.

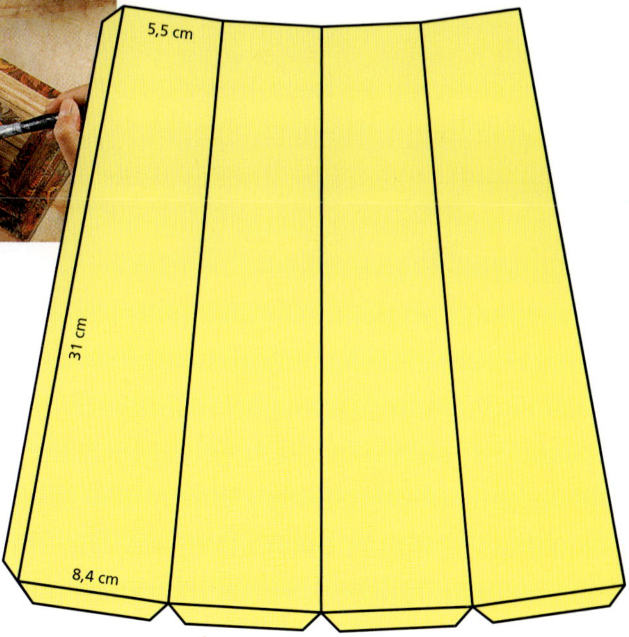

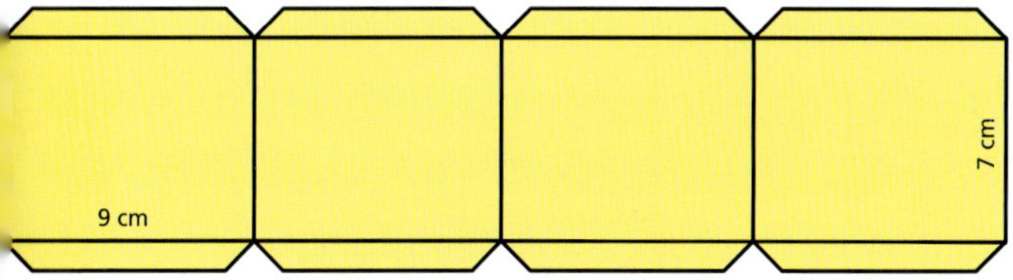

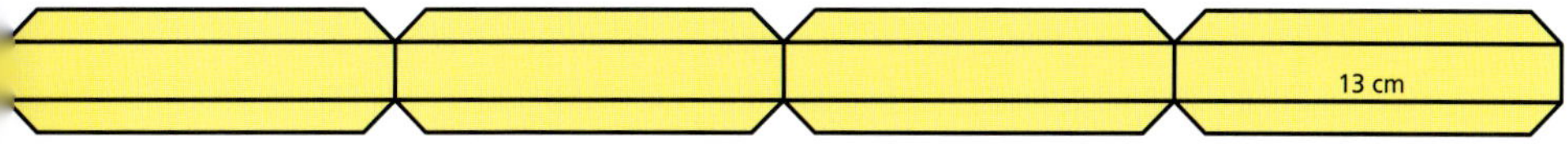

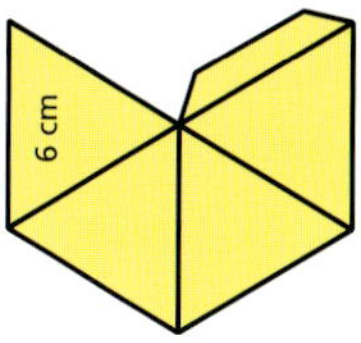

OCCORRENTE

- matassa da 15 m di filo di carta Twistart rosso
- matassa da 15 m di filo di carta Twistart verde
- colla vinilica
- forbici

Ghirlande per Candele

Deliziose roselline concatenate a ghirlanda, tutte in rosso e verde, tutte di pirkka, il filo finlandese che fa meraviglie.

È una tecnica relativamente nuova per noi, ma che ha incontrato notevoli consensi perché permette di realizzare piccoli capolavori di nastro di carta. Il pirkka si acquista in matasse da 15, 44 o 175 metri nei negozi specializzati in articoli per la decorazione della casa. Va srotolato con delicatezza, seguendo il senso dell'arrotolatura e partendo indifferentemente dall'alto o dal basso. Armatevi di una buona dose di pazienza e seguite le indicazioni riportate a fianco.

1

Dalla matassa verde tagliate 6 fili di 30 cm e uniteli con un elastico a circa 7 cm da una delle estremità. L'elastico segnerà l'inizio della treccia che costituisce la base della ghirlandina.

2

Ora occupatevi delle foglie: tagliate 30-40 fili di 12 cm e srotolateli dal centro verso l'esterno fino a 1 cm dalle estremità (le "punte" devono rimanere chiuse). Poi "strozzate" ogni foglia al centro eseguendo mezzo giro.

3

Realizzate la treccia che costituisce la base della ghirlanda, conferendole una forma circolare man mano che procedete e inserendo una foglia a ogni sovrapposizione di uno dei capi sugli altri due. Raggiunta la circonferenza desiderata ed esaurite le foglie, tagliate i fili liberi a circa 7 cm, rimuovete l'elastico applicato all'inizio, incrociate le due estremità della treccia e bloccatele con un altro filo.

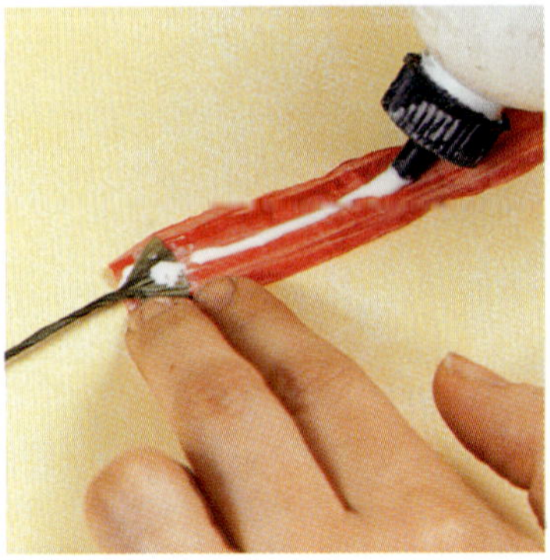

4

Tagliate 3 fili rossi di 50 cm per le roselline e 3 fili verdi di 10 cm per gli steli, srotolando completamente ogni filo rosso e solo 1 cm di ciascun verde. Applicate un velo di colla sulla prima strisciolina rossa e incollate a un'estremità la parte aperta dello stelo; poi arrotolate la fettuccia rossa sullo stelo e su se stessa fino a 5-6 cm dall'estremità opposta.

5

A 5-6 cm dall'estremità torcete la strisciolina rossa di mezzo giro e finite di arrotolarla: attenzione, però, a non sovrapporre l'estremità sulla "strozzatura" appena prodotta.

6

Inserite le roselline nella ghirlanda in prossimità della chiusura, facendo passare gli steli fra i fili dell'intreccio, dopo averli leggermente allargati con la punta delle forbici. Per fissare le roselline alla ghirlanda, non usate la colla, ma aprite gli steli dei fiori come se fossero foglie.

Ciclamini in Pirkka

OCCORRENTE

- matassa da 15 m di filo di carta Twistart fucsia
- matassa da 15 m di filo di carta Twistart verde
- 1 m di vite verde
- colla vinilica
- forbici

Con la "complicità" del pirkka, potrete rallegrare la casa con i vostri fiori preferiti anche fuori stagione. Oltretutto, conservandolo in un ambiente asciutto avrete un vaso di ciclamini praticamente eterno.

Un filo colorato si lascia srotolare rivelando un nastro di carta che, con un po' di abilità, sboccia in fiori vivaci. Il pirkka alto 2,5 cm è noto come filo; quello alto 5 cm con il nome di vite. A lavoro ultimato, per un effetto più realistico vi consigliamo di collocare la composizione in un vaso di terracotta.

1

Per i petali del primo fiore, tagliate 2 fili fucsia di 20-23 cm e 1 filo di 10 cm. Srotolate i fili più lunghi partendo dal centro, ma lasciando chiuse le estremità. Poi aprite solo metà del filo corto.

2

Con la punta delle forbici, praticate un foro al centro di ognuno dei petali lunghi, disponeteli a X e inserite l'estremità arrotolata del terzo petalo. Stringete la base della corolla in modo da ottenere un fiore con 5 petali e uno stelo di 3 cm.

3

Prendete un filo verde di 20 cm, srotolatene un'estremità per circa 5 cm e ritagliate il bordo superiore formando tre punte. Versate una goccia di colla sul segmento aperto e incollatelo attorno allo stelo del fiore: le tre punte simuleranno il calice.

4

Tagliate e srotolate circa 30 cm di filo verde e incollatelo attorno allo stelo del fiore così da rinforzarlo.

5

Per dare una forma realistica al ciclamino, stringete fra le dita il calice e piegate i petali all'indietro. Realizzate gli altri fiori procedendo nello stesso modo.

6

Tagliate la vite in pezzetti lunghi 20 cm e separate i quattro fili che la compongono per circa 7 cm, srotolandoli. A questo punto sagomate le foglie. Disponete fiori e foglie creando la composizione che più vi convince e legateli con un filo verde.

OCCORRENTE

- 1 m di Twistart vite rosa antico
- 1 m di Twistart vite blu
- 1 m di Twistart vite fucsia
- 1 m di Twistart vite verde scuro
- 2 matasse da 15 m di filo di carta Twistart verde scuro
- forbici
- colla vinilica

ASPETTANDO LA PRIMAVERA

Inserita in un contesto austero come quello proposto, la "regina dei fiori" sembra ancora più rigogliosa.

È straordinario come una semplice fettuccia di carta possa riprodurre l'esuberanza di una rosa appena sbocciata, ma forse la "magia" del pirkka, il filo che arriva dalla Finlandia, risiede proprio in questa caratteristica.

A seconda delle dimensioni della ghirlanda, potrete destinarla agli usi più disparati: appesa a una parete, come decoro per un portaritratti, come "coroncina" in cui inserire una candela e addirittura come portatovaglioli.

1

Tagliate 50 cm di vite fucsia per il fiore e 15 cm di vite verde per lo stelo e le foglie, separando i quattro fili che formano ogni nastro di carta. Srotolate completamente uno dei fili fucsia e solo 1 cm di un filo verde, applicate una goccia di colla e fissate lo stelo alla fettuccia rosa. Stendete un filo di colla per 10-12 cm e iniziate ad arrotolare la fettuccia sullo stelo e su se stessa.

2

All'esaurimento del primo "tratto" di colla, torcete la fettuccia di mezzo giro, applicate un nuovo filo di adesivo per altri 10-12 cm e continuate ad arrotolarla procedendo nello stesso modo fino a completare il fiore.

3

Srotolate completamente 8 cm di vite verde, piegate il nastro a metà nel senso della lunghezza e con l'aiuto delle forbici sagomate una foglia con un picciolo di circa 1 cm.

4

Con una goccia di colla, fissate la foglia alla base della rosa. Quindi realizzate gli altri fiori nello stesso modo.

5

Dalle matasse verde scuro ricavate 36 fili lunghi 75 cm e uniteli con un elastico a 10 cm da una delle estremità. L'elastico segnerà l'inizio della treccia per "costruire" la ghirlanda: realizzatela conferendole una forma circolare man mano che procedete. Raggiunta la circonferenza desiderata, tagliate i fili liberi a circa 10 cm per uguagliare l'altro capo della treccia.

6

Rimuovete l'elastico, incrociate le due estremità della treccia e bloccatele con un altro filo.

7

Inserite le rose nella ghirlanda in prossimità della chiusura, facendo passare gli steli tra i fili dell'intreccio, dopo averli leggermente allargati con la punta delle forbici.

UN TOCCO DI COLORE

Vassoio Marino

Insolito, e perfettamente in tema, il vassoio decorato a stencil con conchiglie "tridimensionali", che sembra ricavato da un'asse di legno recuperata sulla spiaggia.

OCCORRENTE

- piccolo vassoio di legno grezzo o masonite
- mascherine per realizzare le conchiglie
- preparato per maxi crepe (crackle medium e vernice)
- pennello piatto
- spugnette
- colori acrilici: blu aviazione; giallo ocra, bianco e terra d'ombra (per le conchiglie); oro (per il bordo del vassoio)
- pennello per stencil
- vernice di finitura a olio in gel

Con un sapiente trattamento screpolante e antichizzante riuscirete a far credere che questo simpatico vassoio è in realtà il "remake" di un relitto portato dal mare. L'effetto è molto gradevole, con crepe profonde che si alternano ad altre appena accennate, come se poggiassero su un merletto. Un consiglio: nel realizzare le conchiglie a stencil, lavorate con il pennello quasi asciutto, così da ottenere effetti di trasparenza che lascino affiorare lo strato di fondo.

1

Riproducete la sagoma di base della prima conchiglia, caricando il pennello per stencil con il giallo ocra e procedendo con mano leggera, così da lasciar intravedere le crepe di fondo.

LA TECNICA

Le "maxi crepe"

Trattate l'intera superficie con una mano di acrilico blu e lasciate asciugare. Poi, con pennellate nella stessa direzione, applicate uno strato uniforme di crackle medium; lasciate asciugare per tre quarti d'ora e stendete la vernice, evitando di passare due volte sulla stessa area per non compromettere l'effetto finale: ben presto compariranno vistose crepe. Lasciate asciugare per circa un'ora e antichizzate la superficie applicando con la spugnetta una tonalità di blu più scura (o, se preferite, una tinta contrastante), in modo da far affiorare le screpolature più leggere. Dopo 5 minuti rimuovete il colore in eccesso strofinando la superficie con una spugnetta pulita appena umida.

2

Muovendo la mascherina, posizionate esattamente il bordo della conchiglia sulla sagoma di base e dipingetelo di bianco. Poi riproducete le "venature" con un chiaro tono di terra d'ombra.

3

Ritornate in corrispondenza del bordo e dipingete l'interno della conchiglia servendovi di una tonalità più scura di terra d'ombra. Infine, applicate un tocco di bianco al centro della cavità.

4

Realizzate le altre conchiglie nello stesso modo, posizionandole sopra e sotto la prima. Poi trattate la superficie con una mano di vernice di finitura e colorate il bordo del vassoio con l'acrilico oro.

OCCORRENTE

- 3 mascherine per ghirlanda tridimensionale
- colori acrilici: bianco, terra d'ombra e nero
- pennelli per stencil, n. 4 e n. 6
- carta assorbente da cucina

Ghirlanda in Rilievo

Elegante e d'effetto il decoro scelto per personalizzare la porta d'ingresso in occasione del Natale, una parete o l'antina di una piccola angoliera rustica.

Dopo un periodo di relativo disinteresse, la tecnica dello stencil è tornata alla ribalta e la ritrovata popolarità ha stimolato la produzione industriale di accessori un tempo realizzati artigianalmente. È il caso delle mascherine già pronte, oggi facili da reperire nei negozi per belle arti, nei colorifici e persino nei centri di articoli per bricolage: sono pretagliate e quindi non resta che applicarle. Quella utilizzata per questo progetto è una versione più "sofisticata" della tradizionale pellicola di acetato: infatti, le mascherine sono tre e, posizionate in sequenza, consentono anche alle meno esperte di costruire senza fatica una ghirlanda tridimensionale. Particolarmente felice il contrasto tonale creato dalle parti del fiocco in secondo piano e dagli scuri contorni dei petali dei tulipani.

1

Il decoro si realizza in tre fasi. Posizionate la prima mascherina e preparate la pittura miscelando 2 parti di bianco e 1 di terra d'ombra. Intingete il pennello n. 6, eliminate il colore in eccesso tamponando su un pezzo di carta assorbente e applicate la tinta sulla mascherina, picchiettando con mano leggera ed esercitando una pressione costante.

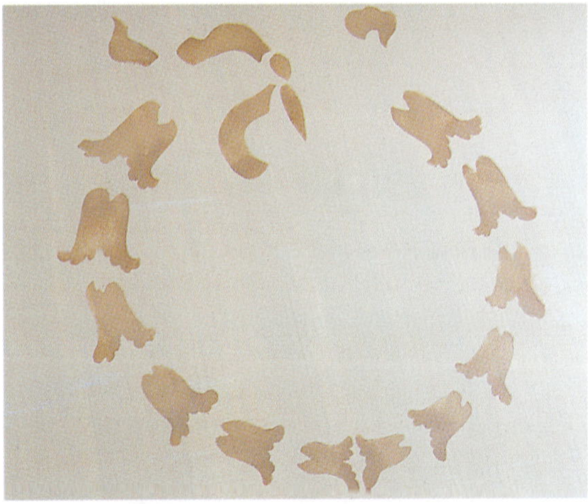

2

Scurite appena la miscela precedente con una punta di nero e, con il pennello n. 4, applicate la pittura sulla seconda mascherina, distribuendola in modo uniforme.

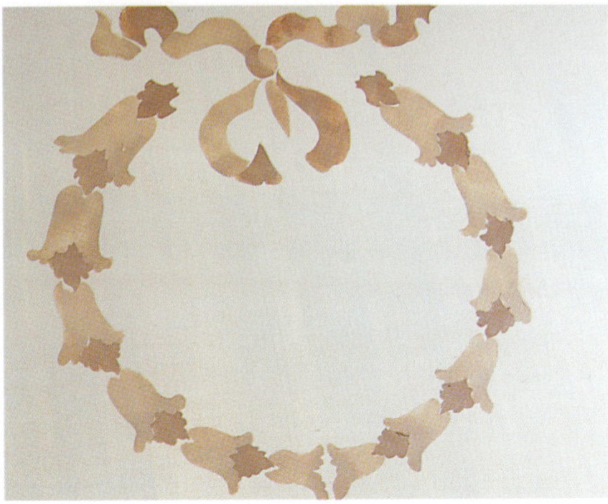

3

Ora posizionate l'ultima mascherina e colorate la parte restante del fiocco, i tulipani e le bacche con la stessa tinta e lo stesso pennello del passaggio 2.

4

A questo punto si tratta di intervenire con le ombreggiature per indicare l'aspetto tridimensionale della ghirlanda. Posizionate di nuovo la prima mascherina e, utilizzando una tinta più scura, colorate la parte interna del fiocco di sinistra e le corolle dei tulipani. Infine, applicate la seconda mascherina e scurite la parte interna del fiocco di destra, i due nastri "svolazzanti" alla sommità e le bacche.

BAULETTO PORTAFIORI

Un modo raffinato e originale per decorare un angolo del soggiorno con una composizione di fiori secchi.

OCCORRENTE

- bauletto in legno grezzo di 40 x 20 x 20 cm
- stucco per legno e spatola
- cartavetrata fine
- colori acrilici Lefranc e Bourgeois Deco. *Per la base*: bianco, giallo ginestra e terra d'ombra; *per lo stencil*: verde oliva, blu cenere e rosa porpora
- due pennelli applicatori, n. 30 e n. 50
- due pennelli da stencil, n. 5 e n. 6
- pennello fine n. 2
- vernice di finitura Ronseal per sughero e legno (finitura satinata)

La combinazione fra arte decorativa e immagini della natura prende forma in questo bauletto portafiori decorato con colori ad acqua. Ecco come impreziosire un oggetto di materiale povero grazie a una tecnica particolare, che conferisce al fondo un effetto striato simile a quello offerto da legni più pregiati. In alternativa alle classiche scatole in legno grezzo disponibili in commercio, potete utilizzare una vecchia cassetta per vini o liquori. Lo stencil è una tecnica abbastanza facile, ma in questo caso dovrete prestare particolare attenzione nel realizzare le sfumature di colore, la cui funzione è quella di dare volume e tridimensionalità al ramo di rose.

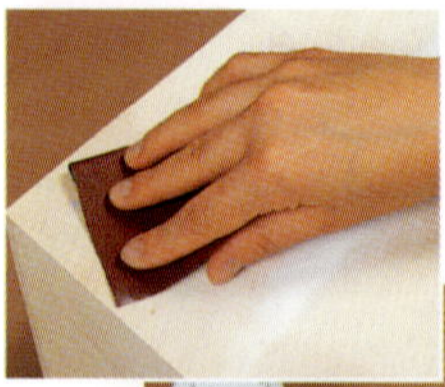

1

Dopo aver rifinito con lo stucco la superficie del bauletto, eliminate le asperità passando la cartavetrata fine. In un piattino, mescolate mezzo cucchiaino di giallo ginestra e mezzo di terra d'ombra con due cucchiaini di bianco, diluendo poi il tutto con due cucchiai di acqua. Applicate la miscela sull'intera superficie della scatola, sia all'esterno sia all'interno, servendovi del pennello n. 50. Prima che la pittura asciughi completamente, stendete una seconda mano.

2

Versate su un piattino un po' di terra d'ombra e, usando il pigmento puro senza diluirlo con acqua, create delle striature sul colore di fondo ancora umido con il pennello n. 30.

3

Quando la tinta di fondo del bauletto è asciutta, realizzate lo stencil in due angoli opposti del coperchio e sul lato anteriore della scatola. Con il verde oliva iniziate a riempire le foglie, usando pochissimo colore e premendo leggermente soprattutto lungo i margini del disegno. Poi, servendovi del blu cenere, completate la parte rimanente delle foglie e colorate parte dei boccioli. Infine, con il rosa porpora rifinite i boccioli e applicate qualche tocco qua e là sulle foglie per suggerire le ombre.

4

Con il verde oliva e il pennello fine disegnate i rametti che uniscono le foglie. Poi, con il verde mescolato a un po' di bianco, riproducete le venature delle foglie.

5

Quando lo stencil è asciutto, applicate due mani di vernice di finitura sull'intera superficie del bauletto.

OCCORRENTE

- mascherina per stencil con motivi floreali
- colori acrilici per stoffa: rosa chiaro, giallo, verde vescica, verde oliva e bianco
- spugnette per applicare la pittura
- inchiostro solido per timbri marrone scuro
- nastro adesivo
- carta assorbente da cucina

Fiorellini per una Blusa di Seta

Fresca e diversa dal solito la blusa da regalare a una giovane ragazza per festeggiare le sua promozione.

Per le sue caratteristiche di straordinaria lucentezza, la seta è il tessuto ideale da decorare con tecniche pittoriche. In questo caso abbiamo scelto un delicato motivo floreale, ma, se la giovane amica a cui è destinata la camicetta è più "avventurosa" che romantica, potrete naturalmente scegliere – fra le mascherine pretagliate o in uno dei tanti libri con i più diffusi decori per stencil – il disegno che vi sembra più adatto. Un consiglio: per accelerare i processi di asciugatura e al tempo stesso fissare i colori, a lavoro ultimato passate il ferro tiepido sul retro della seta.

1

L'ideale è collocare la blusa su un piano di legno naturale, la cui trama ruvida contribuisce a bloccare il tessuto. In ogni caso, fissatelo con qualche pezzetto di nastro adesivo.

2

Caricate una delle spugnette con la prima tinta, tamponate con carta assorbente per rimuovere la pittura in eccesso e, tenendo l'applicatore perfettamente perpendicolare alla mascherina, iniziate a colorare il decoro.

3

Per produrre i toni chiari e quelli scuri delle foglie, modificate la pressione esercitata sulla spugnetta. Iniziate ogni fiore partendo dal centro e poi colorate i contorni dei petali.

4

Ed ecco come appare il fiore definitivo: area centrale scura e nitida linea di contorno che delimita ogni petalo, il cui interno è reso con un'impalpabile sfumatura tonale.

5

Con il pennellino per belle arti e l'inchiostro per timbri, rifinite il centro di ogni fiore, applicando tratti sottili, e riproducete le venature delle foglie.

GRATICCIO A STENCIL

Un graticcio su cui si intrecciano sinuosi tralci di vite: una composizione perfetta per la parete di una cucina rustica.

OCCORRENTE

- mascherine per il graticcio e per le foglie di vite
- colori acrilici terra di Siena bruciata e verde oliva
- pennelli per stencil, n. 4 e n. 6
- carta assorbente da cucina

I tralci di vite e le piante rampicanti sono motivi molto comuni per la parete di una casa di campagna. Realizzarli a stencil è divertente e non comporta particolari difficoltà (si tratta solo di prendere la mano nella costruzione modulare del graticcio, così da posizionare di volta in volta la mascherina in modo che i "rombi" combacino perfettamente). Se preferite, usate lo stesso motivo anche per decorare la porta di ingresso, ma in questo caso "dosate" con cura i tralci, distribuendoli senza addensarli troppo e alternando tonalità chiare ad altre più scure, per evitare che il graticcio risulti eccessivamente carico e incombente.

1

Suddividete la parete in "moduli" larghi quanto la mascherina per il graticcio, magari contrassegnando il centro del muro con una linea-guida verticale, così da posizionare correttamente il foglio di acetato. Intingete il pennello n. 4 nel terra di Siena, tamponate con carta assorbente per rimuovere l'eccesso di colore e dipingete il primo modulo, procedendo dall'alto verso il basso. Poi riposizionate la mascherina e occupatevi del successivo.

2

Terminato il graticcio, iniziate a riprodurre gruppi di foglie con il verde oliva e il pennello n. 6. Per conferire profondità al decoro, posizionatene alcune davanti al graticcio e altre dietro.

UN CONSIGLIO

Usando più volte la stessa mascherina, è inevitabile che si sporchi di colore. Per pulirla, provate a raschiare gli strati di pittura con un taglierino; in caso di colori ad acqua come quelli usati per questo progetto, potete tentare di rimuoverli con un panno umido. Lasciate asciugare completamente le mascherine prima di riporle e conservatele stese, separate una dall'altra mediante fogli di carta o cartoncino.

3

Vivacizzate la composizione sfruttando i contrasti tonali fra le foglie di vite: per le più chiare, picchiettate con mano leggera; per quelle di un verde più intenso, aumentate la pressione esercitata sul pennello.

OCCORRENTE

- tre mascherine per riprodurre il gatto
- colori acrilici: terra di Siena naturale, terra di Siena bruciata, terra d'ombra, bianco e nero
- pennelli per stencil, n. 4 e n. 6
- pennellino per belle arti

Amico Gatto

Un soriano quasi perfetto per avere un po' di compagnia in attesa di prenderne uno vero.

Ecco un altro progetto a stencil che si realizza in tre fasi, e quindi con tre mascherine, due per il corpo e una per il musino. Il "trucco" è sempre lo stesso: modificare la pressione esercitata sul pennello in modo da produrre varie gradazioni tonali, che sono in assoluto l'aspetto più delicato di un lavoro come questo. Un paio di ipotesi circa la collocazione del gattino? Potete riprodurlo su un pannello da posizionare dietro una porta socchiusa, come se facesse capolino, oppure dipingerlo sulla tendina a vetro della cucina, perché sembri seduto sul davanzale.

1

Iniziate a riprodurre la sagoma del gatto con il pennello n. 6 e una tinta ottenuta mescolando 1 parte di terra di Siena naturale e mezza di bianco. Procedete dall'esterno verso l'interno, ma senza colorare l'area centrale.

2

Posizionate la seconda mascherina sulla sagoma e "tracciate" le striature sul corpo con una miscela composta di 1 parte di terra d'ombra e meno di un quarto di nero (attenzione a non esagerare con questa tinta), servendovi del pennello n. 4. Colorate la macchia scura sotto il collo e poi passate alle striature sulla coda, riducendo la pressione esercitata sul pennello.

3

Ora riproducete le striature marroncine mescolando 1 parte di terra di Siena bruciata e mezza di terra d'ombra.

4

Posizionate la mascherina del muso e tracciatene il contorno con una tinta composta di 2 parti di bianco e meno di un quarto di terra d'ombra; usate il pennello n. 4 e picchiettate con mano molto leggera. Poi, riducendo ulteriormente la pressione esercitata sul pennello, colorate l'area centrale del muso. Prendete di nuovo la mascherina del corpo, la prima, e con la stessa tinta picchiettate il pelo in modo da conferirgli una tenue sfumatura. Infine, accentuate i contorni della coda.

5

Con il pennellino per belle arti ritoccate la sagoma della macchia sul collo: applicate un chiaro tono di grigio sulla parte "a contatto" con il muso e un grigio più scuro sull'area opposta, quella verso il corpo. Da ultimo, rifinite il nasino e la bocca.

OCCORRENTE

Per il fondo
- idropittura bianca
- colori acrilici giallo ocra e terra di Siena
- pennelli piatti n. 30 e n. 40

Per il decoro
- mascherine per riprodurre la griglia e i gigli
- colori acrilici giallo ocra e bianco
- pennello per stencil
- colla spray riposizionabile
- nastro adesivo di carta
- vernice di finitura ad acqua

GIGLI DA PARETE

Una "cascata" di gigli fiorentini riprodotta su una tinta di fondo che ne esalta l'eleganza.

Il progetto che proponiamo si presta a tutte le varianti che vorrete introdurre, per quanto riguarda sia la tonalità di fondo, sia la superficie sulla quale realizzare il decoro a stencil.
Per esempio, se preferite una tinta di fondo che viri più verso il beige, anziché l'ocra e il terra di Siena mescolate terra d'ombra e grigio; se invece cercate una sfumatura più solare, applicate pennellate di ocra e giallo di Napoli.
Quanto alla destinazione, oltre che per una parete questo motivo è perfetto anche per l'antina di una credenza di legno. La tecnica è esattamente la stessa, con un piccolo accorgimento all'inizio e uno alla fine: prima di cominciare il decoro a stencil, carteggiate con cura la superficie e, a lavoro ultimato, fissate il motivo con due mani di vernice ad acqua.

PREPARAZIONE DEL FONDO

1

Colorate la parete con l'idropittura bianca, applicandola con il pennello n. 40, e lasciate asciugare. Nel frattempo, preparate abbondanti miscele dei due acrilici, diluendo ognuno di essi con acqua. Stendete i colori con il pennello n. 30, sotto forma di tocchi in varie direzioni, in parte sovrapposti.

2

Prima che gli acrilici asciughino, applicate corposi tocchi di idropittura bianca sul giallo ocra e sul terra di Siena, così da attenuarli e creare delicati giochi di luci e ombre.

3

Ripetete l'operazione descritta al punto precedente due o tre volte, applicando sul colore di fondo tocchi di giallo ocra e terra di Siena e schiarendo le tinte con l'idropittura fino a ottenere la sfumatura desiderata. Se alcune aree vi sembrano ancora troppo scure, intervenite con nuove pennellate di bianco.

COME ESEGUIRE IL DECORO

1

Suddividete la parete in fasce larghe 40 cm, pari alla dimensione dei due motivi appaiati sulla mascherina della griglia, spruzzate uno strato uniforme di colla spray sul retro della mascherina e posizionatela.

2

Iniziate a riprodurre la griglia usando una miscela composta di 3 parti di giallo ocra e mezza di bianco ed evitando di caricare troppo il pennello di pittura. Ultimati i primi due motivi, riposizionate la mascherina in modo che i prossimi si trovino esattamente sotto i precedenti e proseguite nello stesso modo (per bloccare la mascherina usate altra colla spray ed eventualmente qualche pezzetto di nastro adesivo di carta).

3

Completate la griglia.
Come potete vedere, la sommità di ogni motivo deve risultare a contatto con la base di quello sovrastante.

4

Ora, con la stessa miscela usata per la griglia riproducete i gigli, posizionando la mascherina al centro di ogni motivo.
A lavoro ultimato, fissate il decoro con una mano di vernice di finitura.

Proposta per il Mobile-bar

OCCORRENTE

- comodino di legno anni Sessanta
- 3 mascherine per riprodurre il fregio vittoriano
- colori acrilici: bianco, giallo ocra, terra di Siena e nero
- pennelli per stencil, n. 4 e n. 6
- cartavetrata 01
- alcol
- carta assorbente da cucina

Ecco come trasformare un vecchio comodino di legno: è sufficiente un motivo che nella sua semplicità evoca un fregio vittoriano.

In questo caso proponiamo un'operazione forse un po' ardita, che richiede un minimo di dimestichezza con i colori acrilici. Infatti, decorando un mobile di legno scuro può nascere qualche difficoltà nell'esatta determinazione degli equilibri tonali, perché le tinte sembrano più cupe di quanto siano in realtà. In genere, dunque, si preferisce realizzare il motivo a stencil con il solo bianco, per poi ritoccare con gli altri colori le aree in ombra.
Qui, però, abbiamo trovato un escamotage che ha prodotto i risultati desiderati consentendo un sensibile risparmio di tempo e di lavoro: in sostanza, abbiamo preparato le tonalità di base mescolando ogni colore con il bianco in rapporto 1 a 1, intervenendo poi con tocchi di finitura per suggerire i giochi di chiaroscuro.

1
Dopo aver passato l'intera superficie con carta assorbente imbevuta di alcol, così da rimuovere ogni traccia di polvere, carteggiate l'area su cui eseguire il decoro con movimenti circolari e mano molto leggera, per non rischiare di graffiare il legno.

2

Posizionate la prima mascherina e iniziate a riprodurre le due foglie laterali. Usate il pennello n. 6 e una miscela di giallo ocra e bianco in parti uguali, leggermente scurita con un pizzico di nero per i bordi superiori. Come sempre, prima di picchiettare la superficie "scaricate" il pennello tamponandolo con un pezzo di carta assorbente.

3

Ora posizionate la seconda mascherina e riproducete le due foglie ai lati della conchiglia con il pennello n. 4 intinto in una miscela di terra di Siena e bianco in rapporto 1 a 1. Anche in questo caso, colorate i bordi superiori con una tinta scurita con una punta di nero. Poi riprendete la prima mascherina e rifinite con tocchi di bianco le due foglie laterali.

4

Applicate la terza mascherina e colorate la conchiglia con una tinta ottenuta mescolando 1 parte di terra di Siena, 1 di bianco e un pizzico di nero. Infine, caricate il pennello con il bianco e schiarite l'area centrale della conchiglia così da suggerire i riflessi.

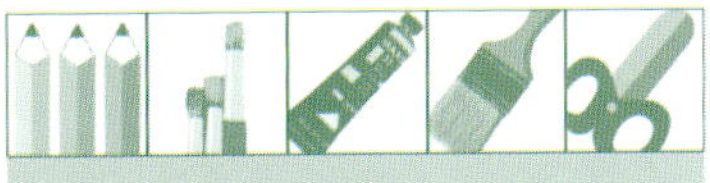

OCCORRENTE

- scatola di legno o masonite
- preparato per maxi crepe (crackle medium e vernice)
- colori acrilici: blu aviazione, terra d'ombra e bianco
- spugnette
- mascherina per riprodurre le campanule
- pennello per stencil
- gommalacca, alcol
- carta assorbente da cucina
- vernice di finitura a olio in gel

Scatola con Campanule

Maxi crepe ed evanescenti campanule a stencil per la scatola che ha sapore d'antico.

Prima di iniziare il decoro vero e proprio, antichizzate la scatola ricorrendo alla tecnica delle maxi crepe. Trattate l'intera superficie con una mano di acrilico, scegliendo la tonalità più adatta all'uso a cui la scatola è destinata (in questo caso, abbiamo preferito un verde neutro, ottenuto mescolando blu aviazione, terra d'ombra e bianco). Quando la pittura è asciutta, applicate uno strato uniforme di crackle medium con pennellate nella stessa direzione; lasciate asciugare per tre quarti d'ora e stendete la vernice, evitando di passare due volte sulla stessa area per non compromettere l'effetto finale: ben presto compariranno vistose crepe.

Lasciate asciugare per circa un'ora e applicate con una spugnetta una tonalità più scura (o, se preferite, una tinta contrastante), in modo da far affiorare le screpolature più leggere. Dopo 5 minuti rimuovete il colore in eccesso strofinando la superficie con una spugnetta pulita appena umida.

E ora non vi resta che cimentarvi nella realizzazione delle delicatissime campanule.

1

Applicate la mascherina e iniziate a riprodurre le campanule, immergendo il pennello asciutto direttamente nell'acrilico bianco e "scaricandolo" su un pezzo di carta assorbente.

Quando lo ritenete opportuno, riposizionate la mascherina, così da creare una composizione mossa e vivace.

2

Quando la pittura è asciutta, preparate una miscela di gommalacca e alcol in parti uguali.

3

Lavorando con mano molto leggera, tamponate le campanule con carta assorbente da cucina imbevuta della miscela di gommalacca: produrrete chiazze giallastre che contribuiranno ad antichizzare il decoro e ad amalgamarlo con la tonalità di fondo. Rifinite con due mani di vernice a olio.

Fiori per i Giorni di Pioggia

Fra i motivi usati per decorare i portaombrelli, i glicini sono un "classico". Forse perché i loro deliziosi fiori regalano una nota di colore nelle giornate grigie.

OCCORRENTE

- portaombrelli di legno grezzo
- mascherine con fiori e foglie di glicine
- per il finto legno: colori acrilici bianco, terra d'ombra, terra di Siena e giallo ocra
- per i glicini: colori acrilici verde oliva, bianco, lilla, rosa e azzurro
- pennello piatto e pennellino per belle arti
- pennelli per stencil, n. 4 e n. 6
- vernice di finitura ad acqua

"Classico da portaombrelli", i glicini sono anche fra i motivi preferiti dagli appassionati di stencil, probabilmente perché riuscire a produrre le impalpabili sfumature dei loro fiori è una vera sfida. Pur potendo contare su mascherine già pronte, prima di cimentarsi in un progetto come questo l'ideale è passare un po' di tempo osservando un glicine, così da studiarne il naturale sviluppo. In questo modo, riuscirete a riprodurre fusti che sembrano "arrampicarsi" sul portaombrelli. Per una composizione ancora più convincente, per i bocciolini e i nuovi getti usate tonalità più chiare, ottenute riducendo la pressione esercitata sul pennello.

1

Prima di tutto colorate il portaombrelli con il bianco. Poi, senza lasciare che la pittura di fondo asciughi, tracciate "strisce" di giallo ocra e terra di Siena alternando le due tinte.

2

Smorzate le tonalità con tocchi di bianco, prima che le due tinte asciughino, e quindi stendete strisce di terra d'ombra fra una e l'altra, schiarendo anch'esse con il bianco. Dovete ottenere una trama che ricordi quella del legno di pino (attenzione a non produrre un colore troppo scuro).

3

Ora, servendovi del pennellino per belle arti e del terra d'ombra, "disegnate" i tipici nodi del legno, sfumando il colore così da suggerire l'effetto delle venature.

4

Iniziate a riprodurre a stencil i fusti del glicine, usando il pennello n. 6 e il terra d'ombra e procedendo dai bordi verso l'interno. Per suggerire il senso della tridimensionalità, fate in modo che l'area centrale di ogni fusto risulti leggermente più chiara.

5

A questo punto occupatevi delle foglie, modificando la posizione della mascherina in modo da creare una composizione più realistica, sovrapponendole qua e là e colorandole con il verde oliva.

6

Infine picchiettate i fiori, variando la pressione esercitata sul pennello (usate il n. 4) per produrre una gamma di sfumature tonali. A decoro ultimato, trattate la superficie con una mano di vernice ad acqua.

OCCORRENTE

- due mascherine per riprodurre le barchette
- colori acrilici: bianco, rosso di cadmio, blu di Prussia
- pennelli per stencil, n. 4 e n. 6
- nastro adesivo di carta

BARCHETTE IN MEZZO AL MARE

Sospese fra cielo e mare, tre tenerissime "caravelle" per il divertimento dei più piccoli.

Per una persona che ama creare oggetti decorati con le proprie mani è impossibile non pensare a un bambino, soprattutto adottando una tecnica come lo stencil, i cui motivi sono spesso stilizzati. Queste barchette ci sono sembrate quindi un buon punto di partenza per stimolare la vostra fantasia: potete riprodurle sulla parete di fronte alla vasca da bagno, perché il piccolo si distragga quando si mette il pigiamino mentre la mamma prepara la cena, sulla tenda della sua cameretta o anche su un lenzuolino. I libri per ragazzi sono ricchi di spunti per altri soggetti: trovato il disegno che fa per voi, sarete sorprese dalla facilità con cui può essere trasformato in mascherina. Semplificate la sagoma, ricalcando le forme essenziali, e annerite gli elementi che la compongono con un pennarello sottile: potrete già avere un'idea dell'effetto finale.

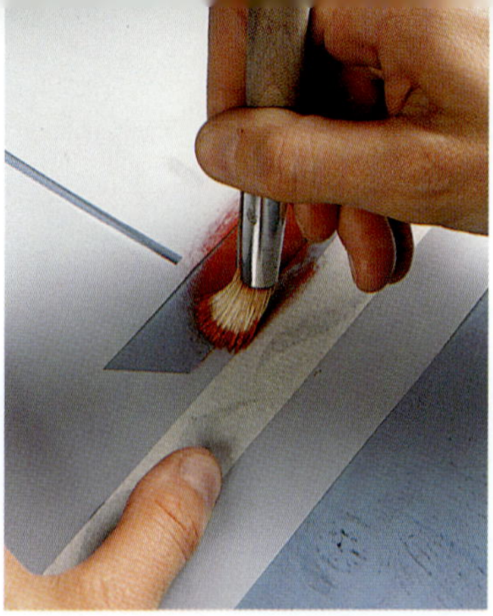

1

Posizionate la prima mascherina e iniziate a riprodurre la barchetta di destra con il pennello n. 4, colorando lo scafo di rosso e l'albero di blu.

2

Applicate la seconda mascherina e picchiettate le vele, sempre con il pennello n. 4 e con il blu, ma lasciando bianca l'area centrale.

3

Perché le barchette sembrino una davanti all'altra, mascherate le parti nascoste della prima con un pezzetto di nastro adesivo di carta e quindi riproducete la seconda operando come in precedenza. Poi indicate le onde mescolando al bianco un pizzico di blu.

4

Per le nuvole utilizzate il pennello n. 6, eseguendo movimenti ampi e modificando la pressione esercitata a seconda della tonalità desiderata. Continuate a costruire il decoro fino a ottenere la composizione che più vi convince: noi l'abbiamo completata con un'altra soffice nuvola, una terza barchetta e una piccola àncora al centro.

OCCORRENTE

- 2 mascherine: con motivo floreale a ghirlanda e con fiocco
- colori acrilici: bianco, blu cobalto e terra d'ombra
- pennelli per stencil, n. 6 e n. 10
- carta assorbente da cucina
- nastro adesivo di carta

Alle Pareti o sulle Piastrelle?

Avete soffitti alti più di tre metri? Provate a creare una greca di ghirlande come questa lungo il bordo superiore delle pareti. E se abitate in una casa moderna, date un'occhiata all'alternativa descritta qui sotto.

La consuetudine di decorare gli ambienti è sempre più diffusa, per cui ci è sembrato utile proporre una soluzione che consenta di risolvere con eleganza un problema di soffitti troppo alti: abbassare la stanza con un bordino di ghirlande a stencil applicato su uno strato di fondo di idropittura bianca. Dovrete però scegliere tinte che si prestino a un decoro monocromatico, come questo blu, ma anche un rosa antico, un verde salvia e un azzurro cenere.

Se, invece, il problema non sono i soffitti ma l'idea vi attira, provate a ravvivare comunissime piastrelle di maiolica della cucina o del bagno con qualche ghirlanda singola qua e là (la tinta è quella tipica delle ceramiche di Delft). Naturalmente, in questo caso dovrete usare colori specifici per ceramica a freddo.

1

Posizionate la mascherina con il motivo floreale in modo che le due grandi rose si trovino perfettamente al centro della superficie da decorare. Mescolate 3 parti di blu cobalto, 1 di bianco e mezza di terra d'ombra e iniziate a picchiettare le rose con il pennello n. 10, come sempre dopo aver scaricato l'eccesso di colore su un pezzo di carta assorbente.

2

Riproducete i fiori ai lati delle rose con movimenti circolari del pennello. Procedete dai bordi verso l'interno e lasciate bianche le aree centrali di petali e foglie.

3

Continuate il lavoro fino a completare la ghirlanda, facendo in modo che l'area centrale di ogni fiore risulti leggermente più scura rispetto alla tonalità dei petali circostanti.

4

Ora applicate la mascherina con il fiocco ai due lati della ghirlanda. Come potete vedere dalla foto, parte del nastro si trova davanti ai fiori e parte dietro, per cui mascherate con nastro adesivo di carta le aree nascoste. Da ultimo, riproducete le corolle che si staccano dalla ghirlanda, così da rendere più equilibrata la composizione.

OCCORRENTE

- mascherina con girasoli
- lenzuolo di cotone
- nastro adesivo di carta
- colori acrilici per stoffa: giallo, verde oliva e terra d'ombra
- pennelli per stencil, n. 4 e n. 6
- carta assorbente da cucina

Dormire fra i Girasoli

Un'idea nuova e originale, che consente di personalizzare un normalissimo lenzuolo di cotone.

Le fibre naturali come il cotone, il lino, la seta sono il supporto ideale per la pittura a stencil. L'unico accorgimento consiste nel lavare i tessuti nuovi in fase preliminare, così da togliere l'appretto, che impedisce alle tinte di penetrare. Quanto ai colori, i più adatti sono quelli coprenti, densi e dalle tonalità brillanti; richiedono un certo investimento iniziale, ma se ben conservati durano a lungo, dato che le quantità usate di volta in volta sono minime. Come potrete verificare realizzando questo progetto, basta davvero poco per trasformare una stoffa comune e di poco prezzo: noi abbiamo scelto un motivo "solare", che, per quanto possa sembrare articolato, è in realtà semplice e veloce da costruire.

1

Posizionate la mascherina perfettamente centrata rispetto al bordo del lenzuolo, bloccatela con qualche pezzetto di nastro adesivo e iniziate a riprodurre il centro dei due girasoli con il terra d'ombra. Intingete il pennello n. 4 in pochissimo colore e scaricatelo su carta assorbente da cucina.

2

Sempre con il pennello n. 4 e con il giallo, riproducete i petali: cominciate a tamponare partendo dal bordo più esterno e lasciate zone più chiare verso il centro, riducendo la pressione esercitata sulla stoffa.

3

Scurite il bordo esterno dei petali con il terra d'ombra, tamponando con mano leggera e caricando il pennello con pochissimo colore.

UN CONSIGLIO

Per fissare i colori

Quando la pittura è asciutta, fissate i colori passando il ferro da stiro caldo sul retro del disegno per circa 3-4 minuti, escludendo il vapore: in questo modo acquistano brillantezza e risultano più resistenti al lavaggio. In ogni caso, vi conviene effettuare il primo a mano, usando detersivi neutri e acqua a 40°; in seguito potrete lavare il lenzuolo in lavatrice.

4

Ora intingete il pennello n. 6 nel verde oliva e occupatevi delle foglie. Lasciate qualche area bianca qua e là, su cui in seguito applicherete tocchi alternati di giallo e terra d'ombra, così da suggerire i riflessi. Lasciate asciugare per almeno 12 ore in modo che il colore penetri bene nelle fibre.

OCCORRENTE

- mascherine per i dorsi dei libri
- mascherina per le mensole
- pennelli per stencil n. 4 e n. 6 e pennellino da ritocco
- colori acrilici a scelta, fra cui il terra d'ombra
- matita, righello

UNA MENSOLA CARICA DI LIBRI

Sembra un trompe-l'œil, ma è completamente realizzato a stencil il progetto destinato a mani abili e... pazienti e soprattutto a chi vuole cimentarsi con le regole della prospettiva.

La riproduzione dei libri è un'operazione meticolosa: vanno disegnati a grandezza naturale e la cura di particolari come i titoli e le decorazioni sulle etichette è molto importante. In questo caso, però, abbiamo deciso di semplificare il lavoro per privilegiare un aspetto fondamentale agli effetti del risultato finale: la prospettiva. L'impegno "artistico" è stato quindi sacrificato a quello "costruttivo": i dorsi dei libri (scritte e decori compresi) e la mensola si realizzano a stencil con mascherine pretagliate, mentre particolare cura viene riservata alla definizione della posizione e della superficie visibile delle copertine. Un esercizio forse piuttosto complesso all'inizio, ma che offre lo spunto per parlare ancora una volta di tridimensionalità.

1

Realizzate dapprima qualche schizzo a matita per valutare come disporre i libri. Poi tracciate il rettangolo lungo e sottile corrispondente al lato frontale del piano della mensola.

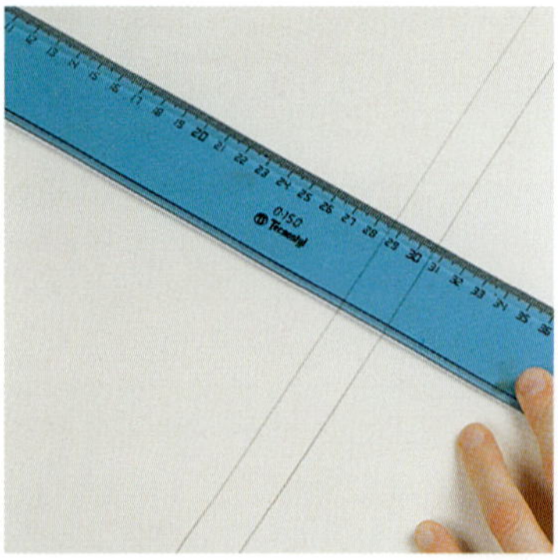

2

Segnate il punto centrale del rettangolo e tracciate la verticale perpendicolare al piano, in modo da indicare la linea mediana.

3

Ora, partendo dagli spigoli del rettangolo e procedendo verso il basso, tracciate due diagonali convergenti che incontrino la linea mediana. Il punto di intersezione corrisponde al punto focale.

4

Determinate la profondità della mensola tracciando una linea parallela al rettangolo, posizionata sotto di esso a una distanza equivalente allo spessore del piano, e iniziate a riprodurre i dorsi dei libri. Partite dalla linea mediana e procedete verso l'esterno, scegliendo mascherine di altezze e spessori diversi.

5

Delineati i primi quattro libri, due a destra e due a sinistra della linea mediana, potete sbizzarrirvi a collocare gli altri come preferite. A questo punto, per ogni libro inclinato si tratta di definire quanta parte della copertina è visibile, in base alla tecnica illustrata nel riquadro alla pagina seguente.

LA TECNICA

Come "ricavare" le copertine

Prima di tutto definite la posizione della copertina congiungendo lo spigolo superiore **A** (quello rivolto verso la linea mediana) del dorso con il punto focale (**F**). Poi, partendo dallo stesso spigolo, tracciate la verticale al piano della mensola, segnando il punto di intersezione (**B**). Unite **B** con **F** e indicate con **C** il punto di incontro con la linea che definisce la profondità del piano. Da **C** innalzate la verticale, parallela alla linea mediana, che interseca la diagonale diretta a **F** nel punto **D**. Infine, da **D** tracciate la linea **DD'** parallela al dorso del volume, definendo così la parte di copertina che si riesce a vedere quando si osserva la mensola frontalmente.

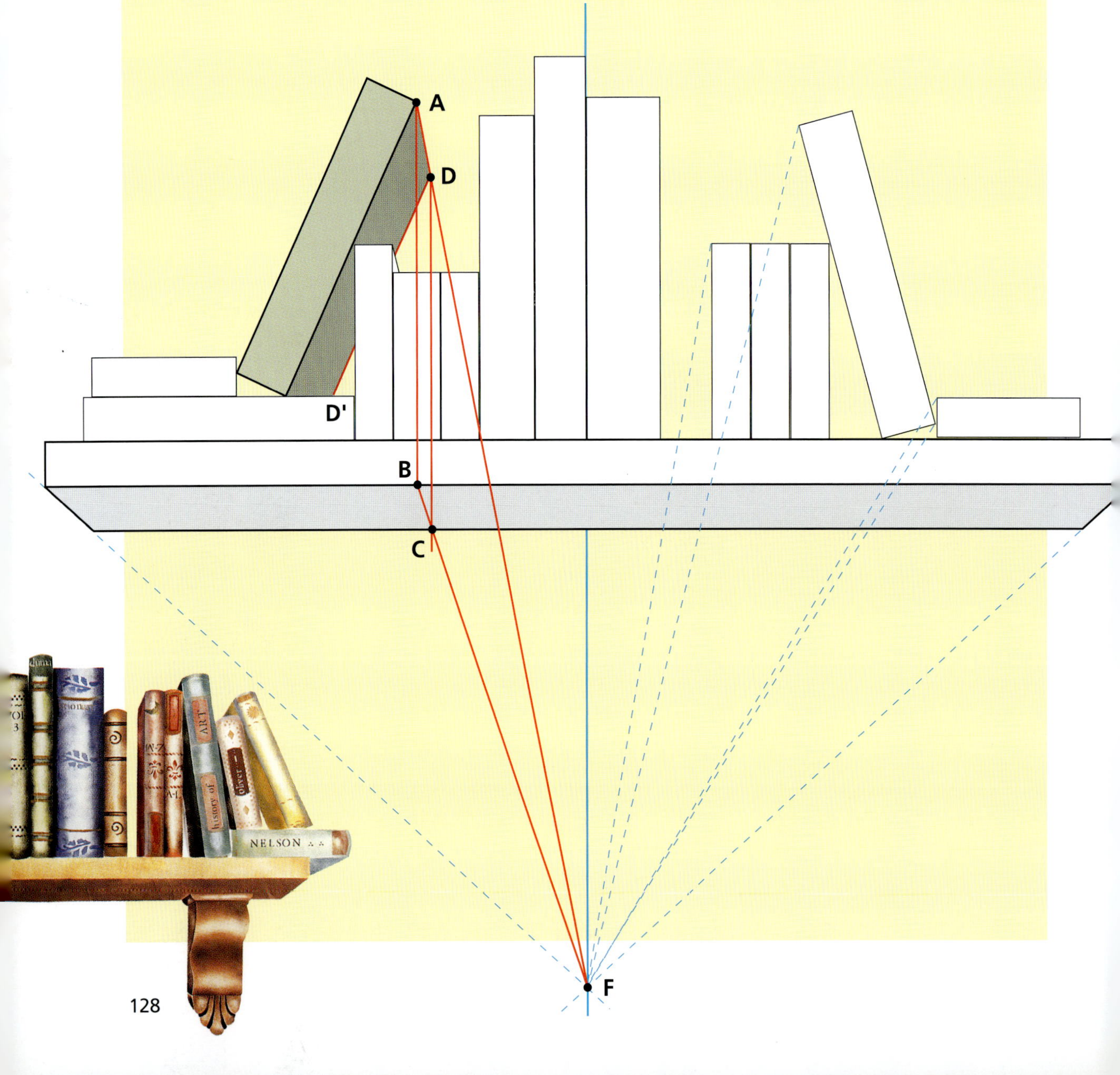

6

Posizionando la mascherina relativa, delineate i contorni delle mensole che sorreggono il piano e colorate il tutto con l'acrilico che vi sembra più adatto e il pennello n. 6. Poi iniziate a occuparvi dei libri. Applicate la pittura picchiettando dal bordo esterno verso l'interno e lasciando una striscia più chiara al centro di ogni dorso, in modo da suggerire la rotondità. Per conferire ai volumi una patina d'antico, miscelate ogni tinta con un pizzico di terra d'ombra.

7

Infine, picchiettate le decorazioni sulle etichette con il pennello n. 4 e rifinite i titoli con il pennellino da ritocco.

OCCORRENTE

- tenda a rullo
- riga e squadra
- matita
- nastro adesivo di carta
- spugna naturale
- pennarello
- colori per stoffa
- 3 pennelli piatti medi e un pennello tondo sottile
- patate
- taglierino

Per realizzare su una tenda un'immagine come questa, dovrete adottare tecniche diverse: per il fondo la spugnatura; per l'intelaiatura della finestra l'effetto finto legno; per il paesaggio e i gerani la stampinatura con le patate. Quest'ultima, in particolare, è molto facile e pratica da eseguire: si incide sulla polpa della patata la sagoma da riprodurre, si intinge la patata nel colore e si stampa sulla stoffa. Prima di mettervi al lavoro riproducete su un grande foglio di carta il disegno, ingrandendolo fino a raggiungere la dimensione desiderata, e poi collocate il foglio sotto il tessuto, così da vedere il motivo in trasparenza e riportarlo sulla tenda.

UN FACILE TROMPE-L'ŒIL

Ed ecco un grazioso quadretto domestico, talmente realistico da sembrare vero: si tratta invece di un trompe-l'œil. Nonostante le apparenze, nulla di particolarmente impegnativo, come vedrete seguendo i vari passaggi.

1

Tracciate a matita sulla tenda l'intelaiatura della finestra, usando la riga e la squadra e lasciando almeno 12 cm di bordo ai due lati e 15 cm alla base. Poi disegnate il gattino seduto sul davanzale.

2

Posizionate il nastro adesivo lungo il contorno esterno dell'intelaiatura laterale, intingete la spugna nel colore per stoffa versato in un piattino e applicate la tinta sul bordo lasciato lateralmente all'intelaiatura.

3

Ora posizionate il nastro adesivo lungo i contorni interni della finestra e, servendovi di un pennello piatto, dipingete il telaio con una tonalità mattone. Quindi, con il pennellino tondo, eseguite sottili striature per simulare le venature del legno.

4

È arrivato il momento di dipingere il gatto: applicate su tutto il corpo la tonalità mattone e poi tracciate le strisce sul dorso e sulla coda con il marrone. Con questa tinta colorate anche il vaso dei gerani e con il verde riproducete il prato.

5

Applicate il colore sulla patata-timbro e stampate i gerani e il gruppo di foglie nella parte superiore della finestra. Ripetete più volte l'operazione da diverse angolazioni, in modo che i colori risultino sovrapposti. Lasciate asciugare.

LA TECNICA

Stampi di patate

Con un pennarello disegnate il motivo sulla patata tagliata a metà, poi scontornate la sagoma con il taglierino, fino a ottenere una sorta di timbro, che farete asciugare all'aria per qualche minuto per eliminare l'umore che fuoriesce dalla polpa.

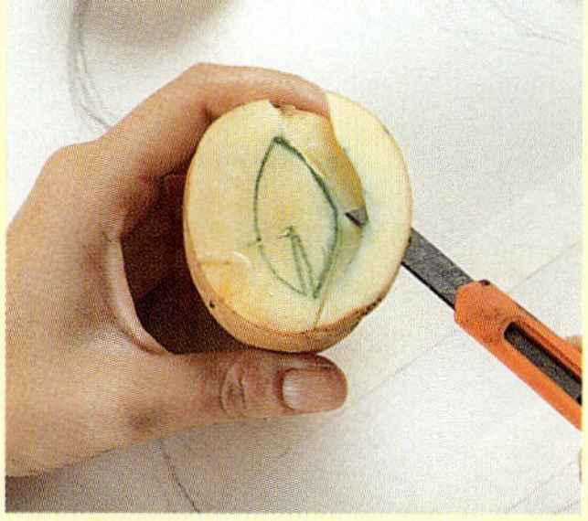

FINTO TRAVERTINO

OCCORRENTE

- spugna naturale
- colori acrilici: beige, verde oliva, terra d'ombra e nero
- pennello piatto n. 3 e pennellino per belle arti
- nastro adesivo di carta

Di grande effetto, e molto apprezzata nei trompe-l'œil, la decorazione che ricorda le facciate dei palazzi rinascimentali.

Travertino e bugnato sono quasi un binomio, soprattutto nell'architettura quattro-cinquecentesca dell'Italia centrale. Note fin dall'antichità, la "pietra di Tivoli" e la lavorazione a bugne che sporgono uniformemente dalla superficie del muro vennero infatti riscoperte soprattutto durante il rinascimento. In questo caso abbiamo adottato il bugnato noto come liscio (o gentile), a leggero rilievo, e la tonalità forse più classica del travertino, il color panna: ne risulta una decorazione sobria e raffinata, perfetta per conferire rilievo a una porta, incorniciare un caminetto o creare una sorta di boiserie.

1

Servendovi della spugna, applicate una miscela di beige e bianco in parti uguali, con aggiunta di un pizzico di verde oliva, con movimenti continui dall'alto in basso, tutti nella stessa direzione. Lasciate asciugare e quindi spugnate un secondo strato della tinta precedente dopo averla leggermente scurita con un'ulteriore punta di verde. Aspettate che la pittura sia asciutta e, sempre con la spugna, applicate una miscela di bianco e beige in rapporto 3 a 1: le sfumature tonali fra i tre colori devono risultare quasi impalpabili.

2

Prendete la misura della parete e dividetela per quelle standard di una reale lastra di travertino (in genere, 40 x 20 cm): infatti, lastre troppo grandi, impossibili da realizzare e trasportare, risulterebbero immediatamente "false", compromettendo il risultato finale. Eventualmente, alternate lastre intere ad altre tagliate a metà. Quindi posizionate con cura il nastro adesivo, delimitando le lastre, e fatelo aderire bene al muro per evitare infiltrazioni di colore.

3

Individuate le aree più chiare e quelle in ombra di ogni lastra in funzione della direzione da cui proviene la luce e iniziate a rifinire quella in basso a sinistra: intingete il pennello piatto nel bianco e tracciate una linea lungo il lato superiore e quello destro; per i lati inferiore e sinistro usate invece una miscela di bianco con un pizzico di verde oliva.

4

Rifinite le restanti lastre definendo le aree in luce e quelle in ombra nello stesso modo. Da ultimo, riproducete le fessure fra una e l'altra con una miscela di terra d'ombra e una punta di nero, applicata con il pennellino per belle arti.

CESTINO "STILE CINA"

Tazzine esotiche appese alle pareti di un cestino per la carta. Un'idea per sdrammatizzare un accessorio prezioso ma non particolarmente decorativo.

OCCORRENTE

- cestino per la carta in MDF
- pasta acrilica per modellare
- spatola
- colori acrilici: giallo ocra, bianco e blu cobalto
- 3 pennelli: tondo n. 2, piatto n. 3, per stencil n. 4
- vernice di finitura ad acqua
- vernice di finitura a olio in gel

Oltre che per riequilibrare uno spazio architettonico, o inserire nell'ambiente elementi che nella realtà non esistono, il trompe-l'œil consente di conferire un tocco personale a oggetti di uso quotidiano. Come vedrete nel caso di questo progetto, non importa riprodurre fedelmente i minimi particolari: quello che conta è sfruttare luci e ombre per dare un senso di tridimensionalità all'immagine, che altrimenti, anziché un'illusione visiva, finirebbe per risultare solo un dipinto su una superficie piana. Prima di iniziare il decoro vero e proprio, dovete creare uno strato di fondo che favorisca l'adesione della pittura. Versate un cucchiaio di pasta per modellare in un piattino di plastica, aggiungete mezzo cucchiaino di giallo ocra e un cucchiaino d'acqua, mescolate con cura e applicate la miscela sul cestino servendovi della spatola. Distribuite uniformemente la pasta sull'intera superficie con movimenti circolari: una volta asciutta, potrete mettervi al lavoro.

1
Tracciate a matita le sagome delle tazzine. Per il momento non preoccupatevi dei disegni decorativi: li riprodurrete direttamente a pennello.

2
Con il pennello piatto e l'acrilico bianco dipingete tazze e manici, ma senza coprire i contorni a matita in corrispondenza dei bordi (per l'interno delle tazzine usate una tonalità leggermente più tenue).

3
Passando sui tratti a matita, colorate i contorni con il blu cobalto e il pennellino tondo. Poi riproducete anche il motivo ondulato attorno al bordo della prima tazzina.

4
È arrivato il momento di realizzare i disegni decorativi. Non soffermatevi troppo sui particolari, ma cercate piuttosto di suggerire il senso della prospettiva giocando sui chiaroscuri.

5
Dipingete la tazza con la pagoda e la palma. Anche in questo caso, per dare l'illusione della tridimensionalità usate toni scuri per il primo piano, tinte sfumate ed evanescenti per le nuvole e colori intermedi per gli oggetti in secondo piano.

6
Riproducete i ganci che sostengono le tazze tenendo conto delle parti illuminate e di quelle in ombra. Poi rifinite a stencil gli spigoli e il bordo superiore del cestino, sfumando il blu man mano che procedete dal bordo esterno verso il centro.

7
Indicate a matita le ombre attorno alle tazze e quindi sfumate i tratti con il pennello per stencil. Rifinite con una mano di vernice ad acqua e tre di vernice a olio.

Ortensie Paracamino

Un esuberante mazzo di fiori per chiudere la bocca del camino quando il fuoco è spento.

OCCORRENTE

- pannello di compensato
- seghetto
- colori acrilici: verde muschio, terra di Siena, terra d'ombra, bianco e nero
- pennelli piatti n. 30, n. 10 e n. 4
- carta da regalo con ortensie
- colla vinilica
- carta assorbente da cucina
- vernice di finitura ad acqua

Per quanto ognuno di noi sia sensibile al fascino di un caminetto, nella bella stagione, quando il fuoco è spento, molti trovano che la bocca scura trasmetta una sensazione di "irrisolto". Proponiamo quindi un trompe-l'œil di facile realizzazione: l'unico aspetto che richiede un po' di attenzione è l'operazione di sagomatura del pannello di compensato, dato che il secondo ostacolo – la riproduzione delle ortensie – è stato aggirato ricorrendo al découpage. Potete appoggiare il vaso direttamente al camino, oppure dotarlo di supporto posteriore in modo che stia in piedi da solo, esattamente come una cornice portaritratti.

1

Con l'aiuto del seghetto, sagomate il pannello di compensato conferendogli la forma di mazzo di fiori in un vaso e dipingetelo con una miscela composta di 2 parti di verde muschio, 1 di terra d'ombra e 1 di bianco, applicata con il pennello n. 30. Intanto che la pittura asciuga, ritagliate ortensie sui toni del bianco, del rosa e del lilla, scegliendo fiori grandi e piccoli.

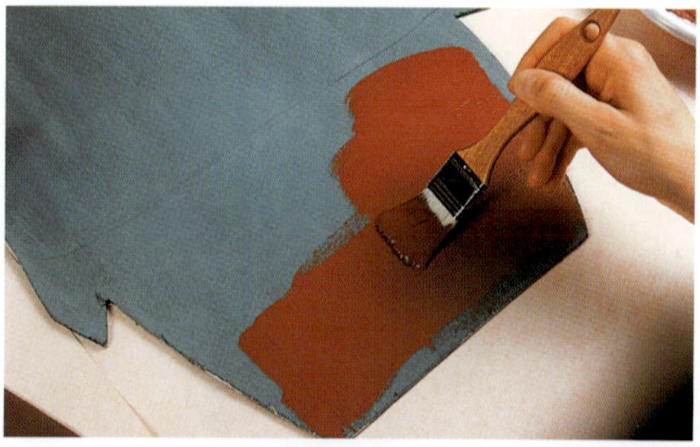

2

Tracciate a matita il bordo del vaso e iniziate a colorarlo con il terra di Siena e il pennello n. 10.

3

Per un effetto più realistico, riproducete il bordo del vaso usando una tonalità più chiara e tracciate una linea centrale ancora più luminosa, così da indicare i riflessi e dare la sensazione di una superficie curva. Per queste operazioni utilizzate il pennello n. 4.

4

Riproducete l'area immediatamente sotto il bordo, che è in ombra, con un tono più intenso, scurendo il terra di Siena con un po' di nero. A questo punto iniziate a disporre i fiori. Individuata la composizione che vi convince di più, incollate i ritagli, "frizionandoli" con un pezzo di carta assorbente per eliminare eventuali bolle d'aria.

5

Disegnate le foglie a matita, sovrapponendole in parte, e dipingetele di bianco.

6

Da ultimo, applicate sulle foglie una miscela di verde muschio, terra d'ombra e un pizzico di nero; per le venature usate verde muschio e nero in parti uguali. Lasciate asciugare e rifinite con tre mani di vernice ad acqua.

OCCORRENTE

- spillo, foglio di polistirolo, pigmento nero in polvere, 2 veli di garza, nastro adesivo
- carta da lucido, matita, fotocopia del motivo
- contenitore di legno grezzo
- colori acrilici: giallo, rosso, verde, blu, lilla, bianco
- un pennello piatto medio e uno piccolo per belle arti
- medium per colori acrilici
- vernice di finitura a olio

Cache-pot a Spolvero

Con lo spolvero, tecnica che permette di riportare un disegno su qualsiasi superficie piana, si può realizzare un trompe-l'œil praticamente perfetto.

L'arte del trompe-l'œil è senza dubbio affascinante, ma non alla portata di tutti, in quanto richiede una notevole abilità nel disegno. Ci è sembrato quindi utile illustrare una tecnica, quella del ricalco a spolvero, che può rivelarsi preziosa per tutti coloro che hanno un rapporto difficile con la matita, in quanto semplifica la definizione dei contorni del motivo. Fate una prova su un contenitore come questo e soprattutto seguite attentamente le indicazioni su come stendere i vari colori: sarà un lavoro divertente e di grande soddisfazione.

1

Versate in un piattino un cucchiaio di acrilico giallo, mezzo cucchiaino di rosso e un cucchiaio d'acqua, miscelando con cura fino a ottenere un arancio, che applicherete sul contenitore di legno con il pennello piatto.

2

Servendovi della matita, riportate sulla carta da lucido il disegno da realizzare a spolvero e poi fotocopiatelo. Collocate la copia sul polistirolo e con lo spillo bucherellate contorni e dettagli del motivo.

3

Sovrapponete i veli di garza e versate al centro due cucchiai di pigmento nero, formando poi un sacchettino da chiudere con il nastro adesivo.

4

Posizionate la fotocopia sul lato del contenitore da decorare e strofinate il sacchettino sul disegno: il pigmento in polvere filtrerà attraverso la tessitura rada della garza e si fisserà sulla superficie colorata delineando i contorni del motivo.

5

Mescolate parti uguali di rosso e blu, diluite con acqua e dipingete il grappolo d'uva con il pennello piccolo. Applicate tocchi più scuri su un lato di ogni acino per suggerire l'effetto della prospettiva. Poi colorate le foglie con il verde schiarito con una punta di giallo, riproducendo le venature con lo stesso verde miscelato con un po' di blu.

6

Usando ancora il pennello piccolo, applicate una macchiolina bianca su ogni acino e, una volta completato il motivo, stendete uno strato di medium con il pennello piatto. Lasciate asciugare e con lo stesso pennello passate almeno tre mani di vernice a olio su tutto il contenitore, così da proteggere, e al tempo stesso lucidare, la decorazione.

INGANNI OTTICI "SU TRACCIA"

Ecco un altro decoro per designer poco esperti ma con una certa pratica nella stesura del colore. La destinazione più felice è senza dubbio un vassoio.

OCCORRENTE

- vassoio di masonite
- carta da lucido
- matita
- pigmento nero in polvere
- 2 veli di garza
- ago o spillo
- colori acrilici: verde oliva, bianco e nero
- pennelli tondi, n. 2 e n. 3

Un disegno piuttosto articolato, basato su accurati giochi di simmetrie, da riprodurre in un batter d'occhio e con risultati eccellenti grazie alla tecnica dello spolvero. La fase più impegnativa viene dopo, quando si tratta di rendere credibili riccioli e rilievi con una sapiente applicazione del colore, che alterni luci e ombre per creare l'effetto della prospettiva. Un vero inganno dell'occhio, insomma, come vuole la traduzione letterale del termine trompe-l'œil.

1

Scegliete il motivo che vi sembra più adatto e riportatelo a matita sulla carta da lucido. Poi bucherellate le linee del disegno con un ago o uno spillo.

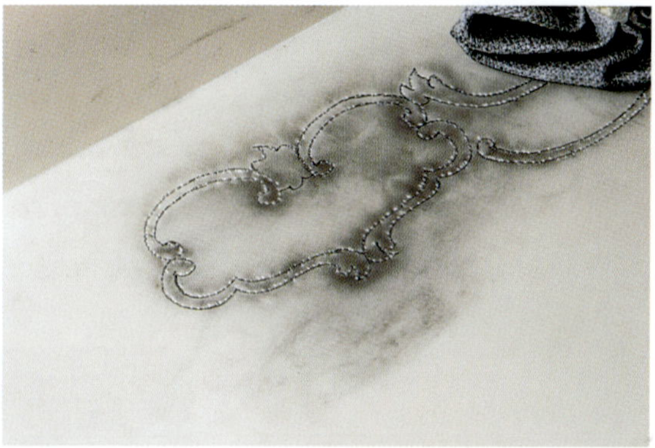

2

Posizionate la carta da lucido sul vassoio e strofinate i contorni del motivo con un "sacchettino" formato sovrapponendo i due veli di garza e riempito con due cucchiai di pigmento nero. Questo filtrerà attraverso la tessitura della garza e si fisserà sulla superficie, delineando i contorni del disegno. Non premete troppo ed evitate di passare sulla stessa area una seconda volta.

3

Sollevate con cautela la carta da lucido per non rischiare di sfumare i tratti.

4

Iniziate a colorare le aree interne del motivo, usando una miscela composta di 1 parte di verde oliva e mezza di bianco. Applicate la pittura con il pennello n. 3.

5

Ora mescolate il verde oliva con un pizzico di nero e, servendovi del pennello n. 2, ripassate i contorni.

OCCORRENTE

- cravatta di seta bianca
- colori per pittura su seta
- 4 pennelli medi tondi
- sale grosso
- forbicine affilate

La Cravatta "Acquerellata"

La festa del papà arriva puntualmente ogni anno e con essa in genere anche la consueta cravatta. Perché non regalargliene una di seta, dipinta con le proprie mani?

Le due tecniche di pittura su seta, quella con gommagutta e quella detta acquerellata, producono risultati sensibilmente diversi. Con il primo metodo, in cui i contorni delle varie aree vengono delimitati con la sostanza ad azione bloccante, si ottengono colori dai bordi nitidi e ben delineati; con il secondo, invece, i contorni risultano sfumati e le tinte sovrapposte, in quanto la pittura tende a espandersi. Molto caratteristiche e di grande effetto anche le "macchie" di colore prodotte con il sale grosso. La scelta delle tonalità è naturalmente soggettiva, perché deve tener conto dello stile di abbigliamento preferito dalla persona a cui la cravatta è destinata.

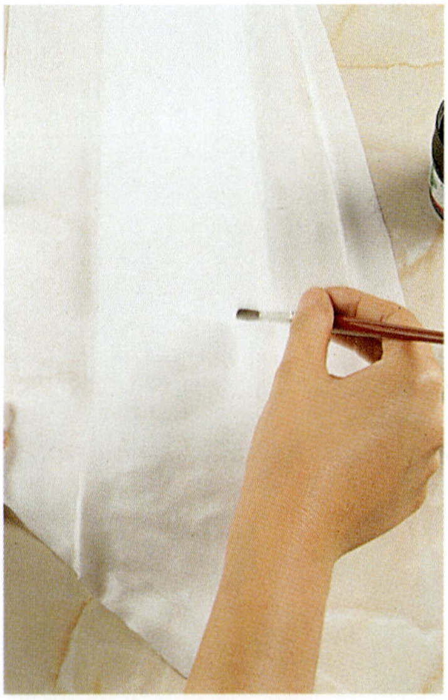

1

Scucite la cravatta, procedendo con grande cautela e senza rimuovere il materiale assorbente inserito all'interno. Stendetela sul piano di lavoro e bagnatela uniformemente con acqua servendovi di un pennello.

2

In un piattino, diluite il primo colore con poche gocce d'acqua e applicatelo con un pennello pulito sulla parte inferiore della cravatta, lasciando che la tinta si espanda a macchia.

3

Preparate il secondo colore nello stesso modo e, procedendo verso l'alto, applicatelo sulla seta subito sopra il primo, in modo che le due tinte si fondano creando l'effetto sfumato.

4

Ora sfumate la punta della cravatta, appoggiando sulla seta il pennello imbevuto di colore per 3 secondi: così facendo, produrrete una decisa macchia di colore dalla quale, man mano che la pittura si espande, si dirameranno delicate sfumature.

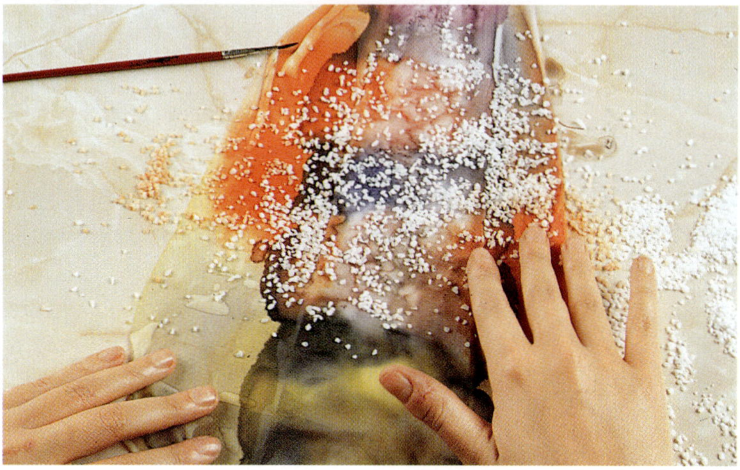

5

Una volta colorata tutta la cravatta, spargete il sale grosso sulla pittura ancora bagnata e lasciate asciugare: il sale assorbirà i pigmenti a poco a poco. Quando la seta è asciutta, rimuovete il sale e ricucite la cravatta.

UN'IDEA

Recuperate il sale grosso raccogliendolo in diversi barattolini a seconda del colore. Tornerà buono quando userete la stessa tinta nei prossimi progetti.

GILET IN SETA SPUGNATA

Una spugna naturale, invece del tradizionale pennello, per trasformare o rinnovare un capo di seta. L'effetto che si ottiene è molto raffinato e oltretutto consente di nascondere eventuali imperfezioni.

OCCORRENTE
- gilet di seta bianca
- colori per seta: azzurro, verde smeraldo, blu elettrico, viola
- 2 spugne naturali
- telaio rettangolare
- puntine da disegno a tre punte
- pennello medio
- piatti di carta

La spugnatura, la tecnica in assoluto più semplice per colorare la seta, produce morbide sfumature, più o meno evidenti a seconda del colore di fondo del tessuto e del grado di diluizione dei colori (più sono diluiti, più la tonalità è chiara). Un progetto come questo, che non richiede alcuna abilità pittorica, permette di ottenere risultati davvero sorprendenti. Tutto quello che occorre sono puntine da disegno a tre punte (che non lasciano segni evidenti sulla stoffa) con cui fissare la seta al telaio e due spugne naturali: una imbevuta di pigmento con cui picchiettare il tessuto e una per bagnarlo con acqua.

UN CONSIGLIO

Per evitare che le puntine da disegno ostacolino l'operazione di spugnatura, conviene imbastire delle strisce di stoffa lungo il perimetro dell'area da colorare, fissando le puntine su di esse.

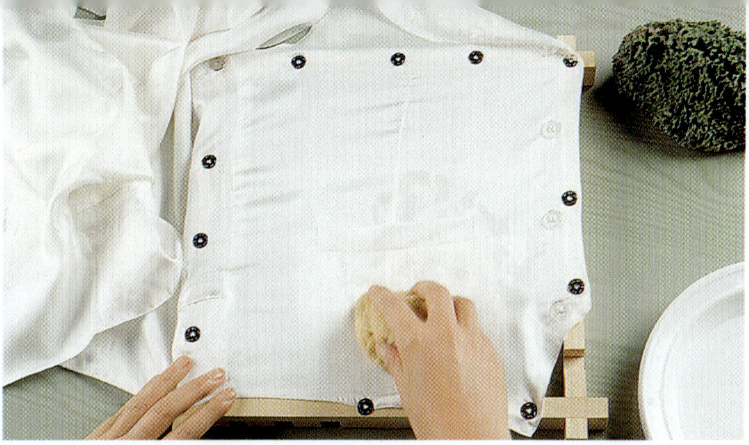

1

Fissate il gilet sul telaio, in modo che la seta risulti ben tesa, e bagnatelo uniformemente con la spugna imbevuta d'acqua.

2

Dopo aver bagnato e strizzato con cura l'altra spugna, diluite in un piatto di carta il verde smeraldo con poche gocce d'acqua e pennellatelo sulla spugna.

3

Ora picchiettate la spugna sulla seta, esercitando una pressione costante in modo da ottenere "macchie" regolari.

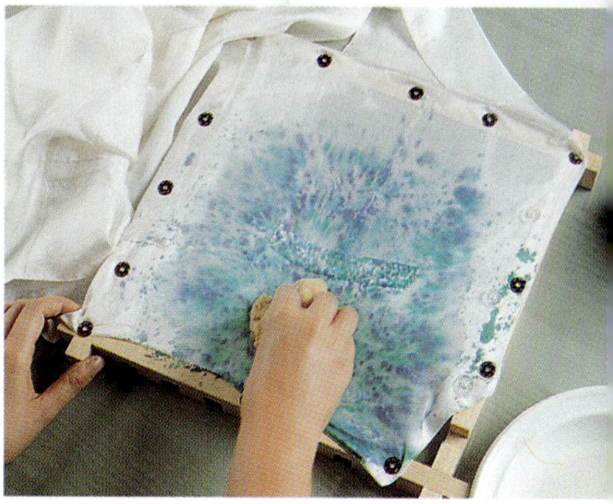

4

Preparate l'azzurro nello stesso modo e pennellatelo sulla spugna, sopra il verde, senza lavarla. Picchiettate nuovamente sulla seta.

5

Continuate operando nello stesso modo per le spugnature con il viola e il blu elettrico, cercando di produrre effetti simili ai precedenti.

6

Per meglio amalgamare le tinte, bagnate di nuovo la stoffa con l'acqua usando la prima spugna. Lasciate asciugare, togliete il gilet dal telaio, posizionate l'area successiva e procedete così fino a colorarlo tutto.

Set da Cucina

Vediamo come vivacizzare piccoli accessori da cucina dipingendoli con pennarelli e colori per stoffa.

OCCORRENTE

- accessori da cucina di cotone in tinta unita: presina e guanto da forno verdi, presina gialla, canovaccio bianco
- pennarelli per stoffa: nero, rosso, verde e giallo
- colori per stoffa: bianco, rosso, giallo, verde e nero
- pennellino sottile
- foglio di carta, matita, gomma

Benché la pittura su stoffa richieda una certa pratica, il progetto che proponiamo è molto facile da realizzare e potrete contare su risultati eccellenti anche al primo tentativo. Oltre ai soliti materiali da disegno, dovrete procurarvi pennarelli e pigmenti specifici per dipingere sulla stoffa, che a differenza dei colori usati per tingere i tessuti non penetrano in profondità, ma restano in superficie. Questo set da cucina, facilmente reperibile in qualsiasi negozio di biancheria per la casa, è stato decorato con motivi semplici, adatti anche per le tovagliette all'americana per la prima colazione e per i cuscini della cucina. Una volta terminato il lavoro, lasciate asciugare per almeno 12 ore e poi fissate la decorazione stirando il tessuto con il ferro caldo (non a vapore) sul diritto del disegno. In seguito potrete lavare la stoffa in acqua tiepida o secondo le indicazioni riportate sulle confezioni dei colori.

1

Esercitatevi a disegnare su un foglio i motivi che poi eseguirete a mano libera su guanto da forno, presine e canovaccio.

2

Quando avrete acquisito una certa disinvoltura, disegnate i contorni delle fragole e dei fiorellini sulla stoffa servendovi del pennarello nero.

3

Sulla presina gialla, colorate le fragole con il pennarello rosso e le sagome delle foglie con quello verde.

4

Per i fiorellini usate il colore per stoffa bianco, che ha un'azione molto più coprente. Intingete il pennello direttamente nella boccetta e riempite le sagome dei petali.

5

Decorate anche gli altri accessori. Sul guanto da forno e sulla presina verdi dipingete le fragole usando il pennello e i colori per stoffa rosso, bianco e nero.

6

Usate i colori per stoffa anche per il canovaccio: rosso e nero per le fragole; nero e giallo per i fiorellini; verde e nero per le foglie.

OCCORRENTE

- piatto di vetro trasparente con diametro di 20 cm
- pastelli colorati
- foglio di carta e matita
- meccanismo per orologi a batteria
- tubetto di pasta di piombo nera
- taglierino
- panno di cotone
- colori per vetro: giallo, rosso, verde, marrone e nero
- diluente per colori per vetro
- pennellini per belle arti

L'Orologio con il Koala

Dipingiamo un simpatico koala sul piatto di vetro che si trasformerà nel quadrante dell'orologio. L'aria tenera e buffa dell'animaletto renderà ancora più allegra la camera dei bambini.

Realizzare questo progetto non è complicato: basta procurarsi un piatto di vetro liscio, farlo forare al centro da un vetraio e sistemarvi il meccanismo e le lancette dell'orologio. Per la decorazione dovrete utilizzare colori per vetro, stendendoli in strati sottili e applicando più mani nei punti in cui desiderate ottenere tonalità intense. Intingete il pennello direttamente nel flaconcino e distribuite con cura il pigmento per evitare che si formino antiestetiche gocce; ogni volta che cambiate colore, pulite il pennello immergendolo nell'apposito diluente.
Prima di tutto ingrandite il disegno in funzione della misura del piatto, poi fate una fotocopia e coloratela a pastello: disporrete di una preziosa guida a cui fare riferimento nel corso del lavoro, soprattutto se utilizzate colori diversi da quelli proposti.

1
Posizionate il piatto sulla copia non colorata e ricalcate il disegno con la pasta di piombo, tenendo il beccuccio leggermente staccato dal vetro.

2
Terminata l'operazione di ricalco, sollevate il piatto e verificate in trasparenza che l'immagine sia completa. Lasciate asciugare.

3

Eliminate eventuali imprecisioni graffiando delicatamente i contorni tracciati con la lama del taglierino.

4

Rimuovete i residui di pasta di piombo passando sul piatto il panno di cotone. A questo punto non vi resta che colorare il disegno. Quando la pittura è asciutta, montate le lancette e il meccanismo dell'orologio.

OCCORRENTE

- bottigliette di vetro
- nastro adesivo di carta
- colori a freddo per vetro (verde e marrone) e relativo diluente
- 2 pennelli tondi piccoli

BOTTIGLIETTE LIBERTY

Per quanto possa sembrare un progetto ambizioso, anche le meno abili con il pennello riusciranno a riprodurre con ottimi risultati il motivo che abbellisce queste bottigliette.

Dipingere su vetro è un passatempo fonte di grandi soddisfazioni, che consente di esprimere al meglio la propria sensibilità artistica. La forma allungata di queste bottigliette viene esaltata dal delicato ramage di foglie stilizzate, dipinte con colori per decorazioni a freddo. Per valutare l'intensità delle tinte, e ottenere le sfumature che preferite, vi consigliamo di fare qualche prova su un vetro qualsiasi. Prima di iniziare il lavoro vero e proprio, comunque, agitate bene il colore nella boccetta, in modo che il liquido risulti uniforme, e pulite gli oggetti da decorare con un panno di cotone imbevuto di alcol.

1

Applicate una striscia di nastro adesivo sulla bottiglietta, così da disporre di una linea che vi farà da guida nel dipingere i rami.

UN'IDEA

Se temete di non essere in grado di riprodurre le foglie a mano libera, copiatene la sagoma su un cartoncino bianco e ritagliatela all'interno seguendo i contorni; poi posizionate il cartoncino sul vetro e applicate il colore nello spazio ritagliato.

2

Intingete il pennello direttamente nella boccetta del verde e riproducete i rami seguendo il nastro adesivo.

3

Rimuovete con cautela il nastro adesivo e lasciate asciugare il colore in base alle indicazioni riportate sulla confezione. Poi dipingete un altro ramo procedendo nello stesso modo.

4

Quando i rami sono asciutti, sempre con il verde dipingete delle semplici foglioline su entrambi i lati.

5

Lasciate asciugare e infine applicate tocchi di marrone lungo i rami e sulle foglie per conferire un aspetto ancora più naturale al decoro.

Barattoli con Fregi

OCCORRENTE
- barattoli di vetro da conserva
- fotocopia di un fregio decorativo
- nastro adesivo
- colore per vetro magenta
- gutta color oro con erogatore
- pennello sottile

Un piccolo stratagemma per non rinunciare a un progetto come questo anche se non siete esperti "maestri vetrai": usate come traccia la fotocopia del motivo scelto.

Personalizzate la vostra cucina decorando gli oggetti da tenere in vista con originali fregi dipinti, così da creare un set coordinato, come nel caso dei classici barattoli da conserva.
Utili contenitori per vari tipi di alimenti, dalla pasta ai legumi secchi, sistemati tutti in fila su una mensola o sul piano di lavoro creeranno una simpatica macchia di colore.
Per essere certi che la superficie del vetro trattenga perfettamente il colore, prima di iniziare lavate e asciugate con cura i barattoli.

1

Inserite all'interno del barattolo la fotocopia del fregio da riprodurre, fissandola con il nastro adesivo.

2

Intingete il pennellino direttamente nella boccetta del colore e riempite tutta la sagoma, rifinendo accuratamente i contorni.

IL TOCCO FINALE

Ritagliate un quadrato o un disco di stoffa (con lato o diametro di un terzo più grande del diametro del barattolo) e collocatelo sotto il coperchio prima di chiuderlo.

3

Per rendere più intensa e coprente la tinta, una volta asciutto il primo strato applicate una seconda mano di colore.

4

Conferite maggior risalto ai contorni e alle linee interne del fregio con la gutta oro, premendo leggermente sul tubetto (evitate il contatto diretto del beccuccio erogatore con il vetro).

5

Decorate nello stesso modo anche il coperchio del barattolo, scegliendo un fregio che si adatti alle sue dimensioni e alla forma tonda.

OCCORRENTE

- lastra di vetro di 40 x 30 cm
- specchio di 30 x 20 cm
- foglio di carta
- riga di metallo
- pasta di piombo: un tubetto oro e uno nero
- colori per vetro (rosa, azzurro e lilla) con relativo diluente
- pennellino per belle arti
- colla tipo forte
- vernice di finitura a olio
- gancio per quadri

Decori in Trasparenza

La tecnica proposta è perfetta per decorare una finestra, una vetrata o il ripiano di un tavolino. Ma anche per conferire un insolito tocco di stile a uno specchio.

L'aspetto più avvincente di questo progetto nasce dal gioco di trasparenze fra la cornice decorata e lo specchio, che a sua volta esalta le forme pulite del motivo in stile Liberty.

Ma il gioco di trasparenze non finisce qui: infatti, collocandolo in un ambiente con luce soffusa, si verrà a creare un suggestivo contrasto fra i riflessi dello specchio e le trasparenze del vetro.

E ora qualche consiglio pratico: prima di iniziare, pulite il vetro con un batuffolo di cotone imbevuto di alcol; quindi stendete i colori con mano ferma e grande precisione e, nell'applicare la pasta di piombo, evitate il contatto diretto dell'erogatore con il vetro.

1

Collocate lo specchio al centro della lastra di vetro, in modo che tutt'attorno resti una cornice larga 6 cm. Poi appoggiate la riga a 1 mm di distanza dai lati dello specchio e tracciate una sottile linea con la pasta di piombo color oro, prima lungo i lati verticali e poi lungo quelli orizzontali.

2

Disegnate il decoro sul foglio di carta, sovrapponetevi la lastra di vetro e ricalcate il motivo con la pasta di piombo nera.

3

Intingete il pennellino dapprima nel diluente e poi direttamente nel colore per vetro rosa. Stendete uno strato uniforme di pittura sull'area corrispondente del disegno e lasciate asciugare. Per una tonalità più intensa, applicate un'altra mano di rosa.

4

Ora intingete il pennellino nel diluente e quindi nell'azzurro e colorate le fasce del decoro centrale.

5

Dipingete le fasce lilla facendo riferimento alla fotografia e quindi completate quelle azzurre laterali e alla base. Quando la pittura sarà perfettamente asciutta, incollate lo specchio al centro della lastra di vetro.

IL TOCCO FINALE

Per fissare la decorazione in modo che duri a lungo, trattate la superficie con una mano di vernice di finitura a olio.
Da ultimo, applicate un gancio per quadri sul retro dello specchio.

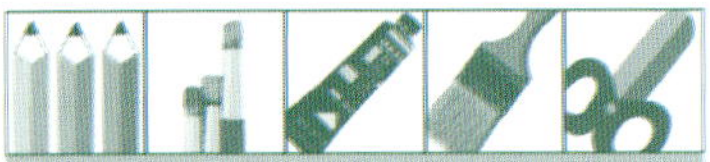

OCCORRENTE

- brocca e bicchieri di vetro
- gutta color oro con erogatore
- colore per vetro verde smeraldo
- un pennello sottile e uno piatto piccolo
- cotton fioc
- vernice di finitura a olio

Contrasti Cromatici sul Vetro

Dipinti a mano, utilizzando colori per vetro e gutta dorata, la brocca e i bicchieri da utilizzare unicamente come oggetti decorativi.

I recipienti di vetro costituiscono sempre una buona base di partenza per verificare la nostra abilità nel realizzare oggetti artistici. Prima di tutto perché si tratta di un materiale "nobile" e poi perché, soprattutto i bicchieri, hanno spesso forme strane, che stimolano la creatività (fra l'altro, questa potrebbe essere l'occasione per "riciclare" bicchieri di un servizio non più completo). Se a ciò aggiungiamo i contrasti che si possono ottenere applicando i colori su una superficie brillante, non è difficile prevedere risultati di grande valore decorativo.

1

Agitate bene il colore e, intingendo il pennellino sottile direttamente nella boccetta, dipingete sulla brocca strisce diagonali larghe circa 1,5 cm con mano ferma e gesti decisi.

2

Completate la decorazione della brocca eseguendo strisce diagonali parallele fra loro e senza caricare troppo il pennello di pittura: in questo caso, infatti, potrebbe colare, concentrandosi alla base in antiestetiche macchie.

3

Ultimata la brocca, dipingete i bicchieri, eseguendo però strisce verticali. Poi, con il cotton fioc, eliminate le sbavature di colore, in modo da ottenere contorni il più possibile regolari.

4

Ora impugnate il tubetto di gutta ed esercitando una leggera pressione stendete l'oro lungo i contorni delle strisce. Evitate il contatto diretto del beccuccio erogatore con il vetro.

5

Quando la pittura e la gutta sono completamente asciutte, servendovi del pennello piatto passate una mano di vernice a olio su brocca e bicchieri. Lasciate asciugare.

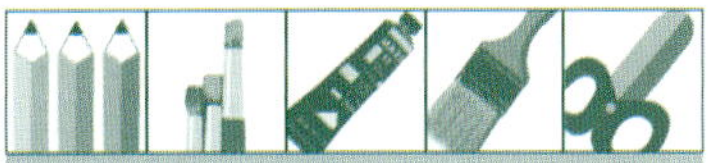

OCCORRENTE

● scatoline di porcellana bianca ● due pigmenti per ceramica, in polvere e a caldo: blu cobalto e oro ● due pennelli di martora, a punta fine e a punta media ● matita grassa ● matita HB ● foglio di carta ● essenza grassa ● trementina ● diluente per il pigmento oro ● spatolina ● piastrella bianca

Scatoline Coordinate

Ecco come trasformare banali e anonimi oggetti di porcellana bianca in coloratissimi "pezzi unici". Non resta che procurarsi speciali smalti in polvere per ceramica che si fissano a caldo in forni speciali.

Decorare scatoline di porcellana, così da realizzare graziosi portapillole, bomboniere, portasaponi coordinati per il bagno, ma anche originali contenitori per piccoli regali, non richiede particolare impegno.
I portapillole che proponiamo sono stati decorati a mano, tecnica accessibile anche ai "ceramisti" alle prime armi, ispirandosi a una carta da parati stampata con una fantasia di vasi cinesi. Qualche accorgimento: stendete un sottilissimo strato di colore per volta, per evitare che si stacchi per azione del calore (lo rafforzerete in più riprese, sempre seguite da una cottura), e applicate la seconda tinta solo quando la prima è completamente asciutta. Per le operazioni di cottura conviene appoggiarsi a un laboratorio esterno.

1

Tracciate il bozzetto del decoro sul foglio di carta con la matita HB, dando libero sfogo alla fantasia oppure copiando il motivo di un tessuto o di una stampa.

2

Utilizzando la matita grassa, riportate il disegno sul coperchio della scatolina. Poi decorate i lati della base con una greca, partendo in alto a sinistra e procedendo verso il basso per non rischiare di sbavare i tratti con la mano.

3

Con la spatola, trasferite sulla piastrella prima il pigmento blu e poi l'essenza grassa; versate due gocce di trementina e amalgamate il tutto. Ora dipingete la scatolina applicando il colore con il pennello a punta fine. A questo punto il pezzo è pronto per la seconda cottura.

4

Se il risultato non vi convince, correggete eventuali errori e sottoponete nuovamente la scatolina alla seconda cottura. Diluite il pigmento oro e, con il pennello a punta media, applicatelo sul bordo del coperchio, tracciando una linea dello spessore di 1 mm. Infine, effettuate la terza cottura.

LA TECNICA

Il terzo fuoco

Le ceramiche decorate con pigmenti metallizzati sono dette "ceramiche a terzo fuoco", poiché, per la scarsa resistenza alle alte temperature di questi colori, vengono sottoposte a una terza cottura in forno. Il primo fuoco, detto cottura del biscotto, si esegue prima di decorare il pezzo, per indurirlo; il secondo ha lo scopo di fissare i colori; il terzo si effettua, come in questo caso, dopo l'applicazione dell'oro.

GIROCOLLO RÉTRO

Molto in voga nell'Ottocento, quando veniva impreziosito con decorazioni in oro o argento, cammei e pietre dure, il girocollo in velluto nero è tuttora un accessorio molto apprezzato.

OCCORRENTE

- piastrine di ceramica bianca
- matita grassa
- colori per ceramica a freddo: giallo, rosso e verde
- pennellini per belle arti
- nastro di velluto nero, velcro nero
- taglierino, nastro biadesivo
- vernice di finitura a olio, pennello

In questo caso abbiamo deciso di completare il girocollo con piastrine di ceramica dipinte, che conferiscono grande luminosità al volto. Per semplificare le operazioni e procedere rapidamente, vi consigliamo di ricorrere a colori per ceramica a freddo, che a lavoro finito vanno fissati con una mano di vernice a olio. Per prima cosa individuate il disegno da riprodurre e riportatelo sulla piastrina a mano libera con la matita grassa (qui sono proposte due forme alternative, una rettangolare e una ovale, ma naturalmente potrete sceglierne altre in base al vostro gusto). Per quanto riguarda i nastri, acquistatene alcuni, in materiali e tinte diversi, così da poter abbinare il girocollo a vari abiti.

1

Intingete il pennellino direttamente nella boccetta del colore giallo e riproducete le mimose sulla piastrina rettangolare con tocchi brevi e decisi.

2

Ora colorate le foglie con un altro pennellino intinto direttamente nella boccetta del verde. Per ottenere tonalità più chiare, miscelate il verde con una punta di giallo.

3

Fate risaltare ogni singolo fiore della mimosa ritoccando il lato in ombra con un pennellino intinto nel rosso. Questo colore si fonderà con il giallo applicato in precedenza, dando luogo a impalpabili sfumature. Lasciate asciugare e fissate il decoro con una mano di vernice a olio.

IL TOCCO FINALE

Come realizzare il collarino

Dipingete la piastrina ovale operando nello stesso modo. Se preferite, potete riprodurre un disegno diverso o semplicemente cambiare i colori.

1

Tagliate il nastro di velluto in modo che sia 6 cm più lungo della circonferenza del collo. Poi, con il taglierino, ricavate dal nastro biadesivo una striscia lunga circa 3 cm e fissatela al centro del nastro.

2

Appoggiate sul nastro la piastrina, premendo delicatamente con i polpastrelli perché aderisca perfettamente, e applicate il velcro alle due estremità del nastro.

Piastrelle come Quadretti

OCCORRENTE

- piastrelle di ceramica bianca di 15 x 15 cm
- una piastrella di ceramica bianca di 10 x 10 cm per miscelare i colori
- colori in polvere per ceramica a caldo
- cartoncino o foglio di acetato per la mascherina
- spatolina
- essenza grassa, essenza di trementina, essenza di lavanda
- spugnetta
- taglierino
- nastro adesivo di carta

Pareti da ravvivare? Un angolo del piano di lavoro della cucina da proteggere dal calore delle pentole? Procuratevi piastrelle in ceramica bianca e trasformatele in tanti quadretti.

Dipingere sulla ceramica con i colori a caldo è una tecnica affascinante, che richiede però una certa abilità nel disegno. Tuttavia, usando una mascherina di acetato o di cartone, anche le meno esperte risolveranno brillantemente il problema. In sostituzione del tradizionale pennello da stencil, tamponate il colore sulla mascherina con una spugnetta: in questo caso, fra l'altro, non sarà necessario proteggere le aree che dovranno risultare di colore diverso, perché per creare le sfumature bisogna sovrapporre leggermente i vari colori.

Prima di iniziare preparate la mascherina: riportate il disegno sul cartoncino o sul foglio di acetato e, tenendo il taglierino perfettamente verticale, con mano ferma ritagliate le parti interne del motivo, seguendo i contorni tracciati.

A decoro ultimato, incorniciando le piastrelle le trasformerete in simpatici quadretti.

1

Con la punta della spatolina prelevate tutti i colori in polvere necessari e collocateli sulla piastrella che fungerà da tavolozza. Per ottenere tonalità diverse, miscelate alcuni pigmenti fra loro.

2

Unite ai colori una punta di essenza grassa e due gocce di essenza di trementina e mescolate accuratamente con la spatolina fino a ottenere un composto omogeneo e piuttosto cremoso.

3

Ora aggiungete una goccia di essenza di lavanda per diluire ulteriormente i colori, così da stenderli senza difficoltà, mescolando ancora con la spatolina in modo da amalgamare il tutto.

4

Posizionate la mascherina sulla piastrella da decorare e fissatela con il nastro adesivo di carta, verificando che aderisca perfettamente.

5

Intingete la spugnetta nel primo colore e tamponate sulla mascherina. Poi lavate la spugnetta e tamponate le altre tinte, sovrapponendole sui contorni delle aree dipinte in precedenza. A questo punto fate cuocere le piastrelle negli appositi forni.

6

Se dopo la cottura i colori non avessero la tonalità desiderata, riposizionate la mascherina, tamponate di nuovo i pigmenti sui precedenti ed effettuate la cottura del terzo fuoco.

"Mosaico" sul Vassoio

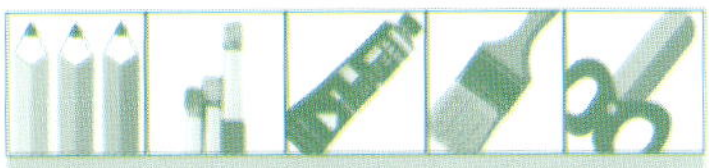

OCCORRENTE

- vassoio di legno grezzo (misure interne: 27 x 45 cm)
- colore acrilico avorio; colori per ceramica a freddo, bianco e nero
- piastrelle di ceramica: 8 di 10 x 10 cm, color biscotto e 12 di 10 x 2 cm con fantasie geometriche in tinta con le precedenti
- un pennello piatto e uno sottile
- colla tipo forte; nastro adesivo di carta
- listello di legno di 45 x 1,5 x 1 cm
- vernice acrilica di finitura

Provate a rivestire il piano di un vassoio di legno con un motivo a mosaico creato con piastrelle di ceramica dipinte. Conferirete un tocco rustico al tavolo della cucina.

Spesso, più che l'abilità tecnica sono il gusto personale e la fantasia a suggerire idee preziose per adornare la casa con oggetti inconsueti. Per esempio, in questo comodo vassoio l'accostamento di materiali come la ceramica e il legno è molto felice. I motivi geometrici, poi, si prestano anche alle mani meno esperte, perché con l'aiuto del nastro adesivo si ottengono fasce di colore perfettamente diritte.

1

Diluite il color avorio con l'acqua e con il pennello piatto stendete uno strato uniforme di questa miscela sul vassoio. Mentre la pittura asciuga, segnate a matita sulla prima piastrella quadrata il centro di ogni lato.

2

Unite tra loro i punti segnati con quattro strisce di nastro adesivo, così da delimitare il rombo, verificando che il nastro aderisca perfettamente in modo da evitare che il colore si infiltri al di sotto.

3

Posizionate altre 4 strisce di nastro adesivo all'interno delle precedenti, parallele a queste e a 1 cm di distanza. Poi mescolate il nero e il bianco fino a ottenere la tonalità di grigio desiderata e con il pennellino applicate la pittura nello spazio così creato, dipingendo i lati del rombo. Rimuovete il nastro e lasciate asciugare.

4

Ricoprite con il nastro adesivo le strisce grigie e colorate il centro del rombo con il bianco. Rimuovete il nastro con cautela, per non rischiare di asportare la pittura, e lasciate asciugare. Dipingete ancora tre piastrelle operando nello stesso modo e altre quattro con le sole strisce grigie.

5

Incollate sul vassoio le piastrelle di 10 x 2 cm e quelle appena dipinte, disponendole come illustrato dalla foto. Infine, fissate il listello di legno nello spazio centrale fra le due file di piastrelle per accentuare il contrasto fra i due materiali.

6

Quando la colla è asciutta, servendovi del pennello piatto stendete una mano uniforme di vernice di finitura: proteggerà sia il legno, sia i decori delle piastrelle.

Portafoto al Profumo di Rose

Un deciso tono di verde e roselline gialle modellate con il cernit: ecco come trasformare una cornice di ceramica bianca in un regalo davvero romantico.

OCCORRENTE

- portafotografie con cornice in ceramica bianca di 9 x 6 cm
- colore per ceramica a freddo verde scuro
- pennellino piatto
- cernit giallo, verde chiaro e verde scuro
- taglierino
- pinzetta

Un decoro d'effetto che si realizza in pochissimo tempo e regala grande soddisfazione. Non vi resta che dipingere la ceramica con uno specifico colore a freddo e modellare il cernit formando tre boccioli, una rosa dischiusa e tante foglioline. E per farli aderire alla cornice non avrete neppure bisogno della colla: sarà il colore a fissare la decorazione durante la cottura in forno. Come sempre, dovrete preparare il cernit in fase preliminare, staccandone 2-3 pezzetti da ogni panetto e lavorandoli con le mani per ammorbidirli.

1

Dipingete la cornice con il verde, intingendo il pennello direttamente nella boccetta. Applicate il colore con gesti irregolari, così da ottenere una superficie leggermente striata.

2

Modellate dai pezzetti di cernit una serie di rotolini lunghi 10 cm e spessi 5 mm. Poi appiattite con il pollice un rotolino giallo e con il taglierino ricavatene una sottile striscia lunga 3 cm, che arrotolerete per creare il primo bocciolo.

3

Prendete il bocciolo con la pinzetta e posizionatelo su un angolo della cornice, esercitando una leggera pressione per farlo aderire.
Realizzate nello stesso modo anche gli altri due boccioli, accostandoli al primo.

4

Appiattite altri due rotolini di cernit, uno verde chiaro e uno verde scuro, e con il taglierino ricavate le foglie. Sempre con la pinzetta, posizionatele intorno ai boccioli esercitando una leggera pressione.

5

Ora occupatevi della rosa dischiusa. Applicate sulla cornice prima una strisciolina gialla di 1 x 6 cm, così da creare la corolla, e poi, al centro di questa, una seconda striscia di 1 x 3 cm.

6

Per riprodurre il gambo della rosa, applicate un rotolino verde scuro lungo 5 cm e rifinitelo con 2-3 foglioline.
A questo punto non vi resta che mettere la cornice in forno a 100-130 °C per 8-10 minuti.

NASTRO CON NODO D'AMORE

Il fiocco c'era già, bianco su bianco in rilievo; mancava il nastro. Dipingetelo con colori per ceramica a freddo e il cache-pot cambierà look.

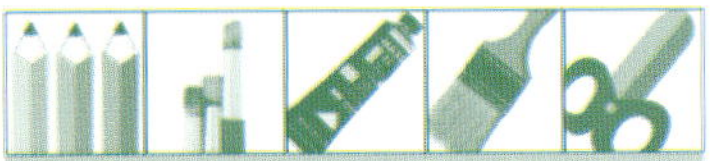

OCCORRENTE

- cache-pot in ceramica bianca con nodo d'amore in rilievo
- colori per ceramica a freddo, blu e oro
- 3 pennelli piatti: due piccoli e uno grande
- acquaragia
- carta assorbente da cucina
- nastro adesivo di carta
- vernice di finitura a olio

Quasi un trompe-l'œil, la decorazione di questo cache-pot valorizza il grazioso fiocco in rilievo, facendolo risaltare sul bianco della ceramica. Per un risultato più accurato, colorate prima il nodo d'amore e poi il nastro dorato, stendendo innanzitutto il colore oro e quindi riproducendo le ombreggiature con pennellate di blu. Lo sfondo bianco esalta l'effetto tridimensionale del decoro. Per rendere più semplice l'esecuzione del nastro e ottenere contorni nitidi, applicate due strisce di nastro adesivo di carta tutt'intorno al cache-pot, partendo dal fiocco, alla distanza che preferite a seconda dell'altezza che dovrà avere il nastro. Usate un pennello per ogni colore e, se le setole tendessero a indurirsi nel corso del lavoro, immergetele in acquaragia per qualche secondo, per poi tamponarle su carta assorbente da cucina.

1

Intingete uno dei pennellini direttamente nella boccetta del colore oro e dipingete la parte più esterna del fiocco, procedendo con grande cautela in corrispondenza dei contorni.

2

Con l'altro pennellino applicate il blu all'interno del fiocco, così da riprodurre l'arricciatura del nastro in prossimità del nodo.

UN'IDEA

Se proprio non riuscite a "movimentare" il nastro a mano libera, attorcigliatene uno vero attorno al cache-pot e poi tracciatene la sagoma sulla ceramica con una matita grassa.

3

Intingete nuovamente il primo pennellino nell'oro e dipingete il nastro, cercando di conferire movimento alla fascia di colore.

4

A questo punto suggerite le ombreggiature e il senso della profondità con tocchi di blu nei punti dove il nastro si attorciglia.

5

Lasciate asciugare completamente e poi, con il pennello grande, stendete una mano di vernice di finitura.

OCCORRENTE

- portaombrelli di ceramica bianca
- colori per ceramica a freddo: verde, giallo, lilla, marrone e oro
- 2 pennelli per stencil (n. 6 e n. 8) e 2 normali, a punta fine e piatto medio
- foglio di acetato, taglierino, pennarello
- carta assorbente da cucina
- colla spray riposizionabile, nastro adesivo di carta
- vernice di finitura a olio

Cascata di glicini sul portaombrelli

Graziosi grappoli di glicine, dai tipici fiori azzurro-lilla, per "rinfrescare" un oggetto senza dubbio utile ma spesso anonimo.

Riscopriamo un complemento d'arredo praticamente indispensabile, che tuttavia non "brilla" per originalità del design, decorandolo a stencil con un motivo floreale. Abbiamo scelto un vaso di ceramica bianca perché, oltre a essere intramontabile, questo materiale si adatta facilmente a qualunque stile di arredamento. Inoltre, un fondo di questo colore è l'ideale per le delicate tonalità dei fiori di glicine. Preparate la mascherina riportando a pennarello sul foglio di acetato gli elementi che compongono il motivo: fiori, foglie e rami (aiutatevi con le foto, che potrete fotocopiare ingrandendole). Poi fissate il foglio su una tavoletta e ritagliate i contorni del disegno con il taglierino; se preferite, potete anche realizzare una mascherina per ogni elemento del motivo.

1

Mantenendovi a 20-30 cm di distanza, spruzzate la colla spray sul retro della mascherina e quindi applicatela sul portaombrelli.

UN CONSIGLIO

Perché i colori per ceramica a freddo aderiscano meglio alla superficie, aggiungete a ognuno un pizzico di gel alchidico: questo preparato conferisce alle tinte una consistenza gelatinosa, aumentandone la densità.

2

Intingete il pennello per stencil n. 6 direttamente nella boccetta del verde e poi eliminate l'eccesso di pittura strofinando le setole sulla carta assorbente da cucina.

3

Eseguendo movimenti circolari, iniziate a colorare le foglie. Per ottenere una tonalità più chiara, mescolate al verde una punta di giallo.

4

Staccate la mascherina e riposizionatela accanto alle foglie, leggermente sovrapposta. Ora, con il pennello n. 8, colorate i fiori di glicine in lilla, sfumando la tinta, e i rametti in marrone.

5

Continuate a riposizionare la mascherina, sovrapponendola leggermente al motivo precedente, e a colorare i vari elementi procedendo nello stesso modo fino a completare il decoro.

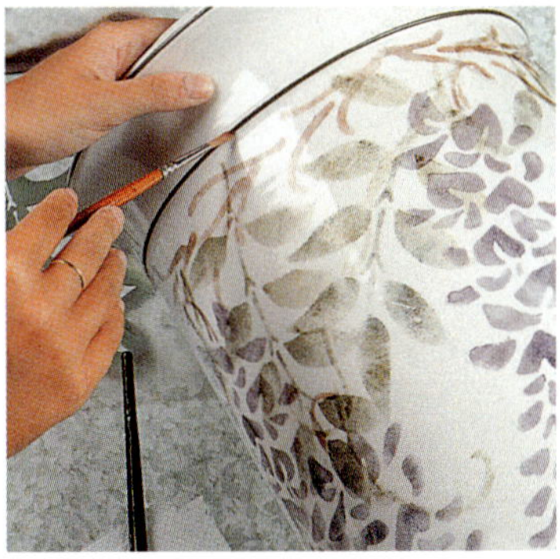

6

A questo punto rifinite il bordo del portaombrelli con una sottile linea d'oro, tracciata con il pennellino a punta fine. Lasciate asciugare e trattate l'intera superficie con la vernice di finitura, applicandola con il pennello piatto medio.

OCCORRENTE

- matita grassa
- colori per ceramica a freddo: verde, rosso, blu, nero
- 2 pennelli, medio e sottile

Teiera Stile Country

Per rilassanti pomeriggi nella casa di campagna "inventate" una teiera in ceramica bianca, decorata con un tenero motivo floreale.

Ecco un progetto divertente da realizzare e di "tutto riposo", dato che si tratta di riprodurre fedelmente il disegno riportato a fianco. L'unica cautela riguarda la fase in cui applicherete i colori, perché sulle superfici curve è facile che colino.
Oltre ai delicati fili d'erba, fra i quali occhieggiano fiori dalle tonalità vivaci, la decorazione, eseguita con gli appositi colori per ceramica a freddo, prevede anche una graziosa coccinella *pour bonheur*. Lo stesso motivo è stato realizzato anche sul coperchio. A lavoro ultimato, se sarete soddisfatte potrete riportarlo pure su tazze e piattini, così da creare un originale servizio da tè in stile country. Prima di iniziare, pulite con cura la ceramica con un panno di cotone imbevuto di alcol.

1

Utilizzando la matita grassa, abbozzate intorno alla base della teiera il disegno riprodotto a fronte.

2

Lavorando sulla parte bassa della teiera, dipingete il prato con il verde, con pennellate brevi e decise.

3

Ora diluite il colore con un po' d'acqua e con questa tonalità più chiara applicate pennellate lunghe e sottili sulla parte alta del prato, così da riprodurre i fili d'erba più alti e gli steli dei fiori.

4

Vivacizzate il prato inserendo piccoli gruppi di fiorellini, eseguiti con il rosso e il blu.

5

Lasciate asciugare e poi dipingete la coccinella, utilizzando il rosso e il nero e applicandoli con il pennellino sottile.

6

Decorate il coperchio della teiera procedendo nello stesso modo, fino a creare una fascia di prato tutt'intorno al bordo.

La Toeletta "della Nonna"

Brocca, catino e portasapone da sistemare su una mensola del bagno oppure, seguendo l'esempio delle nostre nonne, nella classica intelaiatura di metallo.

OCCORRENTE

- brocca, catino e ciotolina di ceramica bianca
- colori in polvere per ceramica a caldo: verde ossido di cromo, rosa cipria, giallo di cadmio scuro, terra d'ombra naturale, violetto cobalto
- 3 pennellini 001, essenza grassa, essenza di trementina
- mattonella di ceramica bianca di 10 x 10 cm
- spatolina, contagocce, matita grassa

I colori in polvere per ceramica a caldo sono pigmenti che, miscelati fra loro, offrono la possibilità di produrre una gamma cromatica praticamente infinita. Il passo successivo, indispensabile per fissare le tinte e perché assumano la durezza e la resistenza della ceramica, consiste nella cottura in appositi forni. A questo punto il set da toeletta si potrà lavare con acqua e detersivo (evitate, però, di usare spugne abrasive). Per decorare questi semplici oggetti, facilmente reperibili in un mercatino, qualsiasi motivo floreale andrà benissimo: ne proponiamo alcuni a cui ispirarsi, ma la scelta finale dipende ovviamente dal gusto personale, oltre che dallo stile e dal colore dell'arredamento. I passaggi illustrati spiegano come operare nel caso della brocca; per il catino e la ciotolina portasapone il procedimento è identico: dovrete solo adattare le dimensioni del disegno.

1

Servendovi della matita grassa, abbozzate sulla brocca la traccia del motivo scelto; poi versate sulla mattonella mezzo cucchiaino di pigmento per ogni colore.

2

Con il pennellino miscelate separatamente i colori con due gocce di essenza di trementina, versata con il contagocce, e poca essenza grassa prelevata con la punta della spatolina.

3

Iniziate a colorare le foglie, riproducendo con cura i giochi di luci e ombre e le venature.

4

Dipingete i contorni dei petali della rosa, dosando il colore in modo da creare delicate gradazioni tonali.

5

Sfumate i petali dei fiori blu, con pennellate più scure verso il centro per conferire loro profondità.

6

Rifinite la composizione con brevi pennellate più scure, così da vivacizzarla. A questo punto il pezzo è pronto per la cottura in forno.

EFFETTO INTARSIO

Tecnica che produce effetti straordinari, l'intarsio richiede però notevole abilità. Vediamo allora un semplice "trucco" per aggirare l'ostacolo e ottenere risultati molto simili.

OCCORRENTE

- scatola di legno grezzo
- carta da lucido e carta carbone
- bisturi
- colori acrilici
- 2 pennelli tondi, n. 0 e n. 00
- penna a punta fine
- gommalacca ambrata già pronta
- pennellessa piatta
- cera d'api semisolida
- panno morbido

Usato fin dalle più antiche civiltà orientali e mediterranee per la decorazione di piccoli, raffinati oggetti di arredamento e mobili preziosi, a partire dal Trecento l'intarsio prende piede in Europa come risposta all'esigenza di lasciare al naturale, e non più rivestite di stucchi o pitture, le superfici di mobili e arredi. Gli intarsiatori divennero ben presto abilissimi nel ritagliare in lamine sottili i legni disponibili, come bosso, noce, cipresso e anche il più raro ebano, giocando sulle loro variazioni cromatiche per ottenere molteplici effetti decorativi. Il progetto che proponiamo permetterà di produrre risultati analoghi anche senza essere esperti ebanisti e pur non avendo particolare dimestichezza con il disegno a mano libera. Non vi resta che ricalcare il motivo e colorarlo con calde tonalità che richiamino le sfumature tonali del legno.

1

Riportate su carta da lucido il motivo scelto e quindi trasferitelo sulla scatola servendovi della carta carbone.

2

Incidete con il bisturi le linee di contorno per evitare sbavature di colore.

3

Diluite il primo acrilico con abbondante acqua e applicatelo con uno dei pennelli tondi, procedendo sempre nel senso della venatura del legno. Applicate nello stesso modo anche le altre tinte. Lasciate asciugare e ripassate a penna le linee di contorno, lavorando con mano leggera.

4

Servendovi della pennellessa, stendete un sottile strato di gommalacca sull'intera superficie della scatola. Lasciate asciugare e poi, con il panno, applicate la cera d'api in modo da produrre una finitura opaca. Se però preferite una finitura lucida, invece della cera stendete un secondo strato di gommalacca.

OCCORRENTE

- tavoletta di truciolato con lato di 21 cm, spessa 1 cm
- seghetto
- cartavetrata
- matita
- colori alchidici
- gel alchidico
- piastrella
- 3 pennelli piatti: piccolo, medio e grande
- vernice di finitura a olio

Coloratissimi Sottopentola

Accessori utilissimi, sono talmente allegri che vale la pena di tenerli esposti su una mensola: li avrete sempre a portata di mano e conferirete vivacità alla cucina.

Per rendere decorativi e meno "scontati" oggetti semplici come un sottopentola non occorre essere artisti provetti: basta sagomare a forma di foglia una tavoletta di truciolato e decorarla con fiori, frutta, ortaggi o qualunque altro soggetto vi suggerirà la fantasia. Ricalcate su un foglio di carta una delle immagini riprodotte qui sotto, ingrandite il motivo fino a raggiungere la dimensione desiderata e poi, con l'aiuto della carta carbone, riportatelo sulla tavoletta.
A fine lavoro, per rendere il decoro più brillante ed evitare che si rovini per effetto del calore, conviene trattare la superficie con tre mani di vernice a olio.

1

Tracciate a matita sulla tavoletta i contorni delle foglie che definiscono la forma del sottopentola e sagomate i lati servendovi del seghetto. Poi carteggiate i bordi per renderli lisci e uniformi.

2

Sulla sagoma così ottenuta, disegnate le venature delle foglie e quindi ricalcate la composizione scelta.

3

Dopo aver miscelato i colori alchidici con l'apposito gel sulla piastrella, dipingete il sottopentola, usando il pennello piccolo per definire le venature delle foglie e i contorni del disegno e quello medio per colorare i vari elementi. Cercate di suggerire la prospettiva e la tridimensionalità sfruttando il contrasto cromatico fra luci e ombre.

4

Lasciate asciugare e infine stendete sull'intera superficie almeno tre strati uniformi di vernice a olio, applicata con il pennello grande.

UN CONSIGLIO

Aumentando la percentuale di gel alchidico, i colori diventano via via più fluidi e brillanti. Aggiungendone solo piccole quantità, invece, la pittura risulta opaca, ma anche più densa, e di conseguenza più coprente.

Pannello con putti

OCCORRENTE

- pannello di legno di 50 x 40 x 0,8 cm
- nastro adesivo di carta
- idropittura bianca
- un pennello piatto, due pennellini 001 e un pennellino tondo
- colori acrilici: blu, bianco, ocra, magenta, giallo e oro
- spugna naturale
- matita 2B
- carta da lucido

Una soluzione spiritosa e originale di facile realizzazione: un grazioso pannello di legno dipinto per nascondere il contatore della luce "troppo in vista".

Il grande pregio della carta da lucido risiede nel fatto che anche i disegnatori alle prime armi possono cimentarsi in composizioni ambiziose: si può, infatti, ricalcare qualunque disegno, per poi trasferirlo sulla superficie da decorare. I putti proposti in questo caso, un classico della pittura di tutti i tempi, si prestano a un'ampia gamma di ambientazioni: per riprodurli nella giusta dimensione, ingrandite, fotocopiandola, la foto qui sotto, intervenendo a mano libera nei punti in cui il disegno non fosse visibile. A questo punto preparate il fondo del pannello stendendo una mano di idropittura bianca diluita con poca acqua e lasciate asciugare. All'occorrenza, modificate le tinte usate per lo sfondo e per il nastro in funzione delle tonalità predominanti del locale a cui il pannello è destinato.

1

Applicate una striscia di nastro adesivo lungo i lati del pannello. Poi diluite con poca acqua l'acrilico bianco, mescolatevi una punta di blu usando il pennello piatto e spugnate il fondo. Aggiungete un altro pizzico di blu e, sempre spugnando, applicate anche questa tonalità.

2

Sovrapponete la carta da lucido al disegno e ricalcatelo a matita. Collocate il foglio a faccia in giù sul pannello, fissandolo con il nastro adesivo, e ripassate i contorni a matita, esercitando una pressione decisa: ne risulterà un'immagine speculare a quella di partenza.

3

Usando uno dei pennellini 001, colorate le ali dei putti sfumandole con varie gradazioni di azzurro, ottenute mescolando blu e bianco. Poi, con l'altro pennellino 001, dipingete il nastro con una tonalità prodotta miscelando al magenta una piccola quantità di bianco.

4

Rifinite il nastro con piccoli tocchi di bianco, applicati in corrispondenza dei punti di curvatura con il pennellino 001.

5

Mescolate l'ocra, il giallo e il bianco e con il pennellino tondo colorate i corpi dei putti.

6

Ore, sempre con lo stesso pennello, rifinite i contorni dei putti con tocchi di magenta molto diluito per suggerire le aree in ombra. Da ultimo, colorate i riccioli con una miscela di giallo e oro.

IL TOCCO FINALE

Rimuovete il nastro adesivo applicato lungo i lati del pannello e colorate con l'oro la cornice bianca rimasta attorno al disegno.

UOVA IN STILE FABERGÉ

Vediamo come realizzare una collezione "più al passo coi tempi" delle splendide uova nate dalla fantasia del gioielliere degli zar.

OCCORRENTE

- uova di legno
- cartavetrata
- idropittura bianca
- colori acrilici: verde oltremare e oro
- 3 pennelli: piatto medio, tondo e sottile
- vernice di finitura acrilica

Era la Pasqua del 1885 quando lo zar Alessandro III donò alla zarina un uovo ideato dall'orafo Peter Carl Fabergé. Naturalmente non si trattava di un uovo qualsiasi: era infatti realizzato in oro, gemme e smalto traslucido. Il prezioso oggetto fu molto apprezzato e da allora ogni anno, in occasione della Pasqua, i sovrani presero l'abitudine di scambiarsi le cosiddette "uova imperiali" di Fabergé.
Quella che proponiamo è una raccolta sicuramente meno ambiziosa, ma non per questo meno decorativa, di quei capolavori di arte orafa oggi ricercati dai collezionisti di tutto il mondo.
Un accorgimento: prima di mettervi all'opera, carteggiate con cura il legno, per favorire l'assorbimento dell'idropittura, ed eliminate ogni traccia di polvere passando la superficie con un panno di cotone.

1
Diluite l'idropittura bianca con poca acqua e con il pennello medio dipingete l'uovo, tenendolo alle estremità con due dita. Lasciate asciugare e poi colorate le parti ancora prive di tinta.

2
Diluite in un altro piattino il colore acrilico verde oltremare con poche gocce d'acqua e, usando il pennello tondo, stendete uno strato uniforme fino a coprire tutto il bianco.

3
Quando il verde è asciutto, con il colore acrilico oro e il pennello sottile riproducete sull'uovo il soggetto principale, in questo caso il giglio fiorentino.

4

Sempre con lo stesso pennellino intinto nell'oro, tracciate sottili linee, così da suddividere la superficie dell'uovo in quattro spicchi, nel tipico stile Fabergé.

5

Ultimata la decorazione, lasciate asciugare e dipingete un dischetto dorato sulle due estremità dell'uovo.

6

Lasciate nuovamente asciugare e quindi trattate l'intera superficie con una mano uniforme di vernice acrilica, applicata con il pennello medio.

OCCORRENTE

- scatola di MDF di 16 x 26 x 10 cm
- colori acrilici
- 2 pennelli piatti di martora sintetica, n. 6 e n. 8, e un pennellino per belle arti

Rose "Tirolesi"

A conferire profondità al decoro è proprio la differente luminosità dei petali e delle foglie, ottenuta con singole pennellate.

Lo stile tirolese, che deriva dal gusto tipicamente nordeuropeo per le decorazioni rustiche a motivi floreali, è un apprezzato esempio di pittura "folk".

Si è sviluppato soprattutto in Tirolo (da qui il nome) e i suoi elementi decorativi, come d'altra parte le tecniche di esecuzione, sono rimasti immutati nel corso degli anni, tanto che dal tipo di disegno si può addirittura risalire al paese di provenienza. Nella decorazione tirolese luci e ombre vengono realizzate in un solo passaggio: infatti, un lato del pennello viene intinto in un colore scuro e l'altro in uno più chiaro. Il movimento è unico: si esercita una pressione decisa per produrre tratti marcati, mentre si procede con mano leggera, girando il pennello su se stesso, per ottenere linee sottili. Prima di cimentarvi nel progetto vero e proprio, vi conviene fare qualche prova su una superficie di legno perfettamente orizzontale.

1

Intingete un lato del pennello nella tinta scura e l'altro in quella chiara.

2

Tenendo il pennello perpendicolare alla scatola, tracciate una serie di linee curve come quelle illustrate nella foto. Essendo entrambe fresche, le tinte tenderanno ad amalgamarsi.

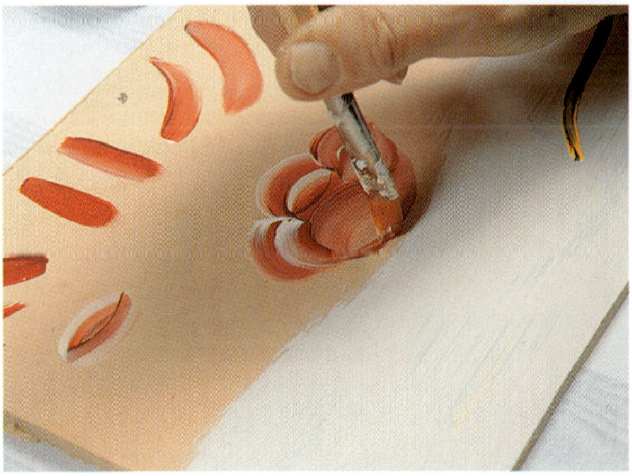

3

Continuate a tracciare linee in varie direzioni operando come in precedenza. Esercitatevi a produrre tratti curvi, concavi e convessi, con cui indicare i petali, procedendo dal basso in alto e viceversa, e combinateli fino a creare la corolla di una rosa.

4

Ora dipingete la scatola con un colore acrilico verde scuro. Quando la pittura è asciutta, tracciate al centro del coperchio due linee curve formando una piccola ellisse.

5

Completate la prima rosa riproducendo una serie di petali sopra e sotto l'ellisse e realizzate quella alla sua destra nello stesso modo.

6

Infine, aggiungete il bocciolo e le foglie e accentuate luci e ombre ritoccandole con il pennellino per belle arti.

Un Comodo Bauletto

OCCORRENTE

- bauletto di legno, 40 x 20 x 22 cm
- cartavetrata
- bicchierino di carta
- colori acrilici: bianco, giallo ocra, terra d'ombra, verde oliva
- pennelli piatti, n. 4 e n. 30, e pennellino per belle arti n. 1
- nastro adesivo di carta
- ritagli di fregi e decori in bianco e nero
- colla vinilica
- vernice di finitura ad acqua
- vernice di finitura a olio in gel

Le appassionate di lavoro a maglia potranno riporre tutto l'occorrente in questa scatola, che comunque, date le dimensioni, si presta a numerosi altri utilizzi: carta da lettere, foto di famiglia, vecchie agende, rubriche...

Riuscendo a trovare un bauletto di MDF, anziché di legno, potrete contenere l'investimento iniziale e in parte anche i tempi di lavorazione. Noto anche come mediodensit, questo materiale – che è un impasto pressato a base di derivati del legno – è molto più pesante e ha un costo decisamente inferiore. Inoltre, la sua superficie liscia non richiede il trattamento iniziale con cartavetrata ed è sufficiente una sola mano di pittura di fondo, perché il mediodensit è meno poroso del legno. Invece, per quanto riguarda le operazioni successive, non c'è alcuna differenza: completate un lato per volta, posizionando il bauletto sul piano di lavoro in modo che la faccia da decorare sia orizzontale. Un ultimo consiglio: nel realizzare la cornice esterna, diluite il verde oliva con pochissima acqua, per evitare che la pittura filtri sotto il nastro di mascheratura, ma nel colorare i ritagli usate miscele molto fluide, così da creare un effetto-acquerello.

1

Mescolate 3 parti di bianco, mezza di giallo ocra e mezza di terra d'ombra e con il pennello più grande stendete due mani uniformi di questa tonalità avorio sull'intera superficie, dopo averla carteggiata con cura. Quando la pittura è asciutta, tracciate a matita il contorno della cornice esterna (per gli angoli arrotondati usate il bicchierino di carta).

2

Applicate lungo i bordi il nastro adesivo di carta, così da produrre contorni diritti, e, servendovi del pennello n. 4, colorate la cornice con il verde oliva diluito con pochissima acqua.

3

Tracciate il sottile contorno della cornice interna con il pennellino per belle arti intinto nel verde oliva e quindi colorate la cornice con una miscela formata da 3 parti di bianco, mezza di verde oliva e mezza di terra d'ombra. Procedete con molta cautela.

4

Ora colorate i ritagli con tre diverse miscele di verde – chiaro, intermedio e scuro – diluite con abbondante acqua, usando le sfumature tonali del disegno in bianco e nero come traccia.

5

Stendete un sottile velo di colla sul retro dei ritagli e posizionateli sui lati e sul coperchio, frizionando con un pezzo di carta assorbente per favorirne l'adesione ed eliminare eventuali bolle d'aria.
Poi rifinite con una mano di vernice ad acqua e tre di vernice a olio.

OCCORRENTE

- portaposta da parete in legno grezzo
- colori acrilici: rosso, blu, verde, giallo e bianco
- 2 pennelli piatti e un pennellino 001
- foglio bianco e matita
- emulsione acrilica
- vernice di finitura a olio

L'Angolo degli Appunti

Niente più scuse per chi lascia messaggi, promemoria o appunti in giro per casa: questo simpatico contenitore aiuterà a fare un po' d'ordine fra le carte.

Sapete sempre dove trovare quel "prezioso" foglietto su cui prendere un appunto al volo? E non vi capita mai di cercare per tutta la casa un indirizzo importante lasciato distrattamente da qualche parte? Ebbene, questo grazioso portacarte di legno può trasformarsi in un valido alleato e, per di più, diventare un originale elemento decorativo per la parete della cucina. La scelta di fiori teneri e poco impegnativi come i mughetti accentua il carattere informale di questa creazione, adatta a qualunque tipo di arredo. Vi consigliamo di disegnare il mazzetto a matita su un foglio, così da disporre di un'utile traccia quando dipingerete a mano libera.

2

Ora aggiungete al verde una punta di giallo, così da disporre di una tonalità più chiara, e diluite la tinta con poca acqua. Servendovi del pennellino, iniziate a riprodurre gli steli e le foglie.

1

Diluite con poca acqua parti uguali dei colori acrilici blu e rosso e miscelateli fino a ottenere un intenso tono porpora. Con il pennello medio stendete uno strato omogeneo di pittura sull'intera superficie del portaposta.

3

Per ottenere una tonalità più scura, aggiungete al verde qualche goccia di blu. Diluite con poca acqua e, sempre con il pennellino, dipingete le venature delle foglie.

5

Accentuate la forma a campana dei fiorellini rifinendoli con piccole pennellate di giallo. Lasciate asciugare.

4

A questo punto, intingete il pennellino direttamente nel bianco e riproducete i fiori con piccoli tocchi.

6

Da ultimo, trattate l'intera superficie con una mano di emulsione acrilica e, una volta asciutta, con una di vernice di finitura, applicandole con il pennello piatto.

OCCORRENTE

- sgabello smaltato di bianco
- pennellini sottili
- colori per ceramica a freddo (rosso, giallo, blu, bianco, verde, nero) e relativo diluente
- carta da lucido
- matita morbida
- pennello piatto
- resina acrilica
- vernice di finitura a olio

Lo Sgabello con le Mele

Una tecnica semplice, un disegno divertente, colori vivaci e intensi: è tutto quello che occorre per conferire un nuovo look al solito sgabello smaltato.

Il lavoro procederà molto più spedito avendo a disposizione uno sgabello già smaltato di bianco: in questo caso, infatti, non dovrete preoccuparvi di preparare il fondo e potrete iniziare subito la decorazione.

Per riportare sullo sgabello i contorni del disegno, ricorrete a un foglio di carta da lucido: è il metodo più veloce, che oltretutto consente di creare vari tipi di composizioni, ricalcando i soggetti preferiti da libri o riviste.

A decoro ultimato, proteggete la superficie con una mano di resina acrilica e due di vernice a olio, stese lasciando asciugare fra una e l'altra.

1

Sovrapponete la carta da lucido sul disegno e con la matita ricalcatene i contorni esercitando una certa pressione.

2

Collocate il foglio sullo sgabello, con la parte ricalcata a contatto con la superficie smaltata, e ripassate a matita i contorni, premendo con decisione.

3

Sollevate il foglio e controllate che l'intero motivo sia rimasto impresso sullo sgabello; se non fosse così, completate il disegno a mano libera.

4

Intingendo i pennellini, uno per ogni tinta, direttamente nelle boccette, iniziate a colorare i vari elementi. Per mantenere morbide le setole, immergetele spesso nell'apposito diluente.

5

Intingete un altro pennellino nel bianco e suggerite i riflessi sulle mele. Poi, con il pennello piatto, applicate uno strato uniforme di resina acrilica, lasciate asciugare e passate due mani di vernice a olio.

Questa è l'immagine speculare del disegno: appoggiando sullo sgabello la carta da lucido con il motivo ricalcato, otterrete esattamente il decoro della foto nella pagina a fronte.

Scatola per Carte da Gioco

Un decoro "a tema" per l'elegante astuccio di legno destinato al tavolo verde.

OCCORRENTE

- scatola di legno grezzo
- matita e penna a punta fine
- carta da lucido e carta carbone
- colori acrilici rosso, nero e bianco
- pennelli tondi, n. 00 e n. 0, e pennellessa piatta
- gommalacca trasparente già pronta
- cera d'api semisolida incolore
- panno morbido

Classica, ma molto apprezzata anche come regalo, la scatola per riporre i mazzi di carte, che data la tecnica adottata si realizza davvero in un attimo. Ci siamo concentrati soprattutto sul coperchio, in quanto i bordi, che pure contribuiscono a impreziosire l'oggetto, possono essere considerati un "optional". Se però avete un po' di tempo a disposizione, vi consigliamo di scegliere un motivo che ricordi quelli tipici dei decori a intarsio per ricalcarlo sui lati: colorandolo con tonalità calde, che esaltino le sfumature del legno non trattato, riuscirete a creare un regalo molto speciale.

1

Dopo aver riportato il disegno scelto sulla carta da lucido, trasferitelo sul coperchio della scatola con la carta carbone.

2

Iniziate a colorare le carte con il bianco, servendovi del pennello n. 0 e procedendo sempre nel senso della venatura del legno. Per ottenere tonalità più o meno coprenti, e suggerire così i giochi di luci e ombre, intervenite sulla quantità di acqua usata per diluire le miscele.

3

Ora riproducete i semi e i valori delle carte da gioco con il pennellino n. 00 e gli acrilici rosso e nero. Quando la pittura è asciutta, ripassate a penna le linee di contorno lavorando con mano leggera (se preferite un'immagine meno definita, eliminate questo passaggio).

4

Ultimato anche il decoro dei bordi, con l'aiuto della pennellessa stendete un sottile strato di gommalacca sull'intera superficie della scatola. Lasciate asciugare e poi, con il panno, applicate la cera d'api in modo da produrre una finitura opaca. Se però amate superfici lucide e al tempo stesso "vellutate", invece della cera stendete altre due mani di gommalacca, lasciando asciugare fra una e l'altra.

SECCHIO PORTACEPPI

Gli oggetti di metallo sembrano spesso freddi e poco decorativi. Divertitevi a trasformare questo comunissimo secchio conferendogli colore e... calore.

OCCORRENTE

- secchio di metallo
- cartavetrata a grana grossa
- smalto bianco
- colori a olio verde scuro e blu notte
- acquaragia
- colori per ceramica a freddo: rosso scuro, rosso rubino, rosa, verde e verde scuro
- vernice di finitura a olio
- 2 pennellini a punta fine e un pennello piatto medio

Questa tecnica si presta alla decorazione di oggetti sia nuovi, come il secchio proposto, sia "riciclati" (in questo caso, se il metallo fosse intaccato dalla ruggine, conviene prima stendere uno strato uniforme di antiruggine e lasciare asciugare). Nuovo o usato che sia, per garantirvi un buon risultato dovrete preparare preventivamente la superficie di metallo passandovi una mano di smalto e carteggiando leggermente perché i colori aderiscano bene. Per il fondo, preferite smalti a base d'olio: infatti, una volta asciutti, quelli a base d'acqua si sgretolano facilmente. Si tratta, però, di prodotti che asciugano lentamente (sono necessarie circa 24 ore), per cui se volete accelerare i tempi potete usare pigmenti acrilici, seguendo questo procedimento: preparate il metallo con una mano di acrilico spray, poi stendete a pennello la tinta di fondo diluita con poca acqua, per renderla più coprente, e infine eseguite la decorazione con i colori per ceramica a freddo, terminando con almeno dieci mani di vernice a olio per proteggere la superficie.

1

In un piatto mescolate parti uguali di smalto bianco e colori a olio verde scuro e blu notte, diluendo con pochissima acquaragia per non perdere l'effetto coprente. Poi applicate uno strato uniforme di questa miscela sull'intera superficie, servendovi del pennello piatto medio. Lasciate asciugare.

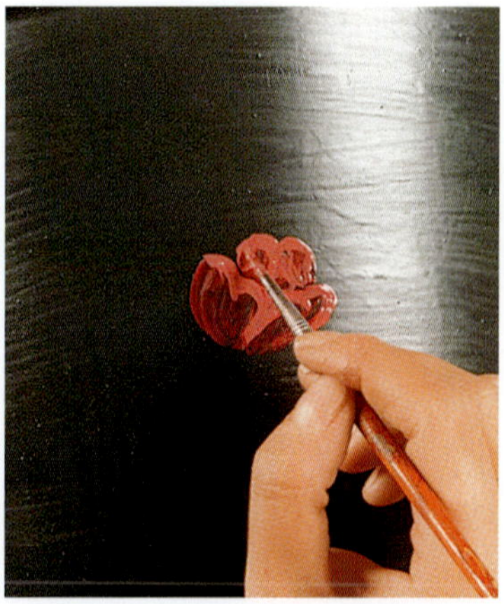

2

Intingete il pennellino a punta fine direttamente nel colore per ceramica a freddo e iniziate a dipingere le rose.
Mentre procedete, immergete di tanto in tanto il pennellino nell'acquaragia in modo da mantenere morbide le setole.

3

Per suggerire i riflessi e l'effetto della prospettiva, dipingete alcuni petali con il rosa e altri con una tonalità più scura, ottenuta mescolando il rosa con un po' di rosso rubino e di rosso scuro.

UN'IDEA

Alle disegnatrici meno esperte conviene fotocopiare il motivo, ingrandendolo se occorre, ritagliarlo, posizionarlo sul punto da decorare e tracciarne il contorno con una tonalità più chiara rispetto a quella definitiva.

4

Vivacizzate la composizione alternando rose dischiuse a boccioli. Poi circondate e unite i fiori con un delicato movimento di steli e foglie, che dipingerete utilizzando il verde e il verde scuro.

5

Quando la decorazione è asciutta, applicate una mano di vernice a olio sull'intera superficie, servendovi del pennello piatto medio. Lasciate asciugare completamente.

Romantici Stucchi alle Pareti

OCCORRENTE

- cornice da muro in stucco a bassorilievo
- colori acrilici: beige, bianco, terra di Siena e verde ossido di cromo
- 4 pennellini sottili
- piattino

Gli stucchi conferiscono un tocco di raffinatezza alla stanza: una modanatura colorata con tonalità tenui e delicate li renderà ancora più eleganti.

Nella maggior parte dei casi gli stucchi vengono lasciati nel loro colore originale, di solito il bianco. Nulla vieta, però, che si possano ravvivare con l'aggiunta di qualche variante cromatica per conferire loro maggior risalto.
Dal punto di vista della tecnica, dipingere gli stucchi è semplicissimo, in quanto non resta che applicare la pittura seguendo con pazienza le modanature.
Il segreto per valorizzare il decoro consiste nella scelta di tinte intonate con l'arredamento della stanza, preferendo comunque tonalità tenui, magari riprese da quelle meno "vistose" della tappezzeria.

1

Diluite nel piattino parti uguali di terra di Siena e bianco con poca acqua e, servendovi di uno dei pennellini, applicate questa miscela sul fiocco, seguendo con cura la sagoma.

2

Ora diluite il verde ossido di cromo con poca acqua e, con un pennellino pulito, dipingete le foglie di alloro, badando a non produrre antiestetiche sbavature.

3

Colorate i pallini fra una foglia e l'altra intingendo un altro pennellino nel beige e poi nell'acqua, così da diluire la pittura direttamente sulle setole.

4

Immergete nell'acqua l'ultimo pennellino e, strofinando con cautela, eliminate eventuali sbavature di colore lungo i contorni delle sagome.

5

Completate il lavoro rifinendo con cura i bordi dei vari elementi con il pennellino pulito.

UN CONSIGLIO

Come preparare lo stucco

Se nell'applicare la pittura acrilica, vi accorgete che non aderisce in modo uniforme, strofinate leggermente lo stucco con cartavetrata: lo renderete più ruvido e quindi in grado di trattenere meglio il colore.

LA TECNICA

"Cancellare" gli errori

Per eliminare eventuali macchie di colore, copritele con un leggero strato di acrilico bianco applicato a pennello.

OCCORRENTE

- sopraporta di stucco
- spugnetta
- cartavetrata a grana fine
- colori acrilici blu, grigio e bianco
- matita
- pennellino sottile

Sopraporta Dipinto

Per conferire un rilievo ancora maggiore a uno stucco, provate a dipingerlo con motivi floreali tono su tono.

In genere, il sopraporta, elemento decorativo molto in voga in epoca barocca, è costituito da un riquadro sovrastante l'architrave di una porta decorato da un dipinto o da un bassorilievo. Con la sua forma arcuata, il modello proposto in questo caso è la cornice ideale per una delicata composizione di rose dipinte in blu e grigio. Prima di cominciare, pulite il sopraporta con una spugnetta umida per eliminare ogni traccia di polvere; dipingete tenendo il pennello leggermente inclinato rispetto alla superficie e, per tracciare una linea dapprima sottile e poi sempre più spessa, esercitate una pressione via via maggiore.
Un consiglio: per far risaltare meglio il decoro, sistematelo su una porta rigorosamente bianca.

1
Carteggiate delicatamente la superficie per renderla più ruvida e quindi in grado di trattenere meglio la pittura.

2
Passate nuovamente la spugnetta umida, così da eliminare la polvere prodotta dalla cartavetrata, e lasciate asciugare.

3
Tracciando i contorni con mano molto leggera, disegnate a matita la composizione floreale al centro del sopraporta.

4
Diluite il blu con abbondante acqua, unite alla miscela una punta di grigio e con il pennellino colorate il motivo iniziando dai toni più chiari, che dovranno risultare quasi acquerellati.

5
Riproducete le venature delle foglie e le striature dei petali con una tinta meno diluita e poi sfumate il colore per ottenere tonalità più chiare e al tempo stesso conferire profondità dal dipinto.

IL TOCCO FINALE

Quando la pittura è asciutta, definite alcuni particolari con il pennellino intinto direttamente nella boccetta del colore, così da ottenere una tonalità più intensa.

6
Ora ritoccate i contorni con miscele più dense, rinforzandole con ulteriori pennellate in corrispondenza delle aree in ombra. Lasciate asciugare.

SASSI COME TELE

Immaginazione o ricordi affidati a un pennello, con cui trasferire su un sasso uno scorcio di paesaggio.

OCCORRENTE

- sasso piatto
- due pennelli sottili, piatto e tondo, e un pennello piatto medio
- colori acrilici: blu, bianco, rosso di Marte, verde smeraldo, verde di cadmio chiaro
- gel ritardante per acrilici
- medium per acrilici
- vernice di finitura per ceramica a freddo

Passeggiando lungo la riva di un lago o di un fiume, capita spesso di trovare sassi dalle forme stravaganti. Molti hanno superfici così lisce e uniformi che sembrano fatte apposta per essere dipinte. La tecnica è semplice: non resta che scegliere il sasso più piatto, carteggiarlo per eliminare eventuali irregolarità e ritrarre proprio uno scorcio del luogo in cui l'avete trovato. Quanto all'utilizzo, a seconda della dimensione potrà diventare un originale fermaporta, un soprammobile per la libreria o un insolito fermacarte da scrivania.

1
Diluite in un piattino il verde di cadmio chiaro con poca acqua, in modo da ottenere un colore piuttosto coprente, e applicatelo sul sasso come illustrato dalla foto.

2
Mescolate parti uguali di blu e bianco e con questo delicato tono di azzurro dipingete il lago servendovi del pennello piatto sottile. Poi riproducete il cielo con un azzurro più intenso.

3
Ora dipingete le colline con il verde di cadmio chiaro e il verde smeraldo; con il bianco poco diluito, applicato con il pennellino tondo, suggerite le casette attorno al lago e sulle colline.

4
Mescolate parti uguali di bianco e gel ritardante e applicate questa miscela sul cielo, sotto forma di delicate striature, per creare le nuvole.

5
Completate il paesaggio colorando i tetti delle casette con il rosso di Marte e dipingendo alcuni alberi in riva al lago e sulle colline con il verde smeraldo. Per tutte queste operazioni usate sempre il pennellino tondo.

6
Con il pennello piatto medio stendete uno strato di medium sull'intera superficie e quindi passate una mano di vernice di finitura con effetto lucidante.

OCCORRENTE

- vernici per ceramica a freddo: bianco, giallo, verde e marrone
- piatto di ceramica bianco
- stampini
- carta assorbente da cucina
- pennellino per belle arti

GIRASOLE "STAMPATO"

Un piatto solare, da appendere a una parete della cucina o usare come vassoio con cui porgere il primo caffè della giornata, per un risveglio all'insegna del buonumore.

La messa a punto di vernici che si possono cuocere senza difficoltà anche nel forno domestico ha letteralmente rivoluzionato la decorazione degli oggetti di ceramica. Sono tinte perfettamente resistenti al lavaggio con acqua e un detersivo liquido e, benché su un piatto come questo non sia consigliabile disporre alimenti, potrete comunque dare libero sfogo alla vostra creatività in un progetto semplice da realizzare, ma di grande soddisfazione. L'aspetto forse meno "immediato" è procurarsi degli stampini che riproducano i vari elementi del girasole (o del fiore che preferite), ma una puntata in un negozio di articoli fai-da-te per la casa potrà efficacemente soddisfare le vostre esigenze.

1

Preparate due diverse tonalità di giallo, una più chiara, mediante aggiunta di bianco, e una scura, miscelando la vernice gialla con qualche goccia di marrone. Operate nello stesso modo per ottenere due toni di verde, aggiungendo del giallo per avere una tinta brillante, e un pizzico di marrone per una tonalità più cupa. Caricate con la vernice marrone il primo stampino, tamponatelo con un pezzo di carta assorbente, così da rimuovere il colore in eccesso, e riproducete il centro del fiore esattamente al centro del piatto.

2

Ora caricate gli stampini con i due toni di giallo e iniziate a riprodurre i petali, in modo che i più luminosi si trovino in primo piano.

3

Nel realizzare le foglie, dovete dare l'impressione che si facciano strada quasi "contrastando" il peso del fiore, per cui usate il verde chiaro per quelle a contatto con i petali e passate alla tonalità più scura man mano che procedete verso il bordo del piatto.

4

Infine, riproducete le venature delle foglie e inserite alcuni "pampini" qua e là servendovi del pennellino per belle arti, così da legare insieme gli elementi della composizione.

FOGLIE SUL VASSOIO

In cucina i vassoi non bastano mai. Collocato su una mensola, questo è perfetto per "ospitare" i vasi coordinati in cui conservare biscotti, zucchero e caffè.

OCCORRENTE

- vassoio in MDF
- stampini con varie sagome di foglie
- colori acrilici: bianco, terra d'ombra e terra di Siena bruciata
- pennelli piatti, n. 4 e n. 30
- carta assorbente da cucina
- vernice di finitura ad acqua

Tutto giocato su rilassanti toni di beige e marrone il piccolo vassoio da destinare a una mensola, date le sue dimensioni. Per un effetto ancora più delicato, abbiamo deciso di non colorare le venature, che in tal modo risultano "in negativo": infatti, la pittura non penetra negli incavi degli stampini. Un disegno sobrio come questo e le tonalità scelte non stancano, se ripetuti su altri elementi di arredo; anzi, possono diventare una sorta di motivo ricorrente in cucina. Riproducete le foglie sull'anta della credenza, disponendole in modo da creare la composizione più adatta, oppure usatele come bordura per la tendina (in questo caso, dovrete ricorrere a specifici colori per stoffa).

1

Prima di tutto colorate il vassoio con un tenue tono di beige, ottenuto con 3 parti di bianco e mezza di terra d'ombra, applicato con il pennello n. 30. Stendete uno strato uniforme con movimenti nella stessa direzione; trattandosi di una tinta chiara, per un maggior effetto coprente se lo ritenete opportuno potete passare una seconda mano, naturalmente dopo aver lasciato asciugare la precedente. Preparate le tre miscele che vi serviranno per riprodurre le foglie: terra di Siena pura;

bianco e terra d'ombra in rapporto 2 a 1; bianco e terra di Siena, sempre in rapporto 2 a 1. Immergete gli stampini nelle miscele, tamponateli con carta assorbente, così da rimuovere il colore in eccesso, e riproducete le foglie, alternando toni chiari e scuri.

2

"Stampate" le foglie con mano ferma e, qualora l'immagine risultasse poco definita, riposizionate lo stampino carico di colore ed esercitate una pressione maggiore.

3

A decoro ultimato, colorate il bordo del vassoio con il pennello n. 4 intinto nel terra di Siena. Lasciate asciugare e rifinite l'intera superficie con una mano di vernice ad acqua.

OCCORRENTE

- portariviste di MDF
- stampini con foglie e fiori di ortensia
- colori acrilici: bianco, giallo ocra, rosa, lilla, blu di Prussia e verde oliva
- pennelli piatti, n. 10 e n. 30; pennello tondo n. 6; pennellino per belle arti
- carta assorbente da cucina
- vernice di finitura ad acqua

... FRA NUVOLE DI ORTENSIE

Soffici, vaporosi e... difficilissimi. Ma il metodo per non essere costretti a rinunciare a fiori come le ortensie c'è.

Molto amate per l'esuberante massa dei capolini e le foglie carnose, le ortensie sono tra i fiori meno facili da riprodurre anche per artisti con una certa esperienza. Oltre che per i consensi che riscuotono, forse proprio per questo motivo sono soggetti ricorrenti nella realizzazione di mascherine pretagliate per stencil o stampini. Ecco, dunque, che un negozio di articoli fai-da-te per la casa può aiutarvi a superare ogni forma di soggezione nei confronti di un progetto come quello proposto. L'unica cautela da osservare riguarda la stesura del colore, soprattutto nel riprodurre i fiori: preparate miscele tenui e scaricate con cura lo stampino prima di applicarlo sulla superficie da decorare (eventualmente, fate qualche prova su un pezzo di MDF di scarto, così da individuare l'esatta "consistenza" della pittura).

1

Colorate l'intera superficie del portariviste con una tenue tonalità turchese, ottenuta mescolando 3 parti di bianco, mezza di giallo e un pizzico di blu. Applicate uno strato uniforme di pittura, con pennellate nella stessa direzione, usando il pennello n. 10 per gli angoli interni più difficili da raggiungere. Poi iniziate il decoro immergendo gli stampini in una miscela di verde oliva e posizionando le prime tre foglie esattamente al centro di uno dei lati lunghi.

2

Ora occupatevi dei fiori: preparate evanescenti tonalità di rosa, lilla e blu miscelati con il bianco, intingete nella pittura lo stampino più piccolo e riproducete i capolini, sovrapponendoli in parte. Prima, però, rimuovete il colore in eccesso tamponando lo stampino con un pezzo di carta assorbente: infatti, se le tinte risultassero troppo cariche le ortensie perderebbero la loro naturale vaporosità.

3

Continuate a costruire la composizione aggiungendo nuove foglie e nuovi fiori (alternate rosa, lilla e blu così da produrre un insieme armonioso dal punto di vista cromatico).

4

Riproducete le venature con il pennellino per belle arti e un tono di verde leggermente più scuro di quello usato per le foglie: contribuiranno a indicarne l'orientamento e a collegare i vari elementi della composizione. Poi decorate gli altri lati del portariviste procedendo nello stesso modo.

5

Servendovi del pennello tondo, colorate il bordo con una miscela poco diluita di verde oliva. Quando la pittura è asciutta, applicate sull'intera superficie una mano di vernice di finitura.

OCCORRENTE

- stampini con foglie di edera
- vernici per ceramica a freddo, giallo e verde scuro
- piatto di ceramica bianco
- pennellino per belle arti n. 3
- carta assorbente da cucina

AVVINTO COME L'EDERA

Vernici per ceramica che si possono cuocere tranquillamente nel forno di casa, qualche stampino, il vostro tocco creativo e il gioco è fatto.

Partendo da banali piatti di ceramica, con un impegno minimo in termini di costi e di tempo, si può realizzare un intero servizio. Date un'occhiata all'attrezzatura necessaria, e ai passaggi per realizzare questo progetto, e vi renderete conto che non è il solito virtuosismo da artista "che fa tutto facile". L'unico rammarico nasce dal fatto che, per intuibili motivi di sicurezza, non sono piatti con i quali preparare la tavola, ma potrete comunque esibire la vostra creazione appendendoli a una parete della cucina: avrete un vero pergolato di edera.

1

Preparate due diverse tonalità di verde, una chiara e una scura, miscelando la vernice gialla con qualche goccia di verde e la vernice verde con qualche goccia di giallo. Poi intingete gli stampini nella pittura, scaricateli tamponando con carta assorbente e riproducete le due foglie esattamente al centro del piatto.

2

Costruite la composizione procedendo dal centro verso l'esterno. Alternate foglie chiare e scure, sovrapponendone alcune se lo ritenete opportuno, e collegate le une alle altre con un sottile fusto di edera tracciato con il pennellino per belle arti.

3

Sempre con il pennellino, riproducete le venature delle foglie con una tonalità leggermente più scura e inserite alcuni "pampini" qua e là, così da legare insieme gli elementi della composizione. A questo punto, fissate i colori mettendo il piatto in forno per qualche minuto, in base alle indicazioni riportate sulle confezioni delle vernici.

OCCORRENTE

- zuppiera di terracotta
- matita
- colori acrilici: bianco, giallo di Napoli, rosso indiano, terra d'ombra, grigio e nero
- pennellini per belle arti, n. 2 e n. 3
- vernice di finitura ad acqua

ZUPPIERA RUSTICA

Quasi un gioco, perché non sia sempre "la solita minestra".

Vostro figlio non ama la crema di funghi o le farfalline in brodo? Provate a portarle in tavola in una zuppiera così: spesso, infatti, per distrarre un bambino e ottenerne la "collaborazione" basta stimolare la sua fantasia. Il motivo proposto ci è sembrato perfetto per una fredda serata invernale, ma se invece dei funghi scegliete soggetti marini, come pesci e conchiglie, la zuppiera si trasformerà nel recipiente ideale per la *bouillabaisse* (ricordate, però, che stoviglie di questo tipo non si possono lavare in lavapiatti). In alternativa, collocatevi un mazzo di fiori secchi e usatela come centrotavola.

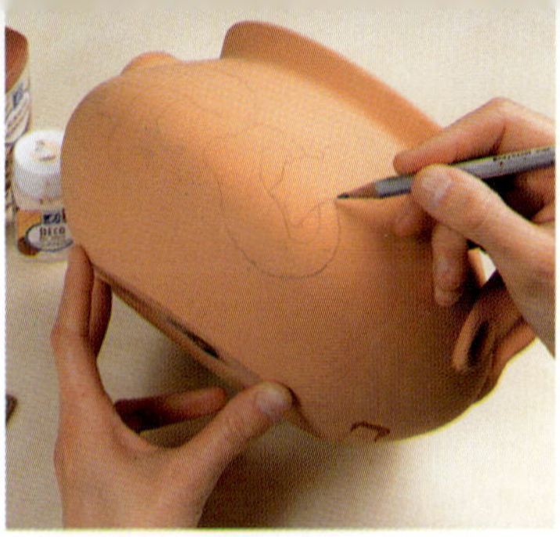

1
Decorate entrambi i lati della zuppiera con una composizione di vari tipi di funghi, tracciando prima il disegno a matita in modo da apportare le modifiche che ritenete necessarie in fase preliminare.

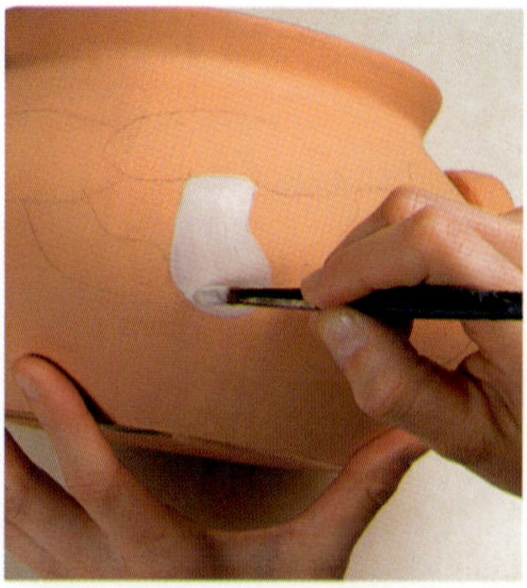

2
Iniziate a dipingere i gambi dei due porcini applicando con il pennello n. 3 una tonalità giallastra, ottenuta mescolando bianco e giallo di Napoli, senza aggiunta di acqua.

3
Quando la pittura è asciutta, riproducete le aree in ombra con una miscela di grigio e terra d'ombra: in questo caso la luce proviene da destra, per cui è il lato sinistro del gambo a risultare più scuro.

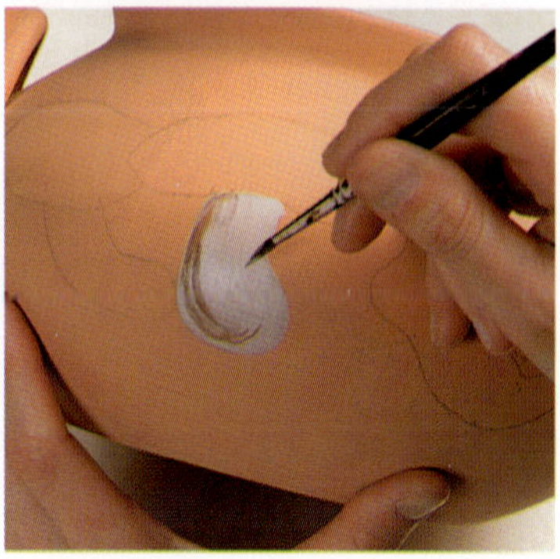

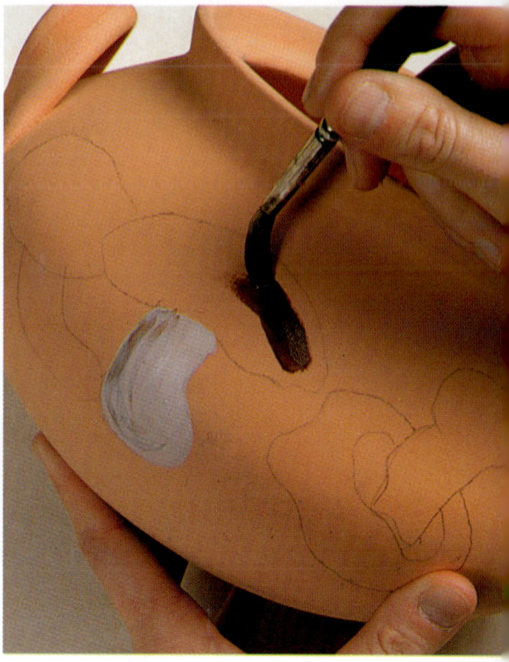

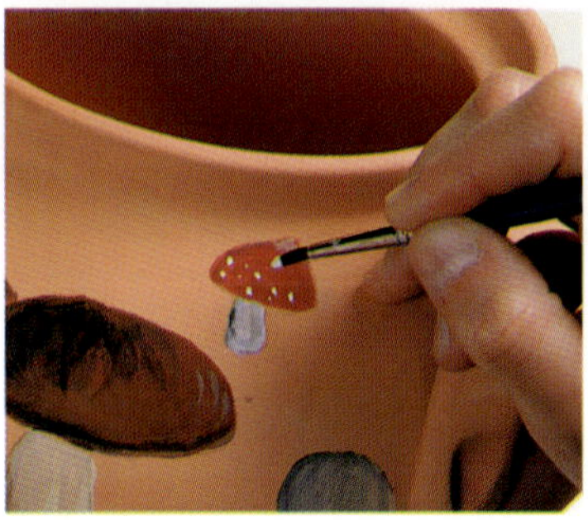

4
Ora dipingete le cappelle con il terra d'ombra puro. La sommità è colpita dalla luce, mentre il lato sinistro e la base sono più scuri, quindi aggiungete alla miscela un pizzico di nero.

5
Colorate anche i funghi rossi a puntini bianchi, che regalano vivaci contrasti cromatici: per i gambi procedete come in precedenza, per le cappelle applicate il rosso indiano e il bianco, anche in questo caso senza diluirli con acqua, con il pennello n. 2.

6
Riproducete i due finferli sul coperchio con il giallo, disponendoli in modo da creare una composizione mossa e armoniosa: poi indicate le lamelle e l'area in ombra sotto la cappella con leggeri tocchi di grigio. A decoro ultimato, trattate l'intera superficie con una mano di vernice di finitura.

OCCORRENTE

- portacandele e piattini di terracotta
- vernice bianca per ceramica a freddo
- pennellino per artisti n. 2
- vernice di finitura opaca ad acqua

Profumo di Terracotta

La calda tonalità dell'argilla, la "magia" di una candela accesa e il piacere di un aroma.

Come tutti sappiamo, i profumi hanno una notevole influenza sul tono dell'umore, che si tratti di fragranze inebrianti – per esempio, in occasione di una festa o di una ricorrenza speciale – o di aromi delicati con cui creare un'atmosfera rilassante una volta tornati a casa. Ecco allora un coordinato di terracotta, semplice ma molto decorativo, per profumare un ambiente. Basta procurarsi un portacandele come quello illustrato e un paio di piattini: nell'incavo alla sommità del primo si colloca un pot-pourri di fiori secchi, foglie, cortecce, magari "rinfrescandone" la fragranza di tanto in tanto con qualche goccia di olio essenziale; accendendo la candela posta all'interno, si sprigionerà un delizioso aroma. Per i piattini scegliete lumini con la stessa profumazione. Decorate la terracotta con motivi stilizzati, ricorrendo a una vernice per ceramica a freddo, che richiede l'applicazione di una sola mano (invece, considerata la porosità del materiale, usando un colore acrilico sarebbero necessari parecchi strati). A questo punto non vi resta che godervi l'atmosfera.

1

Iniziate a decorare il portacandele, colorando con la vernice bianca il contorno dei petali e quello del foro centrale che completa il motivo floreale. Poi dipingete nello stesso modo i bordi delle altre aperture laterali.

2

Colorate anche il contorno dell'incavo alla sommità, quello che ospiterà il pot-pourri.

3

Ora occupatevi del primo piattino. Sempre con la vernice bianca, disegnate le singole foglioline lungo il bordo e coloratele. Quindi tracciate il cerchio al centro del piattino e le quattro foglie che si dipartono da esso.

4

Colorate anche le foglie sul fondo del primo piattino e decorate il secondo procedendo nello stesso modo. Lasciate asciugare e quindi fissate i decori, compresi quelli sul portacandele, con una mano uniforme di vernice di finitura.

Ispirato alla Malachite

Un fondo relativamente semplice da realizzare e di grande effetto, che riproduce le tipiche "rose" della malachite, la pietra dura usata nelle dimore degli zar.

OCCORRENTE

- colori a olio: verde veronese, blu oltremare e terra d'ombra
- idropittura bianca
- cartoncino
- spugna sintetica piatta
- 3 pennellesse, una per miscela

Adoperata per la realizzazione di gioielli e accessori preziosi, la malachite è una splendida pietra dura di colore verde smeraldo, che trovandosi in abbondanza negli Urali è stata a lungo utilizzata in Russia nella decorazione di chiese ortodosse e delle residenze degli zar. I fondi che ne riproducono il tipico disegno sono molto decorativi, adatti a lavori a découpage, cornici o intarsi. Considerato che per tirare il colore, e produrre le caratteristiche "rose", il movimento deve essere ampio e continuo, se intendete decorare un oggetto di piccole dimensioni vi conviene collocarlo su un cartoncino grande quanto il piano di lavoro, per proteggerlo e poter lavorare su una superficie più estesa.

1

Trattate il fondo con una mano di idropittura bianca e quindi preparate tre miscele: verde puro; verde mescolato a blu oltremare in parti uguali; verde e terra d'ombra in rapporto 2 a 1.

2

Applicate dapprima la miscela di verde puro, picchiettando la superficie con la pennellessa, e quindi le altre due nello stesso modo. La tonalità dominante deve comunque essere il verde.

3

Coprite l'intera superficie senza lasciare spazi bianchi.

4

Ora tamponate con la spugna, per rimuovere la pittura in eccesso e ottenere una superficie omogenea.

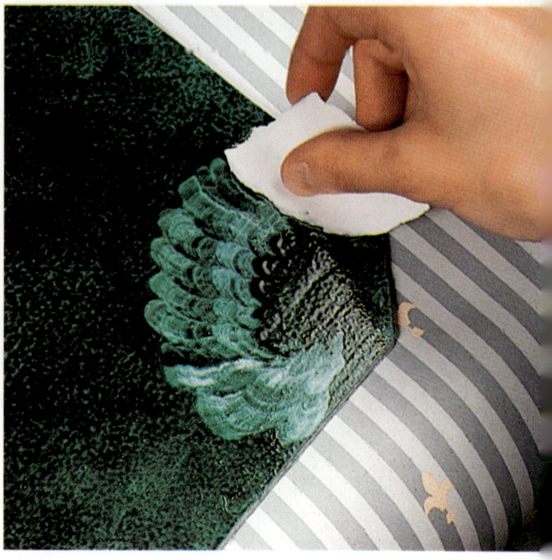

5

Preparate pezzi di cartoncino di diversa misura, che abbiano possibilmente bordi diritti, e prima che la pittura asciughi tirate il colore producendo le tipiche "rose".

6

Sovrapponete rose grandi e piccole fino a coprire circa l'80 per cento della superficie.

Brecciato Verde Antico

OCCORRENTE

- idropittura nera
- colori a olio: verde veronese, terra verde e bianco
- medium (parti uguali di acquaragia e olio di semi di lino con un cucchiaino di preparato essiccativo)
- carta di giornale
- pennellessa
- piuma per produrre le venature
- spugna naturale
- vernice di finitura a olio

Questo tipo di marmorizzazione è molto popolare, sia perché non è difficile da riprodurre, sia per la delicata gamma cromatica, che si presta praticamente a qualunque ambientazione.

Di origine greca, questo marmo di antica estrazione fu usato in epoca romana per la realizzazione di elementi decorativi e, data la sua compattezza, anche per colonne. Per la preparazione dello strato di fondo è sufficiente applicare una mano di idropittura; l'esecuzione del "marmo", invece, è piuttosto laboriosa, per cui conviene limitarla a superfici non troppo estese.

1

Dopo aver trattato il fondo con una mano di idropittura, preparate una miscela di verde veronese, terra verde e qualche goccia di medium e con questa spugnate l'intera superficie.

2

Ripetete l'operazione, questa volta con la spugna imbevuta di bianco, pure diluito con il medium.

3

Ritagliate pezzetti di carta di giornale a forma di breccia, di diverse sagome e misure e a contorni angolosi, e posizionateli sulla superficie, bloccandoli con qualche goccia di olio di semi di lino.

4

Spugnate nuovamente la superficie con il bianco, soffermandovi soprattutto lungo i bordi delle brecce.

5

Con l'aiuto della pennellessa, stendete un abbondante strato di bianco sulla piuma e applicate il colore con movimenti in diagonale tutti nella stessa direzione.

6

Rimuovete i ritagli di giornale, così da far riaffiorare il nero sottostante, e spruzzate la superficie con acquaragia per creare l'effetto di colori "spezzati".

OCCORRENTE

- colori acrilici: bianco, terracotta, grigio e nero
- pennello piatto n. 30
- spugna naturale
- vernice di finitura ad acqua

SOLIDO COME IL GRANITO

Un fondo molto versatile, che si ottiene applicando il colore in tre fasi.

Nella Roma del Cinquecento una forte rinascita del culto per l'antico e i nuovi studi dei reperti archeologici favorirono lo sviluppo di un interesse crescente per i marmi e per la pietra, con i quali già la Roma imperiale si era "rivestita". Quasi contemporaneamente, anche nel nord Europa si iniziarono a decorare legni in finto marmo o finta pietra, per esempio realizzando le balaustre di alcune chiese, tanto che una tecnica nata sostanzialmente come ripiego si sviluppò rapidamente e ben presto divenne una forma di decorazione a sé stante. Quella che proponiamo è un'imitazione del granito, la roccia eruttiva dalla tipica struttura granulare, di colore che va dal biancastro al rosato, fino al rossastro, come in questo caso. Di facile esecuzione, è un fondo che si presta a ogni genere di decorazione.

1

Con il pennello piatto, applicate una scura tonalità di fondo composta di 2 cucchiai di terracotta e 2 cucchiaini di nero. Quando la pittura di fondo è completamente asciutta, picchiettate con la spugna intinta nel grigio, distribuendo il colore in modo uniforme.

2

Lasciate asciugare per 5 minuti e, sempre con la spugna, applicate il secondo colore, una miscela di 3 parti di nero e 1 di grigio.

4

Dopo aver nuovamente lasciato asciugare, spugnate l'ultima miscela, bianco e grigio in rapporto 3 a 1: in questo caso, però, non applicate uno strato uniforme, ma limitatevi a suggerire qua e là i tipici bagliori del granito. Rifinite con due mani di vernice ad acqua.

OCCORRENTE

- colori acrilici: bianco, giallo ocra e nero
- medium ritardante per acrilici
- pennello piatto n. 30 e pennelli per belle arti, n. 2 e n. 3
- carta assorbente da cucina
- vernice di finitura ad acqua

Marmo di La Spezia

Ha un forte effetto di contrasto ed è felicemente abbinabile alla maggior parte dei materiali, tanto che è molto usato negli intarsi in finto marmo.

Prima di affrontare una decorazione in finto marmo come questa, è fondamentale documentarsi sul tipo di marmo che si vuole riprodurre, per riuscire a cogliere tutte le sfumature cromatiche e tonali. Questo, caratteristico per il colore nero intenso attraversato da grandi venature bianco latte e da piccole venature "dorate", è molto decorativo. Noto anche come marmo di La Spezia, è ormai rarissimo in quanto non viene più estratto, aspetto che rappresenta un ulteriore motivo per imparare a imitarlo. Prima di cimentarvi in questo progetto, dunque, studiate con cura il modello reale, concentrandovi soprattutto sull'andamento naturale delle venature (per esempio, consultate cataloghi o libri d'antiquariato).

1

Trattate la superficie con due mani di acrilico nero, applicato con il pennello n. 30. Quando la tinta di fondo è asciutta, servendovi di un pezzo di carta assorbente stendete una mano uniforme di medium ritardante.

2

Preparate separatamente le tre miscele che userete per le venature, diluendo ogni acrilico con tre gocce di medium. Poi, con il pennello n. 3, tracciate la prima venatura bianca, in diagonale e alternando tratti sottili ad altri spessi (sfumate qua e là il colore prima che la pittura asciughi sfruttando l'azione del medium ritardante).

3

Quando il bianco è asciutto, con il pennello n. 2 tracciate venature gialle che attraversano la superficie intersecandosi fra di loro. Lasciate asciugare.

4

A questo punto intervenite con l'acrilico nero, così da mascherare alcune aree delle venature gialle e creare il disegno caratteristico di questo tipo di marmo. Poi inserite ancora qualche tratto sfumato con il pennello n. 3 carico di bianco. Lasciate asciugare completamente e rifinite con due mani di vernice ad acqua.

OCCORRENTE

- scatola di legno
- colori a olio: bianco, blu oltremare e terra d'ombra
- polvere metallica oro
- acquaragia, olio di semi di lino e preparato essiccativo
- pennello piatto n. 10 e pennellini per belle arti, n. 3 e n. 4
- spugnetta
- vernice di finitura a olio in gel

Decoro a Lapislazzuli

Di grande effetto, la decorazione a lapislazzuli è l'ideale per valorizzare vecchi oggetti da inserire in un arredamento classico.

Usato nell'antichità come amuleto, come medicinale e, finemente macinato, come pigmento, per il suo intenso colore azzurro oltremare il lapislazzuli viene oggi adoperato come gemma e per fabbricare vari oggetti ornamentali. Vediamo allora come ottenere effetti analoghi anche senza ricorrere al vero minerale: la tecnica per imitarne le tonalità e gli impareggiabili giochi di luce è semplicissima, come potrete verificare realizzando questo progetto. Noi abbiamo usato una scatola di legno, ma qualunque altro elemento d'arredo andrà benissimo, da una cornice a una lampada a un vaso di terracotta.

1

Colorate l'intera superficie della scatola con il bianco e, mentre la pittura asciuga, preparate tre diverse miscele: blu oltremare puro; 3 parti di blu oltremare con mezza di bianco; 3 parti di blu oltremare con mezza di terra d'ombra. Diluite ognuna di esse con tre gocce di medium, ottenuto mescolando acquaragia e olio di lino (in rapporto 1 a 1) con un cucchiaino di preparato essiccativo.

2

Con il pennello piatto picchiettate i tre colori, con una netta predominanza del blu oltremare sugli altri due.

3

"Tirate" la pittura con una spugnetta umida fino a produrre un fondo omogeneo.

4

Intingete il pennello n. 4 nella miscela di blu oltremare e bianco e con l'altro pennellino per belle arti date una serie di colpetti sul manico in modo da schizzare la superficie. Distribuite il colore con il pennello n. 3 per ottenere aree sfumate.

5

Ripetete le stesse operazioni del passaggio precedente, questa volta intingendo il pennello nella polverina d'oro e sempre distribuendo il pigmento con il pennello n. 3. Da ultimo, rifinite con una mano di vernice a olio.

OCCORRENTE

- pannello di compensato
- idropittura giallo chiaro
- acquaragia, olio di semi di lino e preparato essiccativo
- pennello morbido di martora e pennellessa
- mordente color teck
- colori a olio terra d'ombra e nero
- vernice di finitura a olio in gel

Piano di Tartaruga

Con un po' di fantasia, un comune pannello di compensato si può trasformare in un comodo vassoio o in un originale sottomano da tenere sulla scrivania.

Un caldo tono di arancio tendente al marrone bruciato ed evanescenti giochi di trasparenze: sono forse le caratteristiche che più apprezziamo del materiale ricavato dallo scudo delle tartarughe. Negli ultimi anni, la difficoltà di reperirlo (in molti paesi, fra cui l'Italia, questi rettili marini sono fra le specie protette) ha portato a sviluppare tecniche volte a imitarlo, soprattutto nella realizzazione di oggetti di uso domestico. Un consiglio: se decorate una cornice o comunque un oggetto di piccole dimensioni, collocatelo su un foglio di acetato con cui proteggere il tavolo. Avrete maggiore libertà di movimento e potrete stendere il colore con gesti ampi e continui.

1

Trattate l'intera superficie del pannello con l'idropittura e quindi preparate il medium da aggiungere ai due colori a olio, miscelando uguali quantità di acquaragia e olio di semi di lino con 1-4 parti di preparato essiccativo.

2

Con un pezzo di carta assorbente da cucina stendete uno strato uniforme di olio di semi di lino sul pannello.

3

Servendovi del pennello di martora, picchiettate la superficie con il mordente e il terra d'ombra, in modo che le chiazze di colore formino varie diagonali.

4

Ora con la pennellessa sfumate le tinte, con movimenti dapprima in una direzione, poi in quella opposta e quindi di nuovo nella direzione iniziale. L'obiettivo è creare un fondo variegato, con aree chiare alternate ad altre scure.

5

Ripetete le operazioni del passaggio 4, aggiungendo ancora mordente e terra d'ombra, se occorre. Quindi disegnate piccoli occhielli qua e là con il pennello intinto nel colore a olio nero e sfumate come in precedenza, fino a ottenere un vibrante "effetto-tartaruga".

6

Quando la pittura è asciutta, applicate due mani di vernice di finitura.

RIFLESSI VERDERAME

Un'originale coppia di portacandele per una cena rustica nella cucina della casa di campagna.

OCCORRENTE

- 2 fiaschi privati del rivestimento di paglia
- vernice per ceramica a freddo color bronzo
- colori acrilici: bronzo chiaro e scuro, oro antico, turchese chiaro
- spugna naturale
- pennello piatto n. 10
- alcol
- carta assorbente da cucina
- vernice di finitura ad acqua

Anche se gli utensili di rame in cucina sono ormai un ricordo, o comunque solo pezzi da esposizione, tutti sappiamo riconoscere la patina verde che si forma col tempo sulla superficie delle leghe di rame, come bronzo e ottone, in seguito a lenti processi di corrosione. Abbiamo deciso di riprodurne l'effetto su un supporto insolito – due fiaschi per il vino rosso, che montati su appositi piedistalli si trasformano in originali portacandele – mediante una paziente operazione di spugnatura. Il lavoro in sé non richiede particolare abilità: occorre, però, preparare il fondo in fase preliminare (anche se dovrete mettere in bilancio tempi di essiccamento più lunghi, usate una vernice per ceramica a freddo, che sul vetro aderisce meglio dei consueti acrilici) e procedere con una certa cautela quando si usa l'alcol per sfumare il colore.

1

Agitate la boccetta contenente la vernice per ceramica in modo da avere un pigmento omogeneo, da applicare a pennello in uno strato uniforme.

2

Lasciate asciugare per un paio di giorni e quindi stendete il primo colore acrilico, il bronzo scuro.

3

Lasciate asciugare per 10 minuti e, servendovi del pennello, caricate la spugna con l'acrilico oro (non immergetela direttamente nel colore o ne assorbirebbe troppo, producendo antiestetiche macchie).

4

Picchiettate l'intera superficie del fiasco con mano molto leggera e ruotando ripetutamente la spugna per produrre un "disegno" mosso e vivace. Lasciate asciugare e spugnate il bronzo chiaro operando come per l'oro.

5

A questo punto, sempre con la spugna, applicate il turchese sotto forma di piccole chiazze. Poi, prima che la pittura asciughi, passate la superficie con un pezzo di carta assorbente imbevuto di alcol, eseguendo movimenti circolari così da sfumare il colore e ricreare il tipico effetto della patina del verderame. Rifinite con una mano di vernice ad acqua.

OCCORRENTE

- cementite
- quattro pennelli piatti: uno largo, uno sottile e due medi
- base in masonite
- carta vetrata
- nastro adesivo di carta
- colori acrilici: verde giallastro, giallo primario, terra d'ombra, verde cinabro
- panno di cotone
- vernice acrilica opaca
- vernice screpolante
- asciugacapelli

Una Patina d'Antico

Un utile e "modernissimo" accessorio da scrivania può diventare il piano di uno scrittoio d'altri tempi, con effetti molto suggestivi.

Invecchiare una superficie di legno utilizzando una vernice screpolante è un lavoro che richiede tempo e pazienza, ma non presenta particolari difficoltà. Vi consigliamo di fare comunque qualche prova, in quanto alcuni prodotti danno luogo a una marcata screpolatura, mentre altri segnano leggermente la superficie, lasciando solchi appena visibili. Oltre al sottomano, potrete conferire una patina d'antico anche al portamatite e al portacarte, così da disporre di un set da scrivania coordinato.

1

Usando il pennello largo, stendete uno strato di cementite su una faccia della base di masonite e lasciate asciugare. Quindi carteggiate con cura la superficie dipinta in modo da eliminare eventuali irregolarità.

2

Applicate il nastro adesivo di carta lungo i bordi. Poi diluite in un piattino il verde giallastro e una punta di giallo primario con acqua e applicate un'abbondante mano di questa miscela sulla base.

3

Picchiettate il colore ancora fresco con il panno di cotone appallottolato, cambiando spesso la posizione e l'inclinazione della mano per variare il motivo dell'impronta. Al termine rimuovete il nastro adesivo.

4

Diluite il verde cinabro con acqua e con il pennello piccolo applicatelo lungo il bordo creato dal nastro adesivo. Lasciate asciugare e, usando un pennello medio, trattate l'intera superficie con una mano di vernice acrilica e una di screpolante.

5

Essiccate l'ultimo strato di vernice con l'asciugacapelli, tenendolo a una distanza di 20 cm. Diluite con un po' d'acqua la terra d'ombra e spalmatela sulla superficie con le mani, facendola penetrare nelle screpolature create dall'asciugacapelli.

6

Passate la superficie con un panno di cotone per rimuovere l'eccesso di colore, continuando a strofinare finché tutte le screpolature risulteranno ben evidenti. Lasciate asciugare.

OCCORRENTE

- preparato per maxi crepe (crackle medium e vernice)
- colori acrilici: bianco, grigio, blu di Prussia e terra d'ombra
- pennello piatto n. 6
- spugnetta
- cartavetrata 01
- vernice di finitura ad acqua

LA TECNICA DELLE MAXI CREPE

Un metodo di lavorazione molto apprezzato per antichizzare le superfici esasperando i segni lasciati dal tempo.

L'idea per questo progetto è venuta trovando in soffitta una vecchia cornice, tanto grande da non essere adatta né a una foto, né a un dipinto.

Quindi, la soluzione migliore era antichizzarla, ricorrendo a un preparato specifico, per poi accentuare le crepe con l'aiuto della pittura. Potete appenderla a una parete, come se si trattasse di una scultura astratta, oppure dotarla di ganci e usarla come attaccapanni di fortuna.

1

Preparate una tonalità grigio pietra, mescolando 3 parti di bianco, mezza di terra d'ombra e mezza di grigio, e applicate due strati uniformi sotto forma di pennellate regolari. Quando la pittura è asciutta, carteggiate con cura la superficie in modo da disporre di un fondo omogeneo e privo di asperità.

2

Ora, con pennellate tutte nella stessa direzione, stendete un corposo strato di crackle medium, versandolo direttamente sul pennello. Lasciate asciugare per tre quarti d'ora. A questo punto intervenite con la vernice: versando anch'essa sul pennello, applicatene una mano abbondante sul crackle medium, evitando però di passare due volte sulla stessa area per non compromettere l'effetto finale. Ben presto compariranno vistose crepe. Lasciate asciugare per circa un'ora.

3

Diluite il blu di Prussia con acqua in parti uguali, intingete la spugnetta nella miscela e stendete il colore con mano leggera, in modo che penetri nelle crepe. Anche in questo caso, evitate di passare due volte sulla stessa area.

4

Dopo 5 minuti rimuovete il colore in eccesso strofinando la superficie con la spugnetta lavata sotto acqua corrente e strizzata con cura o, se preferite, con un pezzo di carta assorbente inumidita. Rifinite con due mani di vernice ad acqua.

Esercitazioni... alla Paraffina

Due varianti a cui ispirarsi per simulare gli effetti del tempo sulle superfici di legno con risultati molto realistici.

OCCORRENTE

- due portalampade di legno
- cartavetrata (se occorre)
- mordente acrilico color tek
- pennelli piatti, n. 4 e n. 10
- colori acrilici verde vescica e oro
- paraffina
- paglietta di ferro
- vernice di finitura a olio in gel

La tecnica della paraffina è in assoluto uno dei metodi più semplici ed efficaci per antichizzare una superficie, anche se richiede un minimo di pratica per riuscire a individuare il momento in cui intervenire con la paglietta di ferro, soprattutto usando colori acrilici, che asciugano in fretta. Dunque, non scoraggiatevi di fronte a eventuali insuccessi: con un po' di esperienza, sarete presto in grado di ottenere l'effetto desiderato.
In questo caso si tratta di due "ambientazioni" specifiche, che comunque confermano come lo stesso tipo di lavorazione si possa applicare alla maggior parte degli oggetti e dei fondi di legno. Fra l'altro, se la vostra dotazione non comprende la paraffina, potete tranquillamente ripiegare su una normale candela. Solo un consiglio: se il legno presenta qualche irregolarità, prima di stendere il mordente carteggiate con cura, così da lavorare su una superficie liscia e omogenea.

Portalampade

1

Applicate con il pennello n. 10 uno strato uniforme di mordente sull'intera superficie e, una volta asciutto, passate il portalampada con la paraffina, con gesti tutti nella stessa direzione e soffermandovi in particolare in corrispondenza degli "anelli" e delle parti intagliate.

2

Sempre utilizzando lo stesso pennello, colorate il portalampada con il verde vescica (se in alcuni punti la pittura non aderisse, lasciate asciugare e stendete un secondo strato).

3

Prima che il colore sia completamente asciutto, cioè quando appare lucido in alcuni punti e opaco in altri, frizionate la superficie con la paglietta fino a rimuovere parte della pittura. Esercitate una pressione decisa soprattutto in corrispondenza degli anelli e delle aree più soggette a usura in quanto si maneggiano con maggiore frequenza.

4

A questo punto, con il pennello n. 4 stendete l'acrilico oro, diluendolo con acqua in parti uguali e applicandolo con pennellate irregolari che lascino intravedere il verde di fondo. Rifinite con due strati di vernice a olio, lasciando asciugare fra uno e l'altro.

OCCORRENTE

- vassoio di legno grezzo
- cartavetrata (se occorre)
- mordente color tek
- pennello piatto n. 10
- paraffina
- colore acrilico argento
- paglietta di ferro
- colore a olio in tubetto terra d'ombra
- acquaragia
- carta assorbente da cucina
- vernice di finitura a olio in gel

VASSOIO

1

Applicate uno strato uniforme di mordente su tutta la superficie, con pennellate che seguono le venature del legno. Se vi sembra che la tinta di fondo non sia perfettamente omogenea, stendete una seconda mano. Quando il mordente è asciutto, passate il vassoio con la paraffina, con gesti nella stessa direzione.

2

Diluite l'acrilico argento con poca acqua e colorate il vassoio, procedendo con particolare cautela in corrispondenza del bordo (eventualmente, usate un pennello più piccolo).

3

Prima che la pittura asciughi completamente (le aree ancora "umide" appaiono lucide, al contrario delle altre che sono opache), strofinate la superficie con la paglietta, così da rimuovere parte del colore: nei punti in cui l'argento aderisce più tenacemente esercitate una pressione maggiore.

4

Ora antichizzate il bordo con il colore a olio terra d'ombra diluito con acquaragia (in rapporto 3 a 1), applicato con un pezzo di carta assorbente.

5

Lasciate asciugare e, se lo ritenete opportuno, "impreziosite" il vassoio con un decoro a découpage, come il motivo floreale applicato in questo caso. Da ultimo, trattate l'intera superficie con una mano di vernice di finitura a olio.

Cornice in Finta Radica

Per realizzare un'efficace decorazione in finto legno è fondamentale studiare l'andamento delle venature e l'ampia varietà di sfumature di colore.

OCCORRENTE

- cera in crema color noce
- cornice di legno
- pennellino a setole corte e pennellino da ritocco
- mordente a olio per legno
- colori a olio terra d'ombra e giallo di cadmio
- medium
- spugnetta
- vernice di finitura a olio in gel

Così come si era diffusa la tecnica del finto marmo, verso la prima metà del Seicento la scarsa reperibilità dei materiali e l'aumento dei prezzi incentivarono l'imitazione del legno, al fine di trasformare legni considerati meno pregiati, cioè con poche venature, in legni più nobili. Particolarmente decorativa è la radica, la parte che si ricava dalla radice dell'albero, caratteristica per le sue venature e gli innumerevoli nodi, le cui sfumature dipendono dal legno di provenienza (quella che abbiamo imitato nel caso di questa cornice è radica di noce). Per riuscire a cogliere l'esatta tonalità del legno che si vuole realizzare, è sempre consigliabile averne un campione a disposizione.

1

Servendovi di un pezzo di carta assorbente da cucina, stendete uno strato uniforme di cera sulla cornice con movimenti circolari.

2

Con il pennellino a setole corte carico di mordente, picchiettate la superficie in modo da produrre piccole chiazze. Poi ripetete l'operazione con una miscela di terra d'ombra e giallo di cadmio diluita con mezzo cucchiaino di medium.

3

Per ottenere una tinta di fondo omogenea, tamponate la cornice con la spugnetta.

4

Usando ancora una volta il pennellino a setole corte, tracciate cerchi dalla forma più o meno regolare.

5

Prima che il pigmento asciughi, con la spugnetta pulita rimuovetelo in alcuni punti così da creare aree più chiare, con una maggiore trasparenza del fondo.

6

Ora con il pennellino da ritocco e il mordente disegnate i nodi più piccoli, di colore pieno. A decoro ultimato, applicate due strati di vernice di finitura.

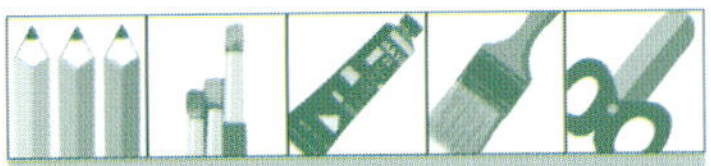

OCCORRENTE

- 2 colori acrilici a scelta, tono su tono o contrastanti
- alcol
- pennello piatto n. 30
- carta assorbente da cucina

Fondi ad Alcol

Trattando con alcol una superficie dipinta con acrilici si ottengono straordinarie striature sfumate.

Per le sue caratteristiche altamente decorative e la brillantezza delle tinte, un fondo trattato ad alcol viene ritenuto perfetto per i lavori a découpage. Come è facile intuire, il risultato cambia sensibilmente a seconda dei colori usati: se preferite una finitura sobria ed elegante scegliete tinte in gradazione; per un fondo più "naïf" orientatevi invece su tonalità contrastanti.

1

Applicate il primo colore con pennellate tutte nella stessa direzione e lasciate asciugare.

2

Stendete anche la seconda tinta procedendo nello stesso modo.

3

Intervenite con l'alcol prima che il secondo colore asciughi completamente, cioè quando osservando la superficie controluce alcune aree appaiono opache (quelle quasi asciutte) e altre lucide (ancora bagnate). Passate un pezzo di carta assorbente imbevuto di alcol eseguendo movimenti dall'alto in basso, così da produrre striature alternate delle due tinte: se la pittura si rimuove facilmente, lavorate con mano leggera; in caso contrario, esercitate una pressione più decisa.

Raffinati Giochi di Trama

OCCORRENTE

- scatola di masonite
- cartavetrata
- colori acrilici bronzo e verde
- 2 pennelli piatti morbidi
- crackle medium

Quello che proponiamo è un fondo "discreto", ma non privo di personalità, che si presta a delicate decorazioni, tanto a mano libera che a stencil o a découpage.

Un'impalpabile trama di crepe affiora attraverso due strati di pittura, con effetti davvero magici. Il segreto per ottenere giochi di questo tipo consiste nell'applicare il solo crackle medium, senza la consueta vernice, e nello scegliere tonalità contrastanti che esaltino la trama. Dopo aver steso una cupa tinta di fondo, sovrapponendovi un colore brillante, come in questo caso, provate a fare l'inverso: il risultato è sorprendente. L'unico accorgimento consiste nel carteggiare con cura il legno in fase preliminare, perché questa tecnica dà "il meglio di sé" su superfici lisce e uniformi.

1

Stendete uno strato uniforme di acrilico bronzo sull'intera superficie. Mezzo cucchiaino di acqua per 2 di pittura vi assicurerà un corposo colore di fondo.

2

Versate il crackle medium direttamente sul pennello e stendetene un generoso strato sulla tinta di fondo. Lasciate asciugare per circa un'ora.

3

Ora applicate l'acrilico verde, con pennellate nella stessa direzione ed evitando di passare due volte sulla stessa area. In breve si formeranno le crepe.

ARTI APPLICATE

“CANDELIERE” DI LEGNO

OCCORRENTE

- ceppo di legno
- vernice ad acqua
- pennello piatto n. 30
- carta assorbente da cucina
- polverina d'oro
- foglie e rametti di vischio dorati
- 2 piccole candele gialle
- colla vinilica

Adatto a vari tipi di collocazione, il classico “ceppo di Natale” può diventare un originale centrotavola.

La luce delle candele è magica e nei ricordi di ognuno di noi è associata a momenti di gioia: lo scintillio discreto di un candelabro che rende più solenne una ricorrenza, le candeline rosa o azzurre su una torta di compleanno, lo scambio dei doni attorno all'albero di Natale. L'idea per questo progetto è nata proprio pensando alle feste natalizie e lo spunto è venuto da un ceppo di legno “segnato” dal tempo; ovviamente, la tinta più indicata è l'oro, usato sia sotto forma di polverina che crea guizzanti bagliori qua e là, sia per colorare il vischio. Sistemate due candele basse, rigorosamente gialle, e avrete un decoro economico ma di grande impatto.

1

Applicate a pennello una mano di vernice ad acqua sull'intera superficie del ceppo. Poi, con un pezzo di carta assorbente, tamponate gli incavi e le aree più irregolari, dove la vernice tende ad accumularsi.

2

Prima che la superficie asciughi, spargete la polvere d'oro, facendo in modo che la distribuzione risulti il più possibile casuale.

3

Applicate una goccia di colla a un'estremità delle foglie e dei rametti di vischio e iniziate a distribuirli sul ceppo, creando una composizione mossa e vivace. Infine, stendete un velo di colla alla base delle candele e fissate anche queste.

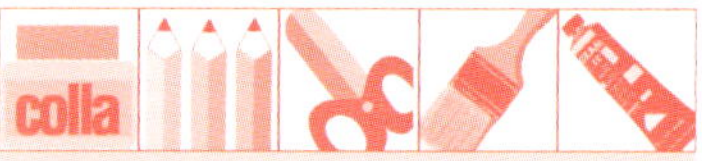

OCCORRENTE

- 2 candele bianche lunghe 10 cm
- semi di lenticchie
- colla vinilica
- pennello per belle arti n. 3
- colore acrilico oro
- vernice di finitura ad acqua

FIORELLINI DI LENTICCHIE

Le possibilità di personalizzare la casa con le candele sono praticamente infinite: decorazioni con materiali freschi, secchi, profumati, dai colori sgargianti o tono su tono... E anche banalissime lenticchie producono risultati davvero inimmaginabili.

Se ripercorriamo la storia recente delle candele, quando, con la messa a punto della paraffina a metà dell'Ottocento, divennero la fonte di illuminazione più diffusa e alla portata di tutti, non ci stupisce che tuttora per molti decori si scelgano materiali "poveri". Anche composizioni realizzate con un solo tipo di foglie, fiori o semi, come in questo caso, sono gradevoli e molto rilassanti, soprattutto grazie alle armonie cromatiche. Se preferite, invece delle lenticchie potete usare chicchi di segale o anche del cumino, eventualmente creando fiorellini con petali costituiti di semi diversi. In questo caso abbiamo "nobilitato" il tutto con uno strato di pittura dorata.

1

Incollare i semi sulla cera è semplicissimo: diluite la colla con acqua in rapporto 3 a 1, stendete un velo di adesivo sull'area della candela da decorare e, con il pennellino carico di colla, "raccogliete" ogni lenticchia posizionandola.

2

Ogni fiorellino è composto da quattro "petali" che combaciano al centro.

3

Continuate a "costruire" file verticali, centrando ogni fiorellino sotto il precedente; invece, fate in modo che le righe orizzontali risultino sfalsate.

4

A lavoro ultimato, colorate i fiorellini con l'acrilico oro, senza diluirlo con acqua. Lasciate asciugare e fissate ogni decoro con un sottile velo di vernice di finitura.

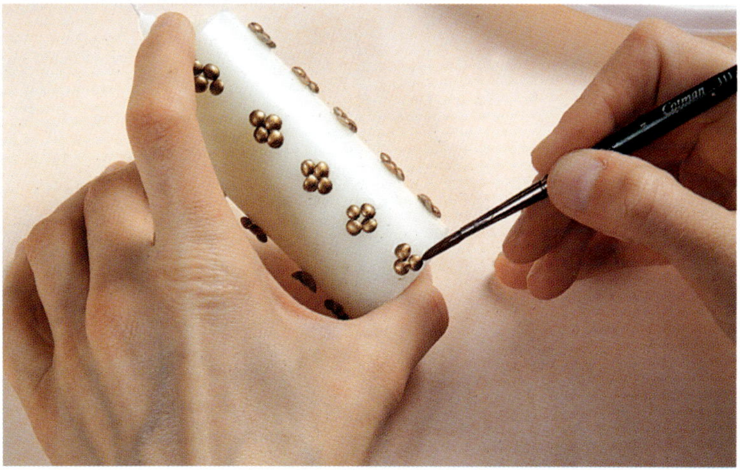

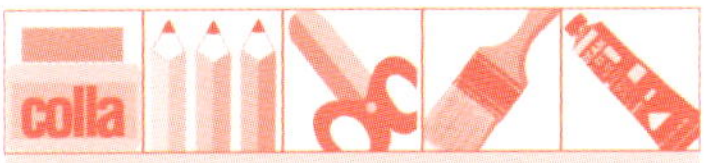

Candela a Stencil

Effetto-broccato per impreziosire una candela d'altri tempi.

OCCORRENTE

- grande candela quadrata
- mascherina per stencil con motivo in stile Tudor
- vernice per ceramica a freddo color bronzo
- pennello per stencil n. 4 e pennello piatto
- colla spray
- nastro adesivo di carta
- carta assorbente da cucina
- vernice ad acqua per finitura lucida

La superficie liscia e perfettamente omogenea di una candela è il supporto ideale per dipingere a stencil. Date le dimensioni, poi, questa è perfetta per il decoro scelto, un motivo in tipico stile Tudor: affermatosi sotto l'omonima dinastia inglese iniziata nel 1485 (fra i sovrani citiamo Enrico VIII ed Elisabetta I), questo stile segnò il passaggio dal gotico al rinascimento, adottando elementi dell'arte francese e italiana. Utilizzate un colore per ceramica a freddo, che è molto facile da applicare, ma richiede qualche cautela per non rischiare di produrre sbavature: accertatevi che la mascherina aderisca bene e picchiettate il colore in due fasi, caricando ogni volta il pennello con pochissimo pigmento.

1

Si riproduce solo la parte centrale del motivo, per cui "isolate" con nastro adesivo di carta le aree della mascherina che non fanno parte del decoro.

2

La superficie della candela non richiede alcun tipo di trattamento. Spruzzate un velo di colla spray sul retro della mascherina e posizionatela, centrandola e bloccandola con qualche pezzo di nastro adesivo.

3

Verificate che la mascherina aderisca perfettamente, per evitare infiltrazioni di colore, caricate il pennello per stencil con la vernice bronzo, tamponatelo con carta assorbente, così da rimuovere il pigmento in eccesso, e riproducete il motivo sul primo lato. Lasciate asciugare per 5 minuti e applicate un'altra mano di colore.

4

Lasciate asciugare ancora per 5 minuti e poi rimuovete la mascherina procedendo con grande cautela per non rischiare di produrre sbavature (se dovesse accadere, correggete le linee di contorno rimuovendo il colore con la lama di un bisturi). Decorate i tre lati restanti procedendo nello stesso modo. Da ultimo, applicate una mano di vernice di finitura con il pennello piatto.

SCATOLA DORATA CON ANGELI

Un metodo "semplificato" per avvicinarsi senza titubanze e con successo alla tecnica della doratura.

OCCORRENTE

- scatola di MDF di 30 x 20 x 8 cm
- colore acrilico rosso indiano
- foglie metalliche di colore oro
- cartavetrata a grana fine
- vernice acrilica
- pennello di martora piatto e pennellessa
- ritagli raffiguranti cherubini
- colla vinilica
- vernice di finitura ad acqua
- vernice di finitura a olio in gel

L'antichissima tecnica della doratura, un tempo appannaggio di una ristretta élite di artisti, è oggi accessibile a tutti grazie alla commercializzazione di foglie metalliche di colore oro, che, essendo molto più pesanti delle foglie d'oro zecchino, sono di più facile impiego e di costo chiaramente inferiore. Il procedimento di doratura richiede comunque una certa manualità, per cui abbiamo deciso di semplificarlo applicando questa tecnica su un lavoro a découpage: il risultato che si ottiene è più che soddisfacente. L'unica cautela consiste nel maneggiare con grande cura le foglie metalliche, che sono molto delicate e vanno sempre trasferite e posate sulla superficie da dorare servendosi di una pennellessa.

1

Colorate la scatola con il rosso indiano e quando la pittura è asciutta stendete uno strato di vernice acrilica su metà coperchio. Accostate la pennellessa al bordo della prima foglia metallica, così che questa vi aderisca, e con movimenti lenti e cauti posatela sulla vernice, passando delicatamente la pennellessa per farla aderire.

2

Ora stendete la vernice acrilica sull'altra metà del coperchio e posate la seconda foglia metallica operando come in precedenza.

3

Incollate i ritagli di carta, sfregandoli con un pezzo di carta assorbente da cucina per farli aderire ed eliminare eventuali bolle d'aria.

4

Per conferire alla scatola una patina d'antico, strofinate delicatamente i bordi della superficie dorata con la cartavetrata, così da far affiorare il rosso indiano sottostante.

5

Da ultimo, applicate una mano di vernice ad acqua e quattro di vernice a olio, lasciando asciugare fra una e l'altra.

PIATTO CON "ANELLO"

OCCORRENTE

- vernice nera per ceramica a freddo
- foglio di vinile adesivo
- ritaglio con composizione di frutta
- foglie metalliche di colore oro
- pennellessa
- vernice di finitura ad acqua
- vernice di finitura a olio in gel

Tre tecniche decorative in una per realizzare questo insolito piatto: pittura su ceramica, découpage e doratura con foglia metallica.

In questo caso, per favorire l'adesione della foglia metallica non è necessario pretrattare la superficie: infatti, eseguendo la doratura prima che la vernice per ceramica asciughi completamente, le foglie verranno come risucchiate dalla consistenza viscosa della vernice.
Se preferite ottenere un bordo "segnato" dal tempo, strofinatelo delicatamente con cartavetrata a grana fine così da rimuovere parte dell'oro.

1
Colorate l'intera superficie del piatto con la vernice per ceramica e lasciate asciugare per 12 ore.

2
Ritagliate dal foglio di vinile una mascherina rotonda delle stesse dimensioni del piatto, bordo escluso.

3
Posizionate la mascherina al centro del piatto e fatela aderire, ma senza premere troppo per non rischiare di staccare il colore di fondo.

4
Con l'aiuto della pennellessa, e procedendo con molta cautela, posizionate le foglie metalliche lungo il bordo prima che la vernice per ceramica sia completamente asciutta: aderiranno senza difficoltà.

5
Rifilate le foglie metalliche eliminando gli esuberi, in modo da ottenere un "anello" regolare e dai contorni netti.

6
A questo punto incollate la composizione di frutta al centro del piatto. Per finire, applicate una mano di vernice ad acqua e quattro di vernice a olio.

OCCORRENTE

- boccetta di vetro
- matite vetrografiche con punte di diamante media e fine
- nastro adesivo
- forbici
- carta da lucido
- carta carbone bianca
- pennarello a punta fine
- penna a punta fine
- alcol
- panno di cotone

VETRO D'AUTORE

Un regalo insolito e di grande effetto per festeggiare il compleanno di un'amica: una raffinata boccetta di vetro inciso con le sue iniziali.

Così fragili e delicati, gli oggetti di vetro incutono una certa soggezione. Eppure, la tecnica che proponiamo non è difficile da imparare: si tratta solo di maneggiare con cautela l'oggetto, trasferendo sul vetro una tradizione antica, quella di ricamare le iniziali su fazzoletti, asciugamani e lenzuola. Usando una matita vetrografica con punta di diamante, noi abbiamo inciso un'elegante "C" in stile vittoriano, seguendo le tracce lasciate dalla carta carbone. Non vi resta che procurarvi le iniziali adatte e seguire le nostre indicazioni. Un consiglio: predisponete un piano di lavoro stabile e ben illuminato, possibilmente collocando la boccetta su un fondo nero, così da vedere meglio il disegno in trasparenza.

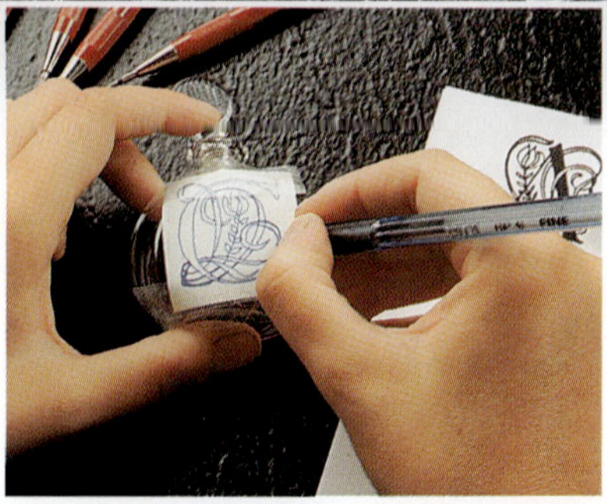

1

Con il pennarello ricalcate l'iniziale sulla carta da lucido. Fissate sulla boccetta la carta carbone bianca utilizzando il nastro adesivo, sovrapponetevi la carta da lucido e ripassate i contorni della lettera con la penna a punta fine.

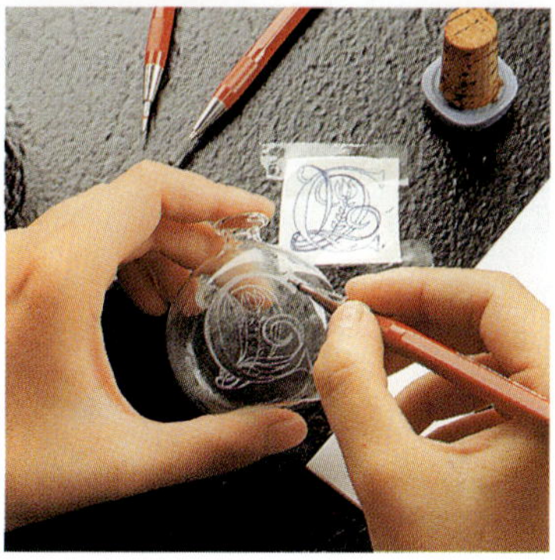

2

Seguendo la traccia lasciata dalla carta carbone, incidete i contorni dell'iniziale con la matita vetrografica a punta media. Poi passate sull'intera superficie il panno imbevuto di alcol.

3

Esercitando una leggera pressione, incidete ora l'interno della lettera con la matita a punta di diamante fine, graffiando le parti che devono risultare "piene".

4

A lavoro ultimato, passate nuovamente il panno imbevuto d'alcol sull'area decorata, così da eliminare la polverina di vetro lasciata dall'incisione.

La Scatola a Mosaico

Appoggiato su una mensola, con i suoi colori iridescenti questo contenitore impreziosito da un mosaico ravviverà l'arredo del bagno.

OCCORRENTE

- scatola tonda (15 cm di diametro), con un incavo sul coperchio profondo 2 mm
- disco di cartoncino con diametro di 14 cm
- pezzi di vetro iridescente bianco, rosa, azzurro
- pinza per mosaico
- stucco per mosaico
- colla per mosaico
- pigmento liquido blu
- colla tipo forte
- spatola • pinzetta
- panno di cotone • paglietta
- vernice di finitura lucida
- pennello piatto medio

Quella del mosaico è una tecnica relativamente economica, che non comporta particolari difficoltà e si presta a oggetti di qualunque tipo e dimensione. Ne è un esempio questa scatola per sali da bagno, il cui coperchio è punteggiato di variopinti frammenti di vetro. Esistono vari tipi di vetro, trasparente, opalescente e iridescente, ognuno con una lucentezza caratteristica: in questo caso abbiamo scelto il tipo iridescente, i cui riflessi madreperlati sono perfetti per un contenitore da collocare in bagno. Utilizzate tessere assolutamente piatte e scartate i pezzi troppo spessi.

1

Per tagliare il vetro, posizionate la tessere fra i due becchi taglienti della pinza per mosaico e serrate il manico facendo leva. Dovete ottenere piccoli triangoli con lati non più lunghi di 1,5 cm.

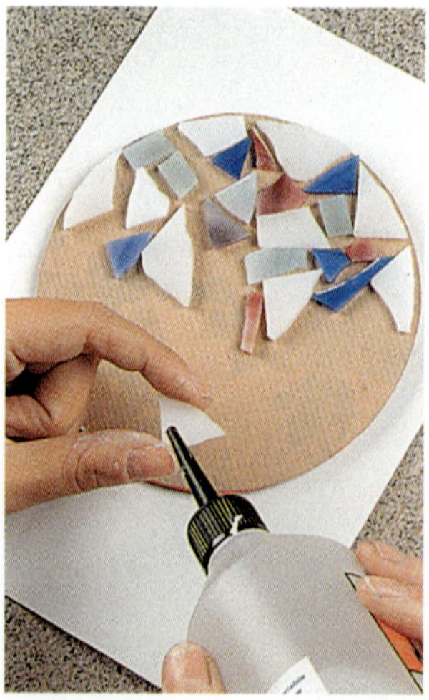

2

Selezionate con cura le tessere verificando che non presentino imperfezioni, applicate su ognuna di esse una goccia di colla per mosaico e posizionatele sul disco di cartoncino.

3

Prima che la colla asciughi, con l'aiuto della pinzetta cercate di far combaciare le tessere, lasciando meno spazio possibile fra una e l'altra. Quindi, con la colla tipo forte, applicate il disco sul coperchio della scatola.

4

Versate in una ciotola due cucchiai di stucco, due gocce di pigmento blu e un cucchiaio di acqua. Amalgamate il tutto con la spatola, fino a ottenere un impasto perfettamente omogeneo, e stendetelo sul mosaico, facendolo penetrare bene nelle fessure.

5

Servendovi del panno di cotone, rimuovete dalla superficie del mosaico lo stucco in eccesso e dopo 12 ore passate la paglietta, strofinando con cura così da lucidare le tessere.

6

Da ultimo, con il pennello stendete una mano di vernice di finitura.

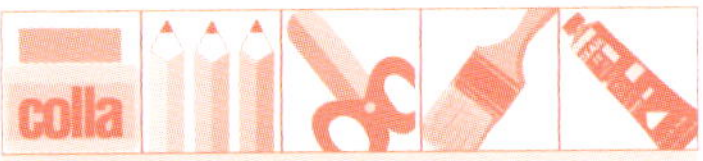

OCCORRENTE

- base di metallo per spilla
- pezzetti di vetro colorato
- pinza e stucco per mosaico
- colla per mosaico di vetro
- pinzette
- spatolina
- spugnetta
- paglietta di ferro

SPILLA FIORITA

Un accessorio raffinato ed elegante, creato con piccole tessere di vetro colorato. Un vero mosaico in miniatura.

I giochi di luci e trasparenze che caratterizzano le grandi vetrate policrome che tutti abbiamo avuto modo di ammirare si possono ottenere anche lavorando in scala molto ridotta. Ve ne accorgerete una volta terminata questa spilla: su una piccola superficie vedrete riprodursi il magico effetto cromatico di un mosaico. La composizione del motivo, in questo caso un delicato fiore, su uno spazio così contenuto impone l'utilizzo di tessere di vetro minuscole e quindi il ricorso a una buona dose di pazienza. Ma a lavoro ultimato sentirete che ne è valsa davvero la pena.

UN CONSIGLIO

Prima di cominciare, eseguite un bozzetto su carta e posizionatevi sopra le tessere: servirà per stabilirne la collocazione più felice anche dal punto di vista cromatico.

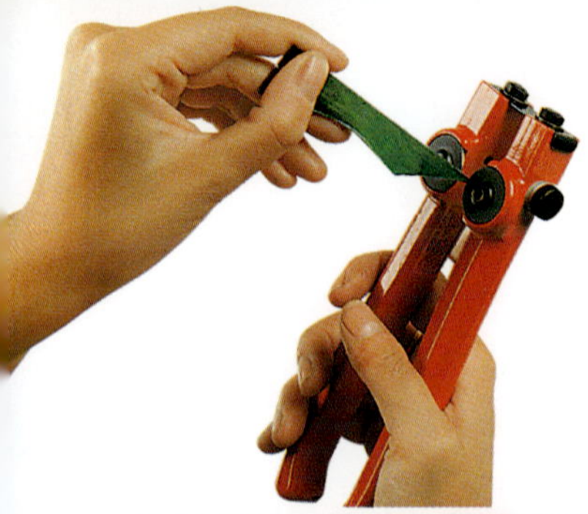

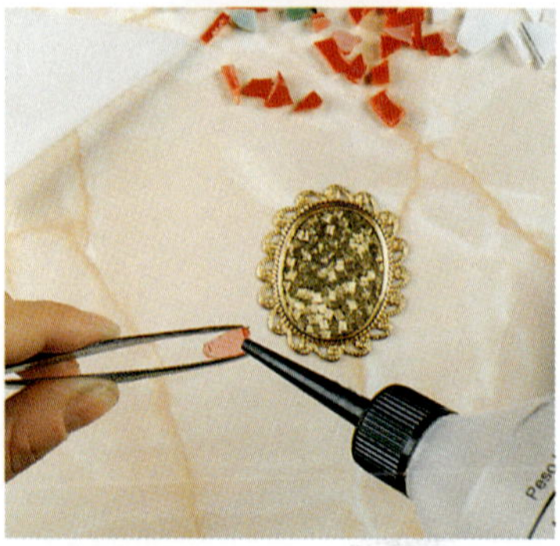

1

Tagliate le tessere necessarie inserendo i pezzetti di vetro fra le lame dell'apposita pinza e premendo con decisione. Sollevate ogni tessera con le pinzette e applicate sul retro di ciascuna una goccia di colla per vetro.

2

Componete il fiore sulla base di metallo usando le tessere più grandi: posizionatele con la pinzetta, ben accostate una all'altra; poi riempite lo spazio circostante con le tessere più piccole, prendendole con cautela per non rischiare di frantumarle.

3

Con la punta della spatolina prelevate due porzioni di stucco e versatelo in una tazza; aggiungete mezzo cucchiaio d'acqua e mescolate con la spatola fino a ottenere un impasto liscio e omogeneo.

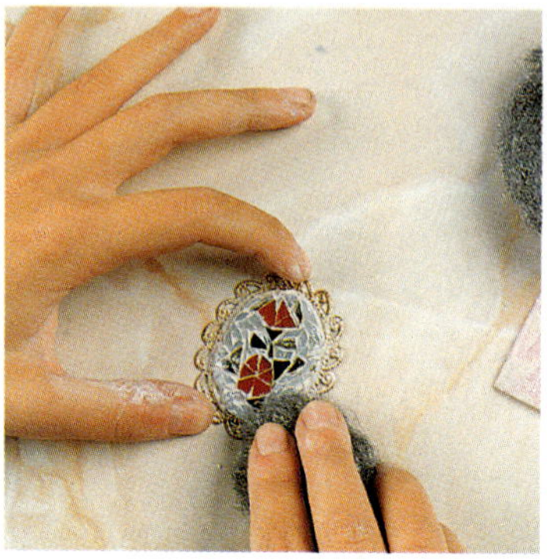

4

Sempre con la spatola, stendete uno strato uniforme di stucco sul mosaico, accertandovi che penetri nelle fessure fra una tessera e l'altra.

5

Rimuovete con la spugnetta lo stucco in eccesso e lasciate essiccare per circa 12 ore.

6

Quando il lavoro è asciutto, strofinate delicatamente il mosaico con la paglietta di ferro per eliminare i residui di stucco e lucidare le tessere di vetro.

Legno e Tessere di Vetro

OCCORRENTE

- scatola portachiavi ottagonale di legno
- matita e squadra
- nastro adesivo di carta
- pinze per mosaico
- lastre di vetro colorato (20 x 15 cm circa)
- pinzetta per sopracciglia
- colla per mosaico
- stucco per mosaico e spatolina
- pigmento liquido grigio
- panno di cotone
- paglietta di ferro

Piccole tessere di vetro multicolori, disposte in un ordine apparentemente casuale, formano un vivace mosaico che impreziosisce una scatola portachiavi di legno.

Tutti noi proviamo stupore e ammirazione osservando manufatti di vetro: la versatilità di questo materiale, disponibile in versione trasparente, opalescente o iridescente, cattura la fantasia e permette anche alle meno esperte di cimentarsi in progetti relativamente semplici ma di grande effetto, come il mosaico che decora questa scatola portachiavi. È stimolante creare con l'apposita pinza tante tessere, una diversa dall'altra, per poi assemblarle abbinandole in base al proprio gusto. La forma ottagonale della scatola ha ispirato l'impianto geometrico della composizione, reso comunque meno rigido dalle forme irregolari dei pezzetti di vetro.

1

Dopo aver smontato il pannello interno della scatola, ricavate tessere preferibilmente triangolari dalle lastre di vetro servendovi dell'apposita pinza.
Poi, con quattro strisce di nastro adesivo, unite gli angoli opposti del pannello per definire il quadrato centrale.

2

Prendete le tessere una alla volta con la pinzetta per sopracciglia, applicate sul retro di ognuna di esse una goccia di colla e posizionatele nel quadrato centrale fittamente accostate.

3

Una volta completato il quadrato, rimuovete il nastro adesivo e riempite nello stesso modo le altre sezioni, come illustrato dalla foto. Lasciate asciugare.

4
Versate in una tazza due cucchiai di stucco per mosaico, un cucchiaio di acqua e due gocce di pigmento liquido grigio e mescolate con la spatolina fino a ottenere un impasto omogeneo e privo di grumi.

5
Sempre usando la spatolina, stendete uno strato uniforme di stucco sul mosaico, badando che penetri nelle fessure fra una tessera e l'altra.

6
Con il panno di cotone eliminate lo stucco in eccesso. Lasciate asciugare per almeno 12 ore e quindi strofinate il mosaico con la paglietta, così da rimuovere i residui di stucco e lucidare le tessere. A questo punto rimontate il pannello sul coperchio.

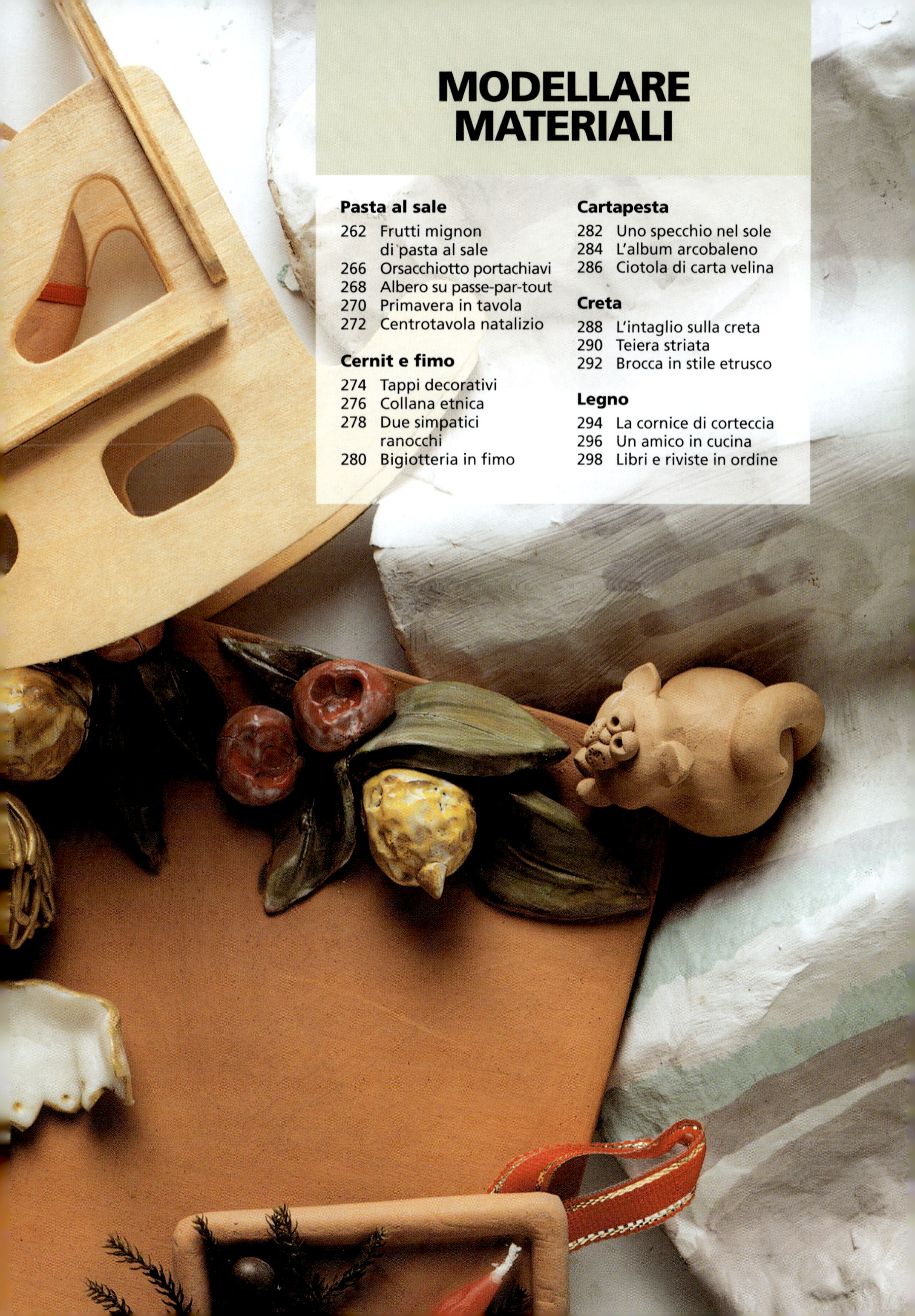

MODELLARE MATERIALI

FRUTTI MIGNON DI PASTA AL SALE

La ricetta dell'impasto adottata in questo caso consente di ottenere una pasta che si può lavorare in sfoglie molto sottili, perfette per composizioni che ricordano quelle realizzate con la porcellana.

OCCORRENTE

- barattolo di vetro con coperchio a vite
- colori a tempera in tubetto
- colla tipo forte trasparente
- ago, pennello
- vernice trasparente
- nastro di raso
- per la pasta al sale: 300 g di farina, 200 g di sale da cucina

La tecnica della pasta al sale si presta in modo particolare alla decorazione di oggetti di uso comune, ai quali conferisce un tocco di raffinata originalità.
Per esempio, normali barattoli di vetro possono trasformarsi in eleganti contenitori per frutta sotto spirito, zollette di zucchero, marmellate: basta impreziosire il coperchio con una composizione di frutta, ortaggi o fiori in miniatura, modellati con pasta preventivamente colorata.

L'IMPASTO

Versate 300 g di farina in una ciotola e aggiungetevi 200 g di sale da cucina e 60 ml di acqua. Amalgamate il tutto con un cucchiaio, mescolando per almeno 10 minuti così da ottenere un impasto omogeneo.

LA COLORAZIONE

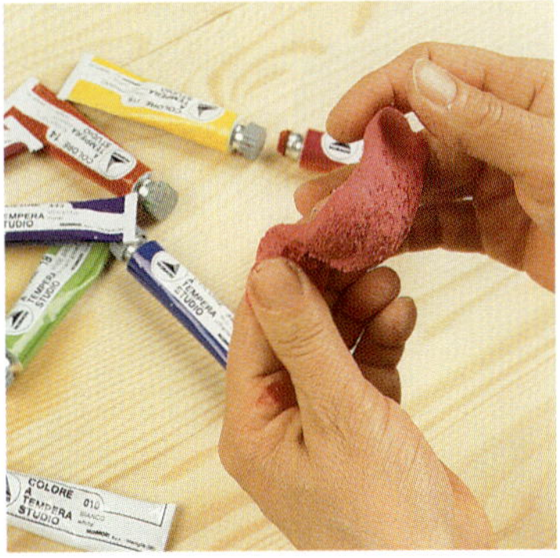

1

Suddividete l'impasto in tante piccole porzioni quanti sono i colori che intendete usare. Appiattite ogni porzione con il palmo della mano, schiacciandola leggermente al centro, e nell'incavo così creato inserite una piccola quantità di pigmento.

2

Richiudete l'incavo, accertandovi che il colore non fuoriesca, e, lavorando ogni porzione di pasta con molta cura, amalgamatela fra le mani per almeno 5 minuti al fine di distribuire uniformemente il colore.

I soggetti più adatti a essere modellati con la pasta al sale sono la frutta e gli ortaggi. E se all'inizio vi sembrerà impossibile riuscire a trasformare un'informe pallina in un peperone o in un invitante grappolo d'uva, con un po' di pratica otterrete risultati sorprendenti.

PREPARAZIONE DELLA BASE

Stendete la colla sul coperchio del barattolo e applicatevi la pasta colorata di verde, premendo con i pollici fino a ottenere uno strato uniforme dello spessore di 1 mm, che servirà come base per l'intera composizione.

UN CONSIGLIO

Perché un oggetto realizzato con pasta al sale si conservi a lungo in perfette condizioni, è fondamentale collocarlo in un luogo asciutto e spolverarlo spesso, con un panno, un pennello morbido o l'aria tiepida di un asciugacapelli. Qualora si formassero dei piccoli fori, conviene tenerlo per qualche giorno in freezer.

I FRUTTI

1

Ricavate dalla pasta colorata il quantitativo necessario per plasmare il frutto e modellatelo delicatamente fino a ottenere la forma desiderata. Procedete nello stesso modo per tutti gli elementi della composizione: fragole, ciliegie, limone, arancia, mirtilli, banana, foglie.

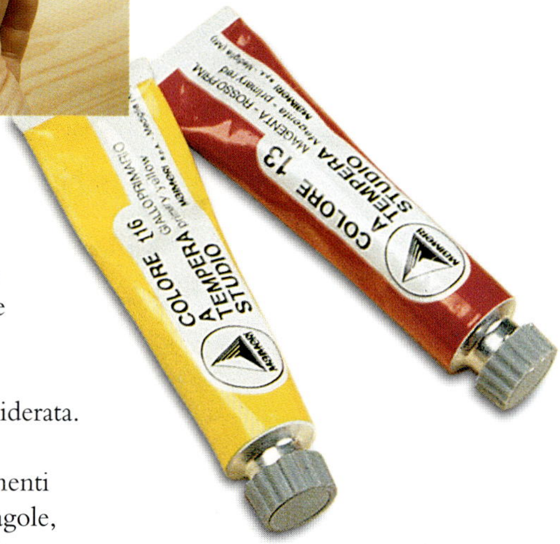

2

Servendovi dell'ago, graffiate la superficie dei vari elementi cercando di riprodurre il più fedelmente possibile la trama dell'originale. Per le fragole praticate dei forellini tenendo l'ago a una certa inclinazione; suggerite la scorza dell'arancia con striature irregolari; per la foglia tracciate dei solchi in modo da indicare le venature.

ASSEMBLAGGIO DEI VARI ELEMENTI

1

Quando frutti e foglie sono pronti, incollateli sulla base preparata in precedenza. Poi fate essiccare all'aria la composizione e cuocetela in forno per il tempo necessario.

2

Estraete la composizione dal forno, lasciatela raffreddare completamente e applicate almeno due mani di vernice trasparente in modo da ottenere il tipico "effetto ceramica".

LA TECNICA

Tempi e temperature

Oggetti di pasta al sale colorati e con uno spessore di 5 mm si cuociono per un'ora a una temperatura di 50 °C nel forno elettrico e di 140 °C nel forno a gas, in questo caso tenendo lo sportello aperto a metà. Per evitare la formazione di crepe, è buona regola far essiccare all'aria la pasta per un paio di giorni prima di introdurla nel forno.

IL TOCCO FINALE

Rifinite il coperchio del barattolo incollando sul bordo un nastro di raso. Poi mascherate il punto di giunzione delle due estremità applicando un fiocchetto preparato in precedenza con un nastro dello stesso colore o di tonalità contrastante.

Orsacchiotto Portachiavi

Una creazione con la pasta al sale fra le più "tenere" che si possono realizzare, nella quale coinvolgere anche i più piccoli.

OCCORRENTE

- per la pasta al sale: 4 cucchiai di farina, 2 cucchiai di sale e mezzo bicchiere d'acqua
- 2 cm di fil di ferro
- stuzzicadenti, pinzetta
- portachiavi ad anello con catenella
- acquerello marrone
- vernice di finitura a olio
- un pennello sottile e uno tondo

Lavorare la pasta al sale è un passatempo piacevole e rilassante che diverte molto anche i bambini, affascinati all'idea di poterla plasmare a forma di animali, stelle, casette. Trasformare poi i vari "personaggi" in simpatici portachiavi è un'operazione davvero semplicissima: tutto quello che occorre è un po' di fil di ferro con cui creare il gancio al quale fissare l'anello per le chiavi.

In realtà, la parte più divertente del lavoro inizia dopo la cottura degli oggetti, quando con gli acquerelli e un pennellino sottile potrete sbizzarrirvi a colorarli nelle tinte che preferite.

COME COSTRUIRE L'ORSACCHIOTTO

Grembiulino: due rotolini con diametro di 0,3 cm, lunghi 2,5 cm, e un semicerchio con diametro di 1,5 cm.
Testa: 5 palline (con diametro la prima di 3 cm, la seconda di 1 cm e le tre restanti di 0,5 cm).
Busto: una pallina con diametro di 3 cm.
Zampe anteriori: due palline con diametro di 1,5 cm.
Zampe posteriori: due forme ovali con una pallina di 1 cm di diametro a una delle estremità.

1

Per il grembiulino, applicate i due rotolini alle estremità del semicerchio e, servendovi dello stuzzicadenti, prima smerlate la parte arrotondata e poi praticate un forellino in corrispondenza di ogni smerlo.

2

E ora la testa: appiattite con il pollice la pallina da 1 cm, fissatela al centro di quella da 3 cm e applicatevi sopra una delle palline da 0,5 cm. Con lo stuzzicadenti praticate due fori per gli occhi, uno per la bocca e due alla sommità della testa per il gancio.

3

Esercitando una leggera pressione con le dita, posizionate le due restanti palline da 0,5 cm ai lati della testa per formare le orecchie. Con la pinzetta piegate a U il fil di ferro e inserite le estremità nei forellini praticati per il gancio.

4

Applicate la testa sulla pallina da 3 cm preparata in precedenza per il busto, esercitando una leggera pressione per farla aderire.

5

Ora fissate al busto prima le zampe anteriori, poi quelle posteriori e infine il grembiulino. Cuocete l'orsacchiotto in forno a 145 °C per 20 minuti. Estraetelo e fate raffreddare.

6

Utilizzando il pennello sottile, colorate l'orsacchiotto con l'acquerello marrone, a eccezione di muso, orecchie, "polpastrello" delle zampe posteriori e grembiulino. Lasciate asciugare e rifinite con una mano di vernice a olio applicata con il pennello tondo.

OCCORRENTE

- panetto di pasta al sale
- cornice a giorno di pico glass, 18 x 22 cm
- acquerelli • pennello sottile
- stuzzicadenti
- colla tipo forte
- vernice trasparente

LA TECNICA

La cottura

Nel cuocere lavori in pasta al sale, verificate che la temperatura del forno sia costante e soprattutto evitate di aumentarla bruscamente perché si potrebbero formare irrimediabili crepe.

ALBERO SU PASSE-PAR-TOUT

Un'idea semplice per conferire un tocco personale a una cornice a giorno da regalare a un amico: finestre aperte nel passe-partout, farfalle ritagliate da una stampa e un albero in pasta al sale da applicare sul "vetro".

Ecco una creazione facile e veloce da realizzare, perfetta per gli "scultori" alle prime armi. Si tratta di modellare un panetto di pasta al sale, preparata come di consueto con i soliti ingredienti, realizzando una serie di pezzi da assemblare fino a costruire l'albero. Oltretutto, i vari elementi sono talmente semplici che non è necessario disegnarne le sagome, né ricorrere a stampi.

1

Dal panetto di pasta al sale ricavate le seguenti forme: 7 palline con diametro di 0,5 cm e una con diametro di 1,5 cm; 14 foglie lunghe 2 cm, larghe 1 e spesse 1, un cilindretto incurvato lungo 4,5 cm e largo 1; un trapezio alto 11 cm e largo 6 cm alla base e 2 cm alla sommità. Poi, con uno stuzzicadenti, incidete le venature delle foglie e le striature della corteccia.

UN CONSIGLIO

Modellate i vari pezzi direttamente su un foglio di carta da forno: in questo modo, potrete trasferire la composizione nel forno senza rischiare di deformarla.

2

Applicate sul lato destro del tronco, a 8 cm dalla base, prima la pallina grande e poi il cilindretto incurvato, come illustrato dalla foto. Ora create la chioma dell'albero, posizionando le foglie una accanto all'altra, in senso circolare concentrico, a partire dalla cima. Infine, sistemate le palline più piccole fra una foglia e l'altra.

3

Lasciate asciugare completamente e poi fate cuocere la composizione in forno a 130 °C per 20 minuti. Una volta raffreddata, colorate ad acquerello l'albero e il bimbo, lasciate nuovamente asciugare e stendete una mano di vernice trasparente. Quando anche questa sarà asciutta, incollate la composizione sulla cornice.

OCCORRENTE

- per la pasta al sale: 450 g di farina e 300 g di sale da cucina
- colori a tempera in tubetto: rosa, rosso, giallo, viola, verde
- spatola
- vernice trasparente
- pennello

PRIMAVERA IN TAVOLA

Un centrotavola in pasta al sale che si ispira ai tipici fiori primaverili: con i loro vivaci colori portano una ventata di freschezza che allieta l'ora del pranzo.

Una proposta che valorizza l'abilità in cucina della padrona di casa, non solo come cuoca, ma anche come artista. Questo centrotavola di pasta al sale si realizza tingendo l'impasto in fase preliminare con colori a tempera. Fiori e foglie si preparano in anticipo, facendoli essiccare all'aria; la cottura avverrà solo alla fine, mettendo in forno l'intera composizione.
Se volete cimentarvi in un progetto ancora più ambizioso, abbinate al centrotavola dei segnaposti realizzati con la medesima tecnica e con lo stesso motivo floreale; poi procuratevi delle ciotoline, riempitele di ovatta e disponetevi altri fiori, sempre in pasta al sale, creando una composizione compatta, senza spazi vuoti.

UN CONSIGLIO

Composizioni delicate come questa vanno maneggiate con grande cautela. Qualora si staccassero un petalo o una foglia, incollateli alla base usando una colla forte.

1

Prima di tutto realizzate la base del centrotavola: modellate a cilindretto una piccola quantità di pasta verde e appiattitela leggermente fino a ottenere una striscia lunga 25 cm, larga 2 e spessa circa 1 cm.

LA TECNICA

Petali e foglie

Preparate la pasta al sale e colorate gli impasti con le tinte indicate. Poi stendete ognuno di essi a sfoglia e con appositi stampini ricavate petali e foglie. Servendovi della spatola, incidete su queste ultime le venature: una longitudinale e le altre trasversali che si diramano da quella centrale. Lasciate essiccare all'aria.

2

Componete il fiore rosa e quello bianco inserendo un petalo alla volta nella striscia di base; poi collocate al centro di ognuno una pallina di pasta verde e riempite gli spazi fra una corolla e l'altra con alcune foglie.

3

Ora occupatevi della prima rosellina: modellate una striscia di pasta gialla lunga 5 cm, larga 1 cm e spessa 1 mm, arrotolatela su se stessa e racchiudetela fra 2-3 petali del medesimo colore già essiccati. Applicate almeno tre roselline una accanto all'altra.

4

Completate la composizione, lasciatela essiccare all'aria per un paio di giorni e quindi mettetela in forno. A cottura ultimata, lasciate raffreddare e applicate sul centrotavola due mani di vernice trasparente per ravvivare e proteggere i colori.

CENTROTAVOLA NATALIZIO

Per decorare questa ghirlanda realizzata con la pasta al sale abbiamo scelto i tradizionali colori del Natale. Usatela come centrotavola e... sarà subito festa.

OCCORRENTE

- per la pasta al sale: 400 g di farina, 300 g di sale da cucina
- colori acrilici: rosso, verde chiaro e verde scuro
- ago
- pennello
- vernice trasparente a olio

Per realizzare questo progetto, dovete innanzitutto preparare la pasta al sale diluendo gli ingredienti con 80 ml di acqua. Dividetela in tre panetti e colorate ognuno di essi con uno dei colori acrilici, operando come di consueto. Poi "costruite" l'anello di base: ricavate dall'impasto verde scuro un rotolo lungo 30 cm con diametro di circa 1,5 cm, congiungete le due estremità formando un cerchio ed esercitate una leggera pressione sulla giunzione. A questo punto iniziate a modellare con cura i vari elementi che compongono la ghirlanda. A lavoro ultimato, e dopo la cottura, trattate l'intera superficie con due mani di vernice trasparente. Per un effetto ancora più suggestivo, posizionate al centro della decorazione una candela: la finitura lucida della ghirlanda creerà guizzanti bagliori verdi e rossi.

1

Per realizzare una foglia, modellate un pezzetto di pasta verde scuro a forma di goccia, appiattitelo con le dita e, con l'aiuto dell'ago, tracciate piccoli solchi per imitare le venature.

2

Modellate tutte le foglie (ne occorreranno circa 60) operando nello stesso modo. Poi applicate sull'anello di base un gruppo di cinque foglie disposte a raggiera. Se preferite, dividete l'anello in 11 sezioni e, lasciandone una libera, distribuite le foglie sulle 10 restanti.

3

Ora occupatevi del primo petalo. Modellate un pezzetto di pasta rossa a forma di goccia, appiattitelo con le dita e tracciate le venature servendovi dell'ago.

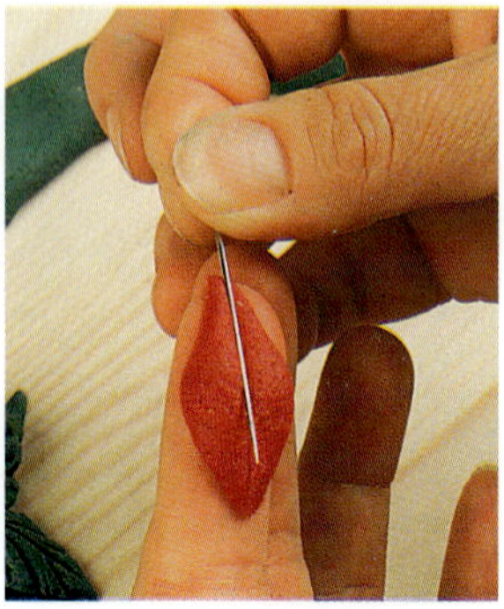

4

Per ogni fiore preparate 8-9 petali e applicateli a raggiera, su due strati, sui gruppi di cinque foglie, esercitando una leggera pressione con le dita al centro del fiore.

5

Ricavate dalla pasta rossa nove strisce lunghe 5 cm e larghe 2 cm al centro e 1,5 cm alle estremità. Piegate ognuna di esse unendone le estremità e posizionatele sull'anello per formare il fiocco.

6

Dalla pasta rossa e da quella verde chiaro ricavate una serie di palline da applicare a gruppi al centro dei fiori e delle foglie. Fate essiccare la ghirlanda all'aria e quindi infornatela. Infine, lasciate raffreddare e stendete due mani di vernice trasparente.

OCCORRENTE

- cernit giallo, marrone, verde chiaro e verde scuro
- tappo di sughero con base in plastica
- stucco
- spatolina
- colore acrilico verde
- pennello tondo medio
- taglierino
- pinzette
- carta da forno

TAPPI DECORATIVI

Questo progetto richiede una certa dose di pazienza, che comunque verrà ampiamente ripagata dal risultato: porterete in tavola bottiglie spiritose e allegre.

I vivaci grappoli d'uva che decorano comuni tappi di sughero con base in plastica sono stati realizzati con il cernit, una resina sintetica disponibile in un'ampia gamma di colori e molto facile da modellare.
Prima di procedere, dovrete manipolarlo per qualche secondo per ammorbidirlo; poi, una volta malleabile, preparate 15 palline con il cernit giallo e altrettante con quello marrone, tutte con diametro di 3 mm, un cilindretto verde chiaro e uno verde scuro e infine 3-4 sottilissimi rotolini marrone e verde scuro.
Per ottenere il grappolo d'uva, assemblate uno alla volta i succosissimi acini.

1

Usando la spatolina, stendete lo stucco sulla base in plastica del tappo e formate una piccola cupola al centro. Lasciate asciugare e poi dipingete lo stucco con una miscela poco diluita del colore acrilico verde.

2

Prendete i due rotolini verde chiaro e verde scuro, appiattiteli con i polpastrelli e, con l'aiuto del taglierino, ricavate delle foglioline sulle quali incidere piccoli solchi per simulare le venature.

3

Con le pinzette, prendete una alla volta le palline gialle e componete il grappolo d'uva su due foglioline, una chiara e una scura.

UN'IDEA

Realizzate più tappi: con acini scuri per le bottiglie destinate al vino rosso e con acini chiari per quelle con il vino bianco.

4
Sempre con le pinzette, e facendo attenzione a non deformare la composizione, sistemate il grappolo sul tappo.

5
Componete nello stesso modo un altro grappolo d'uva, questa volta con le palline marrone, posizionandolo su altre due foglie. Sistemate anche questo sul tappo e applicate al centro i rotolini sottilissimi, arricciandoli con le pinzette per creare i tralci. Collocate il tappo sulla carta da forno e fatelo cuocere per 7-8 minuti a temperatura bassissima.

OCCORRENTE

- 2 panetti di cernit: nero e color champagne
- pietra occhio di tigre
- 50 cm di cordoncino di seta nera
- taglierino
- stuzzicadenti
- polvere d'oro
- pennello tondo sottile
- carta da forno

Collana Etnica

Una pietra occhio di tigre, polvere d'oro e cernit: pochi "ingredienti" per un bijou davvero insolito. Divertitevi a crearne una collezione utilizzando pietre diverse, da adattare allo stato d'animo e al look del momento.

Pasta sintetica molto simile al fimo, da cui si differenzia solo per il materiale con il quale è prodotta, il cernit è comodo e facile da modellare. In questo caso la pietra occhio di tigre è valorizzata da una cornice di cernit variegato dipinto con polvere d'oro.
A lavoro ultimato, per indurire la pasta basteranno pochi minuti in un forno elettrico a bassissima temperatura.

1

Manipolate separatamente i due panetti di cernit per qualche minuto, poi prendete un pezzetto da entrambi e ricavate due cilindretti larghi circa 0,5 cm e lunghi 8. Uniteli e fateli scorrere rotolandoli fra le palme delle mani fino ad amalgamare i colori e ottenere un unico cilindretto variegato più lungo e sottile dei precedenti.

2

Avvolgete il cilindretto attorno alla pietra fino a incorniciarla completamente; poi unite le estremità formando una protuberanza e con il taglierino eliminate la pasta in eccesso.

3

Sempre con il taglierino, ricavate dal cilindretto rimasto due bastoncini lunghi 4 cm e due palline con diametro di 1 cm.

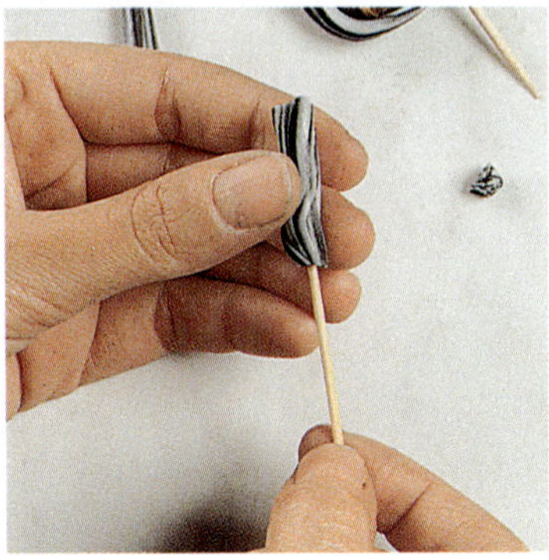

4

A questo punto, procedendo con grande cautela per non deformare la pasta, inserite longitudinalmente uno stuzzicadenti in ogni bastoncino, in modo da creare un foro in cui, dopo la cottura, far passare il cordoncino di seta.

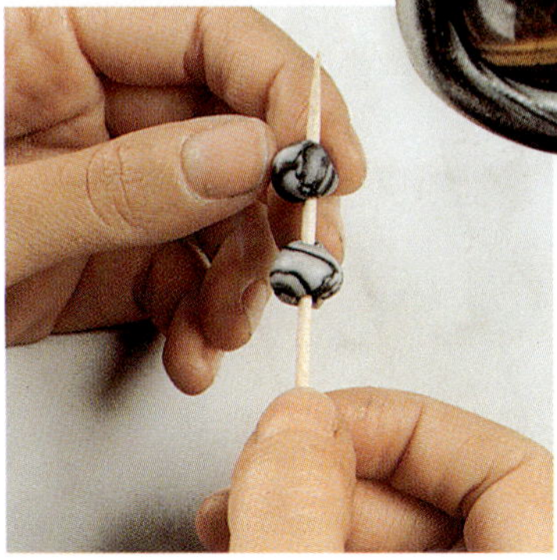

5

Infilate uno stuzzicadenti anche nelle due palline, praticando un foro esattamente al centro, e uno nella protuberanza della "cornice" di cernit.

6

Pennellate tutti i pezzi con la polvere d'oro, collocateli sulla carta da forno e cuoceteli a temperatura minima per 7-8 minuti. Estraete dal forno, lasciate raffreddare e inserite i vari elementi nel cordoncino, praticando un nodo fra uno e l'altro.

Due Simpatici Ranocchi

OCCORRENTE

- scatolina di vetro a forma di cuore
- blocchetto di fimo verde fluorescente
- 4 corallini chiaro di luna
- pennello medio
- bustina di porporina verde
- taglierino
- vernice lucida per fimo
- colla epossidica
- pinzette

Ecco un modo per "sdrammatizzare" una romantica scatolina di vetro a forma di cuore: due ranocchi verde mela che ci faranno sorridere anche nei momenti di malumore.

Il fimo si presta alla realizzazione di una svariata gamma di oggetti e, una volta verniciato, acquista le caratteristiche della porcellana. Perché indurisca, questa resina sintetica, che va manipolata per circa 5 minuti prima di modellare le forme, necessita di una breve cottura (20-30 minuti) a 100 °C. Per realizzare ogni animaletto occorrono 2 pezzetti di fimo a forma di goccia lunga 1 cm e 7 palline (una con diametro di 1,5 cm, quattro con diametro di 0,5 cm e due con diametro di 0,2 cm).

Se preferite, potete dotare i ranocchi di calamita e fissarli al frigorifero per tenere in evidenza degli appunti, oppure incavare il lato inferiore per trasformarli in divertenti salvapunte per le matite dei più piccoli.

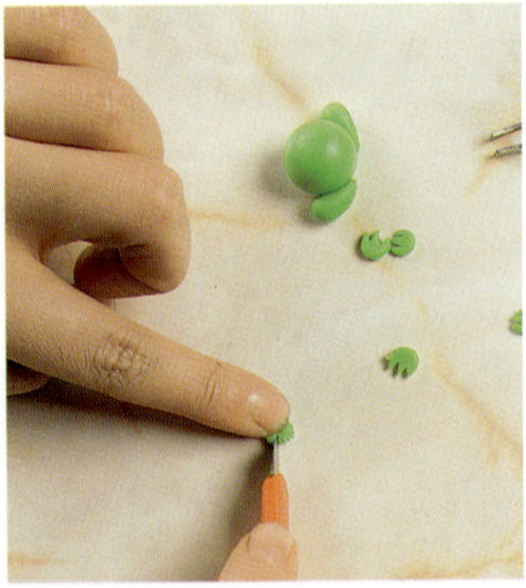

1

Esercitando una leggera pressione con le dita, fissate le due gocce sulla pallina più grande, come illustrato dalla foto. Poi appiattite le quattro palline medie e praticate piccole incisioni con il taglierino così da modellare le zampe.

2

Sempre esercitando una leggera pressione, fissate una zampa sotto ogni goccia e le altre due sotto la pallina, in modo che sporgano. Ora appiattite le due palline rimaste e, servendovi della pinzetta, applicate su ognuna un corallino per formare gli occhi.

3

Utilizzando ancora le pinzette, fissate gli occhi sulla pallina grande, collocandoli uno accanto all'altro e premendo con cautela, così da non rischiare di deformarli, per farli aderire bene.

UN'IDEA

Se modellate oggetti di piccole dimensioni (non più di 2 cm di spessore), potete effettuare la cottura nel tostapane, sistemandoli fra le griglie precedentemente foderate con carta d'alluminio.

4

Intingete la punta del pennello nella porporina e picchiettate l'intera superficie del ranocchio. Poi realizzate il secondo animaletto procedendo nello stesso modo. Collocate le due rane in una teglia foderata con carta d'alluminio e infornatele a 100 °C per 20 minuti.

5

Completata la cottura, estraete le rane dal forno, lasciate raffreddare completamente e lucidate con l'apposita vernice. Infine, quando la vernice è asciutta, incollate i ranocchi sul coperchio della scatolina con una goccia di colla epossidica.

BIGIOTTERIA IN FIMO

Piccoli "gioielli" personalizzati, costruiti con un materiale insolito, la cui forma richiama motivi tipici della cultura precolombiana. L'ideale è inserirli in un cordoncino nero.

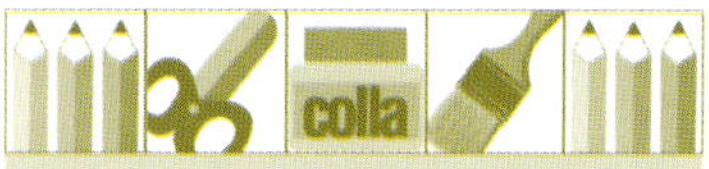

OCCORRENTE

- pietra dura azzurra (aulite)
- fimo in blocchi: uno color champagne, uno azzurro e uno nero
- 80 cm di cordoncino nero
- bustina di porporina color oro
- gancio per bigiotteria
- rullino di teflon
- stecca per modellare
- 2 bastoncini per spiedini
- 2 tappi di sughero
- taglierino
- colla epossidica
- pennello medio
- vernice lucida per fimo

Resina sintetica modellabile, il fimo è un materiale relativamente nuovo, che sta via via prendendo piede nella realizzazione di piccoli soprammobili e articoli di bigiotteria. Venduto in blocchi colorati, disponibili in ben 42 tinte, appare piuttosto duro, ma manipolandolo per almeno cinque minuti diventa morbido e plasmabile. Il tipo di lavorazione illustrata in questo caso è chiamata "millefiori" e ricorda le classiche murrine veneziane. Una volta ultimati, i pezzi vengono cotti in un tradizionale forno elettrico (ma non in quello a microonde) a una temperatura di 130 °C per non più di mezz'ora.

In fase preliminare, con il fimo color champagne preparate tre palline del diametro di 1,5 cm, un cilindro lungo 2,5 cm e largo 8 mm, un rotolino lungo 4 cm e largo 6 mm e uno lungo 4 cm e largo 2 mm. Dal fimo nero ricavate un rotolino lungo 4 cm e largo 6 mm. Infine, con il fimo azzurro modellate due palline con diametro di 1,5 cm, un rotolino lungo 4 cm e largo 6 mm e uno lungo 4 cm e largo 2 mm.

1

Con il rullino appiattite i tre rotolini (champagne, nero e azzurro) lunghi 4 cm e larghi 6 mm e dalle sfoglie ottenute ricavate con il taglierino tre rettangoli di 4 x 3 cm. Sovrapponeteli (nero, champagne e azzurro) e arrotolateli per il lungo.

2

Assottigliate il rotolino, lavorandolo con le mani, e ricavatene con il taglierino 18 rondelle spesse 1 mm, che disporrete a tre a tre, una accanto all'altra, su sei file.

3

Passate il rullino sulle rondelle così disposte, fino a ottenere una sfoglia perfettamente omogenea, e con essa rivestite il cilindro champagne lungo 2,5 cm e largo 0,8 cm. Otterrete così una perlina "millefiori".

4

Inserite i vari elementi in un bastoncino per spiedini come segue: la perlina millefiori al centro e ai lati di questa una pallina champagne e una azzurra. Chiudete le estremità del bastoncino con i tappi e, servendovi del pennello, stendete un velo di porporina oro sulle palline champagne.

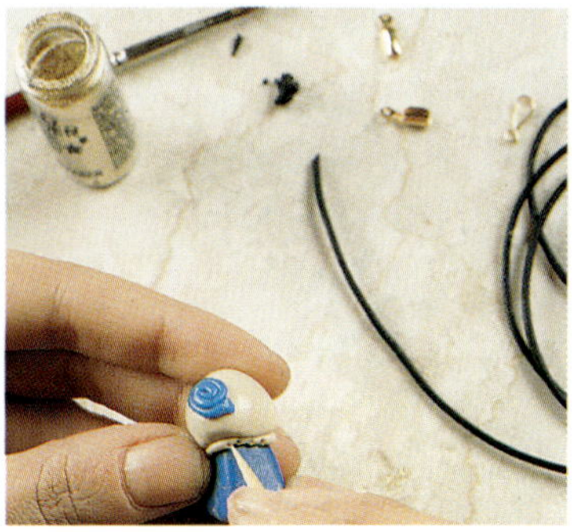

5

Inserite l'aulite nella restante pallina champagne, sulla quale fisserete a spirale il rotolino azzurro rimasto. Mascherate il punto di unione con l'ultimo rotolino champagne e praticate una serie di incisioni con la stecca. Infilate la pallina nell'altro bastoncino e spennellate la parte in fimo con la porporina oro.

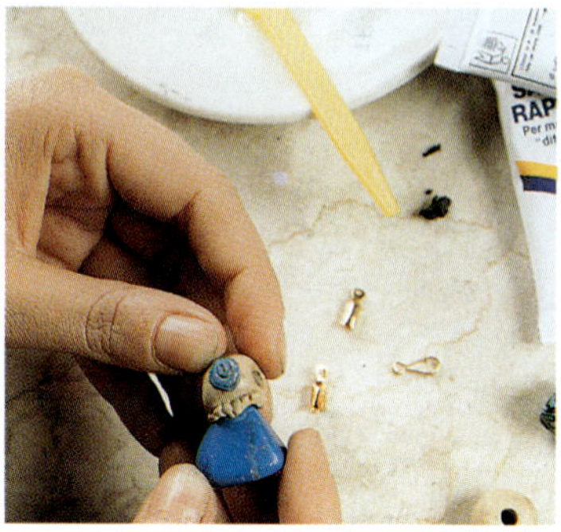

6

Ponete tutto in una teglia rivestita di stagnola, infornate e fate cuocere a 130 °C per 20 minuti. Dopo aver lasciato raffreddare, separate con cura la pietra dalla parte in fimo e poi fissatela nuovamente a essa con un po' di colla epossidica. Lucidate tutti i pezzi con la vernice, lasciate asciugare e infine inseriteli nel cordoncino.

Uno Specchio nel Sole

Raggi di sole d'oro e d'argento che si dipartono da uno specchio rotondo: quale cornice migliore per suggerire l'idea di scintillanti guizzi di luce?

OCCORRENTE

• specchio tondo • cartone • colla vinilica • gesso in polvere • fogli di carta di giornale • gommalacca in grani • due pennelli • colore acrilico terra di Siena bruciata • foglie d'oro e d'argento a decalcomania e relativa missione • cera, panno morbido, alcol

Questa particolare lavorazione della cartapesta richiede una certa esperienza: oltre a un dosaggio ben calibrato degli ingredienti che compongono l'impasto, infatti, una volta essiccata la cornice va rivestita con oro e argento a decalcomania. Per prima cosa disegnate sul cartone un raggio grande e uno piccolo, di dimensioni proporzionate rispetto a quelle dello specchio, e ritagliateli. Vi serviranno come sagome per ricavare le striscioline di carta di giornale da applicare lungo tutto il perimetro dello specchio.

1

Diluite la colla vinilica con acqua fino a ottenere una miscela fluida. Poi preparate un'adeguata quantità di raggi, strappando striscioline di carta di giornale nel senso della vena, e immergeteli nella colla. Alternando raggi grandi e piccoli, fissateli allo specchio con una strisciolina di carta imbevuta di colla e rivestite ognuno di essi con altre strisce. Proteggete le due facce dello specchio incollandovi un disco di carta di giornale.

2

In una bacinella preparate una miscela con acqua, mezzo barattolo di colla vinilica e un cucchiaio di gesso e immergetevi numerose strisce di carta di giornale (usate almeno metà quotidiano), lasciandole macerare per 48 ore. Strizzate con cura l'impasto ottenuto, mettetelo in un piattino e, raccogliendo poco materiale per volta, componete la cornice e rivestite i raggi. Lasciate asciugare.

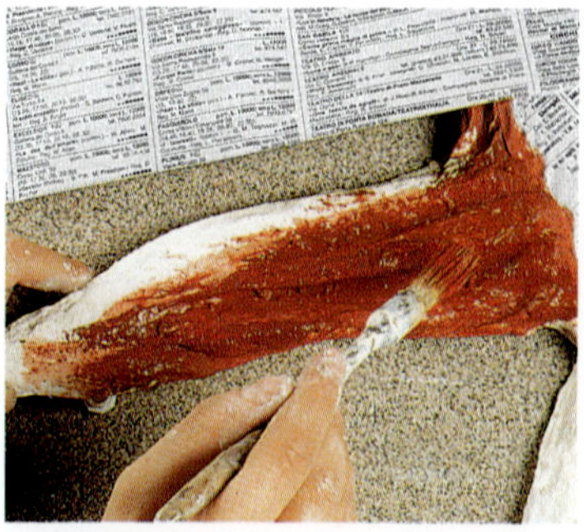

3

Sciogliete in una ciotolina un pugno di grani di gommalacca in poca acqua e applicate questa miscela sui raggi servendovi di un pennello. Poi dipingete l'intera cornice con l'acrilico terra di Siena bruciata diluito con abbondante acqua.

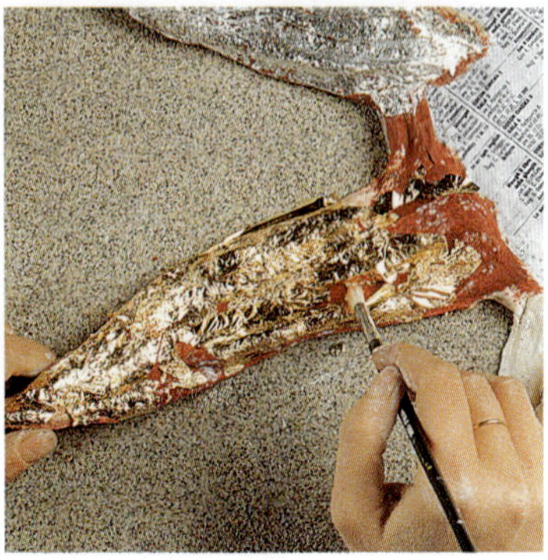

4

Sempre con un pennello, stendete la missione sui raggi grandi e applicate l'oro a decalcomania, esercitando una pressione decisa con il pollice. Poi decorate i raggi piccoli con l'argento procedendo nello stesso modo.

5

Stendete una mano di cera su tutta la cornice e lucidatela con il panno.

6

Rimuovete i due dischi di carta di giornale, applicate un abbondante strato di cera sul retro dello specchio e lucidate nuovamente. Infine, pulite lo specchio con un panno imbevuto di alcol.

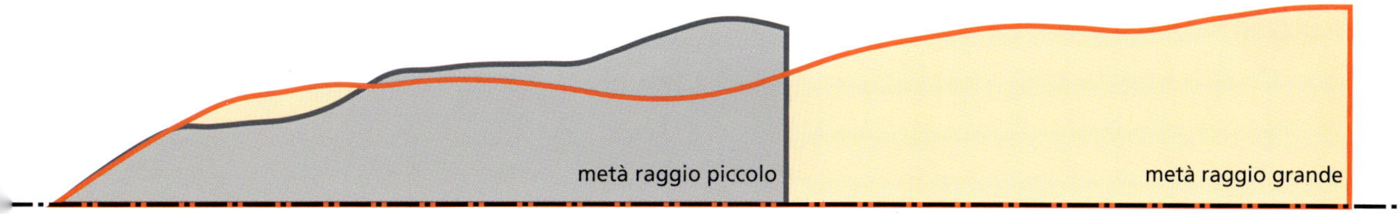

L'ALBUM ARCOBALENO

Un modo decisamente insolito di utilizzare la cartapesta: abbinata al legno, permette di creare un originale album per fotografie.

OCCORRENTE

- due tavolette di legno di 18 x 24 cm con due fori su uno dei lati lunghi e uno su quello opposto
- colla a base d'acqua e pennello piatto medio
- fogli di carta velina in diversi colori
- metro a nastro
- spray fissativo lucido
- nastro di raso alto 1 cm e lungo 150 cm
- fogli portafotografie

Fra tutte le tecniche di lavorazione della cartapesta, la più tradizionale prevede la sovrapposizione di strati di carta alternati a strati di colla. In genere si usano fogli di giornale, ma in questo caso abbiamo preferito utilizzare carta velina, che offre l'occasione di sbizzarrirsi nella scelta dei colori e produce effetti davvero speciali. Data la sua fragilità, però, occorre procedere con grande cautela per evitare che si strappi durante le operazioni di incollaggio. Prima di cimentarsi nel progetto definitivo, conviene quindi fare qualche prova per imparare a maneggiarla quando è imbevuta di colla.

1

Ricavate dalla carta velina tante striscioline larghe 3-4 cm e lunghe 8-10 cm, strappandole nel senso della vena. Suddividetele per colore per procedere più rapidamente nel corso del lavoro.

2

Diluite 2 cucchiai di colla con un cucchiaino d'acqua in una ciotolina e servendovi del pennello stendetene uno strato su un lato di una tavoletta. Quindi applicate le strisce di carta velina, seguendo un andamento casuale e accostando i diversi colori a piacere.

3

Bloccate ogni striscia di carta passandovi sopra più volte il pennello intinto nella colla. Continuate alternando uno strato di carta a uno di colla fino a coprire l'intero lato della tavoletta con almeno sei strati di strisce sovrapposte.

UN CONSIGLIO

Attenzione alla quantità d'acqua con cui diluite la colla: se troppo liquida rischia di impregnare eccessivamente la carta velina, rendendola fragile; se piuttosto densa produce strati molto spessi. A titolo orientativo, per 3/4 di colla è sufficiente 1/4 di acqua.

4

Ripetete l'operazione sull'altra tavoletta e, a lavoro ultimato, spruzzate lo spray fissativo sulle due superfici rivestite. Assemblate la copertina e i fogli portafotografie, tagliate il nastro in tre pezzi uguali, infilate ognuno di essi in uno dei fori e legate con un fiocco.

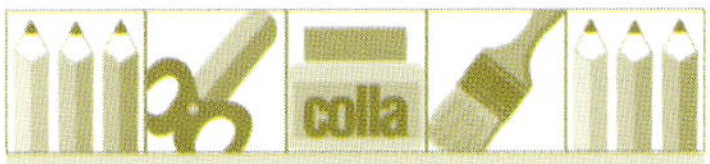

OCCORRENTE

- carta velina in vari colori
- ciotola di plastica
- colla a base d'acqua
- pennello tondo a setole lunghe
- forbici
- perline di plastica colorate e colla tipo forte
- pellicola trasparente per alimenti
- vernice trasparente opaca

CIOTOLA DI CARTA VELINA

Ed ecco una variante della cartapesta tradizionale che offre l'occasione di sbizzarrirsi nella scelta dei colori. Una volta acquisiti i segreti di questa tecnica, potrete cimentarvi nella realizzazione di progetti in grande scala. L'importante è rispettare i tempi di essiccamento.

Negli ultimi tempi all'antichissima tecnica della cartapesta è stata riconosciuta la dignità di vera arte minore, riscoperta da autori alla ricerca di nuove modalità espressive.
Sono nate così delle varianti al metodo tradizionale, come l'utilizzo di carta velina invece della solita carta di giornale.
Certo, si tratta di un materiale molto più fragile, da maneggiare con cautela, ma che regala colori straordinari e calde sfumature.

1

Strappate i fogli di carta velina nel senso della vena in modo da ottenere striscioline di 10 x 3 cm. Poi applicate sul retro della ciotola di plastica la pellicola trasparente, facendola aderire perfettamente.

2

In una ciotolina diluite la colla con due cucchiaini d'acqua e con il pennello stendete questa miscela sulla pellicola. Applicate quindi la prima striscia di carta, passandovi una pennellata di colla.

3

Ricoprite interamente la ciotola con almeno tre strati di carta, alternando ognuno di essi con uno di colla, e lasciate asciugare per almeno 12 ore. A questo punto rimuovete la ciotola di cartapesta sollevando la pellicola.

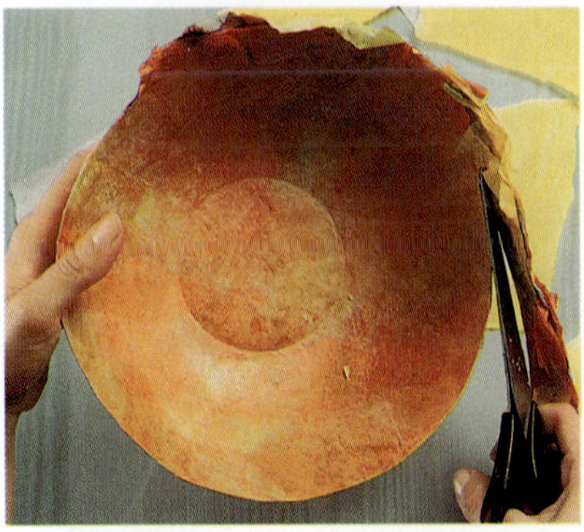

4

Eliminate la pellicola e con le forbici rifilate il bordo di cartapesta.

5

Servendovi del pennello, stendete uno strato di colla diluita sul bordo della ciotola e ricopritelo con striscioline di carta velina per una finitura più accurata.

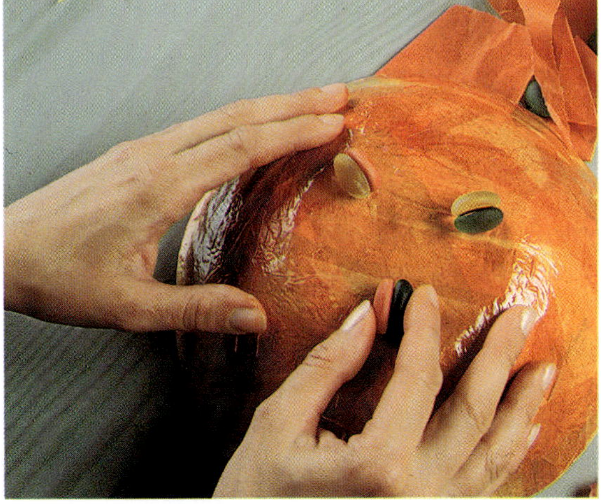

6

Passate sull'interno e l'esterno della ciotola una mano di vernice trasparente, lasciate asciugare e poi, con la colla forte, fissate alla base le perline per formare i piedini.

OCCORRENTE

- panetto di creta
- 2 assi di legno
- coltello a lama liscia
- spatolina
- pezzo di fil di ferro
- colore acrilico azzurro
- pennello sottile

UN CONSIGLIO

Per ottenere una sfoglia di spessore uniforme, procuratevi due assi di legno, lunghe 40 cm e spesse 1 cm, e disponetele sul piano di lavoro a una distanza di 20 cm una dall'altra. Collocate il panetto di creta nello spazio delimitato dalle guide, premetelo con le mani e poi stendetelo con il matterello fino a ridurlo allo spessore delle due assi.

L'Intaglio sulla Creta

La suggestiva atmosfera creata da questo insolito portacandela, perfetto per fare un po' di pratica di intaglio, renderà piacevole e intima una riunione fra amici.

COME MODELLARE IL CILINDRO

1
Stendete la creta in una sfoglia alta 1 cm e ritagliatevi un rettangolo di 35 x 14 cm.

2
Unite i lati corti del rettangolo e premete con le dita sulla giunzione per nasconderla.

3
Svasate leggermente con le mani la parte superiore del cilindro e lisciatene la superficie esterna con la lama del coltello.

Dare forma alla materia grezza con le proprie mani è così emozionante che un'arte antica come quella di modellare la creta è tuttora viva e attuale. È un materiale facile da plasmare e anche da intagliare, come potrete verificare personalmente cimentandovi nelle operazioni descritte. Una volta ultimato, l'oggetto deve essere cotto in un apposito forno, dopo di che si può dipingere con i colori acrilici.

COME INTAGLIARE

1

Attorcigliate le estremità del fil di ferro attorno all'indice di ciascuna mano e, tenendolo teso, affondate il filo leggermente inclinato nel bordo superiore del cilindro, per circa 3,5 cm. Continuate in questo modo fino a completare il bordo smerlato.

2

Con la punta della spatolina tracciate un leggero solco sulla creta per definire i contorni delle sagome da intagliare. Impugnandolo saldamente, introducete il fil di ferro nella creta e fatelo scorrere seguendo il solco tracciato con la spatola, così da eliminare la parte interna della sagoma.

3

Con il coltello incidete i riccioli all'interno dei motivi "pieni" (foto del passaggio 4). Lasciate essiccare all'aria il portacandela e quindi cuocetelo in forno.

4

Dopo la cottura, diluite il colore acrilico azzurro in rapporto 1 a 2 e con il pennellino sottile colorate le sagome piene, come illustrato dalla foto.

Teiera Striata

La creta consente di modellare oggetti negli stili più diversi, spaziando dal classico al moderno a seconda dell'utilizzo a cui sono destinati e della sensibilità personale.

OCCORRENTE

- panetto di creta rossa
- spatolina
- matterello
- vaporizzatore
- 15 cm di fil di ferro
- ingobbio bianco
- pennello

Indubbiamente molto particolare il design della teiera proposta in questo caso, la cui originalità sta non solo nella forma, ma anche nella decorazione ottenuta con la tecnica dell'ingobbiatura. Il nome deriva dal termine specifico con cui si definisce la creta in polvere diluita con acqua.

L'ingobbio è disponibile in varie tonalità, dal bianco alle tinte pastello, presso i negozi di belle arti o quelli specializzati nella vendita di materiali per la lavorazione della ceramica. Per far risaltare l'inconfondibile tonalità rossastra della creta, con una spatolina si asporta in alcuni punti l'ingobbio fluido precedentemente steso come rivestimento. In questo caso abbiamo usato ingobbio bianco, che dopo la cottura assume una sfumatura leggermente rosata, perfetta per esaltare le striature rossicce.

UN'IDEA

Completata la teiera, realizzate ogni tazza assemblando un piccolo ventaglio chiuso a cono e privato della punta, un cilindro con un'estremità chiusa da un disco (base) e un rotolino avvolto a spirale (manico).

1

Inumidite il panetto di creta, tagliatene una fetta e con il matterello spianate una lastra con spessore di 1 cm, da cui ricavare con la spatolina una forma a ventaglio.

2

Unite i lati diritti del ventaglio così da ottenere un cono. Per il fondo della teiera, ricavate dalla creta un'altra lastra, spessa 1 cm e poco più grande della circonferenza di base del cono.

3

Servendovi del fil di ferro, tagliate la punta del cono a 2/3 dalla base e mettetela da parte (è il primo abbozzo del coperchio). Spruzzate la creta con il vaporizzatore per mantenerla umida.

4

Posizionate il corpo della teiera sulla lastra di fondo ed eliminate l'eccedenza rifilandola con la spatolina. Poi, sempre con la spatola, praticate alla sommità del coperchio un taglio verticale profondo 1,5 cm. Modellate un rotolino di creta lungo 20 cm e spesso 7 mm e avvolgetelo a spirale, ottenendo un disco da inserire nel taglio del coperchio. Premete con delicatezza sui lati per bloccarlo.

5

Ora realizzate il manico: modellate una striscia di creta di 18 x 3 cm, spessa 5 mm, e fissatela alla teiera. Poi create il beccuccio ricavando dalla creta un piccolo ventaglio, da applicare sul lato opposto rispetto al manico, e forate la parete della teiera all'interno del beccuccio. Infine, usando il fil di ferro come una lama, smerlate i bordi del beccuccio e del manico.

6

Diluite 3 cucchiai di ingobbio in un bicchiere d'acqua e pennellatelo sull'intera superficie. Quindi, con la punta della spatolina, tracciate delle linee ondulate sull'ingobbio ancora fresco. A questo punto la teiera è pronta per la cottura in forno.

OCCORRENTE

- panetto di argilla
- fil di ferro
- spatolina
- terra rossa
- pennello
- smalto bianco per ceramica

BROCCA IN STILE ETRUSCO

Nulla sembra più adatto dell'argilla, fra i materiali più antichi lavorati dall'uomo, per una gradevole riedizione di un'antica brocca etrusca.

Talvolta un dettaglio può costituire l'idea da cui nasce un progetto, come questa rustica brocca, perfetta per una casa di campagna, ispirata a reperti di epoca greco-romana esposti in un museo. Il tipo di lavorazione adottata, nota come tecnica a colombino, consiste nel costruire il vaso avvolgendo un lungo rotolo di argilla su una base sempre di argilla, per poi plasmarlo fino a ottenere la forma desiderata. Non è un'operazione particolarmente complicata, ma richiede comunque un certo senso delle proporzioni e una discreta capacità di controllare l'argilla.

UN CONSIGLIO

La barbottina

La barbottina è un collante usato per saldare i pezzi d'argilla. Per prepararla basta sciogliere in acqua una piccola quantità di argilla secca in polvere.

1

Inumidite il panetto con un po' d'acqua e, usando il fil di ferro come una lama, tagliatelo a fette. Realizzate la base della brocca smussando gli angoli di una fetta con la spatola e cospargendone il bordo con la barbottina. Da altre fette ricavate i rotoli, di diametro non superiore a 2 cm, con cui costruire la brocca.

2

Posizionate il primo rotolino attorno alla base, esercitando una leggera pressione, e procedete avvolgendolo su se stesso.

3

Continuando ad avvolgere i rotoli, premete la superficie interna con le dita e rendete uniforme quella esterna con la spatola carica di barbottina. Quando la brocca raggiunge un'altezza di 20 cm, restringete il diametro, così da formare il collo, e quindi modellate il becco.

4

Preparate tre rotolini lunghi circa 18 cm, con diametro di 1 cm, e intrecciateli. Poi fissate le due estremità della treccia sulla brocca con la barbottina, creando il manico.

5

A questo punto, utilizzando la spatola praticate leggere incisioni a raggiera lungo la base della brocca.

6

Mescolate un cucchiaio di terra rossa con uno d'acqua e con questa tinta colorate l'intera superficie. Cuocete l'oggetto in forno e quindi rifinite dipingendo l'interno con lo smalto per ceramica.

OCCORRENTE

- cornice di legno
- corteccia d'albero
- colla trasparente tipo forte
- 2-3 piccole pigne oppure fili di paglia e roselline essiccate (facoltativi)

La Cornice di Corteccia

Davvero originale la cornice country costruita ricomponendo un materiale come la corteccia di un albero, dagli avvincenti effetti di trama.

In epoca di strategie per la tutela dell'ambiente vale la pena di ricordare che per procurarsi la preziosa corteccia non è necessario "scorticare" un albero: basta raccogliere quella ormai secca che si è staccata dal tronco in modo naturale. Una volta procurata la materia prima, non vi resta che ridurre a pezzi lunghi e stretti i blocchi più grandi e incollarli sulla cornice creando una composizione armoniosa. Se preferite, potete rifinire il lavoro incollando su un angolo qualche piccola pigna oppure alcune roselline essiccate, "legate insieme" con due o tre fili di paglia.

1

Prima di tutto smontate la cornice. Poi ricavate dai blocchi di corteccia pezzi larghi all'incirca quanto metà delle aste che formano la struttura di base e applicate sul retro di ognuno di essi un generoso strato di colla, distribuendolo uniformemente.

2

Iniziate a rivestire il primo lato della cornice: partite dal bordo esterno e procedete verso l'interno, esercitando una pressione decisa con le dita in modo da favorire l'adesione della corteccia.

UN CONSIGLIO

Per rendere più resistente il rivestimento di corteccia, prima di riassemblare i vari elementi spruzzate sulla cornice una vernice trasparente spray, opaca o lucida.

3

Continuate nello stesso modo sovrapponendo i pezzi di corteccia, quando occorre, così da nascondere del tutto la cornice sottostante.

4

A lavoro ultimato, decorate un angolo della cornice applicando con una goccia di colla due o tre piccole pigne e aggiungendo eventualmente qualche filo di paglia.

5

Lasciate asciugare e riassemblate il tutto inserendo la foto scelta. Maneggiate la cornice con grande cautela per non rischiare di danneggiare il rivestimento di corteccia.

Un Amico in Cucina

Aggiungete una nota di colore e di allegria alla cucina realizzando questo simpatico "appenditutto".

OCCORRENTE

- tavola di compensato di 80 x 30 cm; asse di legno di 65 x 4 x 2 cm
- seghetto a mano
- colori alchidici
- gel alchidico
- trapano con punta da 3 mm
- 5 ganci a vite
- 2 pennelli piatti, medio e piccolo, e un pennellino a punta fine
- matita
- cementite
- colla tipo forte
- 2 chiodini lunghi 3 cm
- martello

Una presina sul mobile, il canovaccio sullo schienale della sedia, il mestolo che quando serve non si trova mai... Se sentite il bisogno di fare un po' d'ordine in cucina, questo è l'oggetto che fa per voi: un appenditutto che, oltre a essere molto decorativo, vi consentirà anche di risolvere vari problemi di spazio, in quanto potrete appendere ai suoi ganci grembiuli, guanti da forno o addirittura boccali e tazzine. Se non avete grande dimestichezza con il seghetto a mano, chiedete al negozio dove acquisterete il compensato di realizzare la sagoma in base al vostro disegno. In ogni caso, se volete ottenere effetti davvero realistici, nel momento in cui dipingerete i vari elementi non dimenticate di riprodurre le ombre proiettate dagli oggetti posti uno davanti all'altro.

1

Tracciate a matita sul compensato il contorno esterno dei piatti e con il seghetto ritagliate la sagoma disegnata. Poi trattate l'intera superficie con una mano di cementite applicata con il pennello piatto medio.

2

Quando la cementite è asciutta, con leggeri tratti a matita disegnate all'interno della sagoma i contorni dei vari oggetti, riportando anche i segni delle ombre.

3

Preparate i colori alchidici diluendoli con parti uguali dell'apposito gel (se preferite tinte più decise, diminuite la quantità di gel). Poi applicate ogni tinta con il pennello piatto piccolo, seguendo con cura i contorni delle sagome.

4

Per ottenere sfumature delicate, diluite la tinta con un maggior quantitativo di gel. Completato il lavoro di fondo, dipingete i fiori e le foglie con il pennello a punta fine. Poi, usando la colla forte, fissate l'asse di legno alla base della sagoma.

5

Rafforzate l'ancoraggio inserendo i due chiodini alle estremità dell'asse, sul retro della sagoma. Infine, con il trapano praticate sull'asse forellini a una distanza di 10 cm l'uno dall'altro e avvitate un gancio in ognuno di essi.

OCCORRENTE

- tavola di compensato di 1 cm di spessore
- seghetto da traforo
- martello
- chiodini lunghi 3 cm
- matita
- fogli di carta da regalo nella fantasia preferita
- forbici • colla vinilica
- colori acrilici
- vernice di finitura a olio
- pennello

LIBRI E RIVISTE IN ORDINE

Personalizzate l'angolo del soggiorno riservato alla lettura con un semplice e funzionale portariviste di legno ricoperto con carta da regalo fantasia.

Basandosi sulle sagome e sulle misure dello schema a fianco, anche chi sperimenta il "fai-da-te" per la prima volta potrà cimentarsi in questo progetto senza grosse difficoltà: dovete ricavare dalla tavola di compensato un pezzo A, due pezzi B, un pezzo C e uno D. Se preferite, fate tagliare le varie sagome dal negoziante al momento dell'acquisto. Risolta la fase "costruttiva", la finitura è semplice: non vi resta che rivestire il legno con una carta dai colori intonati all'ambiente in cui intendete collocare il portariviste. Unico accorgimento: scegliete motivi di dimensioni adeguate a quelle dell'oggetto.

1

Con l'aiuto del martello, infilate un chiodo in ciascuna delle estremità del lato lungo 31 cm di un pezzo B.

2

Appoggiate il pezzo D sui chiodi del pezzo B e bloccatelo su questo con piccoli colpi di martello. Assemblate gli altri pezzi procedendo nello stesso modo.

3

Posizionando di volta in volta il portariviste, tracciate a matita sul foglio di carta da regalo i contorni delle facce da rivestire e poi ritagliate i vari pezzi con le forbici.

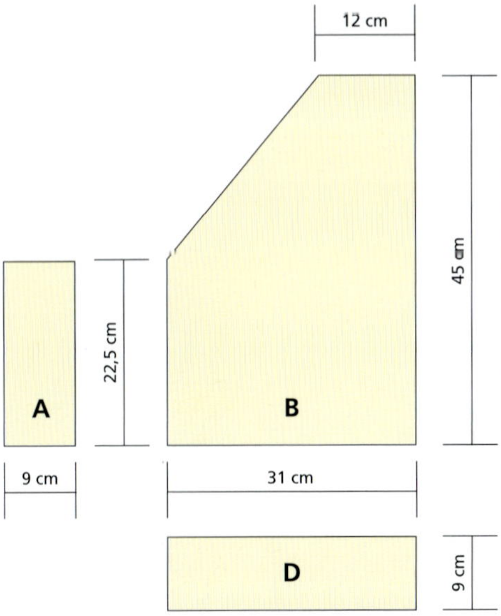

4

Dopo aver diluito la colla vinilica con l'acqua, stendetene uno strato uniforme sul retro di ogni ritaglio servendovi del pennello.

5

Applicate i ritagli sulle rispettive facce del portariviste, esercitando una leggera pressione con le dita così da eliminare eventuali bolle d'aria. Poi, con striscioline tagliate in misura, rivestite anche gli spessori.

6

A questo punto rifinite il lavoro: stendete una mano di vernice acrilica e quindi almeno tre strati di vernice di finitura, lasciando asciugare completamente fra uno e l'altro.

mariagrazia

FILATI E TESSUTI

Ricamo a fili contati

Punti traforati

Pizzi e merletti

Maglia

Appliqué e trapunto

Piccoli Amici con i Fiocchi

OCCORRENTE

- cotone Muliné "Anchor", una matassina per colore nelle tonalità indicate nella legenda a lato dello schema
- ago da ricamo "Milward" a punta arrotondata n. 22
- 50 cm di bordino in tela Aida "Anchor" alto 10 cm (in 2 cm ci sono 11 fori, quindi 10 punti)
- spoletta di Filofort "Tre Cerchi Rosso" n. 50
- ago da cucito "Milward" n. 7

Ricamate, con tre fili di Muliné, sul bordino in tela Aida una lunga fila di maialini, in base allo schema a fianco, e applicatelo sull'asciugamano con piccoli punti nascosti.
Variando i colori della spugna e i motivi ricamati sui bordini, e realizzando anche le versioni con le rondini e i colombi, otterrete un set da bagno simpatico e originale. Nell'eseguire il ricamo non dimenticate il punto scritto e il mezzo punto croce.

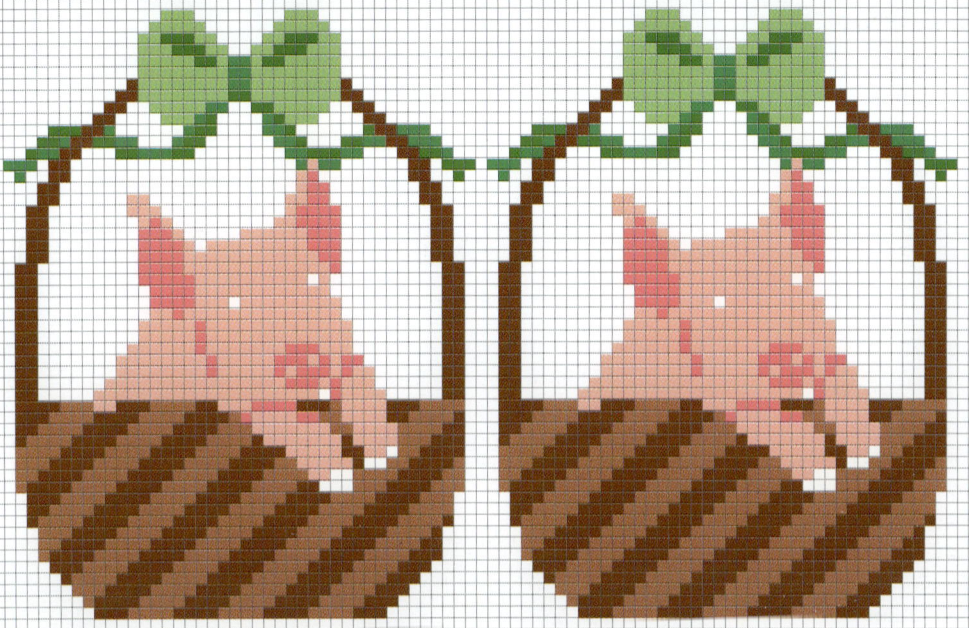

23
26
240
243
245
368
944

1021 1006 132 266 267 268 403

295 297 298 238 268 368 403

Case e Casette

OCCORRENTE

- cotone Mulinè "Anchor", una matassina per colore nelle tonalità indicate nella legenda a lato dello schema
- 30 cm di bordino in tela Aida "Anchor" alto 2,5 cm, 4,5 cm e 9,5 cm (in 1 cm ci sono 6 fori, quindi 5 punti)
- ago da ricamo "Milward" a punta arrotondata n. 22

Tante casette colorate da ricamare con tre fili di Muliné su bordini in tela Aida. Rifinite a piacere a punto scritto, seguendo i tratti dello schema. Utilizzate il bordino alto 2,5 cm per il motivo con casette e alberelli, quello alto 4,5 cm per il motivo con le case colorate e il bordino alto 9,5 cm per il motivo con l'arcobaleno.

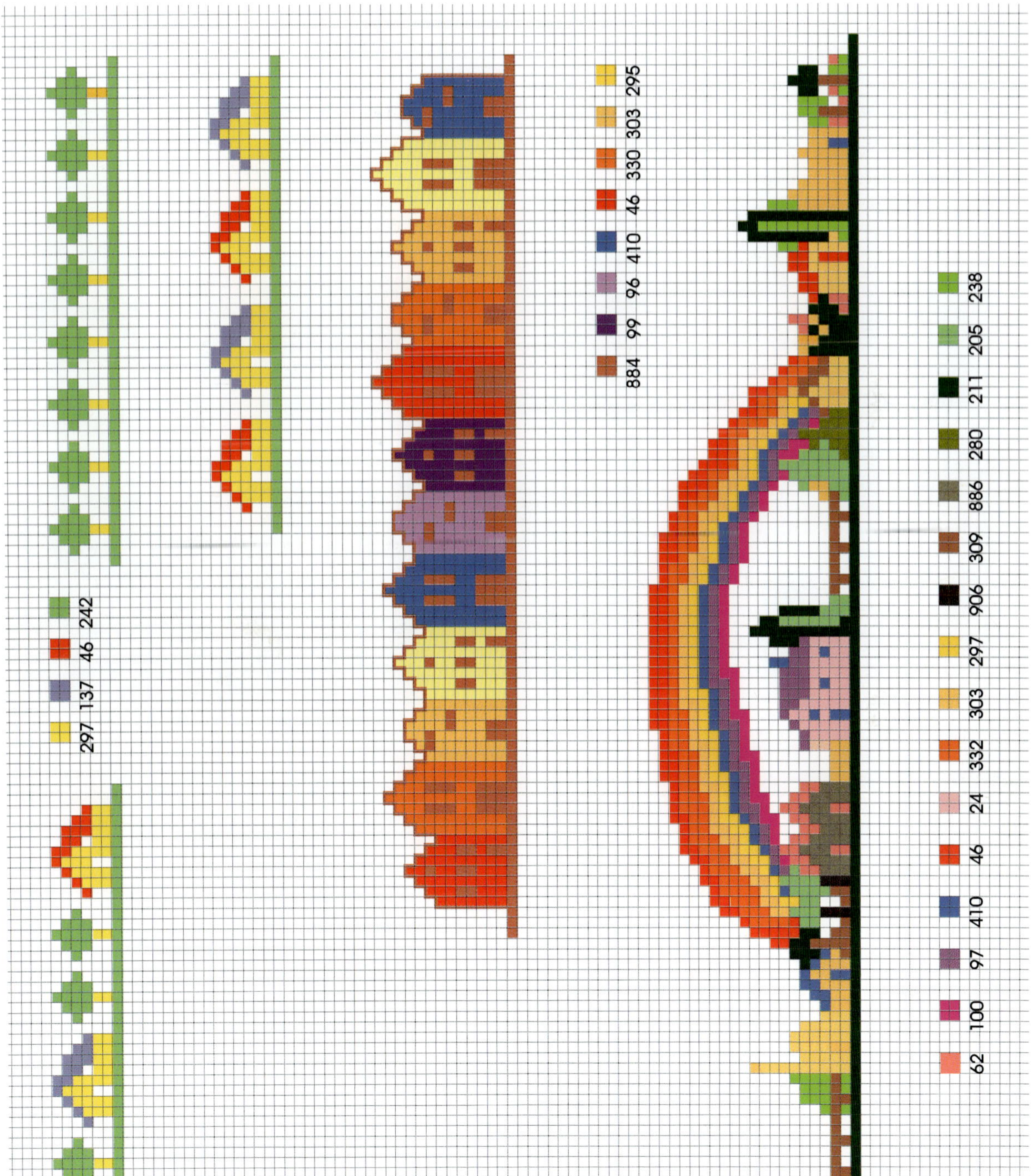
297 137 46 242
295 303 330 46 410 96 99 884
238 205 211 280 886 309 906 297 303 332 24 46 410 97 100 62

ROMANTICO BLU

OCCORRENTE

- cotone Muliné "Anchor", una matassina per colore nelle tonalità indicate nella legenda a lato dello schema
- ago da ricamo "Milward" a punta arrotondata n. 22
- 150 cm di tela Aida "Anchor" alta 180 cm (in 2,2 cm ci sono 10 fori, quindi 9 punti)
- spoletta di Filofort "Tre Cerchi Rosso" n. 50
- ago da cucito "Milward" n. 7

Una tovaglietta per la prima colazione con i colori del cielo e del mare. Per realizzarla, ritagliate 80 x 60 cm di tela Aida "Anchor" e ricamate con tre fili di Muliné seguendo lo schema nella pagina accanto. Ripiegate tutt'attorno un bordo di 1 cm e cucite con piccoli punti. Per ogni tovagliolo, ritagliate un quadrato di 30 x 30 cm di tela Aida e ricamate solamente il motivo d'angolo. Ripiegate di 1 cm il tessuto e fissate con piccoli punti nascosti. Qui a fianco, una variante.

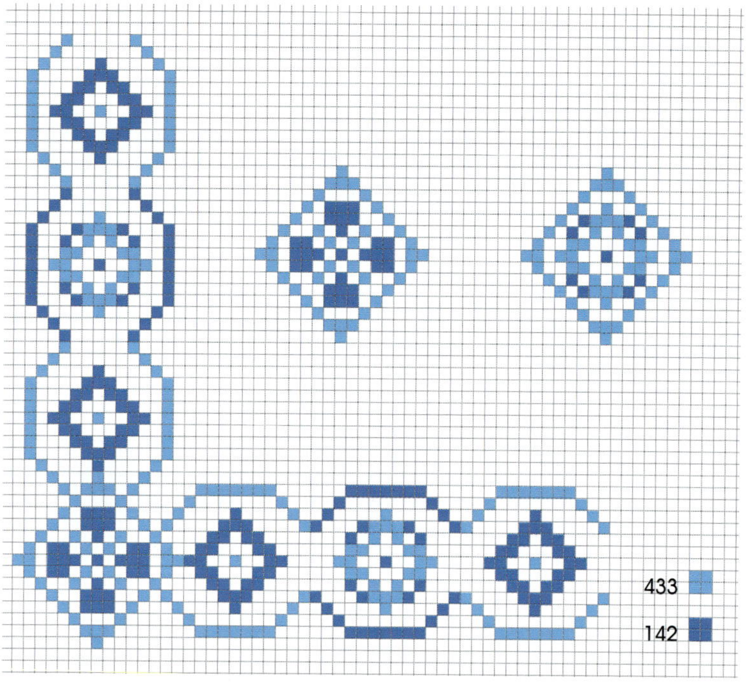

433
142

Primavera in fiore

OCCORRENTE

- cotone Muliné "Anchor", una matassina per colore nelle tonalità indicate nella legenda a lato dello schema
- ago da ricamo "Milward" a punta arrotondata n. 22
- 90 cm di bordino in tela Aida "Anchor" alto 10 cm (in 2 cm ci sono 11 fori, quindi 10 punti)

Bellissime collane di fiori adatte a essere ricamate, con tre fili di Muliné, in lunghe sequenze. Se applicate su lenzuola bianche o dalle tonalità pastello, conferiranno un tocco di raffinata eleganza.

288 103 108 110 112
240 238 256 228
23 75 62 159 977
265 240 256 258 226 238 243 228
281 267 258 255 264 289 13 11 9 6 1016 49

Color Ruggine

OCCORRENTE

- cotone Muliné "Anchor", una matassina per colore nelle tonalità indicate nella legenda a lato dello schema
- ago da ricamo "Milward" a punta arrotondata n. 22
- 50 cm di tela Aida "Anchor" alta 180 cm (in 2,2 cm ci sono 10 fori, quindi 9 punti)

Il grembiule in tela Aida sarà più originale se ricamato con uno dei motivi che vi proponiamo nella pagina accanto. Una fila di pere color ruggine, o di fette di arancia, darà brio e vivacità al bianco del tessuto. Potete ricamare gli stessi motivi sui bordini in tela Aida per applicarli alle tovaglie e ai coprivassoi o abbellire il cestino portafrutta.

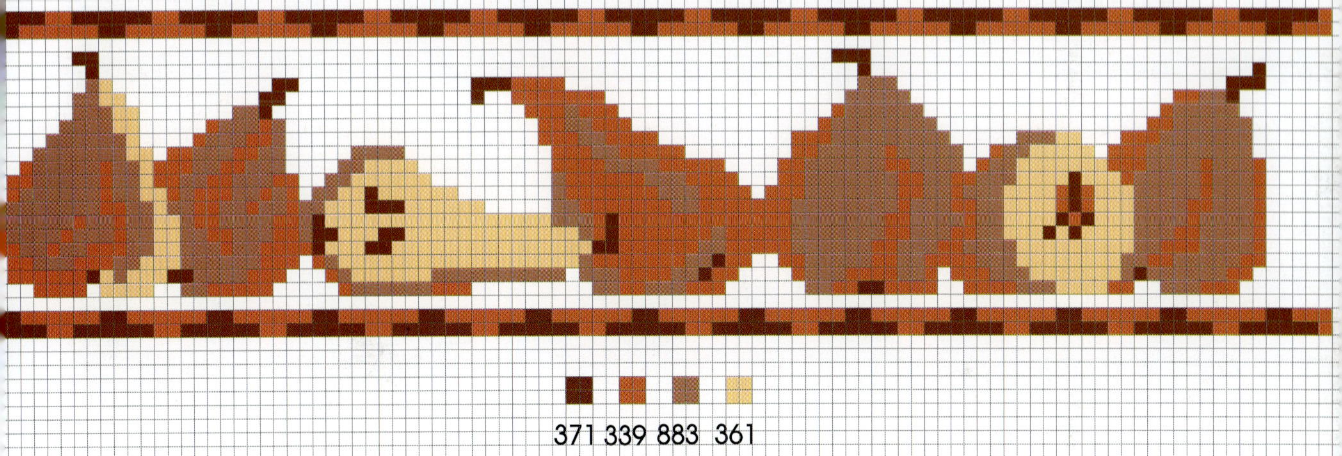

IL TOCCO FINALE

Come confezionare il grembiule

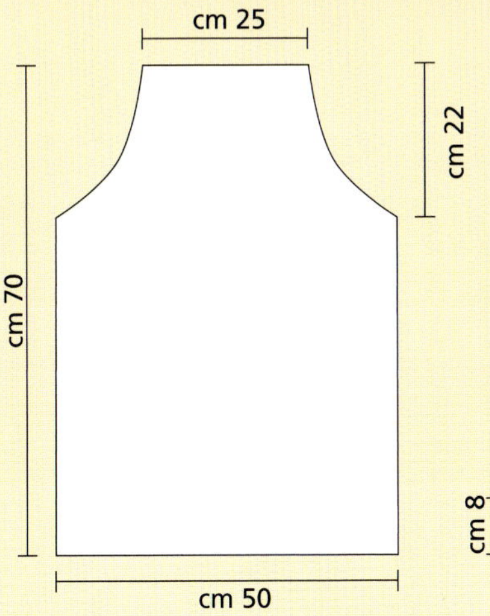

Ritagliate un rettangolo di tela Aida di 50 x 70 cm, sagomate la pettorina seguendo le indicazioni del disegno e rifinite con un orlo di 1 cm. Dal tessuto rimanente ricavate tre strisce di 8 x 50 cm, piegatele a metà lungo la linea tratteggiata e cucitele; rivoltatele accuratamente e attaccatene una alla pettorina e due sul punto vita.

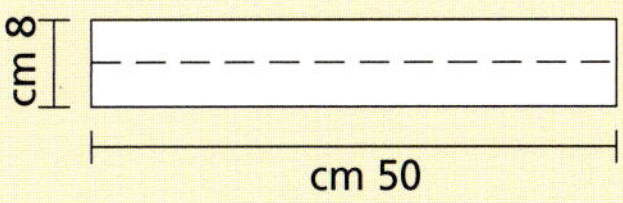

OCCORRENTE

- cotone Muliné "Anchor", una matassina per colore nelle tonalità indicate nella legenda a lato dello schema
- ago da ricamo "Milward" a punta arrotondata n. 22
- 30 cm di tela Aida "Anchor" écru alta 180 cm (in 1,5 cm ci sono 10 fori, quindi 9 punti)
- spoletta di Filofort "Tre Cerchi Rosso" n. 50
- ago da cucito "Milward" n. 7

Sapore d'Altri Tempi

Ritagliate una striscia di tela Aida écru di 30 x 120 cm e ricamate a punto Assisi, con tre fili di Muliné, il motivo che vi proponiamo nella pagina accanto, o a punto croce la variante riprodotta qui sotto. Completate il ricamo con il punto scritto. Come potete notare dalla fotografia, il motivo è ripetuto tre volte e quello centrale è ricamato capovolto. Piegate sul diritto la tela Aida a 0,5 cm dal margine e fissate l'orlo con una leggera imbastitura; applicate la passamaneria dorata coprendo il tessuto ripiegato e sfilate l'imbastitura.

■ 47

Una Mensola Fiorita

OCCORRENTE

- cotone Muliné "Anchor", una matassina per colore nelle tonalità indicate nella legenda a lato dello schema
- ago da ricamo "Milward" a punta arrotondata n. 22
- 30 cm di tela Aida "Anchor" alta 180 cm (in 2,2 cm ci sono 10 fori, quindi 9 punti)

Ritagliate un rettangolo di tela Aida di 30 x 90 cm e ricamate con tre fili Muliné, ripetendolo più volte, il motivo che vi proponiamo nella pagina accanto, in alto. Con la tela avanzata ricamate due strisce e utilizzatele per rifinire i ripiani. Con la variante proposta nella pagina accanto, in basso, e ripetendo il motivo in una lunga fila sui bordini in tela Aida, potrete realizzare delle bordure da applicare su una tovaglia bianca e sui tovaglioli: otterrete un delizioso coordinato dai tenui colori pastello.

2 23 8 35 19 329 253 278 280

98 96 97 6 308 227 210 205

Casetta Rossa

OCCORRENTE

- cotone Muliné "Anchor", una matassina per colore nelle tonalità indicate nella legenda a lato dello schema
- ago da ricamo "Milward" a punta arrotondata n. 22
- 40 cm di tela Aida "Anchor" alta 180 cm (in 2,2 cm ci sono 10 fori, quindi 9 punti)

Su un rettangolo di tela Aida di 40 x 60 cm ricamate con tre fili di Muliné il motivo illustrato nella pagina accanto. La greca intorno all'orlo completerà il lavoro rifinendolo allegramente. Con la quantità di tela Aida consigliata potete realizzare tre tovagliette per la prima colazione. Come suggerito in fotografia, si può completare il set con dei tovaglioli in tessuto quadrettato. Ricamando solo la casetta, ma ripetendola più volte in sequenza in un altro colore da intervallare al rosso, potrete realizzare delle simpatiche bordure per decorare le mensole e le mantovane delle tendine della cucina.

46

Un Tocco di Eleganza

OCCORRENTE

- cotone Muliné "Anchor", una matassina per colore nelle tonalità indicate nella legenda a lato dello schema
- ago da ricamo "Milward" a punta arrotondata n. 22
- 30 cm di bordino in tela Aida "Anchor" alto 10 cm (in 2 cm ci sono 11 fori, quindi 10 punti)

Molto elegante la greca da ricamare con tre fili di Muliné sul bordino in tela Aida. Potete applicarlo sull'asciugamano di spugna, ma anche sulla tasca dell'accappatoio e sulle pantofole da bagno per creare un coordinato piacevolissimo. Volendo, con le varianti proposte nella pagina a fronte potrete personalizzare anche lenzuola e federe. Divertitevi a creare nuove fantasie abbinando a piacere i colori che vi proponiamo.

73
139
11
99
262
290
307

RICAMO IN ROSSO

OCCORRENTE

- cotone Mulinè "Anchor", una matassina per colore nelle tonalità indicate nella legenda a lato dello schema
- ago da ricamo "Milward" a punta arrotondata n. 22
- 25 cm di tela di lino a trama regolare alta 90 cm (in 1 cm ci sono 9 fili)
- 25 cm di tessuto imbottito alto 90 cm

Una presina ricamata in rosso come il fuoco per... non scottarsi. Tante greche da riprodurre, con due fili di Muliné, anche sugli strofinacci di lino. Invece, usate tre fili di Muliné per ricamarle sui bordini in tela Aida da applicare sui coprimensola.
Ottima l'idea di confezionare anche il guanto da forno e ricamarlo con alcuni dei motivi proposti, come illustrato nel disegno.

46

Stile Essenziale

OCCORRENTE

- cotone Muliné "Anchor", una matassina per colore nelle tonalità indicate nella legenda a lato dello schema
- ago da ricamo "Milward" a punta arrotondata n. 22
- set di asciugamani a nido d'ape "Anchor" di 65 x 105 e 40 x 60 cm

Ed ecco una greca molto semplice, ma davvero elegante, per decorare gli asciugamani. Potete ricamare ogni punto croce su uno o due quadretti della tela Aida, così da ottenere effetti diversi. Nella pagina accanto, altre varianti del motivo tra cui scegliere la più congeniale al vostro gusto.

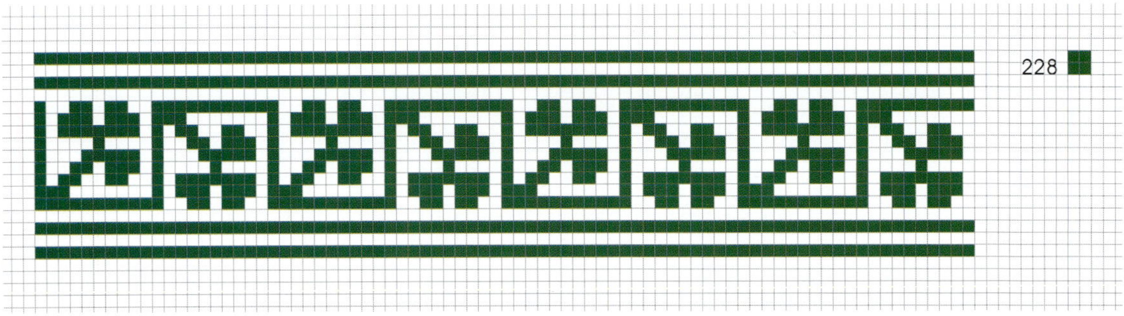

298
47
164
330

OCCORRENTE

- cotone Muliné "Anchor", una matassina per colore nelle tonalità indicate nella legenda a lato dello schema
- ago da ricamo "Milward" a punta arrotondata n. 22
- 1 m di tela Aida "Anchor" alta 180 cm (in 2,2 cm ci sono 10 fori, quindi 9 punti)

Motivi Giapponesi

Tanti ventagli per decorare la tovaglia; ricamateli con tre fili di Muliné, disponendoli come illustrato in fotografia o a piacere. Qui sotto viene riportato un motivo più piccolo, che potrete ripetere più volte per decorare il bordo di una tovaglietta all'americana oppure da destinare a un angolo del tovagliolo.

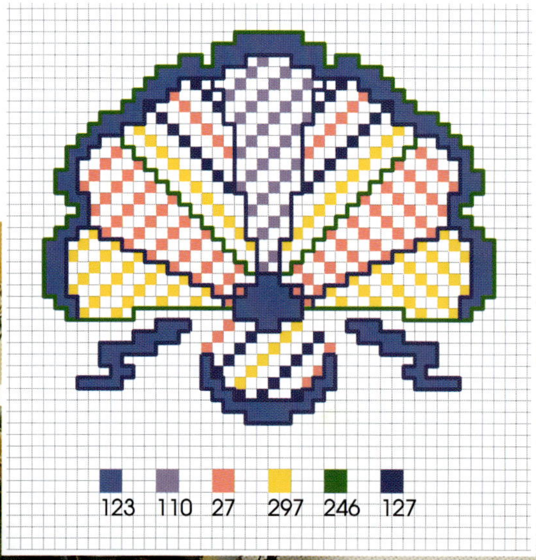

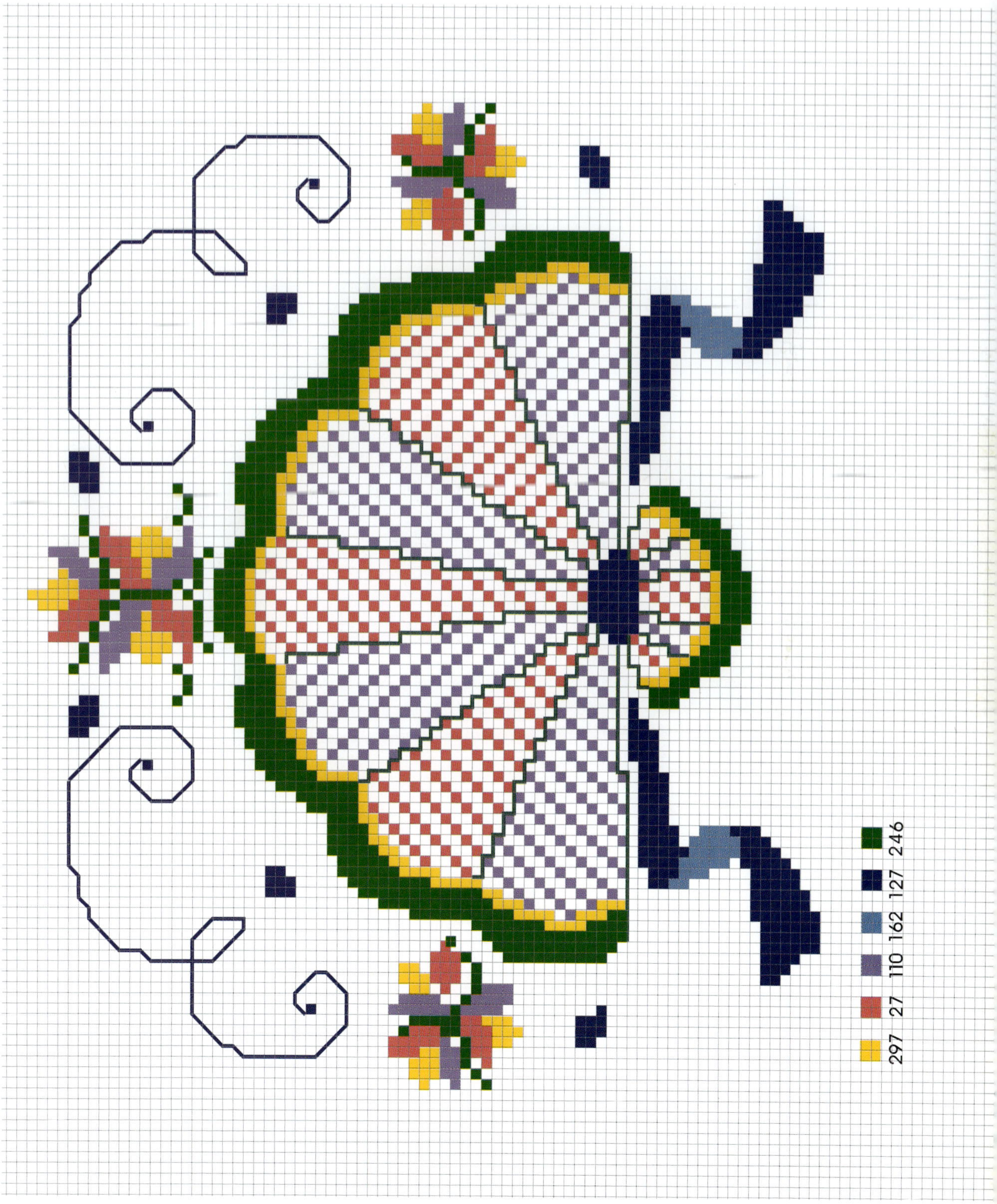
246
127
162
110
27
297

OCCORRENTE

- cotone Muliné "Anchor", una matassina per colore nelle tonalità indicate nella legenda a lato dello schema
- ago da ricamo "Milward" a punta arrotondata n. 22
- 100 cm di bordino in tela Aida "Anchor" alto 10 cm (in 2 cm ci sono 11 fori, quindi 10 punti)
- 30 cm di velcro

RINNOVIAMO LA CUCINA

Un'idea originale e simpatica per rinnovare i vecchi barattoli della cucina. Ricamate sul bordino in tela Aida, con tre fili di Muliné, i motivi che vi proponiamo, seguendo attentamente le indicazioni per l'esecuzione del punto scritto. Con i bordini così ricamati foderate i barattoli: assumeranno un aspetto fresco e diverso e conferiranno una nota di colore alla cucina.

IL TOCCO FINALE

Come confezionare il copribarattolo

Tagliate 30 cm da un bordino di tela Aida alto 10 cm, rifinito in bianco, ed eseguite un orlo di 0,5 cm sui due lati corti. Ricamate il motivo che preferite, quindi applicate con piccoli punti una sottile striscia di velcro lungo i margini di 10 cm. Cucite una parte sul diritto del lavoro e l'altra sul rovescio, facendoli sormontare così da assicurarvi una chiusura perfetta.

camomile
54 234 233 235 47 433 290
234 233 235 47 433 906 333
coffee
tea
234 233 235 47 333 229 239

UNO, DUE, TRE ORSETTI

Tris di orsetti per un simpaticissimo quadretto, per ricoprire la scatola dei "suoi" giochi o per decorare la copertina della culla.

OCCORRENTE

- cotone morbido "Anchor", 4 matassine per colore: bianco 2, rosso 335; 3 matassine per colore: verde 228, tortora 898; 2 matassine biscotto 368; 1 matassina per colore: marrone 382, nero 403
- ago da ricamo "Milward" a punta arrotondata n. 18
- 30 cm di canovaccio neutro bianco a 2 fili, alto 60 cm (in 1 cm ci sono 5 fori, quindi 5 punti)

Il pannello rifinito misura 34 x 20 cm

1 quadretto del disegno corrisponde a 1 foro del canovaccio, quindi a 1 punto.

Dal canovaccio tagliate un rettangolo di 50 x 30 cm, mettetelo a telaio e ricamate il motivo seguendo il disegno e la legenda per la disposizione dei colori. Completate il lavoro ricamando a punto scritto con il cotone nero le linee di separazione delle scarpe e in biscotto le linee di separazione delle zampette.

- = 2
- = 228
- = 335
- = 368
- = 382
- = 403
- = 898

COME SI FA

Il punto scritto

Eseguite una riga a punto filza. Lavorate dall'alto verso il basso, o da destra verso sinistra, e prendete due doppi fili seguendo il contorno del disegno. Terminata la riga, tornate all'inizio lavorando sempre a punto filza per riempire i vuoti lasciati nella riga precedente.

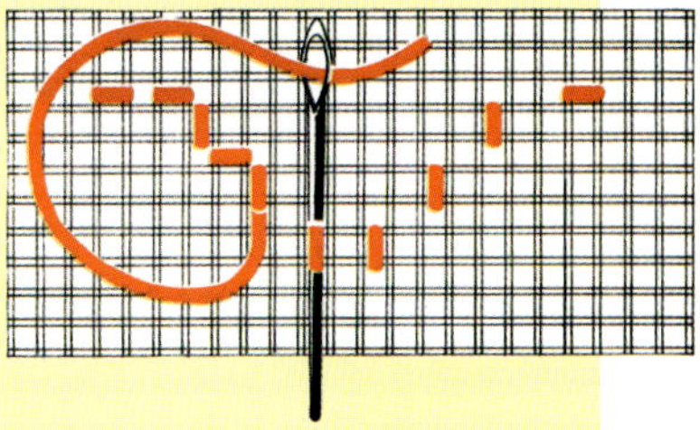

CORONCINA DI BOCCIOLI

Un motivo delicato per conferire a ogni angolo un tocco di romantica eleganza.

OCCORRENTE

A punto croce

- cotone Muliné "Anchor", una matassina per colore nelle tonalità indicate nella legenda a fianco dello schema
- 35 cm di tela Aida "Anchor" bianca, alta 180 cm
- spoletta di Filofort "Tre Cerchi Rosso" n. 50 bianco
- ago da ricamo "Milward" a punta arrotondata n. 24
- ago da cucito n. 7
- 150 cm di sbieco di raso di colore rosa, alto 1,5 cm

Il centrino finito misura 35 cm di lato

1 quadretto del disegno corrisponde a 1 quadretto della tela Aida, quindi a 1 punto.

A mezzo punto

- cotone Morbido "Anchor", una matassina per colore nelle tonalità indicate nella legenda a fianco dello schema
- ago da ricamo "Milward" a punta arrotondata n. 18
- 25 cm di canovaccio neutro bianco a 2 fili, alto 60 cm (in 1 cm ci sono 5 fori, quindi 5 punti)

Il motivo finito misura 12 x 10,5 cm.

1 quadretto del disegno corrisponde a 1 foro del canovaccio, quindi a 1 punto

Dalla tela Aida tagliate un quadrato di 35 cm di lato e in un angolo, a 2 cm circa dai margini, ricamate a punto croce il motivo seguendo il disegno e la legenda per la disposizione dei colori, usando 3 fili di Muliné. Terminato il ricamo, arrotondate gli angoli del quadrato, quindi rifinite i margini del centrino con lo sbieco di raso, mettendolo a cavallo del tessuto e fissandolo con un sottopunto.

Dal canovaccio tagliate un quadrato di 25 cm di lato, mettetelo a telaio e ricamate il motivo a mezzo punto seguendo lo schema e la legenda per la disposizione dei colori.

= 42

= 74

= 253

= 280

= 892

UNA SACCA TUTTA SPECIALE

Di forma semplice, ma molto particolare per il tessuto e per il ricamo.

OCCORRENTE

- cotone Morbido "Anchor", una rnatassina per colore nelle tonalità indicate nella legenda a fianco dello schema
- ago da ricamo "Milward" a punta arrotondata n. 18
- ago da cucito n. 7
- 25 cm di canovaccio antico neutro a 2 fili, alto 60 cm (in 1 cm ci sono 4 fori, quindi 4 punti)
- una spoletta di Filofort "Tre Cerchi Rosso" n. 50, in tinta con il tessuto
- 50 cm di tessuto Decortex, alto 180 cm; 2 m di fettuccia nera di cotone alta 1 cm

Il lavoro finito misura 18 x 16,5 cm

1 quadretto del disegno corrisponde a 1 foro del canovaccio, quindi a 1 punto.

Dal canovaccio tagliate un rettangolo di 30 x 25 cm e segnate l'ingombro del motivo con punti di imbastitura; mettetelo a telaio e ricamatelo a mezzo punto seguendo il disegno e la legenda per la disposizione dei colori.

CONFEZIONE

Tagliate il canovaccio eccedente lasciando tutto intorno 2 cm circa di margine, e rifinitelo con un piccolo orlo alto 1 cm fissato a rovescio con punti incrociati.

Tagliate dal tessuto un rettangolo di 78 x 47 cm; piegatelo a metà nel senso dell'altezza e su una delle due parti, a circa 4 cm dal fondo, appoggiate il ricamo, cucite tre lati con piccoli punti nascosti così da ottenere la tasca. Piegate a rovescio il tessuto, cucite il margine inferiore e quello laterale (lasciate in alto, a 1 cm dal margine, 2 cm di apertura per far passare il nastro); sul margine superiore fate un orlo alto 5 cm e fissatelo con due cuciture, lasciando tra una e l'altra circa 2 cm di spazio in cui far passare la fettuccia. Rivoltate a diritto e inserite tra le due cuciture fatte nell'orlo la fettuccia, messa doppia.

UN CONSIGLIO

Quando dovete stirare un ricamo, non fatelo mai dal diritto, perché il filato perderebbe la sua naturale morbidezza (il ferro caldo, infatti, rovina ogni tipo di filato). Perciò, per eseguire questa operazione, inumidite un panno bianco pulito, appoggiatelo sul rovescio del lavoro e stirate con il ferro caldo senza premere troppo.

IL "FEDELE" PORTARIVISTE

Pratico e originale, da tenere nel soggiorno con l'immagine del vostro più caro amico.

OCCORRENTE

- cotone morbido "Anchor", una matassina per colore nelle tonalità indicate nella legenda a fianco dello schema
- ago da ricamo "Milward" a punta arrotondata n. 18
- 30 cm di canovaccio neutro antico a 2 fili, alto 60 cm (in 1 cm ci sono 4 fori, quindi 4 punti)

Il lavoro finito misura 22 x 20 cm

1 quadretto del disegno corrisponde a 1 foro del canovaccio, quindi a 1 punto

Dal canovaccio tagliate un rettangolo di 30 x 35 cm e, con punti di imbastitura, segnate l'ingombro del motivo.

Mettete il canovaccio a telaio e ricamatelo a mezzo punto seguendo il disegno e la legenda per la disposizione dei colori.

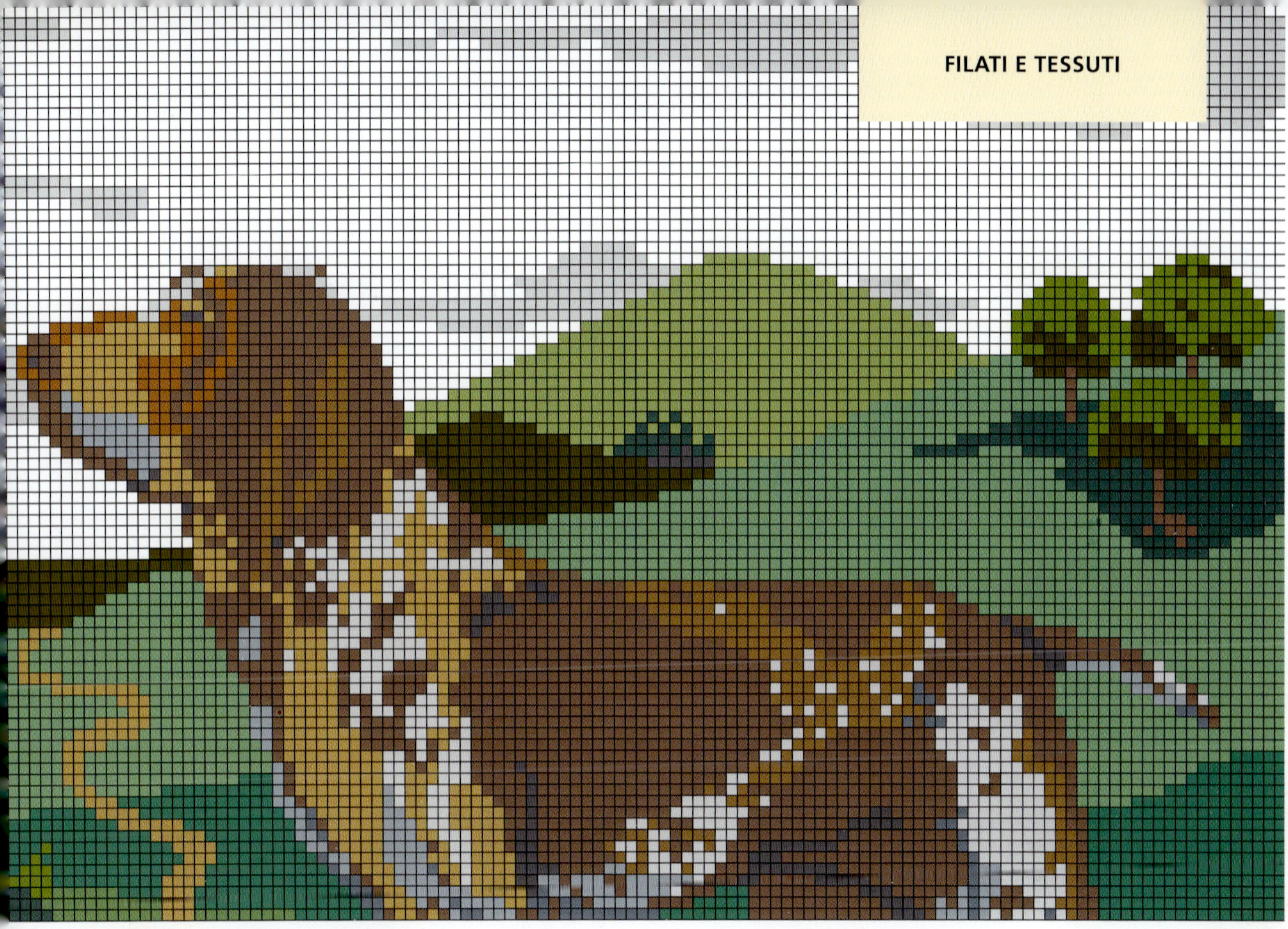

Altre due idee divertenti: copertina ricamata per l'album in cui raccogliere le vostre foto più belle e sacca di iuta con tutto l'occorrente per la sua toeletta.

- = 2
- = 214
- = 216
- = 224
- = 261
- = 267
- = 309
- = 360
- = 403
- = 679
- = 820
- = 837
- = 838
- = 846

FRAGOLE E FRAGOLINE

Per la simpatica tovaglietta della prima colazione una manciata di fresche fragole, perfette anche per un centrotavola

OCCORRENTE

- cotone Muliné, "Anchor", una matassina per colore nelle tonalità indicate nella legenda a fianco dello schema
- rocchetto di filo speciale per orli a giorno "Trifoglio" n. 100 bianco
- ago da ricamo a punta arrotondata "Milward" n. 20
- ago da cucito n. 7.
- 40 cm di tela Assisi bianca, alta 140 cm

La tovaglietta finita misura 35 cm di lato.

1 quadretto del disegno corrisponde a 2 fili del tessuto, quindi a 1 punto

Dal tessuto tagliate un quadrato di 40 cm di lato; in un angolo, e a 4,5 cm dai margini, ricamate a mezzo punto le fragole seguendo il disegno: prendete 2 fili del tessuto per ogni punto, sia in altezza sia in larghezza, e usate il Muliné a 6 fili. Terminato il ricamo, rifinite la tovaglietta: sfilate 2 fili di tessuto a 2,5 cm dai margini, interrompete la sfilatura negli angoli e nel loro punto di incontro (non tagliate i fili al limite del tessuto, ma lasciatene alcuni millimetri che nasconderete all'interno dell'orlo), ripiegate due volte il tessuto eccedente la sfilatura, fermate bene gli angoli e fissate gli orli a punto a giorno semplice usando il filo "Trifoglio".

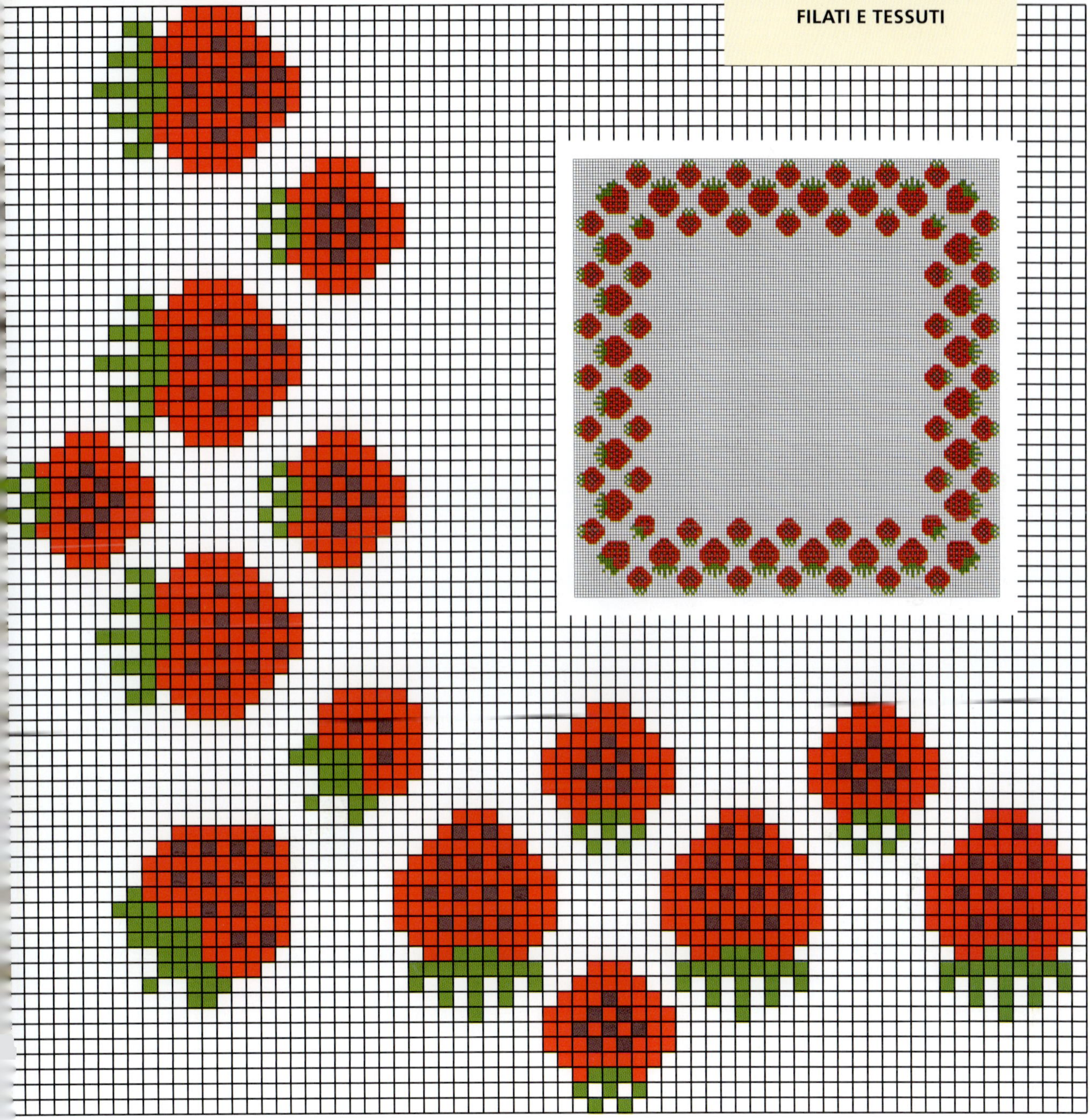

COME SI FA

Il punto a giorno semplice
Fissate il filo sotto l'orlo, passate l'ago da destra a sinistra sotto quattro fili della sfilatura, raggruppandoli bene, quindi fissate il punto prendendo due fili di tessuto sul margine dell'orlo ripiegato.

= 46

= 47

= 239

OCCORRENTE

- cotone morbido "Anchor": 3 matassine rosso 46 , 2 matassine bianco 2
- spoletta di Filofort "Tre Cerchi Rosso" n. 50 bianco
- ago da ricamo "Milward" a punta arrotondata n. 18
- ago da cucito n. 7
- 60 cm di canovaccio neutro bianco a 2 fili, alto 60 cm (in 1 cm ci sono 5 fori, quindi 5 punti)
- 30 cm di tela Aida "Anchor", alta 180 cm
- 30 cm di ovatta per imbottire

Il copriteiera finito misura 38 x 23 cm

1 quadretto del disegno corrisponde a 1 foro del canovaccio, quindi a 1 punto

UN TÈ CALDO CALDO

Simpaticissimo il copriteiera bianco e rosso per la tavola della prima colazione o della merenda.

Dal canovaccio tagliate un rettangolo di 46 x 30 cm. Segnate con punti di imbastitura l'ingombro dove ricamare, iniziando a 7,5 cm dal margine destro e a 3,5 cm dal basso; mettete il canovaccio a telaio e ricamate il motivo seguendo il disegno e la legenda per la disposizione dei colori e dei punti.

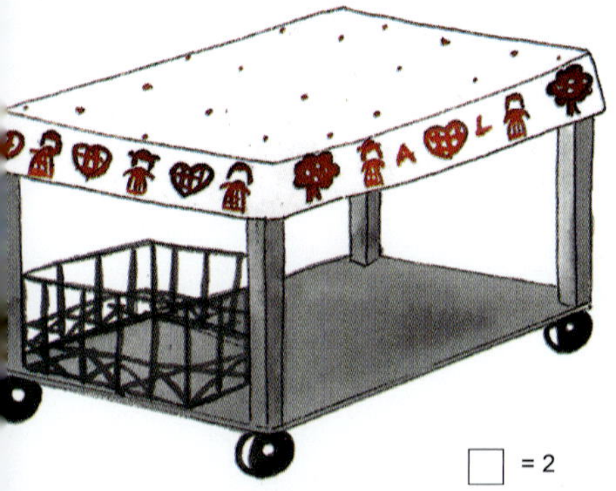

Nel disegno, un'idea per il carrello portavivande: una tovaglietta ricamata su bordino di tela Aida.

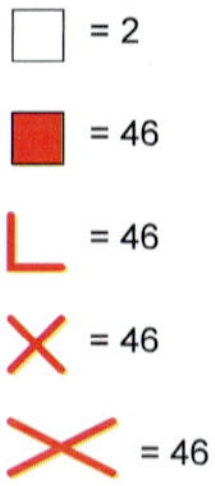

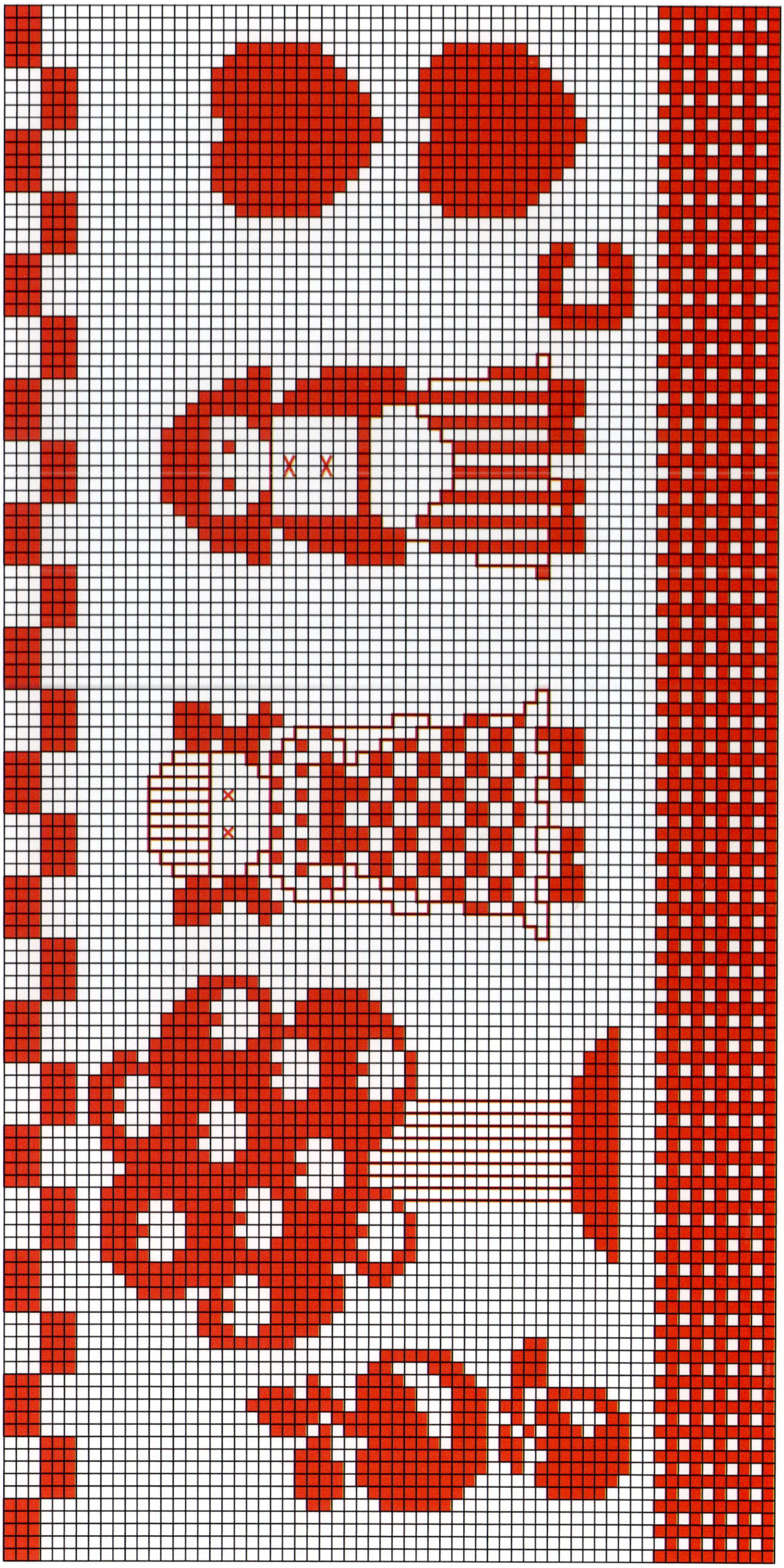

CONFEZIONE

Riportate in grandezza naturale il modello del copriteiera e ritagliatelo. Appoggiate il modello sul canovaccio ricamato e tagliate la sagoma, calcolando un centimetro in più tutto intorno per le cuciture; dal rimanente canovaccio ritagliate un'altra sagoma uguale, quindi unite i due pezzi, diritto contro diritto, e cuciteli lasciando il lato diritto aperto. Mettete la tela Aida in doppio, appoggiate il modello e tagliate la forma, calcolando sempre un centimetro in più tutto intorno; cucite insieme i due pezzi, diritto contro diritto, come per il canovaccio, e inserite questa forma in quella precedente appoggiando il rovescio del canovaccio sul diritto del tessuto. Sempre dalla tela Aida messa in doppio, tagliate un altro modello senza calcolare le cuciture e fate lo stesso con i fogli di ovatta; appoggiate ogni foglio sulla tela, imbastite e unite i pezzi imbottiti, tenendo l'ovatta all'esterno, quindi inserite questa imbottitura nel copriteiera, rovescio contro rovescio; ripiegate all'interno i margini dei lati diritti e cucite a diritto con punti nascosti.

OCCORRENTE

Asciugamano a punto croce

- cotone Muliné "Anchor", una matassina per colore nelle tonalità indicate nella legenda a fianco dello schema
- ago da ricamo "Milward" a punta arrotondata n. 22
- un asciugamano di Fiandra con fascia tramata Aida (in 1 cm ci sono 6 fori, quindi 6 punti)

1 quadretto del disegno corrisponde a 1 quadretto della tela Aida, quindi a 1 punto

Segnalibro a mezzo punto

- cotone morbido "Anchor", una matassina per colore nelle tonalità indicate nella legenda a fianco dello schema;
2 di beige scuro 388 per il fondo
- 15 cm di canovaccio antico neutro a 2 fili, alto 60 cm (in 1 cm ci sono 4 fori, quindi 4 punti)
- spoletta di Filofort "Tre Cerchi Rosso" n. 50 beige
- ago da ricamo "Milward" a punta arrotondata n. 18
- ago da cucito n. 7
- 65 cm di cordone di raso beige

Il segnalibro finito misura 22 x 7,5 cm

1 quadretto del disegno corrisponde a 1 foro del canovaccio, quindi a 1 punto

Tralci Profumati

Una cascata di roselline e piccoli fiori multicolori per l'asciugamano di Fiandra bianco e per il segnalibro.

L'Asciugamano a Punto Croce

Sulla fascia di tela Aida ricamate a punto croce il tralcio di fiori, seguendo il disegno e la legenda per la disposizione dei colori e usando 3 fili di cotone Muliné. Ripetete il motivo per tutta la lunghezza dell'asciugamano.

Il Segnalibro a Mezzo Punto

Dal canovaccio tagliate un rettangolo di 15 x 30 cm e al centro ricamate a mezzo punto lo stesso motivo utilizzato per l'asciugamano con l'aggiunta di alcuni fiori, seguendo il disegno e la legenda per la disposizione dei colori sul foglio schemi. Terminato il ricamo, piegate sul rovescio il canovaccio eccedente il motivo, formando con cura la punta, e fissate i margini sul rovescio con punti incrociati. Puntate il cordone tutt'attorno, come indicato nella foto, cucitelo a piccoli punti nascosti e fate il nodo.

- = 6
- = 8
- = 10
- = 128
- = 267
- = 292
- = 388
- = 846
- = 870
- = 872
- = 873

Piccole Proposte

Idee ricamo per spille, sacchettini portamonete e quant'altro suggerisce la vostra fantasia.

Segnate con punti di imbastitura l'ingombro scelto sul relativo canovaccio, mettetelo a telaio anche se il lavoro è di piccole dimensioni e iniziate a ricamare. L'ape si ricama a mezzo punto, le antenne a punto scritto. Ricamate gli altri motivi a piccolo punto con 3 fili di cotone Muliné. Seguite gli schemi e le relative legende per la disposizione dei colori.

CONFEZIONE

Ultimato il ricamo, tagliate tutto intorno il canovaccio eccedente, lasciando solo il margine di 1 cm e ripiegatelo sul rovescio; per foderare il motivo tagliate dal tessuto una forma con le misure del ricamo, più 1 cm tutto intorno per i margini di cucitura. Ripiegate sul rovescio i margini, stirate bene lungo la piegatura in modo che risulti piatta, appoggiate la fodera sul ricamo, mettendo rovescio contro rovescio, e cucite i lembi con punti piccoli e nascosti. Se volete utilizzare il motivo come ciondolo, cucite al centro un cordoncino nero doppio; se lo utilizzate come spilla, applicate sul rovescio una piccola spilla.

OCCORRENTE

- spoletta di Filofort "Tre Cerchi Rosso" n. 50 in tinta con il tessuto
- ago da ricamo "Milward" a punta arrotondata n. 22 per il cotone Muliné
- ago da ricamo "Milward" a punta arrotondata n. 18 per il cotone morbido
- ago da cucito n. 7

Motivo con l'ape

- cotone morbido "Anchor", una matassina per colore nelle tonalità indicate nella legenda a fianco dello schema
- 10 cm di canovaccio neutro bianco monofilo, alto 100 cm (in 1 cm ci sono 6 fori, quindi 6 punti)

Motivo a cuore
Motivo con la rosa rossa
Motivo con la rosa

- cotone Muliné "Anchor", 1 matassina per colore nelle tonalità indicate nella legenda a fianco dello schema
- 10 cm di canovaccio neutro giallo monofilo, alto 60 cm (in 1 cm ci sono 8 fori, quindi 8 punti)

Le spille misurano da 5 a 7 cm circa

1 quadretto del disegno corrisponde a 1 foro del canovaccio, quindi a 1 punto

- = 24
- = 31
- = 33
- = 35
- = 44
- = 47
- = 214
- = 215
- = 216
- = 218

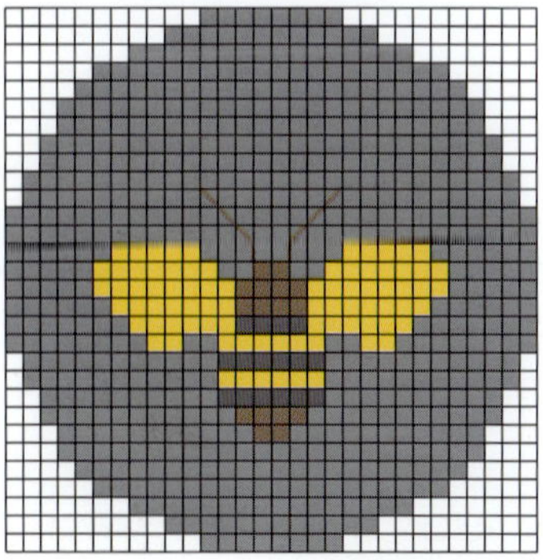

- = 305
- = 360
- = 403
- = 360

- = 253
- = 255
- = 258
- = 263
- = 336
- = 338
- =340
- = 892
- = 897

- = 403
- = 842
- = 843
- = 844
- = 846
- = 892
- = 893
- = 894
- = 895
- = 896
- = 897

UN'IDEA

Con questi motivi delicati e un pizzico di fantasia sarà facile personalizzare e al tempo stesso arricchire di colore un indumento. Un'idea altrettanto originale per il cestino portalavoro: realizzare il cuscinetto puntaspilli.

VOGLIA DI RICORDI...

Eleganza di colori per incorniciare un'immagine o un ricordo caro.

OCCORRENTE

- cotone morbido "Anchor", una matassina per colore nelle tonalità indicate nella legenda a fianco dello schema
- ago da ricamo "Milward" a punta arrotondata n. 18
- ago da cucito n. 5
- 30 cm di canovaccio antico neutro a 2 fili, alto 60 cm (in 1 cm ci sono 4 fori, quindi 4 punti)
- spoletta di Filofort "Tre Cerchi Rosso" n. 16 beige

La cornice finita misura 18 x 18 cm

1 quadretto del disegno corrisponde a 1 foro del canovaccio, quindi a 1 punto

Dal canovaccio tagliate quattro strisce di 30 x 25 cm, mettetelo a telaio e ricamatelo a mezzo punto seguendo il disegno e la legenda per la disposizione dei colori. Su ciascuna striscia ricamate un lato della cornice, iniziando il ricamo al centro della striscia e a 3 cm dal margine lungo. Al termine del ricamo unite le strisce tra loro: piegate ognuna di esse nel senso della sua lunghezza e al limite del ricamo, sui margini laterali corti, tagliate le due parti eccedenti del canovaccio a 1,5 cm dal ricamo; per formare l'angolo unite due strisce mettendole una sopra l'altra, diritto contro diritto, e cucite a punto indietro le diagonali eseguendo i punti al limite del ricamo.
Unite tutte le strisce e, ottenuta la cornice, rivoltate a diritto; con attenzione ripiegate all'interno il canovaccio eccedente il ricamo della parte interna e fissate i margini ripiegati con un sottopunto rado. Con un panno umido e il ferro caldo tamponate leggermente il lavoro sul rovescio.

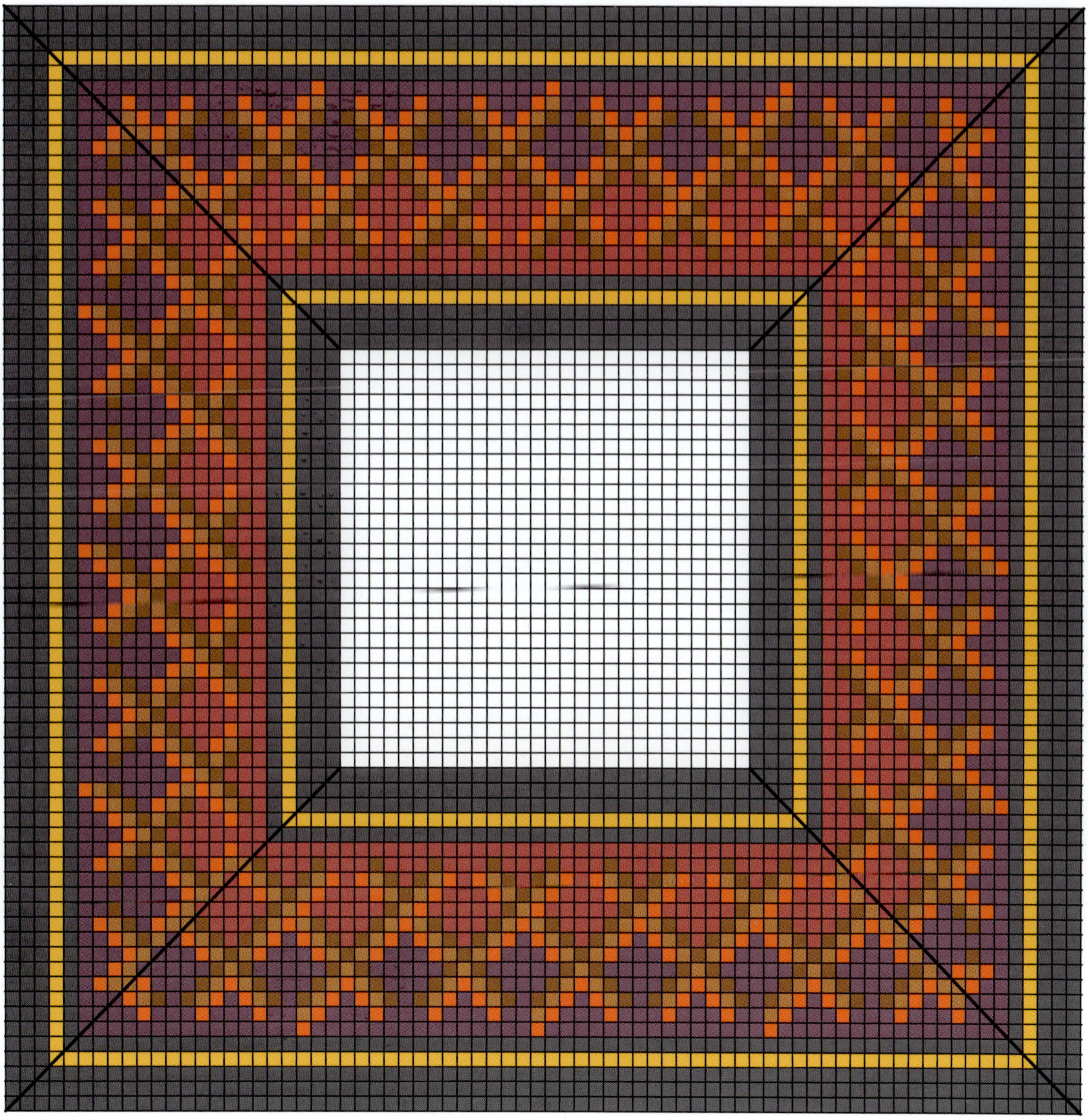

■	= 47	■	= 371
■	= 306	■	= 403
■	= 326	■	= 873
■	= 332	/	= linea di cucitura delle varie parti

Un Cuscino Romantico

Il facile motivo, ripetuto quattro volte al centro del cuscino tutto bianco, è ricamato a intaglio con punto festone. Una sfilatura incornicia tutt'attorno il motivo e una smerlatura lo rifinisce.

OCCORRENTE

- 50 x 100 cm di tessuto di lino bianco
- matassina di cotone da ricamo bianco n. 25
- matassina di cotone Mouliné bianco
- gomitolo di cotone per orli a giorno
- cerniera lampo lunga 30 cm
- cuscino imbottito
- punteruolo
- forbici da ricamo

PUNTI IMPIEGATI

- intaglio
- punto inglese
- punto festone
- punto piatto
- gigliuccio

Il cuscino misura 50 x 50 cm e il volant è alto 4 cm

Dal tessuto tagliate un quadrato di 50 x 50 cm e due rettangoli: uno di 40 x 30 cm e uno di 40 x 20 cm. Riportate il motivo da ricamare al centro del quadrato di tessuto (ripetendo quattro volte il disegno riprodotto qui sotto) e la smerlatura tutt'attorno. Ricamate con il cotone da ricamo i motivi a intaglio e i buchini a punto inglese, con 2 fili di cotone Mouliné i fiorellini e le foglioline a punto pieno.

Tagliate il tessuto sottostante le barrette e lungo la costina del punto festone con le forbici da ricamo. A 8 cm dal margine smerlato, sfilate i 12 fili a cornice ed eseguite il gigliuccio; al termine fate il punto festone lungo la smerlatura. Rifinite un lato dei due rettangoli con un orlo di 1 cm e fissateli con una cucitura. Appoggiate sul quadrato ricamato, rovescio contro rovescio, i due rettangoli con i margini orlati sovrapposti e cucite sui quattro lati, lasciando libero il margine di 4 cm del volant.

Raddrizzate il lavoro e inserite il cuscino imbottito.

MISURE

COME SI ESEGUONO I PUNTI

Intaglio
Delimitate a punto filza il contorno del motivo e ricopritelo a punto festone, eseguendo le barrette dove indicato. Al termine rifilate il tessuto lungo la costina del punto festone con le forbici da ricamo, facendo molta attenzione a non tagliare i punti.

Punto inglese
Delimitate il contorno del foro con il punto filza, quindi forate il tessuto con l'apposito punteruolo e ricoprite la filza a punto cordoncino, eseguendo punti verticali piccolissimi e molto fitti.

Punto festone
Si lavora da sinistra a destra. Tenendo fermo il filo sotto il pollice della mano sinistra, eseguite una serie di punti verticali regolari, prendendo 3 fili di tessuto.

Punto piatto
Eseguite tanti punti lanciati, vicinissimi, da un'estremità all'altra del motivo.

Gigliuccio
È composto da due rifiniture esterne a punto quadro e da una lavorazione a colonnine fermate al centro all'interno. Si esegue da sinistra a destra. Preparate la sfilatura a cornice: togliere 2 fili, lasciarne 4, toglierne 8, lasciarne 4 e toglierne 2.

Puntate l'ago nel tessuto e uscite nella sfilatura superiore a 4 fili dall'inizio; con un punto orizzontale rientrate 4 fili a sinistra e uscite 4 fili più in basso e 4 fili a destra; eseguite un punto indietro orizzontale verso sinistra, prendendo 4 fili di tessuto, e uscite 4 fili a destra; con un punto verticale rientrate nella sfilatura superiore e uscite 4 fili a destra. Ripetete questi movimenti fino al termine della sfilatura. Ripetete la stessa lavorazione sulla sfilatura inferiore e contemporaneamente eseguite il nodo che lega due colonnine al centro formando così il motivo a "gigliuccio". Rifinite gli angoli con una rotellina semplice.

Colazione all'Americana

I punti traforati sono senza dubbio tra i più difficili, ma possono offrire risultati esteticamente notevoli come nel caso di queste tovagliette.

OCCORRENTE

- tessuto di lino bianco
- matassina di cotone da ricamo bianco n. 25
- matassina di cotone Mouliné bianco
- gomitolo di cotone per orli a giorno
- punteruolo
- forbici da ricamo

Le tovagliette misurano 60 x 40 cm

La lavorazione con filato bianco su lino e cotone dello stesso colore è tradizionalmente chiamata ricamo in bianco e viene utilizzata principalmente per la biancheria domestica.
Lavorando con un filato e un tessuto dello stesso colore, è importante creare un contrasto sfruttando alcuni accorgimenti, come per esempio utilizzare per il ricamo punti traforati quali il punto intaglio e il punto inglese.
La loro caratteristica è quella di formare spazi e motivi che dovranno essere successivamente ritagliati, per cui è fondamentale predisporre disegni che potrete facilmente ricavare dagli esempi di queste pagine o, quando sarete più esperte, ideare autonomamente. I motivi più usati sono quelli floreali, ma anche i geometrici possono dare risultati molto suggestivi.
I punti traforati, nonostante la loro apparente fragilità, sono tra i più robusti e solidi, perché realizzati con imbastiture molto accurate e fitti punti di copertura.

OCCORRENTE

- 20 g di cordonetto n. 20 bianco
- due navette
- uncinetto n. 1.00

Il colletto è alto 7 cm

COLLETTO "CHIACCHIERINO"

Questo prezioso colletto è il più eloquente recupero della lavorazione a chiacchierino, tecnica di facile esecuzione ma un po' dimenticata.

I francesi lo chiamano *frivolité* (frivolezza), gli orientali *makouk* (navetta), da noi è conosciuto come chiacchierino.

Si tratta di una lavorazione piuttosto semplice, usata spesso in sostituzione dell'uncinetto, di cui è più solido ed elegante.

Il chiacchierino è formato da un semplice nodo, che viene fatto in due riprese e forma l'elemento essenziale del merletto.

Lo scoglio più grosso per apprendere questa lavorazione è l'acquisizione delle tecnica di base per realizzare nodi e pippiolini; per il resto bastano due "navette" e un po' di filo.

Il lavoro che vi proponiamo è di media difficoltà.

ESECUZIONE

Primo elemento: ⋆|⋆⋆ con 1 navetta lavorate un cerchio di 2 nodi e 1 pipp. per 5 volte, 2 nodi; chiudete. Con 2 navette lavorate un arco di 2 nodi e 1 pipp. per 3 volte, 2 nodi ⋆; ripetete da ⋆ a ⋆ per un'altra volta. Con una navetta lavorate un cerchio di 2 nodi e 1 pipp. per 7 volte, 2 nodi; chiudete. Con 2 navette lavorate un arco di 3 nodi e 1 pipp. per 3 volte, 3 nodi. Con una navetta lavorate un cerchio di 2 nodi e 1 pipp. per 7 volte, 2 nodi; chiudete. Con 2 navette lavorate l'arco esterno di 3 nodi, 1 pipp. e 1 nodo per 11 volte, 2 nodi.

Unitevi al pipp. centrale dell'ulti-

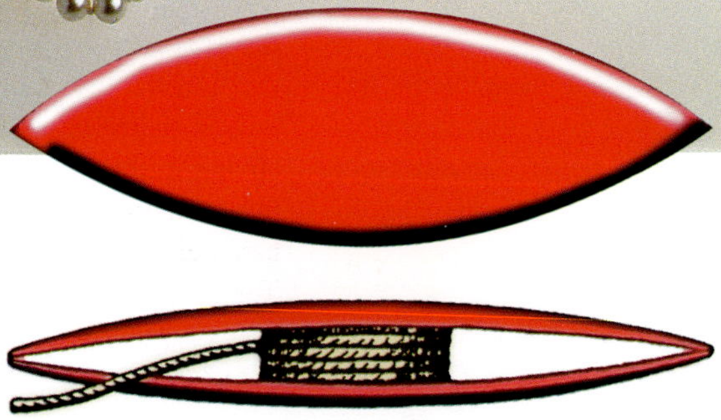

mo cerchio eseguito; con 2 navette lavorate un arco di 3 nodi e 1 pipp. per 3 volte, 3 nodi.
Unitevi al pipp. centrale del penultimo cerchio eseguito; con 2 navette lavorate un arco di 3 nodi, 1 pipp. e 2 nodi per 3 volte, 1 nodo.
Unitevi al pipp. centrale del 2° cerchio eseguito; con 2 navette lavorate un arco di 2 nodi e 1 pipp. per 3 volte, 2 nodi.
Unitevi al pipp. centrale del 1° cerchio eseguito; con 2 navette lavorate un arco di raccordo con l'elemento successivo: 3 nodi, 1 pipp., 3 nodi★★.

Elementi seguenti: ripetete da ★★ a ★★ per ciascuno dei rimanenti 25 elementi del colletto, o fino a raggiungere la lunghezza desiderata, ma, durante la lavorazione dei 3 archi, tra un cerchio e l'altro invece di lavorare il pipp. centrale unitevi al 2° pipp. dell'arco sottostante.

Riga interna: è quella che dà la giusta rotondità al colletto, quindi non lavorate l'ultimo archetto di raccordo ma, con 2 navette e un arco di 5 nodi, unitevi al pipp. seguente, ★ 5 nodi, saltate 1 pipp., unitevi al pipp. seguente (sull'arco di raccordo), 5 nodi, unitevi al pipp. seguente (sul 1° cerchio di ogni elemento) ★; ripetete da ★ a ★ per tutta la riga; terminate con 7 nodi, saltate 1 pipp. e unitevi alla base del cerchio d'inizio.
Tagliate i fili e annodateli.

LA TECNICA

Primo movimento

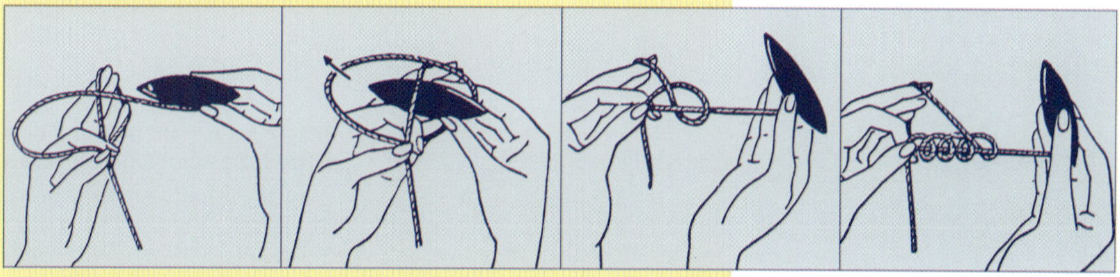

Secondo movimento

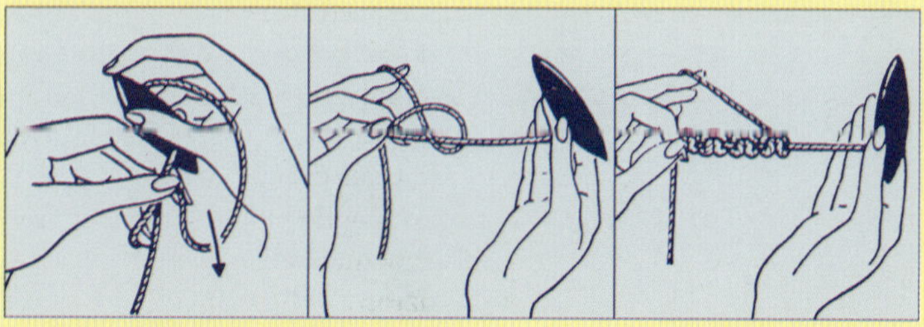

Come si fa il pippiolino

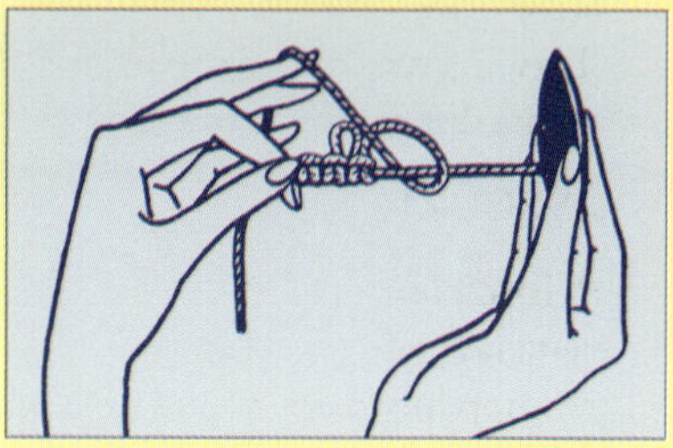

Pippiolino aperto

Lavorazione con due navette

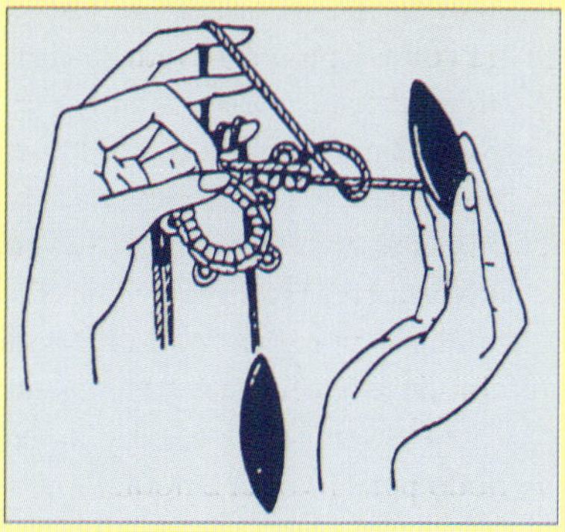

Pippiolino chiuso

PIZZO A SPIRALI

I motivi geometrici e i fiori, singoli o uniti in ghirlande, sono quelli che più si prestano alla lavorazione delle bordure a filet.

OCCORRENTE

- 50 g di filo di Scozia "Freccia" n. 25, bianco 7901
- uncinetto in acciaio per pizzi "Milward" n. 0,60

CAMPIONE

10 x 10 cm a filet corrispondono a 23 quadretti e 30 righe

PUNTI IMPIEGATI

- catenella - maglia alta

La striscia è larga 25 cm

Iniziate il lavoro dal margine inferiore avviando 213 catenelle. Lavorate la 1ª maglia alta nella 9ª catenella dall'uncinetto e procedete seguendo lo schema (69 quadretti). Ripetete dalla 1ª alla 114ª riga fino alla lunghezza desiderata. Al termine spezzate e fermate il filo.

Per l'alternativa avviate 64 catenelle. Lavorate la 1ª maglia alta nella 5ª catenella dall'uncinetto e procedete seguendo lo schema (20 quadretti). Ripetete dalla 1ª alla 78ª riga fino alla lunghezza desiderata. Al termine spezzate e fermate il filo.

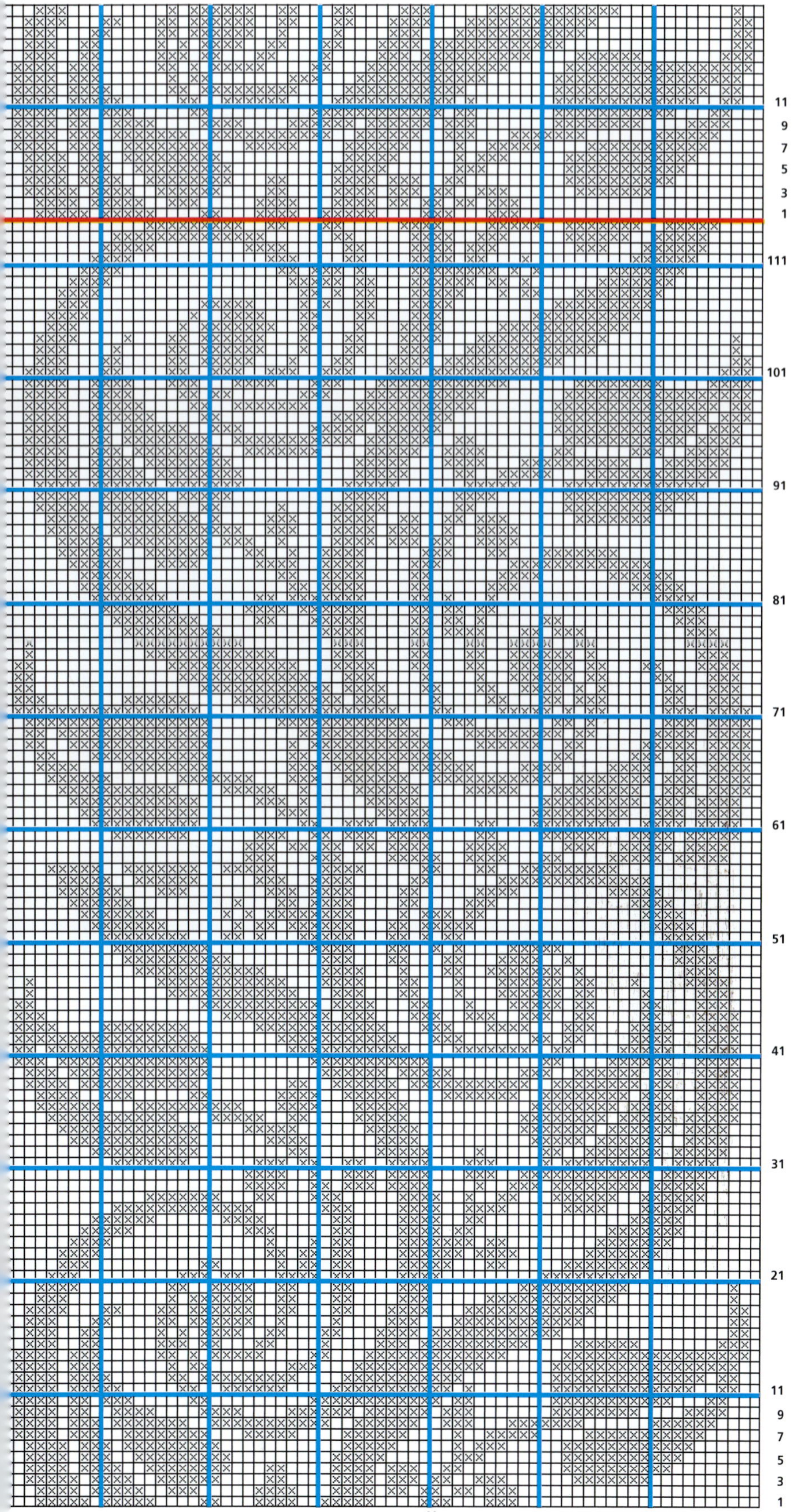

213 catenelle

- ▲ Inizio lavoro
- ☐ Spazio
- ☒ Gruppo

Alternativa

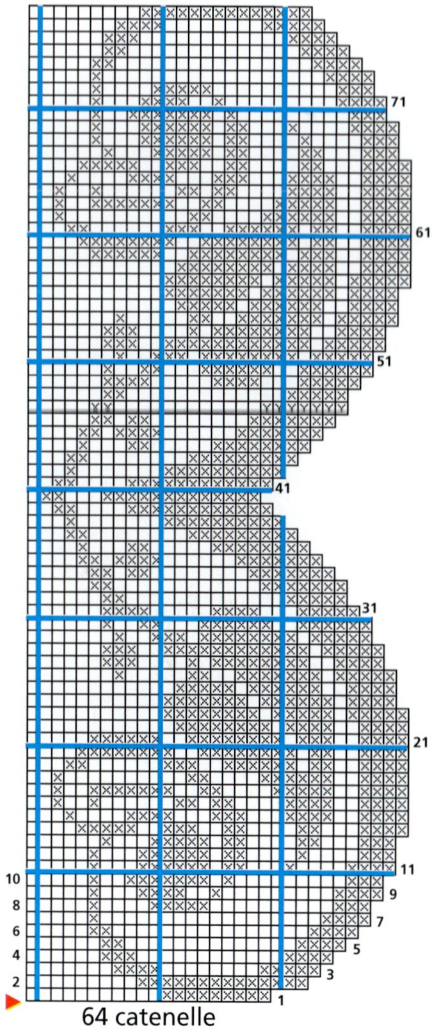

64 catenelle

Realizzando più strisce da alternare a tessuto di lino, si possono confezionare tovaglie o copriletti da rifinire con il pizzo a smerli.

PARURE DI ASCIUGAMANI

Sulla biancheria di mamma e papà una bordura écru tono su tono rappresenta una raffinata variante ai colori tradizionali.

OCCORRENTE

- 50 g di filo di Scozia "Freccia" n. 25, bianco 7901
- uncinetto in acciaio per pizzi "Milward" n. 0,60
- una spoletta di Filofort "Tre Cerchi Rosso" n. 50, bianco
- 2 asciugamani di lino rosa

CAMPIONE

10 x 10 cm a filet corrispondono a 19 quadretti e 18,5 righe

PUNTI IMPIEGATI

- catenella - maglia alta

Il pizzo è alto 14 cm

Iniziate il pizzo dal margine inferiore avviando 79 catenelle. Lavorate la 1ª maglia alta nella 5ª catenella dall'uncinetto. Procedete seguendo lo schema corrispondente (25 quadretti). Ripetete dalla 1ª alla 32ª riga (5 volte per l'asciugamano grande, 3 volte per l'asciugamano piccolo) e al termine spezzate e fermate il filo.

CONFEZIONE

Cucite il pizzo al bordo inferiore degli asciugamani con piccoli punti nascosti.

CONSIGLIO

Bagnate il pizzo e gli asciugamani per evitare che al primo lavaggio le parti si restringano creando delle imperfezioni.

▲ Inizio lavoro ☐ Spazio ☒ Gruppo

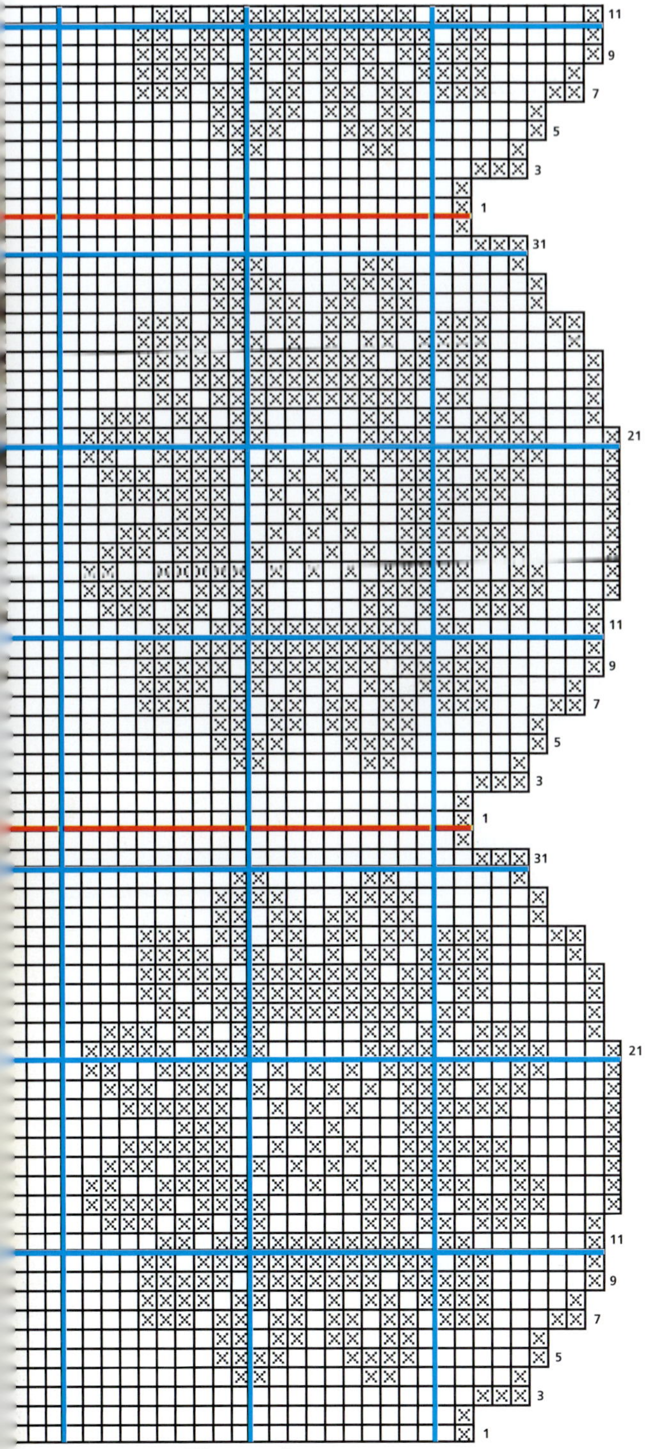

79 catenelle

Alternativa

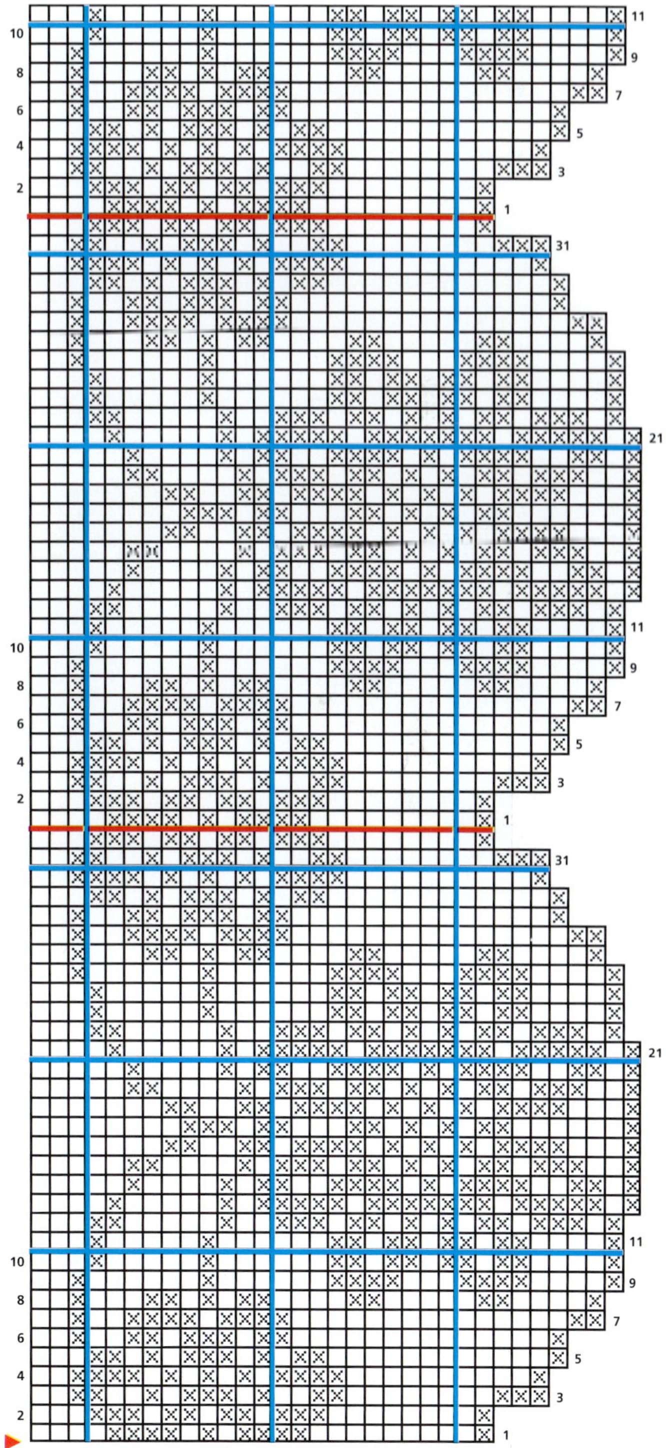

79 catenelle

ANGOLO "FLOREALE"

I delicati fiori del biancospino per decorare l'angolo di un tovagliolo. Lo stesso "inserto" può essere utilizzato per impreziosire una tovaglia.

Il tovagliolo è realizzato in tessuto con un angolo formato da 3 motivi con fiori (A - B), lavorati singolarmente e uniti con maglie bassissime durante la lavorazione dell'ultimo giro.

OCCORRENTE

- 50 g di filo di Scozia "Freccia" n. 12, bianco 7901
- spoletta di Filofort "Tre Cerchi Rosso" n. 50 bianco
- uncinetto in acciaio per pizzi "Milward" n. 1,00
- ago da cucito "Milward" n. 7
- 35 cm di lino "Anchor" alto 180 cm

PUNTI IMPIEGATI

- catenella • maglia bassissima • maglia bassa • maglia alta • maglia altissima • maglia tripla • maglia quadrupla • *maglie a gruppo*: non eseguire l'ultima chiusura di ogni maglia; poi, con 1 gettato, chiudere tutte le maglie sull'uncinetto in una sola volta • *pippiolino con maglia bassissima*: 3 catenelle e 1 maglia bassissima nella 1ª delle 3 catenelle

Il lavoro finito misura 36 cm di lato.
Un motivo formato da 5 fiori misura 8 cm di lato

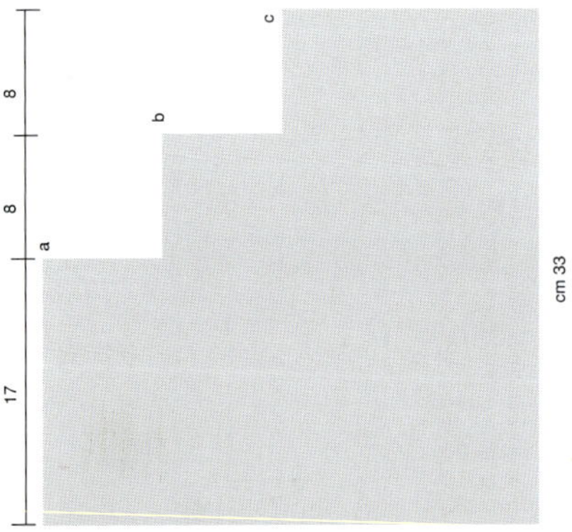

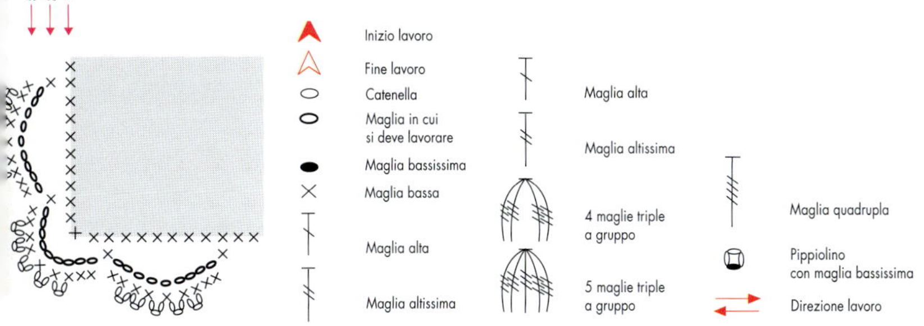

COME SI FA

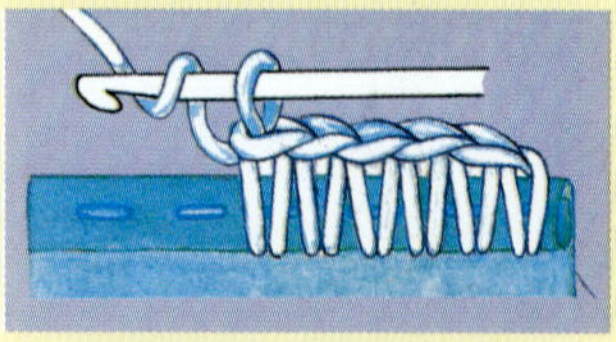

Bordo di rifinitura su tessuto

Sui margini del tovagliolo, a 7 mm dal fondo, sfilate un filo e imbastite un piccolo orlo. Con il cotone di colore bianco e sul diritto del lavoro, puntate direttamente l'uncinetto nel tessuto e nella sfilatura, quindi lavorate 1 maglia bassa.

1° giro: per tutti i lati lavorate a maglia bassa un numero di maglie multiple di 7 m. più 1, più 4 m. per ciascun angolo. Continuate fino all'angolo di destra (c); poi proseguite seguendo la spiegazione della rifinitura.

TOVAGLIETTA A QUADRETTI

Quasi la pagina di un quaderno a quadretti, sulla quale esercitarsi a disegnare ricordando i tempi spensierati della scuola. In questo caso i motivi non sono realizzati a pastello ma a filet e la "pagina" diventa una tenera tovaglietta.

OCCORRENTE

- 100 g di filo di Scozia "Freccia" n. 16, bianco 7901
- uncinetto in acciaio per pizzi "Milward" n. 0,75

PUNTI IMPIEGATI

- catenella
- maglia bassissima
- maglia bassa
- maglia alta
- *punto gambero*: maglia bassa lavorata da sinistra verso destra
- *filet*: lavorazione a rete ottenuta seguendo uno schema in cui si alternano quadretti pieni (gruppi) e quadretti vuoti (spazi). Gruppo: * 1 maglia alta in ciascuna delle successive 3 maglie *; ripetere da * a *. Spazio: * 1 maglia alta, 2 catenelle, saltare 2 maglie *; ripetere da * a *. L'ultimo quadretto di ogni riga, pieno o vuoto, deve essere sempre chiuso con 1 maglia alta

La tovaglietta misura 53 x 51 cm

Lo schema si riferisce alla lavorazione a filet: per formare il motivo, ogni quadretto vuoto corrisponde a 1 spazio e ogni quadretto pieno a 1 gruppo.
La tovaglietta è completata da una rifinitura esterna di maglie basse e di punti gambero, che vengono lavorati al termine della 110ª riga. Iniziate avviando 336 catenelle e procedete seguendo la successione del numero delle righe sullo schema (l'avvio è indicato con ➤).

Rifinitura

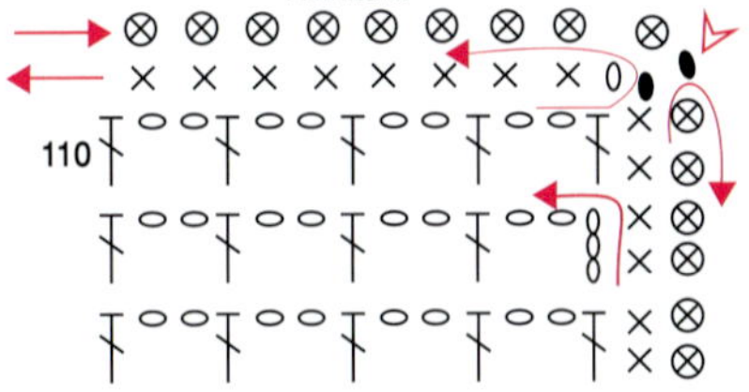

- Inizio lavoro
- Fine lavoro
- Catenella
- Maglia bassissima
- Maglia bassa
- Punto gambero
- Maglia alta
- Spazio
- Gruppo
- Direzione lavoro

336 catenelle

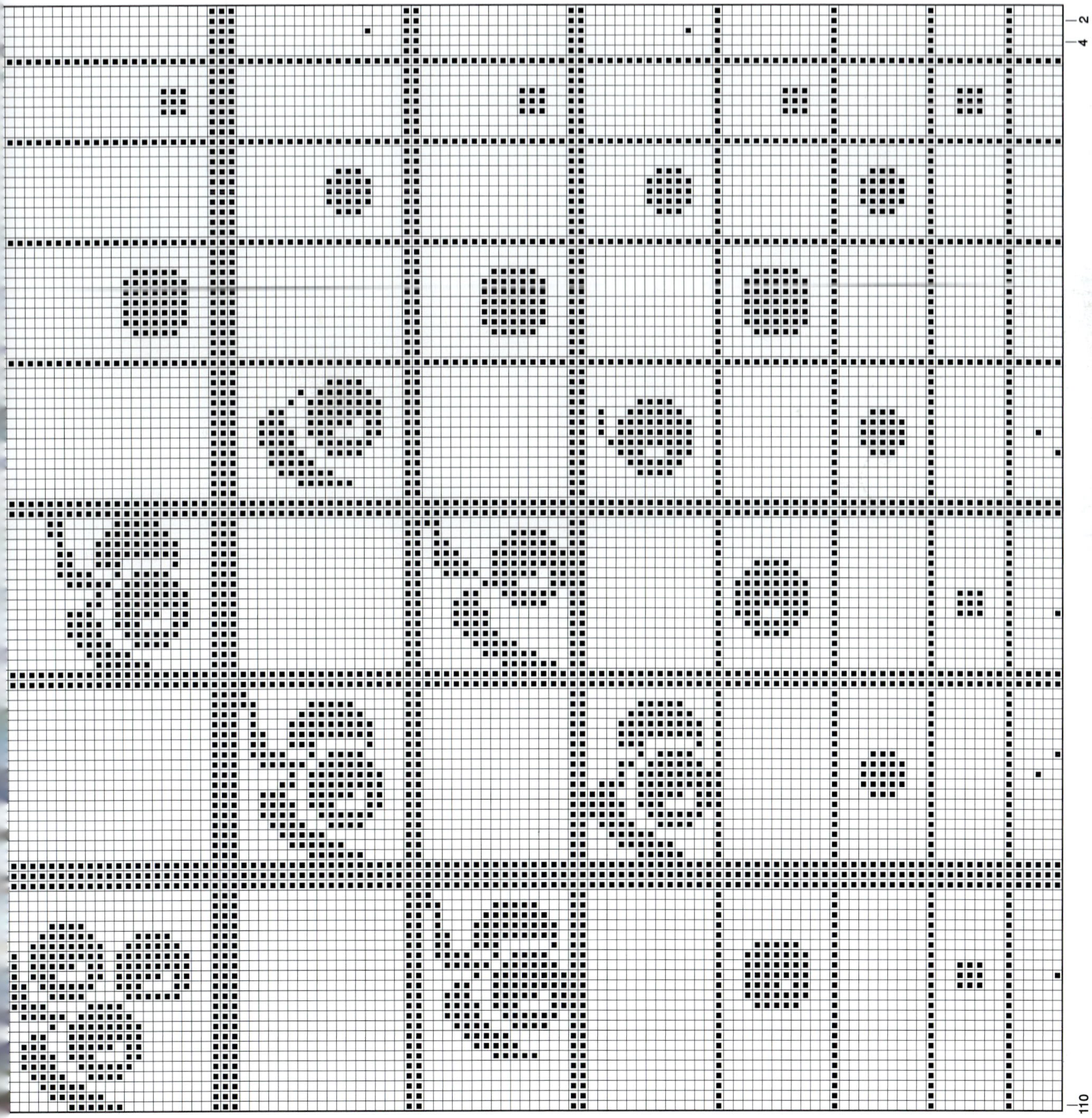

FILET DI FRUTTA

Davvero originale la tendina che, senza togliere la luce, arreda simpaticamente la finestra della cucina.

OCCORRENTE

- 150 g di cotone "Pellicano" n. 8, beige 718 • spoletta di Filofort "Tre Cerchi Rosso" n. 50, beige • uncinetto in acciaio per pizzi "Milward" n. 1,25 • ago da cucito "Milward" n. 7
- 100 cm di bisso di lino beige, alto 180 cm

PUNTI IMPIEGATI

- catenella • maglia bassissima
- maglia bassa
- maglia altissima
- *filet*: lavorazione a rete ottenuta seguendo uno schema in cui si alternano quadretti pieni (gruppi) e quadretti vuoti (spazi). Gruppo: * 1 maglia altissima in ciascuna delle successive 3 maglie *; ripetere da * a *. Spazio: * 1 maglia altissima, 2 catenelle, saltare 2 maglie *; ripetere da * a *. L'ultimo quadretto di ogni riga, pieno o vuoto, deve essere chiuso con 1 maglia altissima
- *punto gambero*: si lavora a maglia bassa da sinistra a destra

Il bordo finito misura 104 x 33 cm
La tenda finita misura 104 x 130 cm

La tenda è formata da un rettangolo in tessuto e da un bordo lavorato a filet con rifinitura esterna a maglie basse e punti gambero.
Lo schema è relativo alla lavorazione a filet, dove per formare il motivo ogni quadretto vuoto corrisponde a 1 spazio e ogni quadretto pieno a 1 gruppo. L'ultimo quadretto di ogni riga, pieno o vuoto, deve essere chiuso con 1 maglia altissima.

CONFEZIONE

Dalla tela di lino ricavate un rettangolo di 105 x 98 cm, compresi i margini di cucitura, e su tutti i lati prevedete un orlino alto 0,5 cm. Applicate il bordo con piccoli punti nascosti sul margine inferiore, coprendo l'orlino.

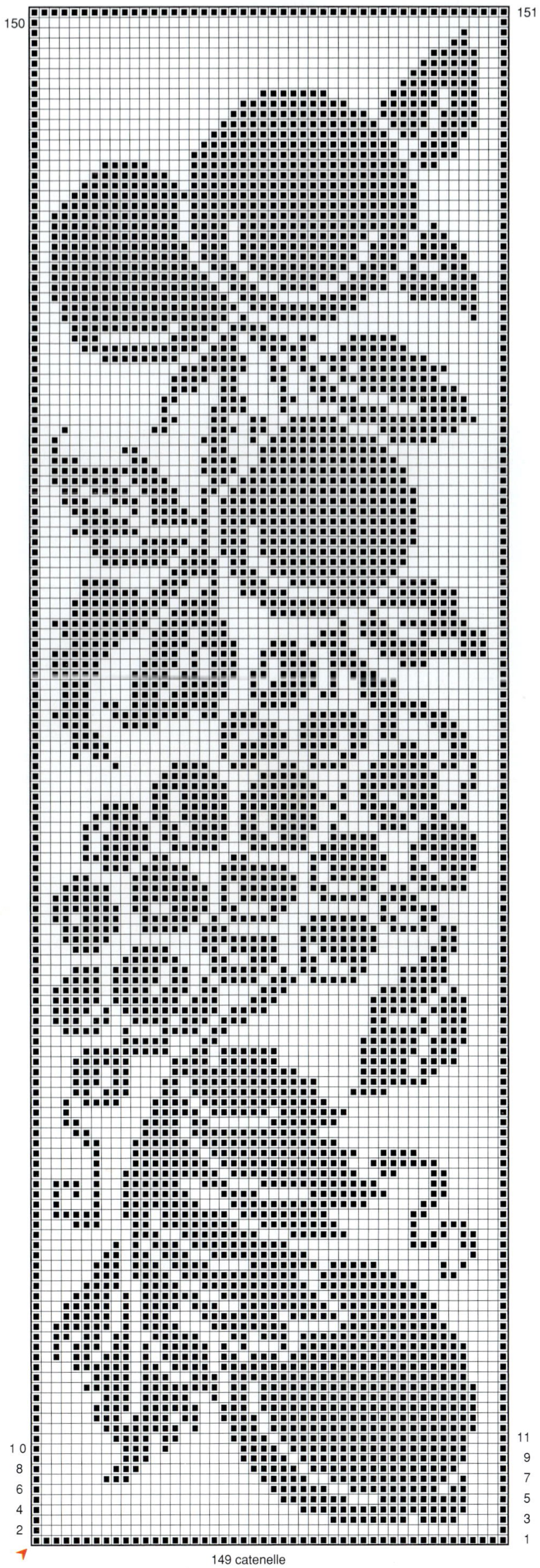

149 catenelle

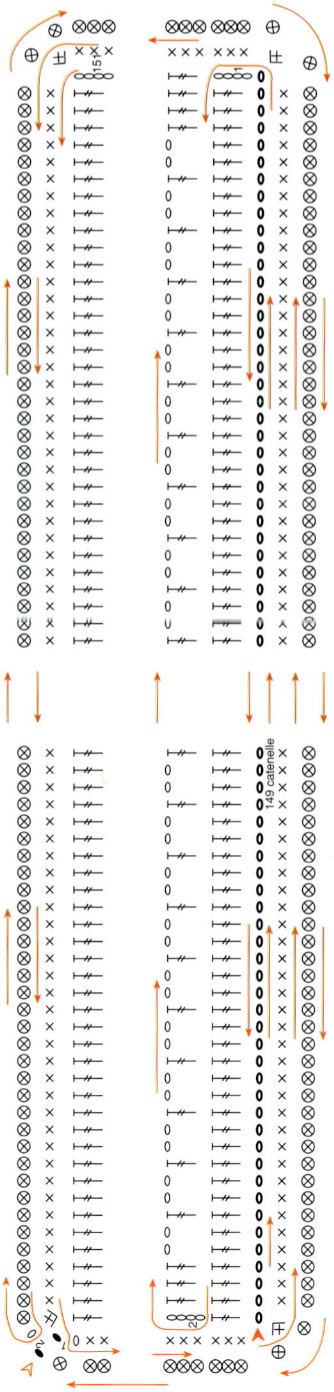

Cuoricini in Rilievo

Una sequenza di cuoricini rossi su una base a rete d'Irlanda lavorata con cotone bianco: un tenero modo per manifestare il proprio affetto.

OCCORRENTE

● 100 g di filo di Scozia "Freccia" n. 16, bianco 7901 ● cotone "Pellicano" n. 8, rosso 578 ● spoletta di Filofort "Tre Cerchi Rosso" n. 50, bianco ● 2 uncinetti in acciaio per pizzi "Milward" n. 0,75 e n. 1,50 ● ago da cucito "Milward" n. 7 ● 40 cm di tela di lino "Anchor" bianca, alta 180 cm ● kapok per imbottire ● chiusura lampo bianca lunga 30 cm

PUNTI IMPIEGATI

● catenella ● maglia bassissima ● maglia bassa ● maglia alta ● *nocciolina chiusa dietro*: 7 maglie alte, sfilare l'uncinetto, puntarlo dal davanti al retro nella 1ª maglia alta, riprendere l'anello lasciato in sospeso e farlo passare attraverso la maglia ● *maglie a gruppo*: non eseguire l'ultima chiusura di ogni maglia e poi, con 1 gettato, chiudere in una sola volta tutte le maglie sull'uncinetto ● *pippiolino con maglia bassa*: 3 catenelle, 1 maglia bassa nella 1ª delle 3 catenelle ● *punto gambero*: maglia bassa lavorata da sinistra verso destra

Ogni cuoricino misura 5 x 6 cm
Il cuscino finito è un quadrato con lato di 36 cm

- Inizio lavoro
- Fine lavoro
- Catenella
- Maglia in cui si deve lavorare
- Maglia bassissima
- Maglia bassa
- Punto gambero
- Diminuire 1 maglia bassa
- Maglia alta
- Nocciolina chiusa sul dietro del lavoro
- Pippiolino con maglia bassa
- Direzione lavoro

Il cuscino è formato da 6 cuori (A1 - B1/A6 - B6), lavorati con il cotone rosso, e da una base a rete d'Irlanda (C) realizzata con il cotone bianco: i cuori sono cuciti al centro della rete. Iniziate partendo da un cuore (A1 - B1).

CONFEZIONE

Cucite i 6 cuori sulla rete, disponendoli al centro e a cerchio. Dal tessuto tagliate 2 quadrati di 38 cm di lato, compresi i margini di cucitura; al centro di uno di essi inserite la chiusura lampo, fissandola a punto indietro o con una cucitura a macchina. Sovrapponete i due quadrati di tessuto, diritto contro diritto, e cucite su tre lati, rivoltate a diritto e applicate la rete sul tessuto. Imbottite e chiudete l'ultimo lato.

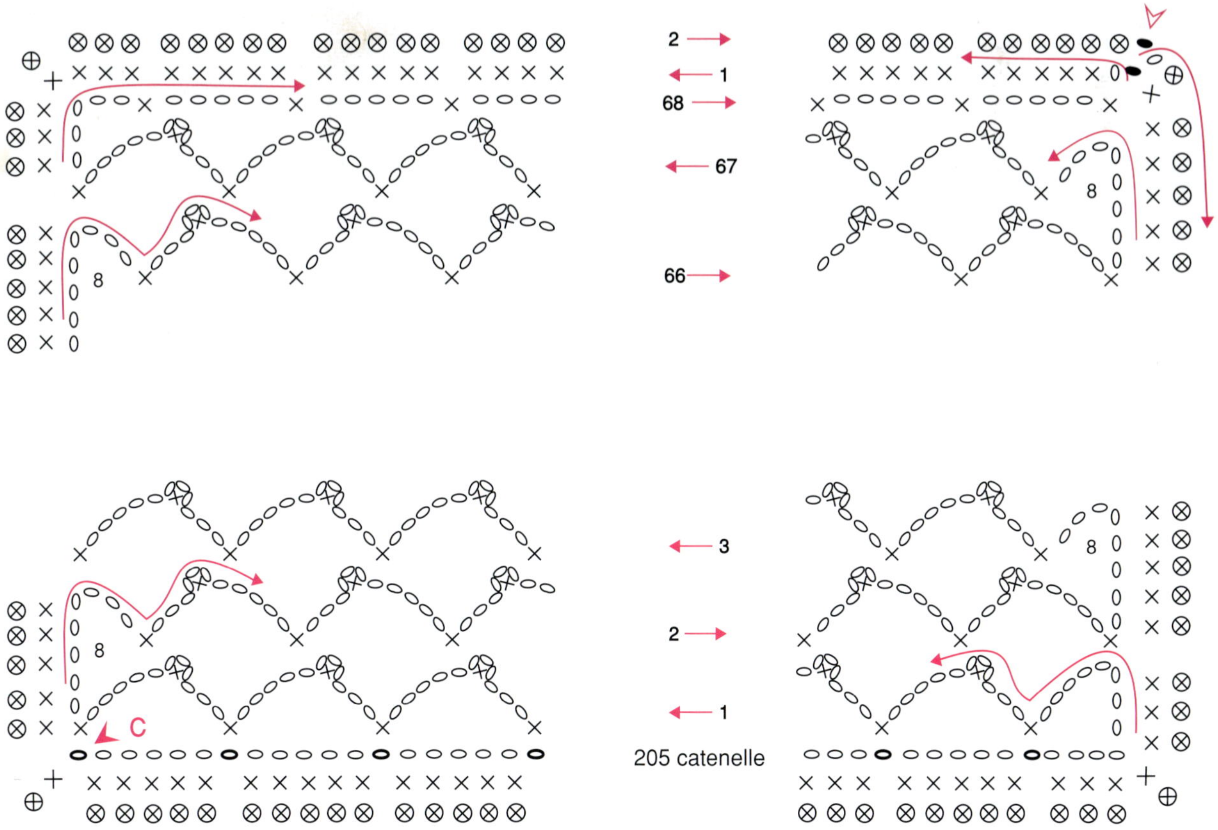

TRIANGOLI FIORITI

Cotone di bisso e triangoli di pizzo con motivi floreali per questa deliziosa tendina "della nonna" di semplice esecuzione.

OCCORRENTE

- 100 g di cotone "Pellicano" n. 8, bianco 7901
- uncinetto in acciaio per pizzi "Milward" n. 1,50
- spoletta bianca di Filofort "Tre Cerchi Rosso" n. 50
- ago da cucito "Milward" n. 7
- 56 cm di bisso di cotone bianco "Anchor" alto 180 cm

PUNTI IMPIEGATI

- catenella • maglia bassissima
- maglia alta
- *filet*: lavorazione a rete ottenuta seguendo uno schema in cui si alternano quadretti pieni (gruppi) e quadretti vuoti (spazi). Gruppo: * 1 maglia alta in ciascuna delle successive 3 maglie *; ripetere da * a *. Spazio: * 1 maglia alta, 2 catenelle, saltare 2 maglie *; ripetere da * a *. L'ultimo quadretto di ogni riga, pieno o vuoto, deve essere chiuso con 1 maglia alta

Il motivo di forma triangolare misura 33 cm in altezza e 27 cm di base. La tendina finita misura 54 x 148 cm.

Per la tendina occorrono 2 triangoli rettangoli (A - B) uguali, lavorati a filet. Lo schema è relativo alla lavorazione a filet, dove per formare il motivo ogni quadretto vuoto corrisponde a 1 spazio e ogni quadretto pieno corrisponde a 1 gruppo.

ESECUZIONE

S'inizia dal lato più lungo del triangolo (A).

Avviare 181 catenelle.

1ª riga: 1 m. alta nella 5ª cat. dall'unc., 1 m. alta in ciascuna delle succ. cat.; volt.

2ª riga: 3 cat. (= 1 m. alta), 1 m. alta in ciascuna delle succ. 3 m., per 56 volte lav.: 2 cat., salt. 2 m., 1 m. alta nella succ. m.; 1 m. alta in ciascuna delle succ. 3 m.; volt.

3ª riga: 1 m. bss. in ciascuna delle succ. 4 m. (si è diminuito un gruppo all'inizio della r.), 3 cat. (= 1 m.

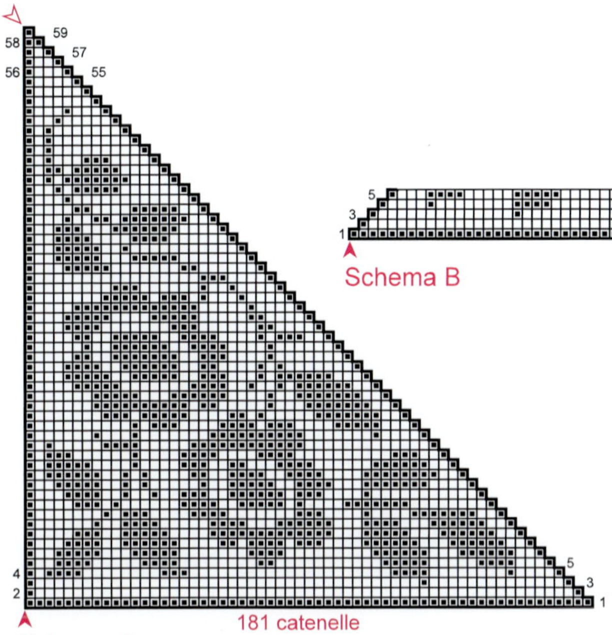

Schema A

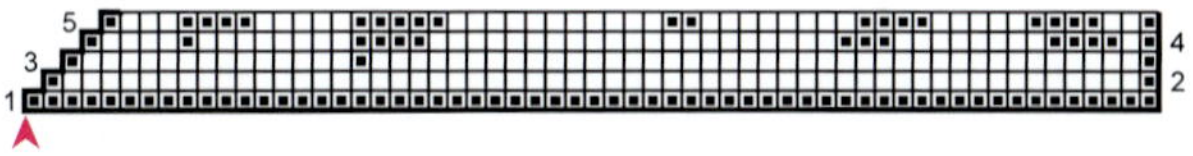

Schema B

alta), 2 m. alte nel succ. sp., 1 m. alta nella succ. m. alta, per 14 volte lav.: 2 cat., salt. 1 sp., 1 m. alta nella succ. m.; 2 m. alte nel succ. sp., 1 m. alta nella succ. m. alta, per 40 volte lav.: 2 cat., salt. 1 sp., 1 m. alta nella succ. m. alta, 1 m. alta in ciascuna delle succ. 3 m.; volt. Pros. seguendo lo schema fino alla 59ª r. Spezzate il filo.

Eseguite l'altro triangolo (B) allo stesso modo; viene riprodotta una porzione di schema solo per l'inizio del lavoro, in modo da ottenere la 1ª r. di m. alte sul diritto come nello schema A.

CONFEZIONE

Tagliate un rettangolo di bisso di 56 x 152 cm compresi gli orli. Sui 2 lati lunghi formate un piccolo orlo di 0,5 cm girato 2 volte; sul lato superiore della tenda eseguite un orlo di 2 cm e cucite a macchina su questi 3 lati; sull'altro lato corto tagliate come indicato nel disegno d'insieme, lasciando 0,5 cm in più con cui formare un piccolo orlo sul diritto del lavoro. Quindi applicate i 2 triangoli a filet, in modo che i lati obliqui sormontino l'orlo, e fissate con piccoli punti nascosti.

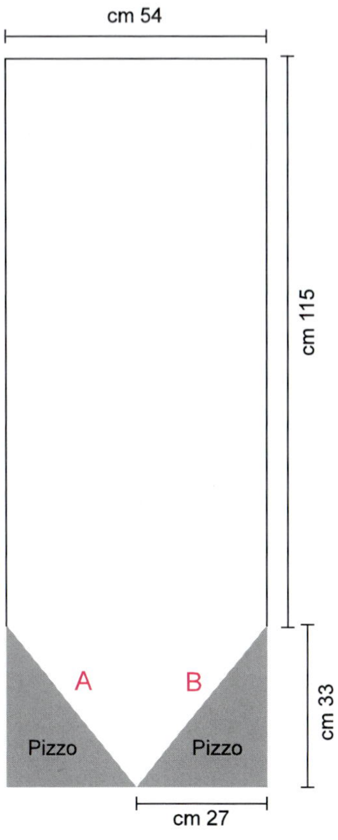

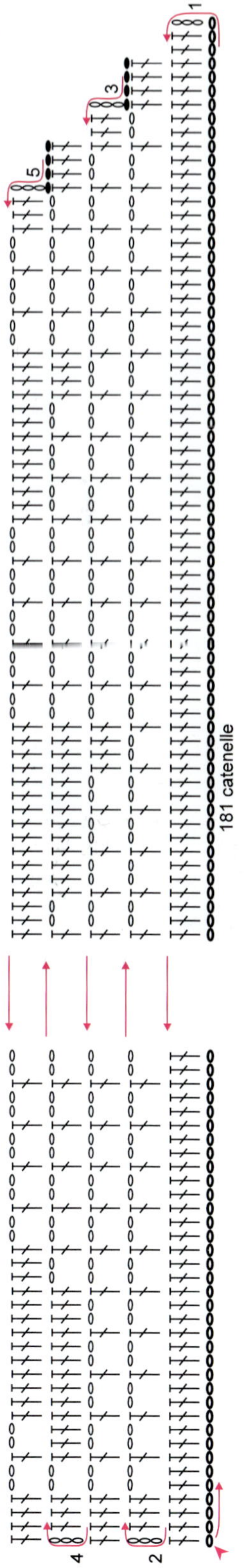

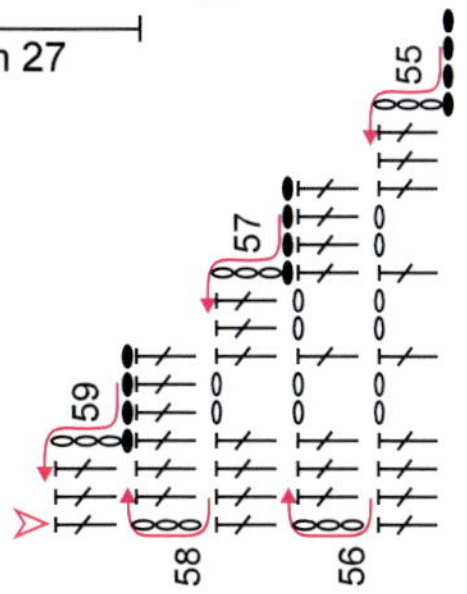

ARCOBALENO DI COLORI

Sette colori brillanti, alternati in righe regolari e lavorati all'uncinetto con maglie basse. Ecco come ottenere un grazioso cappellino da portare nella bella stagione.

OCCORRENTE

- 150 g di cotone Minicaraibi della Lana Gatto nei colori: 8177 giallo arancio, 8178 arancio, 1156 rosso, 8165 viola, 8164 verde prato, 8193 turchese e 8106 carta da zucchero
- uncinetto n. 6

PUNTI IMPIEGATI

- maglia bassissima
- maglia bassa

Con un metro a nastro misurate la circonferenza della testa della bambina e, man mano che il lavoro procede, controllate la misura.

ESECUZIONE

La calotta. Con il cotone rosso avviate 6 maglie basse, poi continuate la lavorazione a spirale, cioè sen-

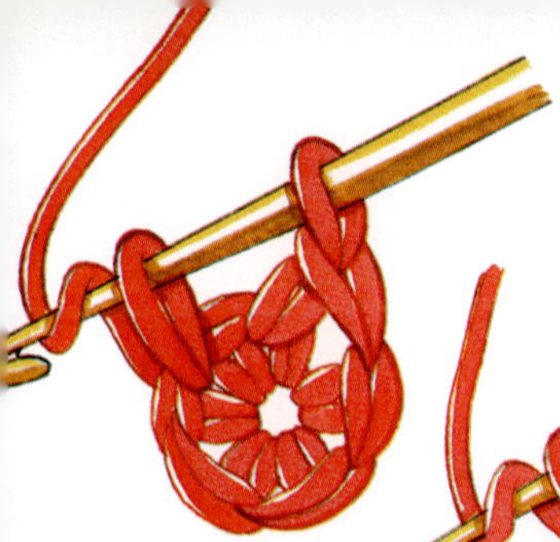

1

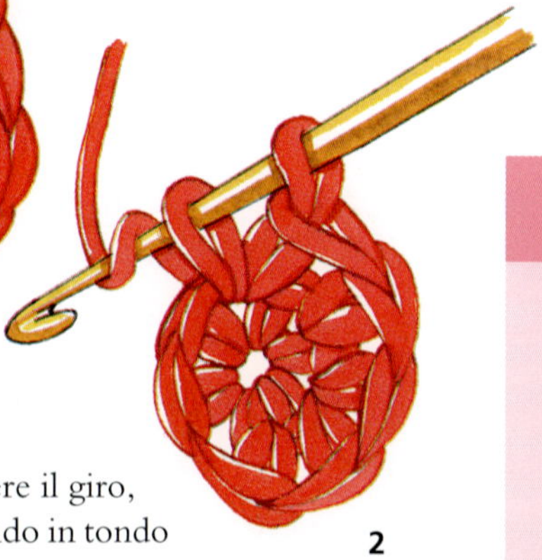

2

MODELLO E MISURE

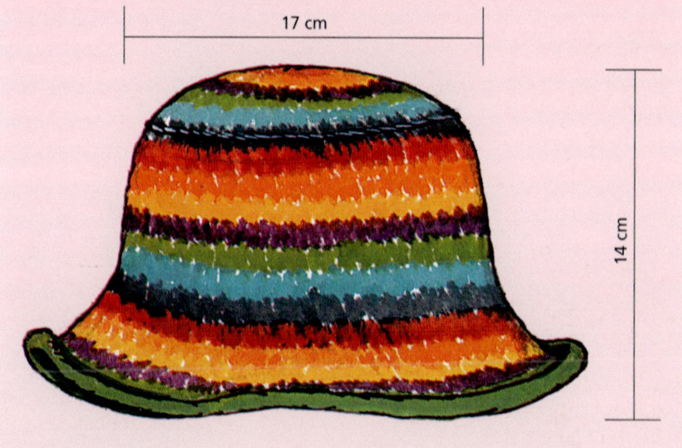

za mai chiudere il giro, ma proseguendo in tondo (disegno 1).

Nel 2° giro iniziate ad aumentare gradatamente delle maglie: lavorate 1 maglia bassa nella maglia bassa sottostante e 2 maglie basse in quella seguente (disegno 2): si avranno 9 maglie basse.

Continuate eseguendo degli aumenti a ogni giro, in modo sparso ma regolare, per mantenere il lavoro piatto.

Proseguite la lavorazione a maglie basse con la seguente disposizione di giri e colori:

4 giri con il rosso, 2 giri con l'arancio, 2 giri con il giallo, 2 giri con il viola, 2 giri con il verde, 2 giri con il turchese e 1 giro con l'azzurro; il cambio di colore dovrà avvenire sempre nella stessa posizione.

Dopo aver eseguito i giri descritti, complessivamente 15, si arriva alla larghezza massima del cappello, che nel nostro caso è pari a 17 cm; questa misura, ovviamente, cambierà a seconda della circonferenza della testa.

Per sottolineare il cerchio, eseguite una riga a maglie basse prendendo solo un filo, puntando cioè l'uncinetto nel filo dietro la maglia (disegno 3).

Per la fascia: lavorate ancora 2 giri per ciascuno dei colori sopra menzionati, mantenendo la stessa sequenza e senza eseguire aumenti o diminuzioni.

Per la tesa: riprendete la sequenza dei colori data all'inizio, cominciando con il rosso, e aumentate, a ogni giro, 1 maglia bassa ogni 2 maglie basse.

Terminate la sequenza dei colori con il verde eseguendo, dopo il 2° giro, un ultimo giro a maglia bassissima a chiusura. Tagliate e fermate il filo infilandolo per un tratto nelle maglie lavorate.

Tagliate e fermate tutti i fili usati per la lavorazione, inserendoli nelle maglie lavorate.

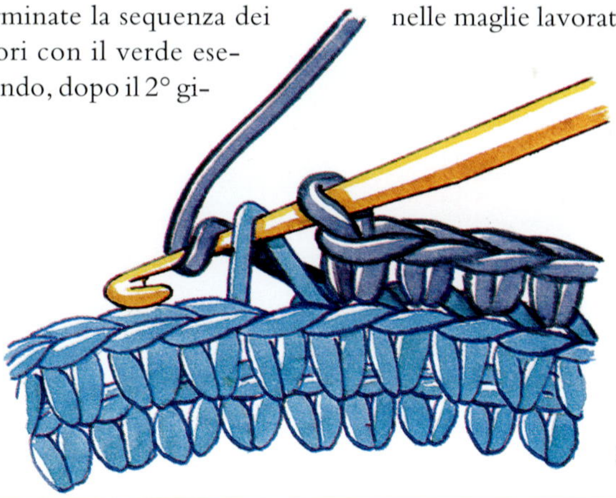

3

CAMBIO DI COLORE

Per eseguire il cambio di colore, appoggiate il nuovo filo sul cerchio e lavoratelo con quello vecchio per un paio di centimetri, quindi incrociatelo e abbandonatelo.

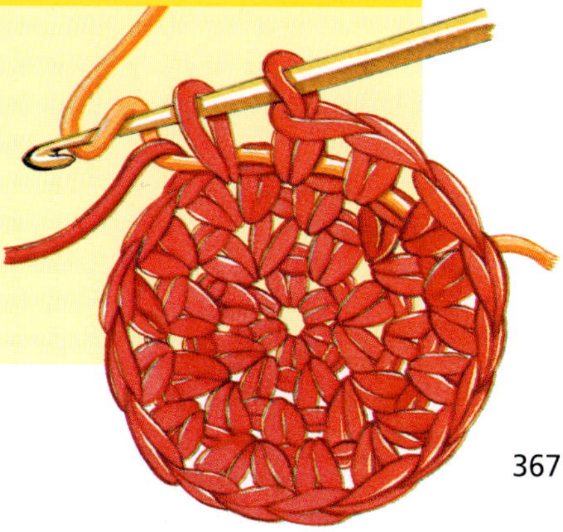

A Tre Colori

Un tocco di raffinata eleganza per vivacizzare la tavola: tovaglioli impreziositi da bordini di tre diverse tonalità. In questo caso abbiamo scelto il bianco e due punti di verde, ma naturalmente potrete introdurre le varianti più intonate al colore dei vostri piatti.

OCCORRENTE

• 50 g di filo di Scozia "Freccia" n. 16, verde chiaro 1489; • 50 g di filo di Scozia "Freccia" n. 16, verde 301 • 50 g di cotone "Pellicano" n. 8, bianco 7901 • spoletta di Filofort "Tre Cerchi Rosso" n. 50 bianco • rocchetto di cotone speciale per orli a giorno "Trifoglio" n. 100 bianco • uncinetto in acciaio per pizzi "Milward" n. 0,75 • ago da cucito "Milward" n. 7 • 80 cm di bisso di lino bianco alto 180 cm

PUNTI IMPIEGATI

• catenella • maglia bassissima • maglia bassa • mezza maglia alta • maglia alta • *pippiolino con maglia bassissima*: 3 catenelle e 1 maglia bassissima nella 1ª delle 3 catenelle • *maglie a gruppo*: non eseguire l'ultima chiusura di ogni maglia; poi, con 1 gettato, chiudere in una sola volta tutte le maglie • *pippiolino con maglia bassa*: 3 catenelle e 1 maglia bassa nella 1ª delle 3 catenelle • punto a giorno semplice

I tovaglioli con il bordo verde e verde chiaro misurano 43 cm di lato. Il bordino è alto 3 cm

Il tovagliolo con il bordo bianco misura 32 cm di lato. Il bordino è alto 3,5 cm

CON IL BORDO VERDE CHIARO

Il tovagliolo è costituito da un quadrato di tessuto rifinito con il punto a giorno semplice e decorato con un bordo verde chiaro lavorato in tondo a uncinetto. Iniziate avviando un numero di catenelle multiplo di 9 catenelle più 1 per ciascun angolo e chiudetele a cerchio con 1 maglia bassissima nella 1ª catenella d'inizio. Continuate la lavorazione seguendo la successione del numero dei giri e la direzione del lavoro illustrata dalle frecce sul grafico (l'avvio è indicato con ➤).

CONFEZIONE

Dal tessuto tagliate un quadrato di 40 cm di lato e a 1,5 cm da ciascun margine sfilate 3 fili, interrompendo l'operazione in corrispondenza degli angoli e del loro punto d'incontro; non tagliate i fili al limite del tessuto, ma lasciatene alcuni millimetri da nascondere all'interno dell'orlo. Ripiegate due volte il tessuto eccedente la sfilatura, formate gli angoli con cura e fissate gli orli con il punto a giorno semplice. Quindi appoggiate il bordo a uncinetto sull'orlo, sul diritto del tessuto, e fissatelo con piccoli punti nascosti.

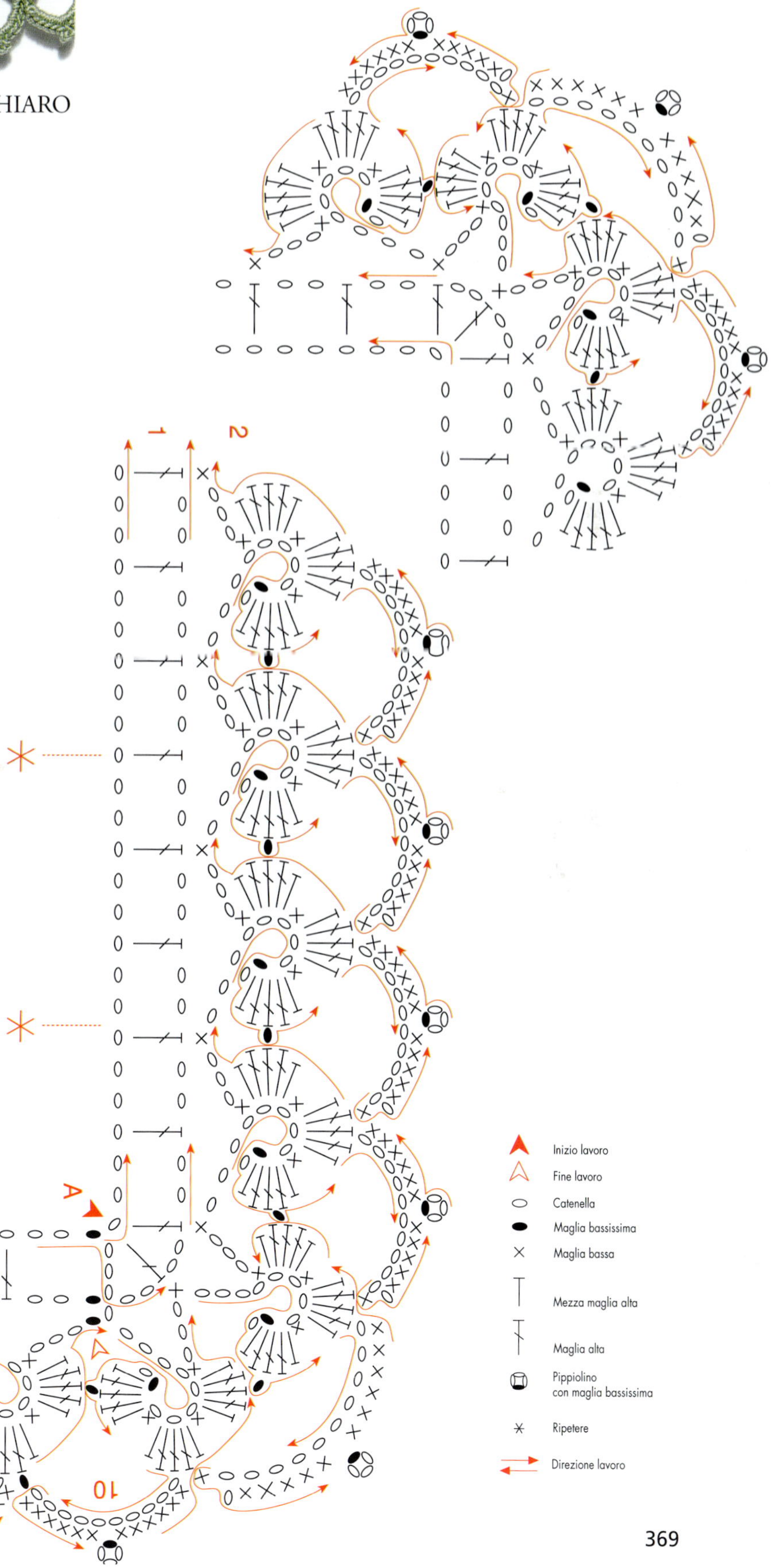

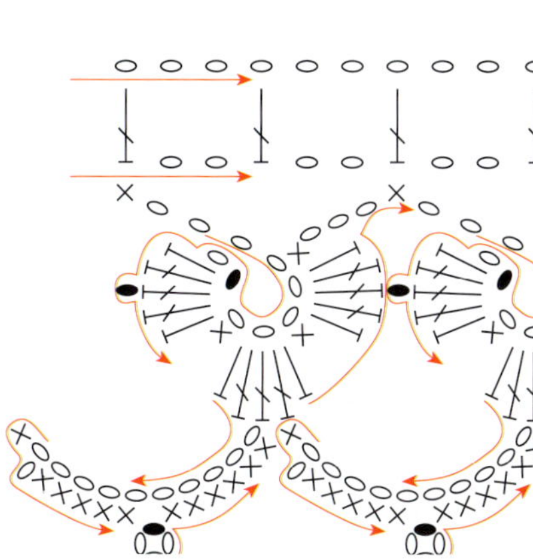

Con il Bordo Verde

Il tovagliolo è costituito da un quadrato di tessuto bianco rifinito nei margini con il punto a giorno semplice e decorato con un bordo verde lavorato in tondo a uncinetto. Iniziate avviando un numero di catenelle multiplo di 6 catenelle più 1 per ciascun angolo e chiudetele a cerchio con 1 maglia bassissima nella 1ª catenella d'inizio. Continuate la lavorazione seguendo la successione del numero dei giri e la direzione del lavoro illustrata dalle frecce sul grafico (l'avvio è indicato con ➤).

CONFEZIONE

Dal tessuto tagliate un quadrato di 40 cm di lato e a 1,5 cm da ciascun margine sfilate 3 fili, interrompendo l'operazione in corrispondenza degli angoli e del loro punto d'incontro; non tagliate i fili al limite del tessuto, ma lasciatene alcuni millimetri da nascondere all'interno dell'orlo. Ripiegate due volte il tessuto eccedente la sfilatura, formate gli angoli con cura e fissate gli orli con il punto a giorno semplice. Quindi appoggiate il bordo a uncinetto sul diritto del quadrato di tessuto e fissatelo con piccoli punti nascosti.

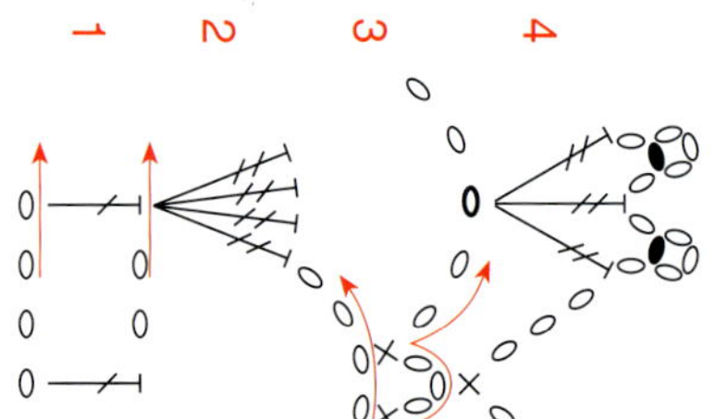

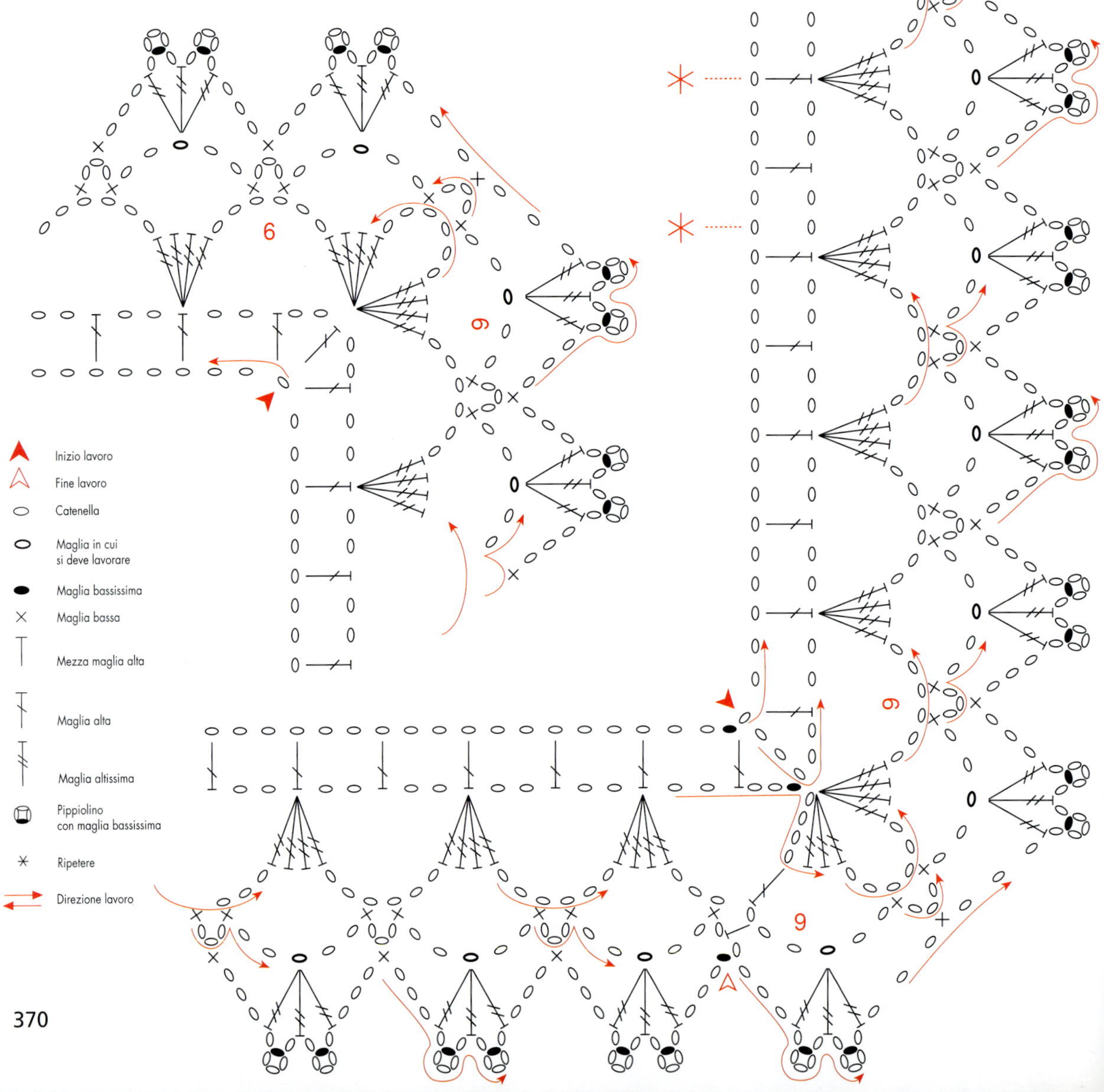

Con il Bordo Bianco

Il tovagliolo è costituito da un quadrato di tessuto bianco rifinito nei margini da un semplice orlo. Su 2 lati ad angolo è applicato il bordo a uncinetto, formato da una rifinitura interna (A) e da una rifinitura a ventagli esterna (B). Iniziate la lavorazione da quella interna (A): avviate un numero di catenelle multiplo di 8 catenelle più 1 per ciascun angolo e chiudetele a cerchio con 1 maglia bassissima. Continuate la lavorazione seguendo la successione delle lettere, del numero dei giri, delle righe e la direzione del lavoro illustrata dalle frecce sul grafico (l'avvio è indicato con ➤). La rifinitura a ventagli esterna (B) ha una numerazione autonoma dei giri. Nel grafico è riportato il disegno che rappresenta anche l'altro angolo, così da poter eseguire un bordo completo lavorato in tondo.

CONFEZIONE

Dal tessuto tagliate un quadrato di 35 cm di lato, ripiegando due volte il tessuto lungo i margini in modo da ottenere un orlo alto 1 cm. Formate gli angoli con cura e fissate l'orlo a sottopunto. Appoggiate il bordo a uncinetto sull'orlo e bloccatelo con piccoli punti nascosti.

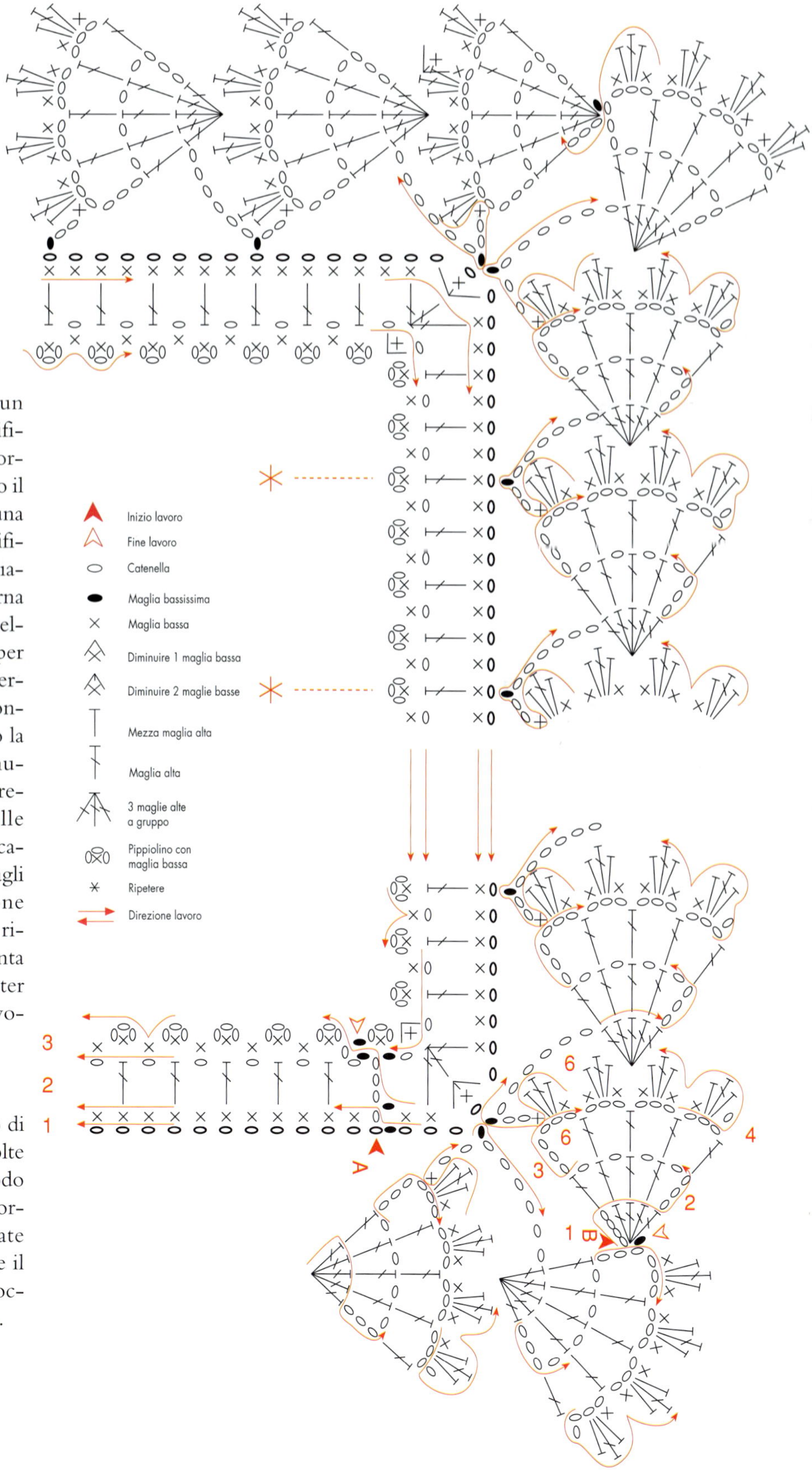

OCCORRENTE

- 50 g di filo di Scozia "Freccia" n. 16, beige 960
- spoletta di Filofort "Tre Cerchi Rosso" n. 50 beige
- spoletta di cotone speciale per orli a giorno "Trifoglio" n. 100 beige
- uncinetto in acciaio per pizzi "Milward" n. 0,75
- ago da cucito "Milward" n. 7
- 30 cm di bisso di lino beige alto 140 cm

PUNTI IMPIEGATI

- catenella
- maglia bassissima
- maglia bassa
- mezza maglia alta
- maglia alta
- maglia altissima
- *pippiolino con maglia bassissima*: 3 catenelle e 1 maglia bassissima nella 1ª delle 3 catenelle
- *motivo di rifinitura*: in una stessa maglia lavorare: 1 maglia alta, per 2 volte lavorare (1 pippiolino con maglia bassissima, 1 catenella), 1 pippiolino con maglia bassissima, 1 maglia alta
- *per il ricamo*: punto a giorno

Il motivo da inserire nel tessuto misura 20 x 15,5 cm. Il lavoro finito misura 28,5 cm di lato

Medaglione Antico

Romantico e con sapore d'altri tempi il motivo realizzato per decorare l'angolo di un tovagliolo. Il contrasto fra elementi traforati e compatti è molto felice.

Il tovagliolo è realizzato in tessuto con un angolo formato da: 2 motivi ovali con fogliette (A1 - A2); 1 quadratino traforato (B) che unisce i due ovali; un quadratino compatto (E), che prosegue con motivi ad archetti unendosi ai due ovali e formando il motivo a punta; un ventaglio (C) di maglie altissime, che si inserisce tra i due ovali; una rifinitura interna (F). Iniziate la lavorazione partendo dal motivo ovale (A1): avviate 54 catenelle e procedete seguendo il numero dei giri e delle righe, la succession delle lettere e la direzione del lavoro illustrata dalle frecce nel grafico (l'avvio è indicato con ➤).

CONFEZIONE

Dal tessuto di bisso tagliate un quadrato di 30 cm di lato, compresi i margini per l'orlo; a 0,7 cm dai margini, tranne che nell'angolo dove va inserito il motivo di pizzo, sfilate tutt'intorno 2 fili di tessuto, preparate un orlino arrotolato e fissatelo a punto a giorno con il cotone "Trifoglio" n. 100; applicate nell'angolo il motivo di pizzo e bloccatelo con piccoli punti nascosti; sotto l'angolo di pizzo tagliate il tessuto a 1 cm dalla cucitura, eseguite un piccolo orlo alto 0,5 cm e quindi fissatelo a sottopunto.

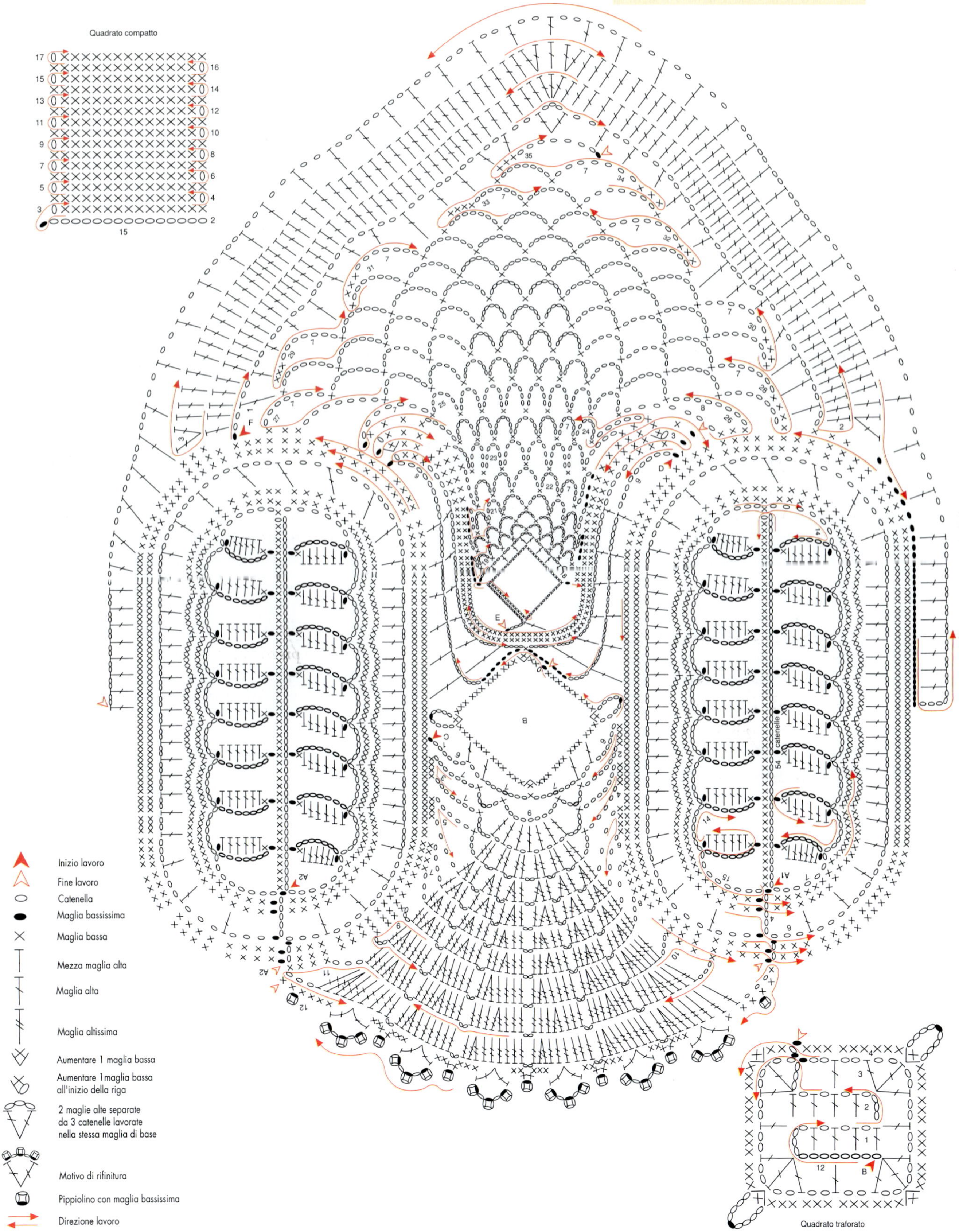
Quadrato compatto
Inizio lavoro
Fine lavoro
Catenella
Maglia bassissima
Maglia bassa
Mezza maglia alta
Maglia alta
Maglia altissima
Aumentare 1 maglia bassa
Aumentare 1maglia bassa all'inizio della riga
2 maglie alte separate da 3 catenelle lavorate nella stessa maglia di base
Motivo di rifinitura
Pippiolino con maglia bassissima
Direzione lavoro
Quadrato traforato

La Tendina a Filet

Una sorta di trina ottenuta inserendo due motivi lavorati a filet su una tela di lino bianca.

Gli schemi (A - B) sono relativi alla lavorazione a filet, dove per formare i motivi ogni quadretto vuoto corrisponde a 1 spazio e ogni quadretto pieno corrisponde a 1 gruppo. Per la realizzazione della tendina occorrono due motivi: (A) e (B).

OCCORRENTE

- 300 g di filo di Scozia "Freccia" n. 12, bianco 7901
- uncinetto in acciaio per pizzi "Milward" n. 1,00
- spoletta bianca di Filofort "Tre Cerchi Rosso" n. 50
- ago da cucito "Milward" n. 7
- 50 cm di tela di lino bianca "Anchor" alta 180 cm

PUNTI IMPIEGATI

- catenella
- maglia alta
- *filet*: lavorazione a rete ottenuta seguendo uno schema in cui si alternano quadretti pieni (gruppi) e quadretti vuoti (spazi). Gruppo: * 1 maglia alta in ciascuna delle successive 3 maglie *; ripetere da * a *. Spazio: * 1 maglia alta, 2 catenelle, saltare 2 maglie *; ripetere da * a *. L'ultimo quadretto di ogni riga, pieno o vuoto, deve essere chiuso con 1 maglia alta

*Il motivo **A** misura 26 cm di lato. Il motivo **B** misura 47 x 58 cm. Le dimensioni della tendina finita sono 52 x 109,5 cm*

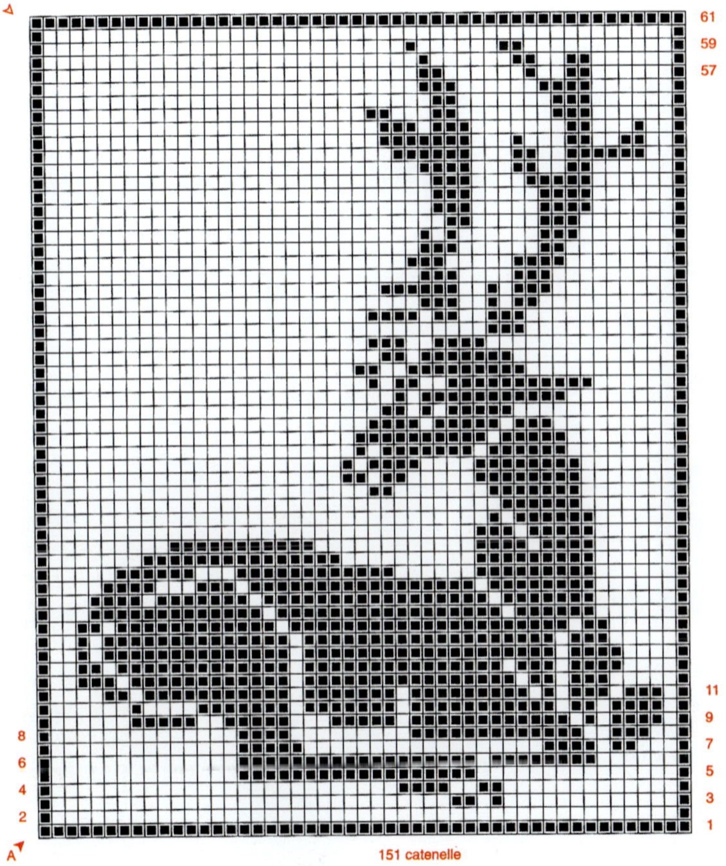

Qui sopra, lo schema relativo alla lavorazione a filet del motivo (A). Sotto, i grafici di inizio e fine lavoro del motivo (A), a sinistra, e del motivo (B), a destra. Nella pagina seguente, lo schema del motivo (B) e il disegno d'insieme della tendina.

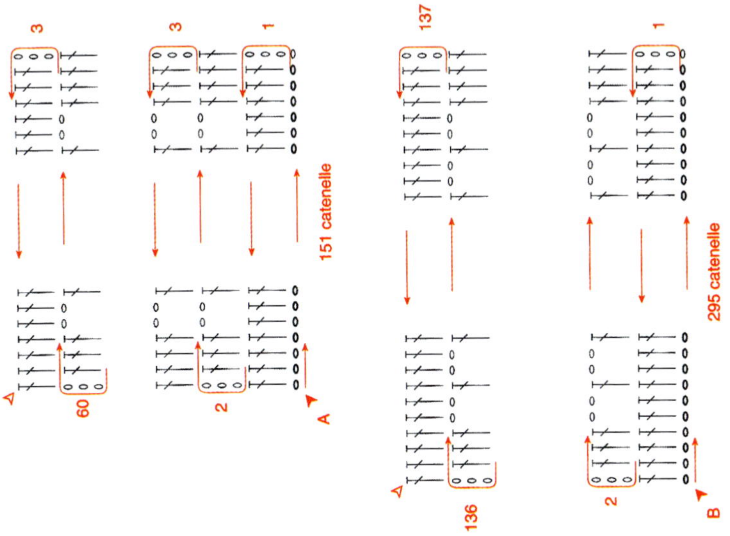

ESECUZIONE

Per il motivo (A) avviate 151 catenelle, voltate e proseguite la lavorazione seguendo la successione delle righe sullo schema pubblicato qui a lato (l'avvio è indicato con ➤). Per il motivo (B) avviate 295 catenelle, voltate e proseguite la lavorazione seguendo la successione delle righe sullo schema pubblicato qui a lato

CONFEZIONE

Dal tessuto tagliate un rettangolo di 54 x 49 cm, comprese le cuciture e l'orlo. Al centro di questo rettangolo, seguendo il disegno della disposizione pubblicato nella pagina seguente, applicate il motivo (A) con piccoli punti nascosti, tagliate il tessuto eccedente sotto il motivo e rifinite a sottopunto. Al di sotto del rettangolo applicate il motivo (B) sempre con piccoli punti nascosti. Per il bordo tagliate 2 strisce alte 6 cm e lunghe 114 cm e una striscia alta 6 cm e lunga 53 cm, unitele tra loro formando gli angoli a 45°, appoggiate le strisce, diritto contro diritto, tutt'intorno ai tre lati della tendina e cucire; piegate la striscia a metà verso il rovescio e fermate con un fitto sottopunto. Infine, in alto, formate un orlo di 4 cm.

137
135
133
131
13
26
10,5
2,5
13
26
10
58
2,5
A
B
Inizio lavoro
Fine lavoro
Catenella
Maglia in cui si deve lavorare
Maglia alta
Gruppo
Spazio
Direzione lavoro
10
8
4
2
9
7
5
3
1
295 catenelle
B

Come un'Aiuola

Per decorare questo cuscino, una cornice di roselline, con fiori e foglie al centro. Con gli stessi elementi decorativi potete preparare un'elegante tendina a vetro.

OCCORRENTE

- 100 g di filo di Scozia "Freccia" n. 12, bianco 7901
- uncinetto in acciaio per pizzi "Milward" n. 1,00
- spoletta di Filofort "Tre Cerchi Rosso" n. 50, bianco
- ago da cucito "Milward" n. 7
- 1 chiusura lampo bianca di 30 cm
- 45 cm di tela di lino "Anchor" alta 180 cm
- kapok per imbottire

PUNTI IMPIEGATI

- catenella
- maglia bassissima
- maglia bassa
- *maglia bassa a colonnina dietro*: lavorare 1 maglia bassa puntando l'uncinetto da dietro e intorno alla maglia sottostante
- mezza maglia alta
- maglia alta
- *maglie a gruppo*: non eseguire l'ultima chiusura di ogni maglia; poi, con 1 gettato, chiudere in una sola volta tutte le maglie sull'uncinetto

Il cuscino misura 42 cm di lato

Il cuscino è decorato da una cornice costituita da 40 roselline (A), unite tra loro con 1 maglia alta eseguita prima della maglia bassissima di chiusura dell'ultimo giro, da 4 fiori (B) con un totale di 20 petali (C), disposti al centro, e da 11 foglie (D-E). Tutti i motivi sono lavorati singolarmente e fissati sul cuscino con piccoli punti nascosti (per la disposizione seguite il disegno d'insieme). Iniziate la lavorazione dalla parte centrale di una delle 40 roselline (A) che compongono la cornice.

CONFEZIONE

Con piccoli punti nascosti cucite 5 petali (C) sotto ciascun fiore (B) in corrispondenza del piccolo petalo del fiore stesso, come indicato dal tratteggio nel disegno in basso a sinistra. Dal tessuto tagliate 2 quadrati di 45 cm di lato: inserite al centro di uno di essi la chiusura lampo e sull'altro cucite la cornice, i fiori e le foglie, disponendoli come indicato nel disegno d'insieme riportato qui sotto. Cucite tra loro i 2 quadrati rovescio contro rovescio, rivoltate a diritto e imbottite.

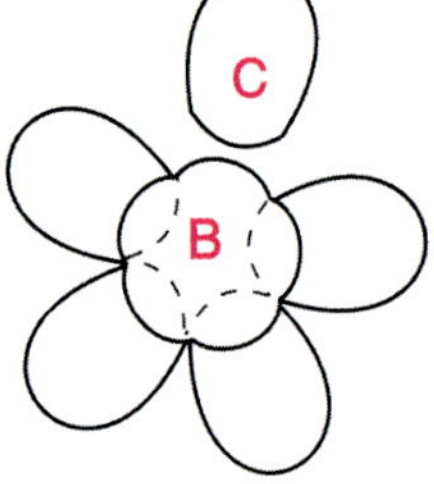

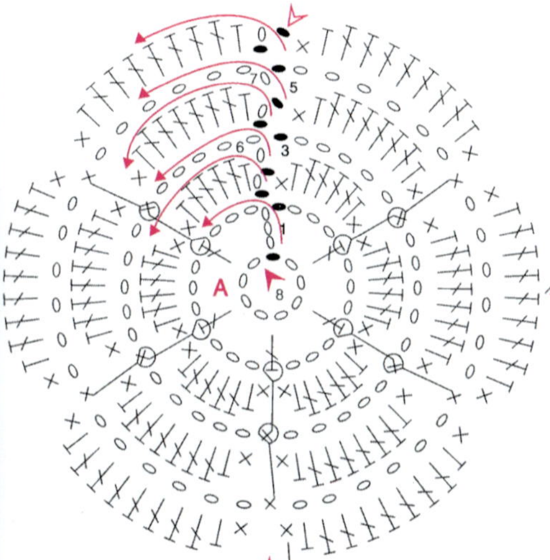
A
1
3
5
6
7
8

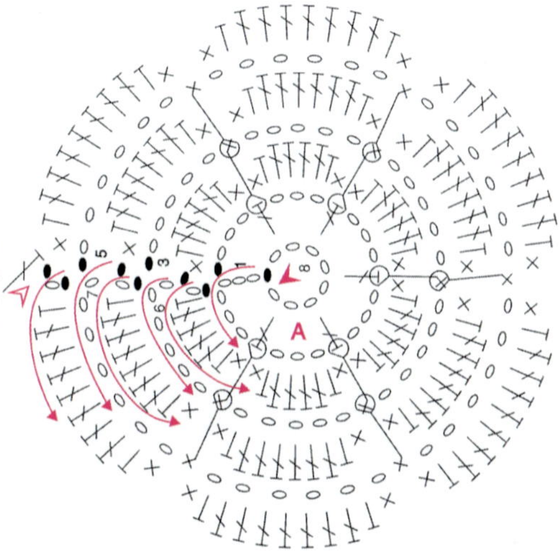
A
1
3
5
6
8

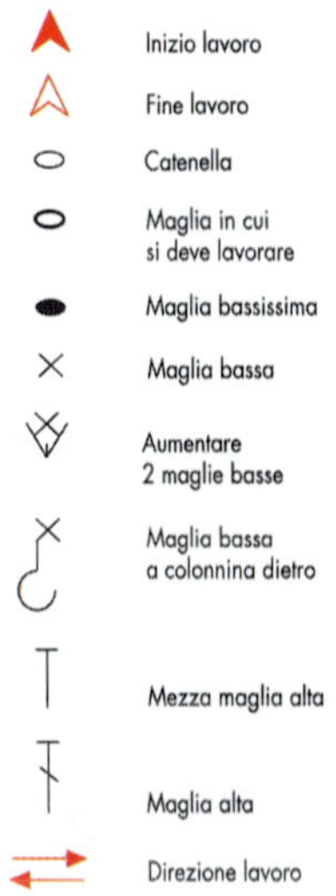
Inizio lavoro
Fine lavoro
Catenella
Maglia in cui si deve lavorare
Maglia bassissima
Maglia bassa
Aumentare 2 maglie basse
Maglia bassa a colonnina dietro
Mezza maglia alta
Maglia alta
Direzione lavoro

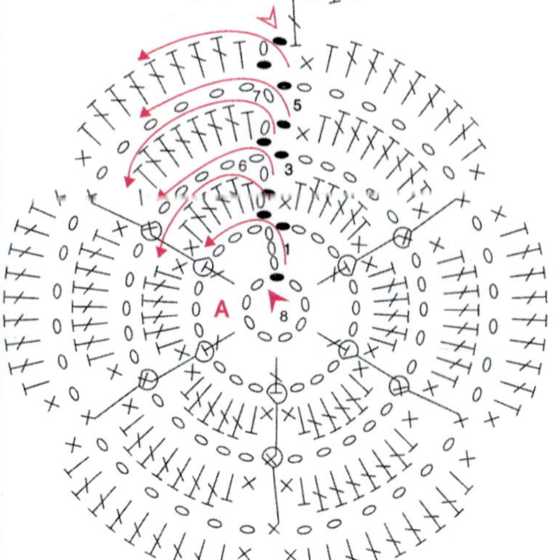
A
1
3
5
6
7
8

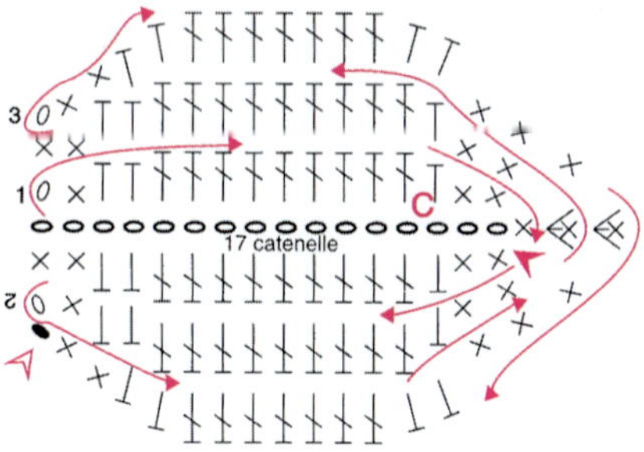
C
17 catenelle
1
2
3

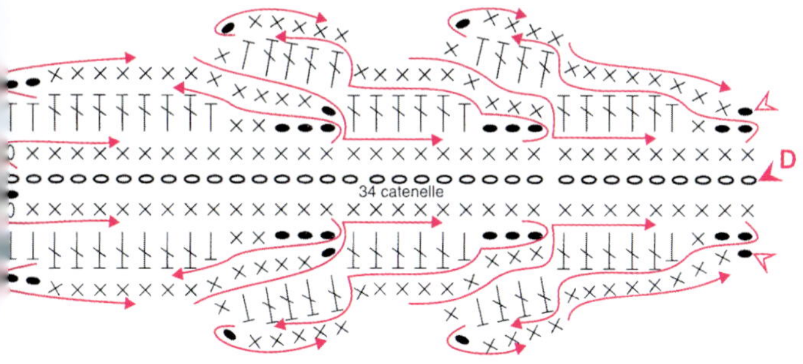
D
34 catenelle

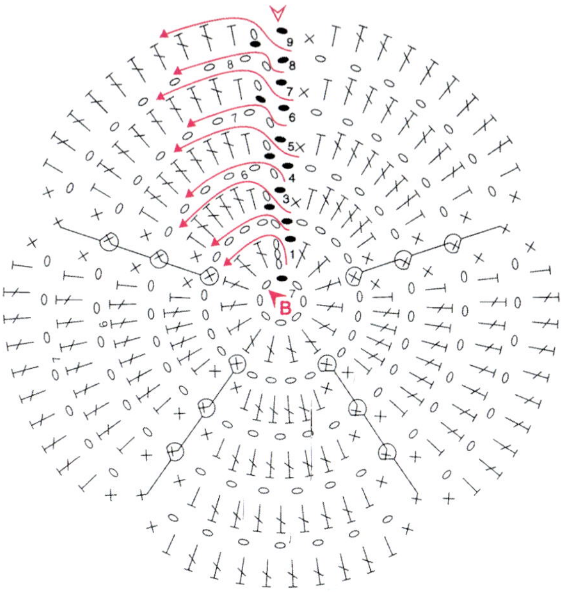
B
1
3
4
5
6
7
8
9

Teneri Boccioli

Un raffinato centrotavola per trasformare la tovaglia di tutti i giorni, ma anche una rassegna di moduli, tutti rigorosamente uguali, con cui realizzare il copriletto.

OCCORRENTE

- 50 g di filo di Scozia "Freccia" n. 25, bianco 7901
- uncinetto in acciaio per pizzi "Milward" n. 0,60

CAMPIONE

10 x 10 cm a filet corrispondono a 35 quadretti e 38 righe

PUNTI IMPIEGATI

- catenella
- maglia bassissima
- maglia alta
- spazio di 5 catenelle: *1 maglia alta, 5 catenelle, saltare 5 maglie di base*; ripetere da * a *. Terminare con 1 maglia alta nella maglia successiva
- archetto: *1 maglia alta, 3 catenelle, saltare 2 maglie, 1 maglia bassa, 3 catenelle, saltare 2 maglie*, ripetere da * a *. Terminare con 1 maglia alta nella maglia successiva

Il centro finito ha un diametro di 32 cm

Iniziate il lavoro dal margine inferiore avviando 40 catenelle. Lavorate la 1ª maglia alta nella 5ª catenella dall'uncinetto, poi procedete seguendo lo schema (12 quadretti pieni). Al termine della 83ª riga, proseguite in tondo lavorando 1 giro a maglia bassa. Terminate con 1 maglia bassissima nella 1ª maglia del giro, poi spezzate e fermate il filo.

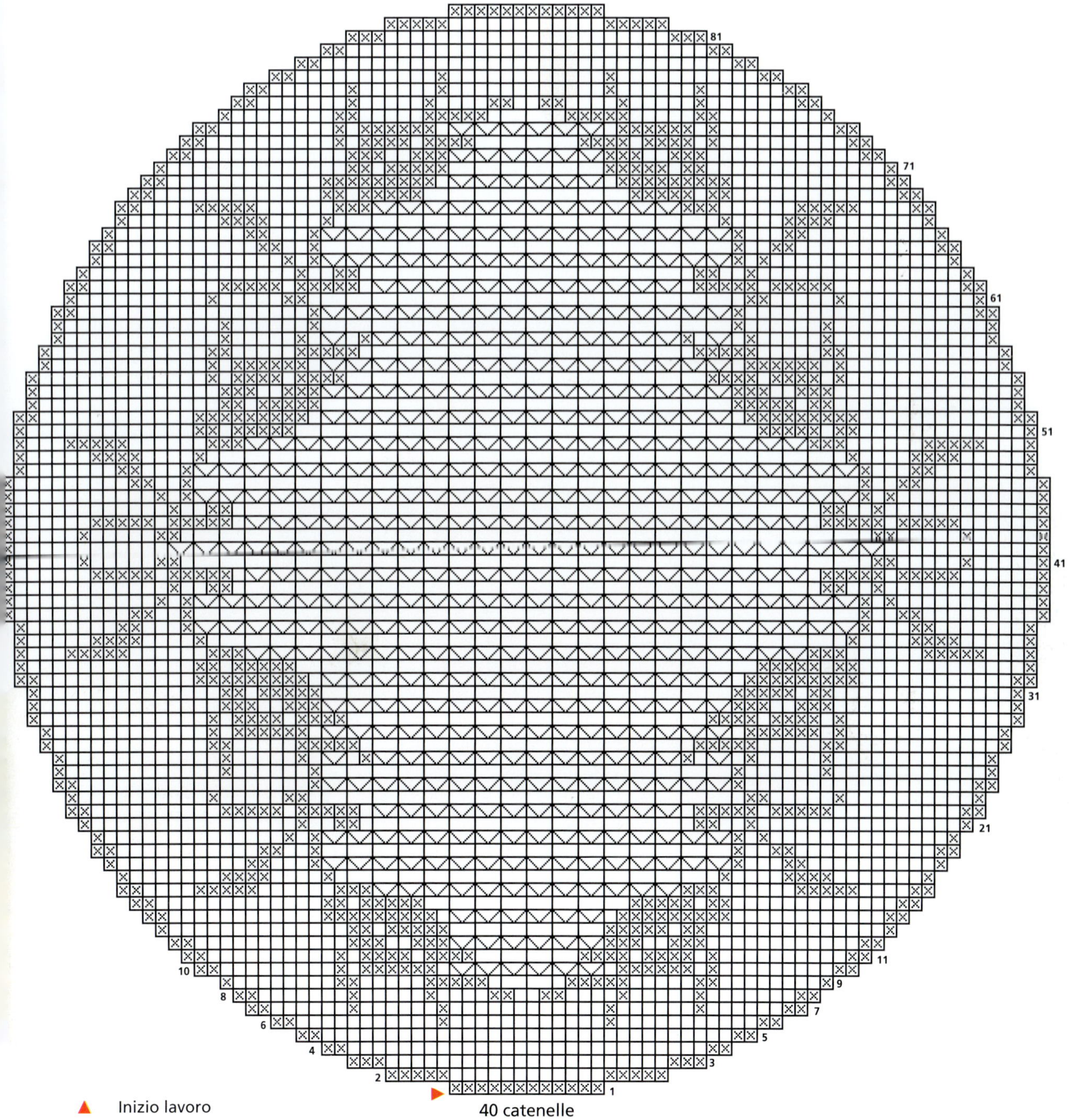

40 catenelle

- Inizio lavoro
- Spazio
- Gruppo
- Spazio di 5 catenelle
- Archetto

Ed ecco un uso originale del centro da riservare a una ricorrenza unica, come un battesimo o un matrimonio: un sacchetto-bomboniera per i confetti da chiudere con un nastrino di raso.

Un Completo per l'Inverno

Caldo e di un bel colore, il rosso, il completo formato da cappotto, berretto e guantini è adatto a tutti i piccolissimi. La lavorazione è la semplicissima maglia legaccio.

OCCORRENTE

- 700/**750**/800 g di lana Misina della Lana Gatto, usata doppia, colore rosso 2317
- ferri n. 4 e n. 4 1/2
- uncinetto n. 3
- 4 bottoni

PUNTI IMPIEGATI

Con i ferri

- maglia legaccio
- maglia rasata

Con l'uncinetto

- catenella
- maglia bassissima
- maglia bassa

CAMPIONE

10 x 10 cm lavorati a m. legaccio con i ferri n. 4 1/2 e la lana doppia = 12 m. e 20 f.

Taglie 9-**12**-18 mesi

Tutte le indicazioni vengono date per 3 taglie; la cifra centrale, quella in **nero** si riferisce al modello-base; la cifra che la precede alla taglia inferiore e l'altra alla taglia superiore; quando vi è un solo numero questo è valido per le 3 taglie.

ESECUZIONE

IL CAPPOTTINO

Dietro: con i ferri n. 4 1/2 avviate 40/**42**/44 m. e lavorate a m. legaccio. A 24/**27**/30 cm, per gli scalfi intrecciate 5 m. da ambo i lati e proseguite diritto. A 35/**39**/43 cm, intrecciate tutte le m.

Davanti sinistro: con i ferri n. 4 1/2 avviate 23/**26**/29 m. e lavorate a m. legaccio. A 13/**15**/17 cm, sul lato sinistro eseguite un occhiello di 2 m. a 4 m. dal margine. Per ciascun occhiello intrecciate 2 m. e avviatele di nuovo nel ferro seguente.

Eseguite altri 3 occhielli, a 12 ferri uno dall'altro.

A 33/**27**/30 cm, per lo scalfo intrecciate 5 m. sul lato destro del lavoro.

A cm 31/**35**/39 cm, per lo scollo intrecciate 8 m. sul lato sinistro poi, ogni 2 ferri, 1 m. per 1 volta.

A 35/**39**/43 cm, intrecciate le 9/**12**/15 m. rimaste per la spalla.

Davanti destro: si lavora come il davanti sinistro, ma in modo simmetrico e senza occhielli.

Maniche: con i ferri n. 4 1/2 avviate 20/**22**/24 m. e lavorate a m. legaccio aumentando, da ambo i lati, ogni 6 ferri, 1 m. per 5/**6**/7 volte. A 21/**23**/26 cm, intrecciate la m.

IL BERRETTINO

Con i ferri n. 4 1/2 avviate 43 m. e lavorate a m. legaccio. A 12 cm distribuite 7 diminuzioni (= 36 m.); nel ferro seguente distribuite 12

Maglia legaccio
Si può lavorare in due modi diversi, ma il risultato è sempre uguale.
1° ferro e tutti i ferri seguenti: a diritto.
1° ferro e tutti i ferri seguenti: a rovescio.

Maglia rasata diritta
Si lavora su un numero di m. pari o dispari.
1° ferro: a diritto.
2° ferro: a rovescio.
Ripetere sempre questi 2 f.

Maglia rasata rovescia
Si lavora su un numero di m. pari o dispari.
1° ferro: a rovescio.
2° ferro: a diritto.
Ripetere sempre questi 2 f.

COME SI FA

La maglia diritta
Puntate il ferro destro nella m. sul ferro sinistro, da davanti verso dietro, avvolgete il filo ed estraete la m. attraverso la m. sul ferro.

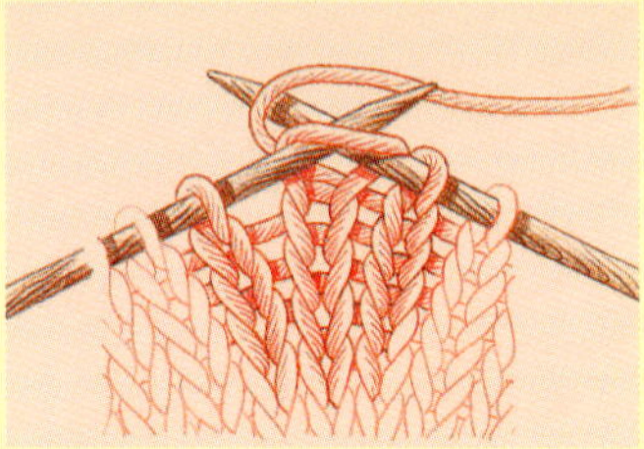

La maglia rovescia
Puntate il ferro destro nella m. sul ferro sinistro, da sotto a sopra, avvolgete il filo ed estraete la m. attraverso la m. sul ferro.

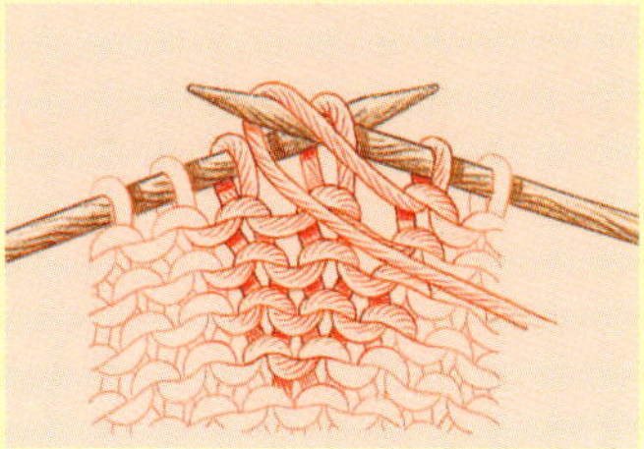

MODELLO E MISURE

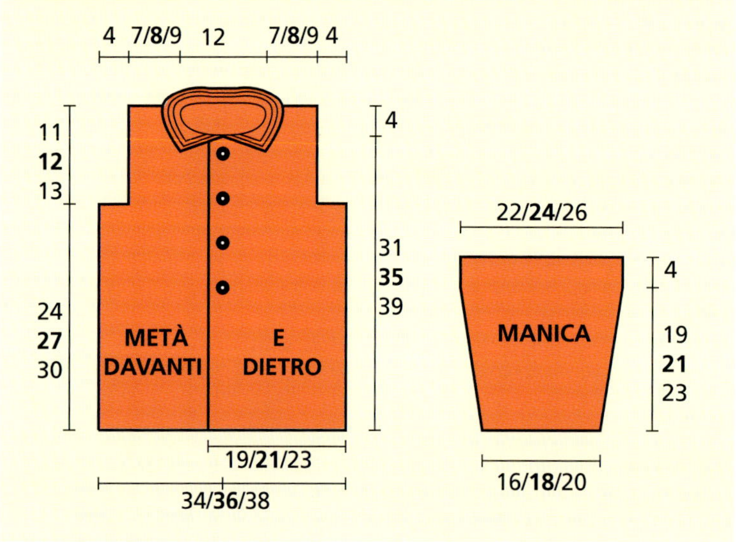

diminuzioni (= 24 m.); nel ferro seguente distribuite altre 12 diminuzioni (= 12 m.); nel ferro seguente dimezzate le m. Al termine sfilate il ferro e passate il filo attraverso le m., tirate e con lo stesso chiudete le m.

I GUANTI

Parte interna del guanto sinistro: con i ferri n. 4 avviate 8 m. e lavorate a m. rasata. A 2 cm lasciate in sospeso le 5 m. sul lato destro e proseguite a m. rasata sulle 3 m. a sinistra per il pollice. Lavorate 14 ferri a m. rasata, poi riprendete le m. in sospeso e lavorate su tutte le m. A cm 9 intrecciate, da ambo i lati, ogni 2 ferri, 1 volta 1 m. e poi le 6 m. in una volta.

Parte interna del guanto destro: si lavora come la sinistra, ma in modo simmetrico.

Il dorso: con i ferri n. 4 avviate 8 m. e lavorate a m. legaccio per 9 cm poi intrecciate, da ambo i lati, ogni 2 ferri, 1 volta 1 m. e le 6 m. rimaste in una volta sola.

CONFEZIONE

IL CAPPOTTINO

Cucite le spalle. Per il colletto riprendete 35 m. lungo lo scollo e lavorate a m. legaccio per 9 cm. Intrecciate le m.

Cucite le maniche lungo l'attaccatura e chiudetele eseguendo le cuciture sul rovescio del lavoro per i primi 6 ferri, per rivoltare i bordi. Cucite i fianchi e attaccate i bottoni in corrispondenza degli occhielli.

IL BERRETTINO

Eseguite una cucitura piatta e invisibile in modo di poter rivoltare il bordo sul diritto.

PUNTI ALTERNATIVI

Punto a rullini regolari
Si lavora su un numero di m. a piacere.
1° e 4° ferro: a diritto.
2° e 3° ferro: a rovescio.
5° ferro: ripetere la lavorazione dal 1° ferro.

Punto a quadrotti
Si lavora su un numero di m. multiplo di 10 + 1.
1°, 3° e 15° ferro: a diritto.
2° ferro e tutti i ferri pari: a rovescio.
Dal **5°** al **13° ferro:** * 3 m. dir., 5 m. rov., 2 m. dir. *; ripetete da * a * e terminate con 1 m. dir.
17° ferro: ripetete dal 1° ferro.

I GUANTI
Cucite i pollici ai lati stringendoli leggermente sulla punta.
Cucite la parte interna al dorso.
Con l'uncinetto eseguite un cordoncino a m. bassissima lungo circa 70 cm e unite le estremità a un lato dei guantini per poterli tenere uniti.

I BOTTONI
Con l'uncinetto e la lana semplice avviate 4 cat. e chiudetele a cerchio con 1 m. bassissima e lavorate nel modo seguente.
1° giro: nel cerchio lavorate 6 m. bs.
2° giro: proseguite a spirale lavorando 2 m. bs. in ciascuna m. (= 12 m. bs.).
3° giro: ★1 m. bs. in 1 m., 2 m. bs. nella m. seguente★ (= 18 m.) o fino ad ottenere il diametro del bottone. **4° giro:** ★1 m. bs. in 1 m., salt. 1 m. (= 9 m.). Inserite il bottone e, con l'ago, stringetevi attorno il rivestimento.

IL TEMPO DELLE ROSE

Tre colori in gradazione per la base del golfino e, ricamati qua e là, dei mazzolini di fiori, soprattutto roselline e non ti scordar di me per vestire di allegria la primavera.

OCCORRENTE

- 300 g complessivi di lana Gomitolo della Lana Gatto, usata tripla, colore verde acqua 2225, celeste 939 e verde chiarissimo 8001
- ferri n. 5 e n. 6
- ago da lana con la punta arrotondata
- filo da ricamo rosa chiarissimo, rosa, celeste, azzurro, giallo, verde chiaro e verde scurissimo

PUNTI IMPIEGATI

Con i ferri

- maglia rasata
- punto coste 3/3: si lavora su un numero di m. pari. **1° ferro:** * 3 m. diritte, 3 m. rovesce*; ripetere da * a * per tutto il ferro. **2° ferro e ferri seguenti:** lavorare le m. come si presentano

Con l'ago

- punto lanciato
- punto margherita

CAMPIONE

10 x 10 cm lavorati a m. legaccio con i ferri n. 6 e la lana tripla

Le indicazioni date valgono per 3 taglie; la cifra **in nero** si riferisce al modello-base; quella che precede alla taglia inferiore e l'altra alla taglia superiore; se vi è un solo numero è valido per le 3 taglie.

ESECUZIONE

Dietro: con la lana verde acqua messa tripla e i ferri n. 5 avviate 63 m. e lavorate con il p. coste 3/3 per 10 ferri, pari a 4 cm. Continuate con i ferri n. 6 a m. rasata diritta per 14 ferri, pari a 7 cm, quindi proseguite con il celeste per complessivi 13/**14**/15 cm. Inserite il nuovo colore poco per volta, lavorando 6-8 o più m. per volta, in modo da avere, alla fine, tre strisce ondulate di altezze differenti. Contemporaneamente, a 23/**25**/27 cm dall'inizio, per gli scalfi intrecciate, da ambo i lati, 1 volta 4 m. e 2 volte 1 m. Proseguite diritto per 14/**15**/16 cm inserendo il verde chiarissimo dopo 4 ferri. A 37/**40**/43 cm dal bordo, lasciate in sospeso tutte le m.

Davanti: si lavora come il dietro fino a 35/**37**/39 cm poi, per lo scollo intrec-

Taglie 8-**10**-12 anni

ciate le 12/**13**/14 m. centrali e proseguite sulle due parti separatamente diminuendo, dal lato della scollatura, ogni 2 ferri, 2 volte 2 m. e 1 volta 1 m. Lavorate ancora 4 ferri, poi lasciate in sospeso le 12/**13**/14 m. rimaste di ciascuna spalla.

Manica destra: con la lana verde acqua e ferri n. 5 avviate 36 m. e lavorate con il p. coste 3/3 per 8 ferri, pari a cm 3. Continuate con i ferri n. 6 a m. rasata, portando il numero delle m. a 66 e, dopo 6 cm, inserite il nuovo colore, continuando con il verde chiarissimo.

Dopo 2 ferri per gli scalfi intrecciate, da ambo i lati, 1 volta 4 m. e poi continuate a diminuite 1 m. fino ad avere 28 m. Nei 2 ferri seguenti chiudete le m. a 2 a 2 fino a rimanere con 6/**7**/8 m. sul ferro. Intrecciate queste m. in una volta sola.

Manica sinistra: si lavora come la destra, ma inserendo il celeste al posto del verde chiarissimo.

Collo: con i ferri n. 5 avviate 67/**69**/71 m. e lavorate a p. coste 3/3 per 10 ferri, poi continuate a m. rasata diritta per 4 ferri aumentando 26/**28**/30 m. nel corso del 1° ferro (1 m. ogni 2 m.). Intrecciate le m. sul rovescio del lavoro.

RICAMO

Con 6 fili di cotone da ricamo in due tonalità di colore, il chiaro all'esterno e quello più scuro all'interno, ricamare una rosellina a p. lanciati al centro di ogni costa di 3 m. diritte delle maniche e del collo, tutt'attorno 6 foglioline a p. margherita con il verde scurissimo.

Sulle linee di divisione dei colori, ricamare le roselline con le due tonalità di rosa, i nontiscordardime in azzurro e celeste con il centro in giallo, le foglioline sempre con il verde scurissimo a p. margherita.

COME SI FA

Il punto lanciato

Iniziate il fiore dal centro: eseguite una serie di punti, all'inizio piccoli, poi sempre più lunghi, in giri concentrici, alternando i colori rosa chiaro e rosa intenso, fino ad ottenere una rosellina della grandezza desiderata.

Il punto margherita

Per le foglioline: uscire con l'ago sul diritto del lavoro, rientrare nello stesso foro della 1ª uscita, poi uscire pochi fili più in basso, tenendo il filo sotto la punta (disegno 1). Tirare la gugliata e con un piccolo punto fissare il cappio e, contemporaneamente, puntare l'ago alla base del petalo successivo (disegno 2).

1

2

CONFEZIONE

Cucire le m. delle spalle a p. maglia con l'ago e i fianchi con una cucitura piatta. Chiudere le maniche e cucirle agli scalfi. Partendo da una spalla, attaccare il collo allo scollo, lasciando la parte lavorata a m. rasata verso l'alto.

MODELLO E MISURE

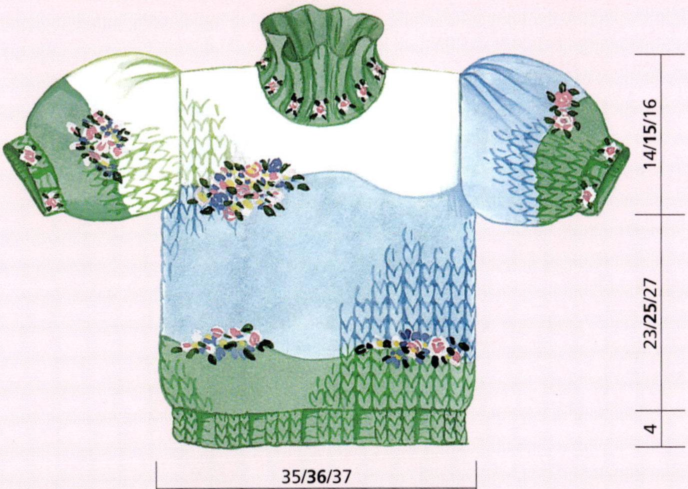

CARDIGAN CLASSICO

Un modello tradizionale lavorato a costa inglese, punto classico e sportivo, ma con eleganza.

OCCORRENTE

- 700/750/800 g di lana Woolgatto della Lana Gatto, usata doppia, color marron glacé 2291 (in alternativa: ecrù 20495, verde scuro 2156, cammello 2007)
- ferri n. 4 e n. 4 1/2
- 5 bottoni

PUNTI IMPIEGATI

- maglia tubolare (avvio e chiusura)
- costa inglese
- punto coste 3/3

CAMPIONE

10 x 10 cm lavorati con i ferri n. 4 1/2 a costa inglese e la lana messa doppia = 14 maglie e 35 ferri

Taglie 42-44-46

Il capo è interamente lavorato a costa inglese, mentre la scollatura a V è rifinita da un bordo a coste 3/3, lavorato a parte e poi cucito a punto indietro lungo i margini e di cui si può vedere il particolare nel riquadro a lato. Gli scalfi e le maniche sono a giro, le tasche applicate. Con i tre gomitoli in questa pagina proponiamo una variante classica per realizzare il cardigan in écru, color cammello e verde bottiglia. Tutte le indicazioni vengono date per tre taglie. Il numero in **nero** si riferisce al modello-base fotografato, gli altri due rispettivamente alla taglia inferiore e a quella superiore.

ESECUZIONE

Dietro: con i ferri n. 4 1/2 avviate 71/**75**/79 m. e lavorate 2 ferri a m. tubolare.

Proseguite a costa inglese e, a 37/**39**/41 cm dal bordo, per gli scalfi diminuite ai lati, ogni 4 ferri, 2 m. per 5 volte (eseguite le diminuzioni sul diritto del lavoro all'interno di 5 m.): sul lato destro lavorate 3 m. inserite a diritto; sul lato sinistro un'accavallata doppia. A 61/**63**/65 cm intrecciare le m.

Davanti sinistro: con i ferri n. 4 1/2 avviate 33/ **37**/41 m. e lavorate 2 ferri a m. tubolare.

Proseguite a costa inglese e a 37/**39**/41 cm dal bordo eseguite lo scalfo sul lato destro, come fatto per il dietro. Sull'altro lato, per la scollatura intrecciate, ogni 10 ferri, 2 m. per 6 volte.

Eseguite le diminuzioni all'interno di 5 m.

A 61/**63**/65 cm intrecciate le m. della spalla.

Davanti destro: si lavora come il sinistro, ma in modo simmetrico.

Maniche: con i ferri n. 4 avviate 35 m. e lavorate 2 ferri a m. tubolare e 10 ferri a costa inglese.

Proseguite con i ferri n. 4 1/2 a costa inglese, aumentando, ai lati, ogni 8 ferri, 1 m. per 12/**14**/16 volte.

A 33/**35**/37 cm dal bordo, per gli scalfi diminuite, ai lati, ogni 4 ferri, 2 m. per 11/**12**/13 volte (eseguite le diminuzioni sui margini).

A 47/**50**/53 cm dal bordo, intrecciate le 15 m.

Bordo della scollatura: con i ferri n. 4 avviate 191/**197**/203 m. e lavorate 4 ferri a m. tubolare e 8 ferri a p. coste 3/3, iniziando e terminando il ferro con 1 m. rovescia.

Nel corso del 5° ferro, sul lato destro, eseguite 5 occhielli orizzontali, il 1° a 6 m. dall'inizio e gli altri alla distanza di 11 m. uno dall'altro: per ciascun occhiello intrecciate 2 m. e avviatele a nuovo nel ferro seguente.

MODELLO E MISURE

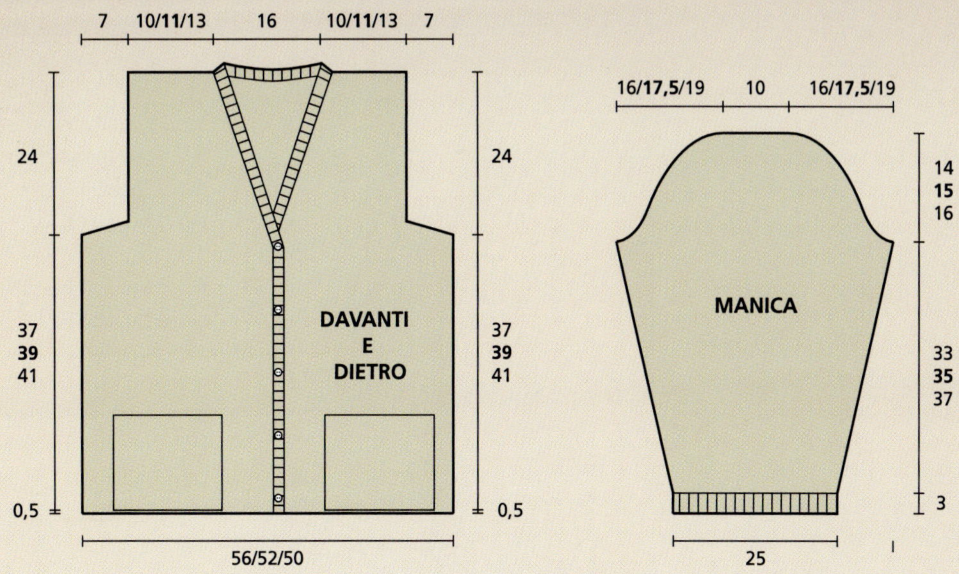

A 3,5 cm intrecciate senza tirare troppo il filo, lasciando l'intreccio morbido.
Tasche: con i ferri n. 4 1/2 avviate 23 m. e lavorate 50 ferri a costa inglese. Intrecciate le m.

CONFEZIONE

Cucite le spalle, le maniche lungo gli scalfi, i sottomanica e i fianchi.
Applicate il bordo lungo la scollatura, puntandolo con gli spilli alle due estremità dei davanti e facendo in modo che l'ultimo occhiello corrisponda con l'inizio della scollatura, quindi cucitelo con punti indietro.
Applicate le tasche con punti nascosti, lungo il 2° ferro dei due davanti, alla distanza di 8 m. dall'apertura.

UN CONSIGLIO

Per calcolare con esattezza quanti centimetri deve essere lungo il bordo di rifinitura da eseguire a parte, indossate il capo già cucito e appoggiatevi sopra un metro a nastro, facendo in modo che un lato sia a filo con l'inizio del lavoro; misurate la lunghezza totale. Se il bordo è ripreso, prima di procedere alla ripresa delle maglie tagliate un pezzo di fettuccia e imbastitela lungo i margini aggiustandola man mano: vi servirà come base fino al termine del lavoro.

I BORDI RIPRESI

Il bordo che rifinisce un capo lavorato ai ferri ne determina anche l'effetto finale: infatti, se è ben eseguito valorizza l'intero lavoro.
Tutti i bordi, non solo quelli dei davanti e dello scollo, ma anche quelli dei polsi e delle tasche, possono essere eseguiti separatamente e quindi cuciti sui margini, oppure ripresi sulle parti da rifinire e poi lavorati.

I BORDI PER LA SCOLLATURA

Il punto scelto per la rifinitura deve essere compatibile con il modello e con il punto utilizzato. In genere è lo stesso dei bordi di inizio.
Se il modello è sportivo, ha bisogno di un punto elastico, come le coste, semplici o doppie, ma anche la m. tubolare. Se invece il modello è elegante, è preferibile scegliere un punto decorativo come la m. legaccio o la grana di riso. Anche il filato con cui viene eseguita la rifinitura è importante: se è sottile, si può eseguire un bordo ripreso; se invece è grosso, è meglio eseguire un bordo cucito.
La scelta della chiusura finale del bordo è legata al tipo di lavorazione: la m. legaccio normalmente si chiude con i ferri, mentre la m. tu-

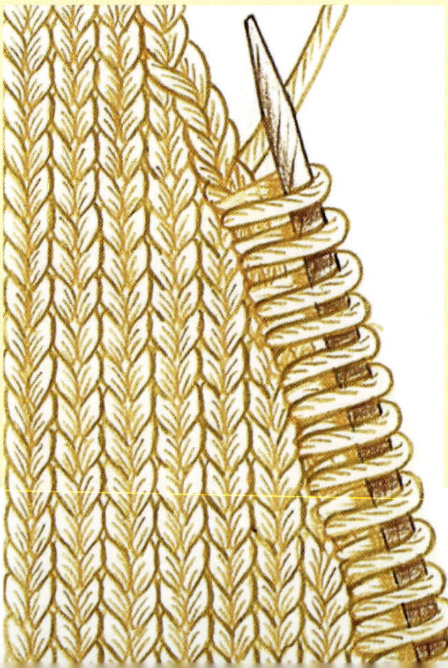

Come riprendere le maglie sul margine

Puntate l'uncinetto attraverso le maglie del vivagno, estraetele dalle asole e quindi mettetele direttamente sul ferro con il quale lavorerete il bordo.

Il bordo è lavorato per 6 ferri a p. coste 1/1; l'intreccio è normale.

Il bordo è lavorato per 6 ferri a m. legaccio; l'intreccio è normale.

Il bordo è lavorato per 6 ferri a p. coste 2/2; l'intreccio è normale.

bolare, essendo un punto elastico, si chiude con l'ago.

QUALCHE ESEMPIO

Per facilitare la ripresa delle m., bisogna eseguire un vivagno regolare durante la realizzazione del capo. Per ottenere questo risultato, lavorate a diritto la 1ª e l'ultima m. dei ferri a diritto e a rovescio la 1ª e l'ultima m. dei ferri a rovescio, tenendo il filo moderatamente tirato.

Per avere un margine ben rifinito, non iniziate a riprendere le m. sulla 1ª m., ma su metà della 2ª m. e lavorate come stabilito, eseguendo eventuali aumenti e diminuzioni all'interno di 2-3 m.

Al termine della lavorazione del bordo, intrecciate le m. sul rovescio, lavorandole così come si presentano.

STILE IRLANDA

Un rustico maglione che ricorda l'antica tradizione irlandese, realizzato oggi con una lana soffice e calda.

Taglia 46

OCCORRENTE

- 700 g di lana Superalpaca della Lana Gatto, colore naturale 3114 (in alternativa: grigio chiaro 3106, grigio 4001, azzurro 3708)
- ferri n. 4
- ferro ausiliario

PUNTI IMPIEGATI

- maglia tubolare (avvio)
- maglia rasata
- fantasia di punti irlandesi (si lavorano seguendo gli schemi della pagina successiva e la legenda riportata a fronte)

CAMPIONI

10 x 10 cm lavorati con il punto diagonale = 23 m. e 23 f.
10 x 10 cm lavorati con gli altri punti = 29 m. e 24 f.

Nel riquadro il modello visto dietro.

Il modello è ampio, con un alto bordo che fascia i fianchi e un collo breve. Le maniche hanno un alto polso che si risvolta sul diritto. La lavorazione a coste, trecce e noccioline forma i motivi noti in tutto il mondo.

MODELLO E MISURE

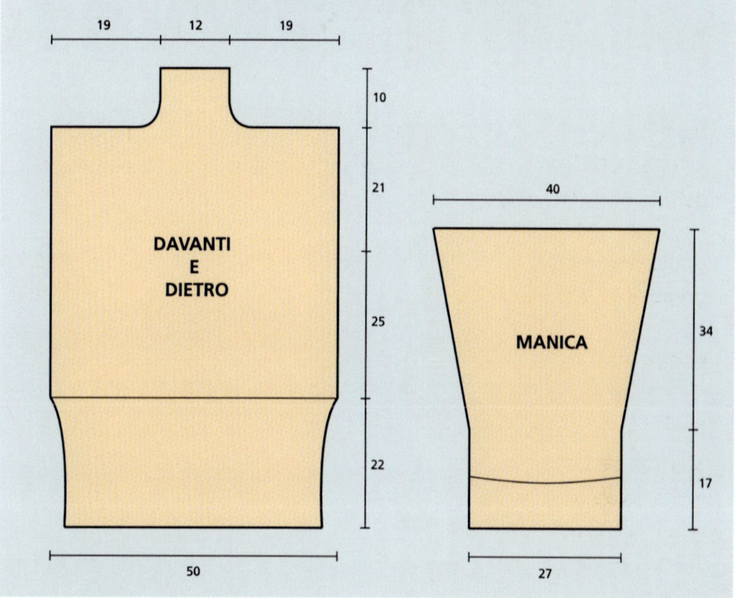

ESECUZIONE

Dietro: avviate 109 m. e lavorate 5 ferri a m. tubolare, 1 ferro a rov. sul rov. del lavoro e 72 ferri con il p. a coste passate e trecce (v. schema n. 1); terminate con 5 m. a coste passate invece di 6, per un totale di 21 cm.
Lasciate il bordo in sospeso e, a parte, avviate 109 m. e lavorate con il

COME SI LEGGONO I SIMBOLI

ı = 1 m. dir. – = 1 m. rov.

○ = 1 gett. ℓ = 1 m. dir. rit.

ɗ = 1 m. rov. rit. ⋌ = 2 m. ins. a dir.

⋋ = 1 accavallata semplice (passare 1 m., lav. la m. seg. a dir. e accavallare la m. passata sulla m. dir.)

∧ = 1 aum. a rov. rit. (lav. 1 nuova m. a rov. rit. nel filo che unisce 2 m.)

⋀ = 1 accavallata doppia con m. centrale (passare 1 m., lav. le 2 m. seg. ins. a dir. e accavallare la m. passata sulle 2 m. ins.)

⌒ = 1 m. passata (passare 1 m. tenendo il filo dietro il lavoro)

⁄ = 2 m. incrociate a destra (lav. a dir. la 2ª m. sul ferro sinistro, prendendola dav. alla 1ª, lav. a dir. la 1ª m. e far cadere le 2 m. dal f.)

∖ = 2 m. incrociate a sinistra (lav. a dir. la 2ª m. sul ferro sinistro, prendendola dietro alla 1ª, lav. a dir. la 1ª m. e far cadere le 2 m. dal ferro)

∖ = 3 m. incrociate a sinistra (mettere 2 m. in sosp. dav. al lav., lav. a rov. la m. seg. e a dir. le 2 m. in sosp.)

⁄ = 3 m. incrociate a destra (mettere 1 m. in sosp. dietro al lav., lav. a dir. le 2 m. seg. e a rov. la m. in sosp.)

⁄ = 5 m. incrociate a destra (mettere 2 m. in sosp. dietro al lav., lav. a dir. le 3 m. seg. e le 2 m. in sosp.)

⁄ = 6 m. incrociate a destra (mettere 3 m. in sosp. dietro al lavoro, lav. a dir. le 3 m. seg. e le 3 m. in sosp.)

∖ = 6 m. incrociate a sinistra (mettere 3 m. in sosp. dav. al lav., lav. a dir. le 3 m. seg. e le 3 m. in sosp.)

∖ = 12 m. incrociate a sinistra (mettere 6 m. in sosp. dav. al lavoro, lav. a dir. le 6 m. seg. e le 6 m. in sosp.)

● = 1 nocciolina a diritto (in 1 m. lav. 5 m. dir., alternando 1 m. presa davanti e 1 m. presa dietro; volt. e lav. 5 m. a rov.; volt. e lav. un'acc. semplice, 1 m. dir., 2 m. ins. a dir.; volt. e lav. 2 m. ins. a rov., 1 m. rov.; volt. e lav. un'acc. semplice)

⊖ = 1 nocciolina a rovescio (in 1 m. lav. 5 m. dir., alternando 1 m. presa davanti e 1 m. presa dietro; volt. e lav. 5 m. dir.; volt. e lav. 5 m. ins. a dir.)

Trecce a coste passate

1

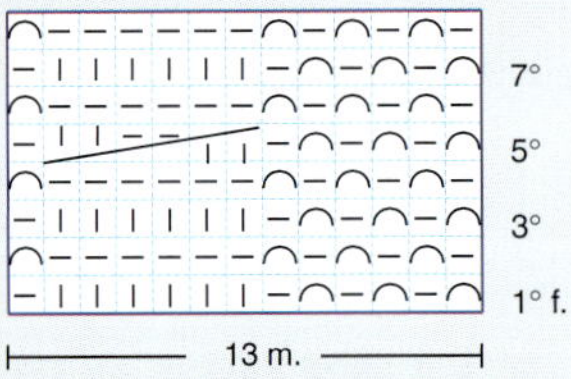

Ripetere dal 1° all'8° f.

Trecce doppie

2

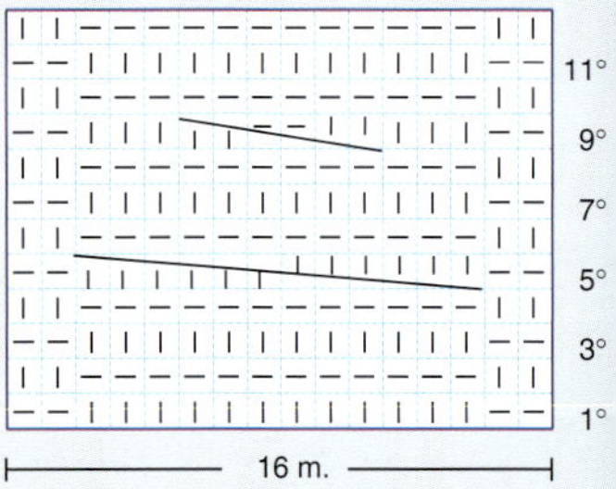

Ripetere dal 5° al 12 f.

Diagonale a sinistra

3

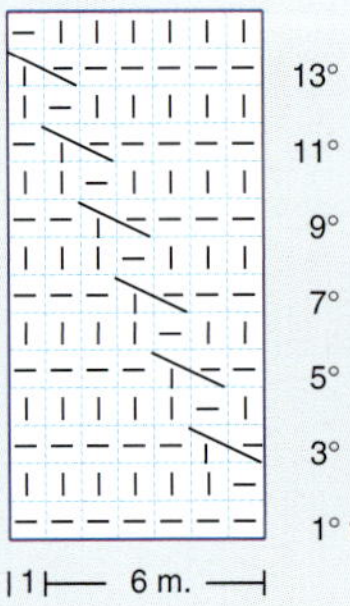

Ripetere dal 3° al 14 f.

Diagonale a destra

4

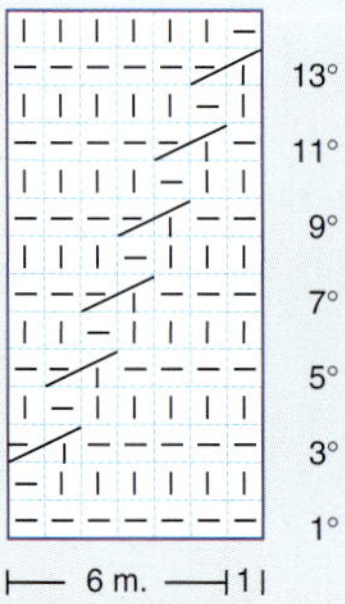

Ripetere dal 3° al 14 f.

Noccioline alternate

5

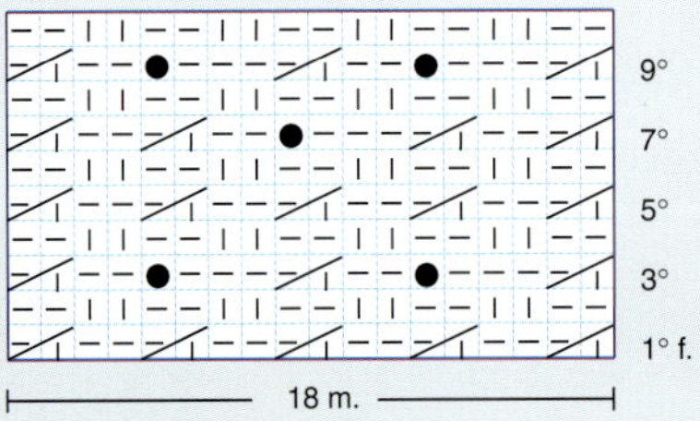

Ripetere dal 5° al 10 f.

Noccioline incolonnate

6

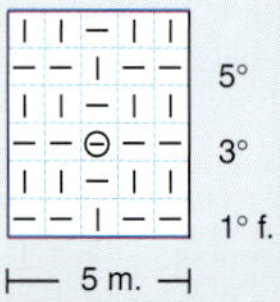

Ripetere dal 1° al 6° f.

Punto spighe

7

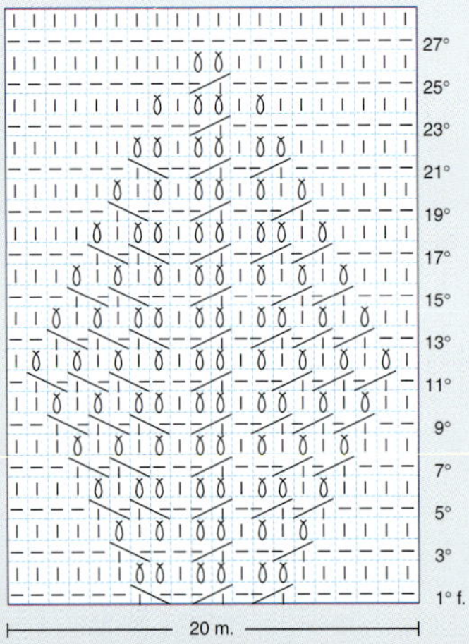

Ripetere dal 3° al 22 f.

Punto foglie

8

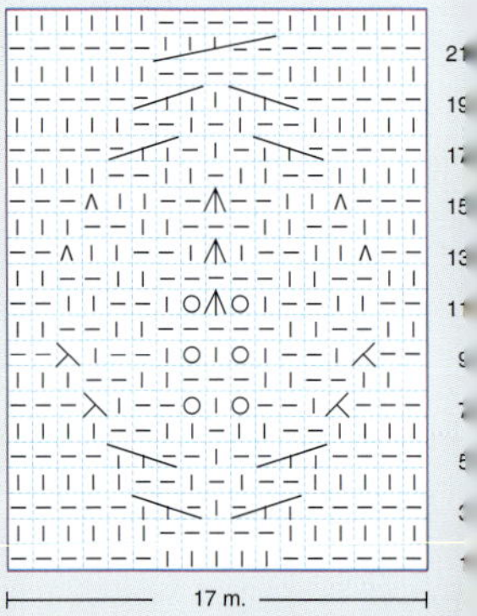

Ripetere dal 3° al 22 f.

Ogni quadretto corrisponde a 1 m. e 1 f.

punto diagonale a sinistra (v. schema n. 3), distribuendo 6 aumenti nel 1° ferro (= 115 m.).
A 46 cm dal bordo, per le spalle intrecciare ai lati, ogni 2 ferri, 15 m. per 3 volte.
Per il collo lavorate sulle 25 m. centrali con il p. diagonale per cm 10. Intrecciate le m.
Davanti: lavorate il bordo come il dietro, poi avviate a nuovo le m. distribuendo 35 aumenti nel 1° ferro (= 144 m.) e impostate le m. nel seguente modo: 1 m. di vivagno, 16 m. con le trecce doppie (v. schema n. 2), 18 m. con le noccioline alternate (schema n. 5), 17 m. con il p. foglie (v. schema n. 8), 3 m. a m. rasata, 5 m. con le noccioline incolonnate (v. schema n. 6), 2 m. a m. rasata, 20 m. con il p. spighe (v. schema n. 7), 2 m. a m. rasata, 5 m. con le noccioline incolonnate, 3 m. a m. rasata, 17 m. con il p. foglie, 18 m. con le noccioline alternate, 16 m. con le trecce doppie e 1 m. di vivagno.
A 46 cm dal bordo, intrecciate per le spalle, ogni 2 ferri, 2 volte 17 m. e 1 volta 16 m.
Per il collo, continuate la lavorazione sulle 44 m. centrali e dopo 10 cm, intrecciate le m.
Maniche: avviate 68 m. e lavorate 5 ferri a m. tubolare e 1 ferro a rov. sul rov. del lavoro.
Continuate distribuendo 10 aumenti nel 1° ferro (= 78 m.) e lavorate sul rov. 32 ferri con il p. a coste passate e trecce, poi proseguite sul diritto impostando le m. nel seguente modo: 1 m. di vivagno, 18 m. con il p. diagonale a destra (v. schema n. 4), 3 m. a m. rasata, 5 m. con le noccioline incolonnate, 2 m. a m. rasata, 20 m. con il p. spighe, 2 m. a m. rasata, 5 m. con le noccioline incolonnate, 3 m. a m. rasata, 18 m. con il p. diagonale a sinistra, 1 m. di vivagno.
Su entrambi i lati aumentate, ogni 6 ferri, 1 m. per 12 volte (= 102 m.) e a 34 cm dal bordo, intrecciate le m.

CONFEZIONE

Cucite le spalle e il collo ai lati, le maniche lungo l'attaccatura, i fianchi e i sottomanica.
Ripiegate la parte lavorata a rovescio sul diritto della manica.

ALTRE PROPOSTE

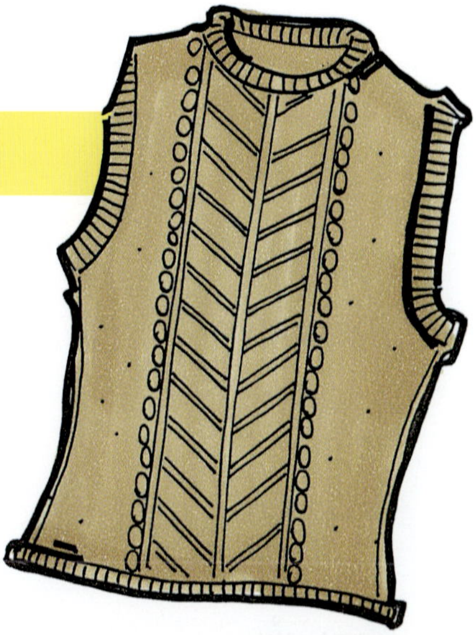

Per lei, un gilet a girocollo e senza maniche. Al centro del capo due motivi in diagonale che formano una spina di pesce. Ai lati, una fila di noccioline mette in risalto la lavorazione.

La sciarpa ha tre lavorazioni: le trecce e le coste passate sul lato destro, il punto diagonale sul lato sinistro e, al centro, una fila di noccioline incolonnate su una base a m. rasata.

Per lui, un maglione con chiusura a cerniera. Sul davanti, una striscia in diagonale, lavorata con diversi punti proposti. Tutti i bordi sono lavorati a coste passate.

OCCORRENTE

- residui di lana nei colori nero e marrone
- ferri n. 6
- ago da ricamo con punta arrotondata

PUNTI IMPIEGATI

- punto catenella
- punto lanciato
- punto raso

IL MACULATO

Con tre punti di facile esecuzione e lana di vari colori potete rinnovare un capo a cui siete particolarmente affezionate.

Il tradizionale golf con collo a lupetto è stato rinnovato applicando attorno allo scollo un ricamo a macchie irregolari di due colori.
Lo stesso motivo maculato si può realizzare anche in orizzontale, ripetendo più volte lo schema riportato nella pagina a fronte. Infiniti gli abbinamenti di colore che si possono impiegare. Oltre al tradizionale marrone e nero, di grande effetto sono anche il verde e nero e il celeste e blu, utilizzati nei modelli illustrati qui sotto.

otocopiate il disegno,
grandendolo finché ogni
uadretto misuri 1 cm di lato.
l termine, ricalcate sul cencio
ella nonna il disegno ottenuto.

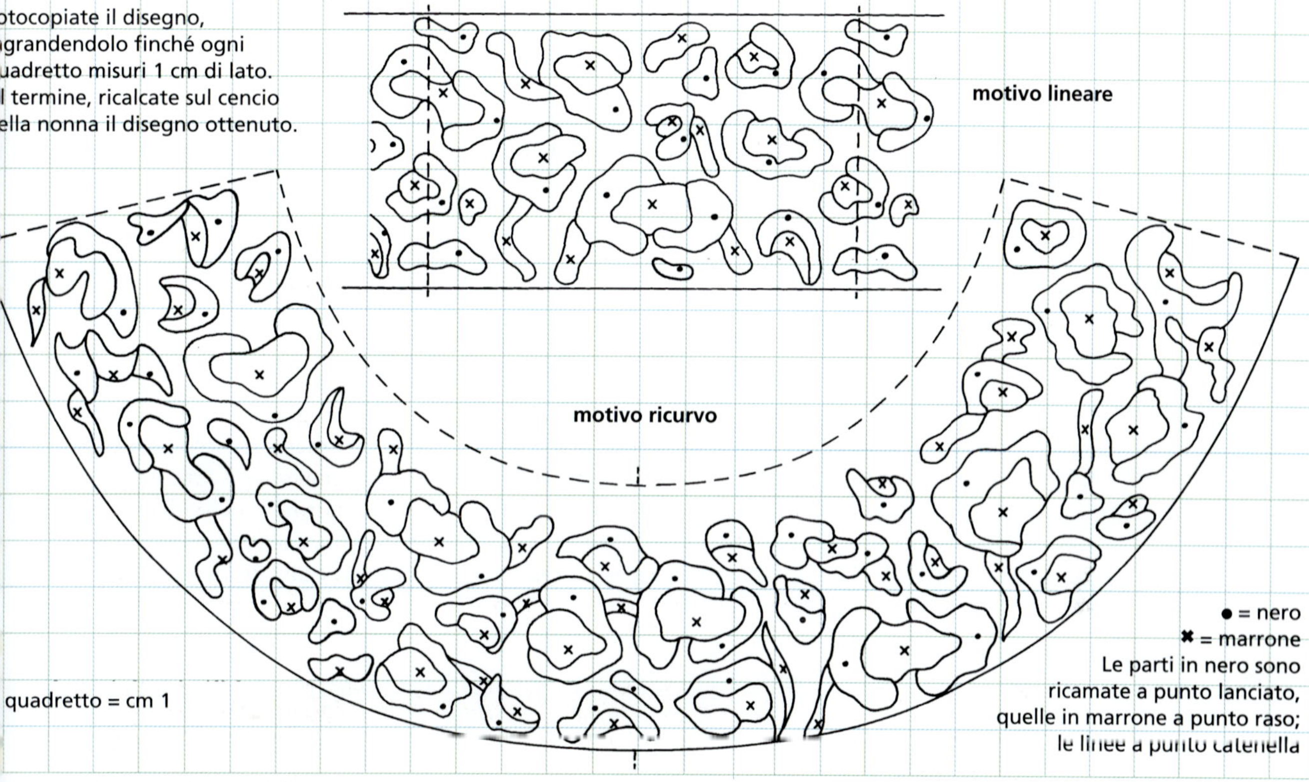

LA TECNICA

Come si ricama il cencio della nonna

Dopo aver ingrandito il disegno, utilizzando un foglio di carta carbone riportatelo sul cencio della nonna e imbastitelo nella posizione desiderata con piccoli punti di impuntura (disegno 1). Seguendo la legenda, ricamate i vari motivi in nero e marrone prendendo sia la stoffa sia la maglia sottostante (disegno 2). A ricamo ultimato, con una pinzetta sfilate uno alla volta i fili del cencio (disegno 3).

COME SI FA

Punto lanciato

Puntate l'ago diagonalmente dall'alto verso il basso ed eseguite tanti punti ravvicinati e ben allineati.

Punto raso

Si lavora da sinistra verso destra e viceversa. Eseguite una fila di punti lanciati irregolari, alternandone uno lungo e uno corto (1); quindi fate un'altra fila, scambiando la disposizione dei punti rispetto ai precedenti (2).

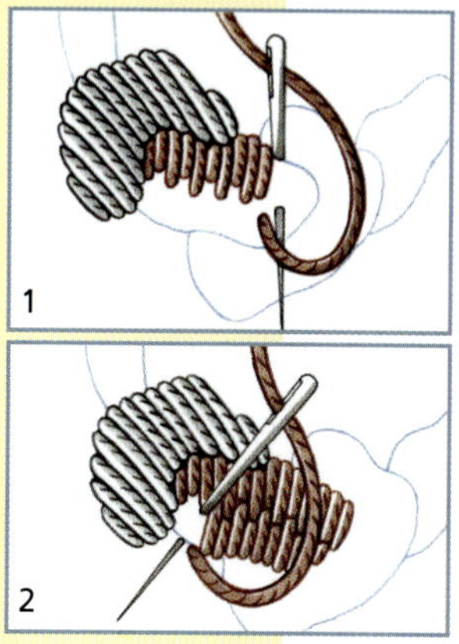

Punto catenella

Fate uscire l'ago sul diritto, inseritelo nel medesimo foro e fatelo uscire pochi fili più avanti tenendo il filo sotto la punta dell'ago per formare un cappio.

QUALCHE RIGA PER CAMBIARE

Facilissimo da realizzare il pull scollato a V, lavorato a maglia rasata e arricchito con l'inserimento di righe colorate, tono su tono, e di fiorellini ricamati a punto margherita.

Taglia 44

OCCORRENTE

- 400 g di Alpaca Gatto della Lana Gatto, messa quadrupla, colore marrone n. 3103
- un po' di lana nei colori salmone e albicocca; mohair arancio e beige chiaro
- ferri n. 6
- ago da ricamo con punta arrotondata

PUNTI IMPIEGATI

Con i ferri

- maglia rasata
- maglia legaccio
- grana di riso

Con l'ago

- punto margherita

CAMPIONE

10 x 10 lavorati a m. rasata = 12 m. e 16 f.

ESECUZIONE

Si lavora con il marrone, sempre a m. rasata, tranne poche righe a grana di riso e alcuni inserti (cuore e stemma). Spalle e i bordi di rifinitura sono a m. legaccio. Sono state inserite righe irregolari, normalmente di 2 ferri ciascuna, lavorate con i seguenti colori: salmone (1), albicocca (2), salmone e albicocca uniti (3), mohair arancio (4) e mohair beige (5). Durante il cambio di colore, tenete il capo dei fili, sempre della stessa lunghezza, sul diritto del lavoro e annodateli.

Dietro: avviate 49 m. con il marrone e lavorate a m. legaccio per 3 cm (= 6 ferri). Proseguite a m. rasata, lavorando 12 m. con il marrone e le rimanenti con **1**. Lavorate 4 ferri con il marrone, poi inserite sulle 18 m. centrali il **5**.

Per il cuore a m. legaccio: nel ferro di ritorno lavorate la 6ª m. a diritto, poi continuate portando il numero delle m. a 3 nel 3° ferro, a 5 nel 5° ferro, a 7 nel 7° e 9° ferro e nell'11° ferro lavorate 3 m. a legaccio, 1 m. a m.

1

2

rasata e 3 m. a legaccio. Proseguite a m. rasata.
Dopo 6 ferri inserite il **3**: 2 ferri sulle prime 22 m. e 2 sulle prime 36 e, dopo altri 6 ferri, lavorate 4 ferri con **1**: 2 ferri sulle ultime 34 m. e 2 su tutte.
Dopo 8 ferri lavorate 2 ferri a grana di riso con **1** e, dopo altri 8 ferri, lavorate 4 ferri con il **3**: 2 ferri sulle prime 30 m. e 2 sulle prime 20.
Dopo 6 ferri lavorate 4 ferri con il **5**: 2 ferri sulle ultime 30 m. e 2 sulle ultime 22.
Dopo 8 ferri lavorate con il **4** sulle prime 33 m.
Proseguite con il marrone per 10 ferri poi, a 40 cm dall'inizio, lavorate la 1ª e ultima m. a legaccio; continuate aumentando di 1 m. le m. ai lati, fino ad avere 18 m. a legaccio e le 13 centrali, a m. rasata.
A 60 cm intrecciate le m.
Davanti: avviate 56 m. con il marrone e lavorate a m. legaccio per 3 cm (= 6 ferri). Proseguite a m. rasata per 4 ferri; poi inserite il colore **1** sulle ultime 52 m.
Per lo stemma a m. rasata rovescia: dopo 2 ferri lavorate a m. rasata rovescia la 39ª m. e continuate aumentando le m. rovesce a 3 nel 3° ferro, a 5 nel 5° ferro, fino ad avere 13 m. Proseguite per 6 ferri e tornate alla m. rasata.
Contemporaneamente, dopo 4 ferri, inserite il **4**: sulle 12 m. dopo 8 m. e, dopo 4 ferri, il **3** sulle prime 26 m.
Per il rombo a grana di riso: dopo 2 ferri iniziate sulla 13ª m. il rombo (9 m. x 16 f.).
Dopo 8 ferri lavorate con il **3** sulle ultime 32 m. e dopo 4 ferri lavorate con il **5** sulle 12 m. centrali.
Dopo 6 ferri dall'ultima riga, lavorate 4 ferri con il **3**: 2 ferri sulle ultime 36 m. e 2 sulle ultime 32.
Proseguite con il marrone a m. rasata per 20 ferri, poi lavorate le 5 m. centrali a m. legaccio per la scollatura.
Nel ferro seguente dividete il lavoro a metà, intrecciando la m. centrale e proseguite sulle due parti lavorando le ultime e prime 3 m. a m. legaccio per il bordo. All'interno delle 3 m. a legaccio, diminuite 1 m. ogni 2 ferri per 5 volte, quindi proseguite diritto fino alle spalle.
A 40 cm, all'inizio e alla fine del ferro, iniziate la m. legaccio come per il dietro. A 50 cm intrecciate le 18 m. rimaste.
Maniche: avviate 30 m. e lavorate il bordo come per il dietro.
Proseguite a m. rasata eseguendo, dopo 2 ferri il cuore a m. legaccio come spiegato per il dietro.
Nel ferro seguente lavorate con **1** sulle 13 m. iniziali e, nel ferro seguente, con il **5**: 2 ferri sulle 12 m. finali e 2 sulle 16 finali.
Dopo 4 ferri lavorate con il **3** sulle 26 m. iniziali e, dopo 6 ferri, 4 ferri con **1** su tutte le m.
Dopo 6 ferri lavorate 4 ferri a grana di riso con **1** su tutte le m. e, dopo 4 ferri, con il **5**: 2 ferri sulle 24 m. finali e 2 sulle 27 finali. Dopo 4 ferri lavorate con il **3**: 2 ferri sulle 18 m. centrali e 2 su tutte le m.
Dopo 6 ferri unite 1 filo del **2** al marrone e lavorate 4 ferri su tutte le m. e, dopo 2 ferri, lavorate con il **5** sulle prime 38 m.
Continuate con il marrone a m. rasata per 16 ferri, aumentando, da entrambi i lati, 1 m. ogni 10 ferri per 8 volte.
A 50 cm intrecciate le m.

CONFEZIONE

Con 2 fili del **4** ricamate i fiori a p. margherita: 5 sul davanti e 1 su ciascuna manica.
Per fare il punto margherita, uscite con l'ago sul diritto, inseritelo nello stesso punto e fatelo uscire poco sopra; poi, tenendo il filo sotto la punta, tiratelo e fermatelo con un piccolo punto (disegno 1, in alto).
Cucite i fianchi e le spalle a p. indietro. Chiudete le maniche e attaccatele agli scalfi, sempre a p. indietro.

MODELLO E MISURE

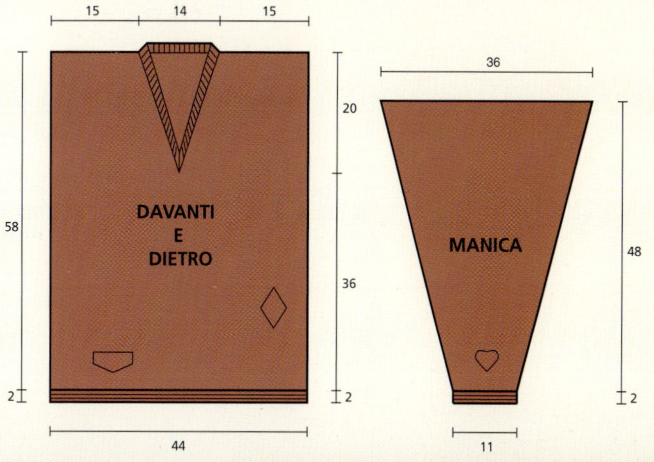

Scollature Ricamate

OCCORRENTE

- 300 g di lana Woolgatto della Lana Gatto, colore aviazione 20508
- ferri n. 4 • uncinetto n. 4
- ago da ricamo con punta arrotondata
- qualche gugliata di lana nei colori celeste chiaro, azzurro intenso, blu, écru
- cencio della nonna

PUNTI IMPIEGATI

Con i ferri

- maglia rasata

Con l'uncinetto

- ventaglietti

Con l'ago

- punto erba • punto lanciato
- punto nodini • punto indietro

CAMPIONE

10 x 10 cm lavorati a m. rasata = 18 m. e 26 f.

CONFEZIONE

Dietro: avviate 76 m. e lavorate a m. rasata per 2 cm. Fate un ferro a rovescio sul diritto del lavoro e proseguite a m. rasata diminuendo, da ambo i lati, 1 m. ogni 8 ferri per 4 volte (= 68 m.) all'interno delle prime e ultime 2 m. Dopo 8 ferri aumentate, da ambo i lati, 1 m. ogni 8 ferri per 4 volte (= 76 m.).

Per gli scalfi, a 40 cm di altezza totale intrecciate 2 m. poi, ogni 2 ferri, 2 volte 1 m., sempre all'interno delle prime e ultime 2 m.

Proseguite diritto e, a 19 cm dall'inizio degli scalfi, lasciate in sospeso le prime e ultime 22 m. per le spalle e intrecciate le 24 m. centrali per lo scollo.

Davanti: avviate 82 m. e lavorate come il dietro fino agli scalfi. Intrecciate 4 m. poi diminuite, ogni 2 ferri, 1 volta 2 m. e 1 volta 1 m. Contemporaneamente, per la scollatura dividete il lavoro a metà e continuate sulle due parti separatamente, diminuendo 1 m. ogni 4 ferri per 12 volte.

A 19 cm dall'inizio degli scalfi, lasciate in sospeso le m. della spalla.

Maniche: avviate 40 m. e lavorate il bordino come per il dietro. Proseguite aumentando, da ambo i lati, 1 m. ogni 12 ferri per 7 volte.

A 13 cm di altezza totale, eseguite gli scalfi come per il dietro e per il davanti. Proseguite diminuendo 1 m. da ambo i lati, ogni 2 ferri, fino ad avere 5 m. sul ferro. Intrecciate.

CONFEZIONE

Piegate i bordini sul fondo del dietro, del davanti e delle maniche lungo il ferro rovescio e cuciteli con punti nascosti.

Cucite le m. delle spalle a p. maglia con l'ago.

Rifinite la scollatura con 1 giro a m. basse e 1 giro con il p. ventaglietti nel seguente modo: *1 m. bassa al centro della scollatura, saltate 2 m.

MODELLO E MISURE

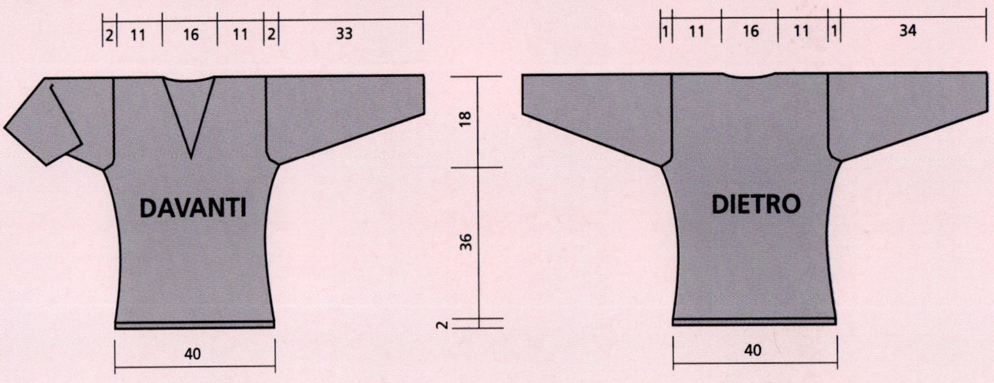

di base, 5 m. alte puntando l'uncinetto sempre nella stessa m. di base*; ripetete da * a * lungo tutta la scollatura.
Al termine cucite i fianchi. Chiudete e montate le maniche.

RICAMO

Per ricamare la scollatura, riportate il motivo sul cencio della nonna e imbastitelo lungo la scollatura. Ricamate i piccoli rametti a p. erba con 2 fili di lana blu, i petali dei fiori e le foglie a p. lanciati e i semini a p. nodini, il contorno di alcuni fiori a p. indietro.
Per i colori fate riferimento al disegno e alla foto.

Taglie 42-44

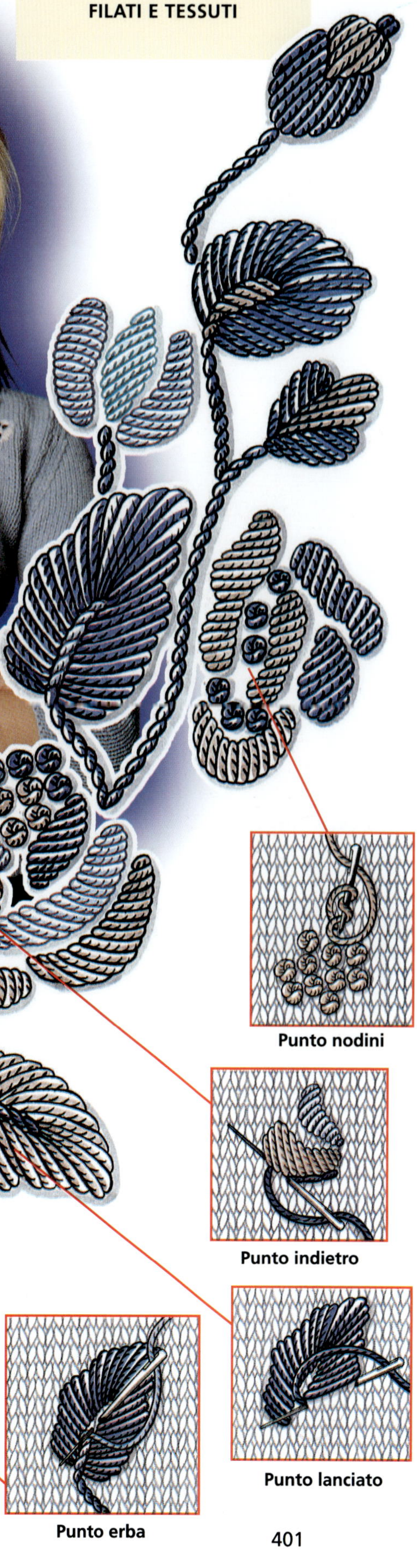

OCCORRENTE

- 350 g complessivi di lana Jaspè a 8 capi della Lana Gatto, verde chiaro 4018, ruggine 4020, senape 4019, verde scuro 4017
- ferri n. 3 e n. 4

PUNTI IMPIEGATI

- maglia tubolare
- punto coste 1/1
- maglia rasata
- motivo jacquard

CAMPIONE

10 x 10 cm lavorati a m. rasata con il motivo jacquard e i ferri n. 4 = 26 m. e 23 f.

Relax per Lui

Classico e tradizionale il gilet da uomo, senza maniche e con scollatura a V. Un capo da indossare con o senza giacca, sopra la camicia in primavera e sotto la giacca in inverno.

ESECUZIONE

Dietro: Con i ferri n. 3 e il verde scuro avviate 143 m. e lavorate 4 f. a m. tubolare poi con il p. a coste 1/1 per un totale di 6 cm.
Proseguite con i ferri n. 4 a m. rasata e il motivo jacquard; per gli scalfi, a 36 cm dal bordo intrecciate, da ambo i lati, ogni 2 ferri, 1 volta 6 m., 1 volta 4 m., 1 volta 3 m. e 1 m. per 5 volte.
A 27 cm dall'inizio degli scalfi intrecciate le 107 m. rimaste.
Davanti: Si lavora come il dietro fino a 35 cm dal bordo; poi, per lo scollo intrecciate le 3 m. centrali e portate a termine le due parti separatamente, diminuendo, a lato dello scollo, ⋆ 1 m. ogni 2 ferri e 1 m. dopo 3 ferri ⋆ per 10 volte e ancora 1 m. dopo 4 ferri.
A 28 cm dall'inizio dello scollo, intrecciate le 31 m. di ciascuna spalla.

CONFEZIONE

Cucite le spalle. Con i ferri n. 3 e il verde scuro riprendete 150 m. lungo ciascun giro manica e lavorate 6 ferri a coste 1/1 e 4 ferri a m. tubolare. Chiudete le m. con l'ago.
Attorno allo scollo riprendete 210 m. e lavorate lo stesso bordino, diminuendo però, ai lati della m. in punta, 1 m. ogni 2 ferri per 3 volte. Cucite i fianchi facendo combaciare i motivi jacquard.

MODELLO E MISURE

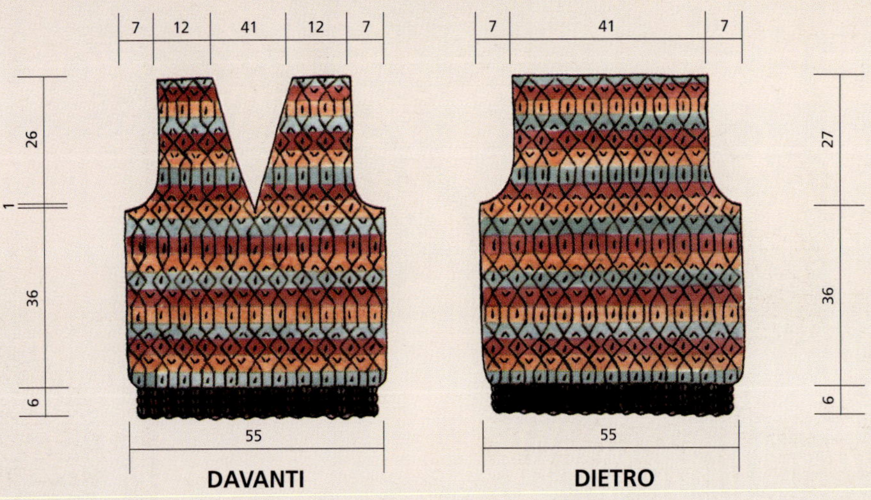

Schema del motivo jacquard

LAVORAZIONE JACQUARD

Inserimento di un nuovo filo a inizio riga

Inserite il ferro destro nella prima maglia e avvolgete entrambi i fili. Lavorate la maglia a diritto.

Lasciate cadere il filo del primo colore e proseguite con quello nuovo, tenendolo doppio per almeno due maglie.

Lasciate cadere il capo del filo corto e proseguite il lavoro. Sul ferro di ritorno lavorate normalmente le maglie doppie.

Inserimento di un nuovo filo a metà riga

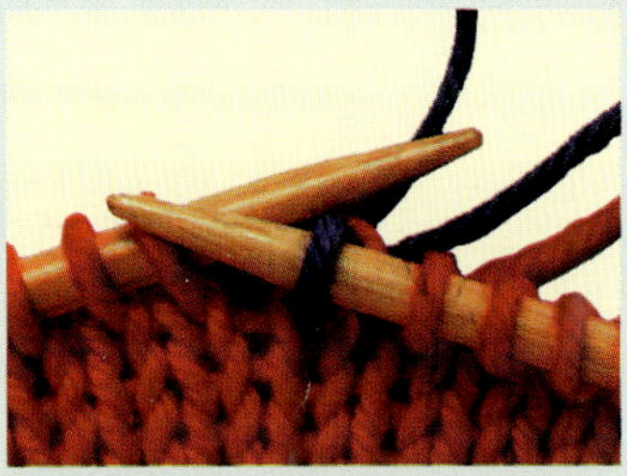

Lasciate il primo filo dietro e inserite il ferro nella maglia. Avvolgete il secondo filo sul ferro e lavorate la maglia.

Lavorate le due maglie successive con entrambi i capi del secondo filo.

Lasciate cadere il capo corto del filo e proseguite il lavoro. Sul ferro di ritorno lavorate normalmente le maglie doppie.

Fili intrecciati

Il filo sopra la maglia
Tenendo un filo per mano, fate un diritto o un rovescio con il primo colore e portate contemporaneamente il secondo colore sopra il ferro destro.

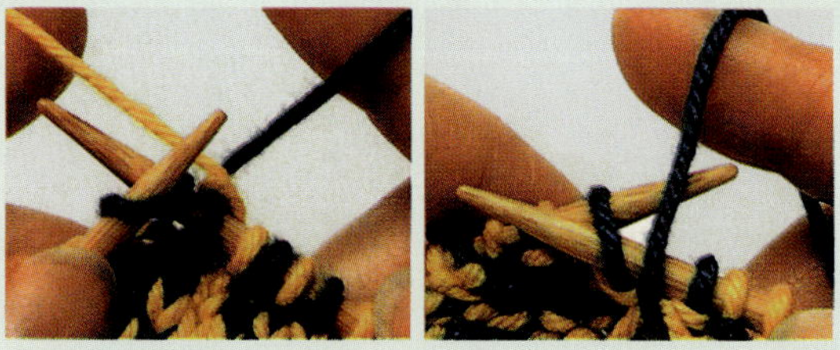

Il filo sotto la maglia
Tenendo un filo per mano, fate un diritto o un rovescio con il primo colore e portate contemporaneamente il secondo colore sotto il ferro destro.

IN ALTERNATIVA

Per lei, per il ragazzo e per la casa

I motivi jacquard si prestano a moltissime applicazioni. Ecco tre possibili utilizzi alternativi del disegno utilizzato per il capo illustrato nelle pagine precedenti.

TULIPANI ALLA FINESTRA

Una spiritosa tendina per la casa di campagna fatta in grande economia, con qualche avanzo di tessuto colorato e una striscia di lino bianco.

OCCORRENTE

- 140 x 90 cm di tessuto di lino bianco per la tenda
- avanzi di tessuto di cotone, fantasia per i fiori e tinta unita per le foglie
- una striscia di 10 x 90 cm di tessuto rosa
- 3 matassine di cotone Muliné "Anchor", colore bianco 1
- spighetta ondulata verde
- spoletta di filo in tinta con la spighetta

Con il decalcabile riportate il disegno dei tulipani, delle foglie e degli steli sul tessuto di lino bianco. Poi trasferite il disegno delle foglie sul tessuto verde e quello delle corolle sulle stoffe colorate.
Ora ritagliate le varie forme lasciando qualche millimetro di eccedenza in corrispondenza dei margini, per poterli ripiegare, e quindi imbastitele sulle forme disegnate in precedenza sul tessuto di lino bianco.
Con il cotone bianco ricamate a punto cordoncino i contorni delle parti applicate, prendendo insieme i due tessuti. Con il filo in tinta applicate a punto indietro la spighetta che forma gli steli dei tulipani.
Rifinite il fondo della tendina, applicando la striscia di tessuto rosa piegata a metà e gli altri margini con un piccolo orlo.

COME SI FA

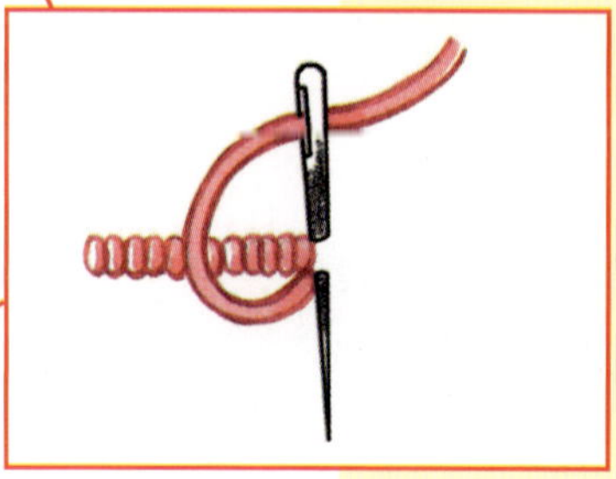

Punto cordoncino
Si esegue da sinistra verso destra, introducendo l'ago verticalmente dall'alto in il basso. I punti vanno realizzati a cavallo dell'imbastitura e devono essere di altezza costante (3 mm circa).

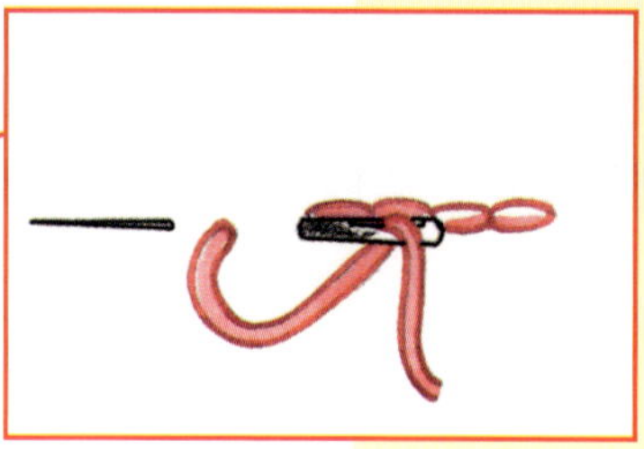

Punto indietro
Si esegue da destra verso sinistra. Puntate l'ago nel tessuto e fatelo uscire 5 o 6 fili più avanti rispetto a dove volete che inizi l'impuntura. Infilate l'ago 5 o 6 fili indietro e fatelo uscire 5 o 6 fili avanti.

Cuscinetti Profumati

Tanti piccoli cuscinetti al profumo di lavanda per i cassetti dei vostri armadi.

OCCORRENTE

- 2 quadrati di 15 x 15 cm di raso di seta per ogni cuscinetto
- matassina di cotone da ricamo Muliné "Anchor" in una tonalità più intensa del raso
- 70 cm di pizzo écru alto 2 cm
- alcune gugliate di lana soffice
- imbottitura
- cencio della nonna

PUNTI IMPIEGATI

- trapunto fiorentino

ESECUZIONE

Con il decalcabile riportate il motivo prescelto sul cencio della nonna e imbastitelo sul rovescio di un quadrato di raso, con punti fitti, facendo aderire bene i due tessuti. Con un filo di cotone Muliné ricamate il motivo con una filza fitta e minuta, prendendo insieme i due tessuti. Dopo aver terminato il ricamo, procedete all'imbottitura, facendo passare sul rovescio e tra le doppie lineature di ciascun motivo, tra il cencio e il raso, un filo di lana, con l'aiuto di un ago con la punta arrotondata.

Controllate sul diritto se l'imbottitura è omogenea.

COME SI FA IL TRAPUNTO

1
Evidenziate il motivo del ricamo con due file di punti filza, fitti e minuti.

2
Imbottite il motivo introducendo tra le due file di filze un filo di lana soffice.

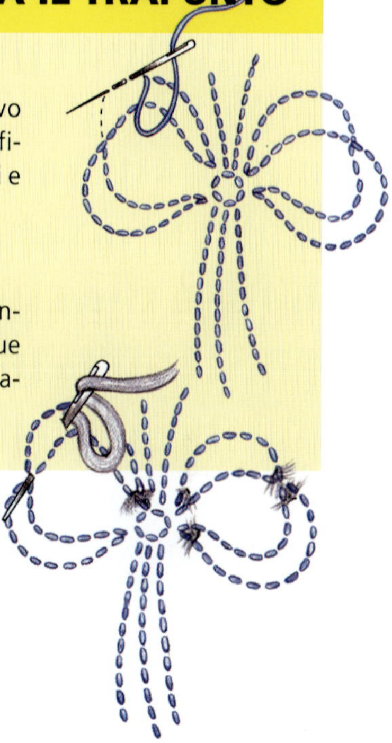

MODELLO E MISURE

CONFEZIONE

Terminato il ricamo con l'imbottitura, chiamato trapunto fiorentino, procedete alla confezione del cuscinetto. Cucite i due quadrati di raso sul rovescio, lasciando un tratto aperto, rivoltate sul diritto, inserite l'imbottitura e chiudete il tratto.
Arricciate il pizzo e applicatelo tutt'intorno al cuscinetto.

LEFRANC & BOURGEOIS
VERNIS CRAQUELEUR
CRACKING VARNISH
CRAQUELIER FIRNIS
VERNICE PER SCREPOLARE
BARNIZ PARA CRAQUELAR
KRACKELERINGSFERNISSA
DECO
MAT-OPACO
COULEURS POUR LA DECORATION
COLORI PER DECORAZIONE
LEFRANC & BOURGEOIS
No 2
10 mm
SHEET 2
The National Trust

TECNICHE E MATERIALI

LEFRANC & BOURGEOIS
DĒCO
MAT-OPACO
COULEURS POUR LA DECORATION
COLORI PER DECORAZIONE
LEFRANC & BOURGEOIS
DĒCO
MAT-OPACO
COULEURS POUR LA DECORATION
COLORI PER DECORAZIONE
LEFRANC & BOURGEOIS
VERNIS

Creare, Modellare e Dipingere

MATERIALI E ATTREZZI

L'attrezzatura di cui dotarsi per realizzare la maggior parte dei lavori illustrati in questo volume è poco costosa e facilmente reperibile in un colorificio attrezzato; per gli strumenti più sofisticati, però, dovrete rivolgervi a un negozio di articoli per belle arti. In queste pagine descriviamo il corredo-base; attrezzi più specifici verranno elencati fra i materiali occorrenti per il progetto di volta in volta proposto.

CARTE

Uno dei principali materiali è la carta, disponibile in una gamma estremamente ampia di varianti di cui è importante imparare a riconoscere le caratteristiche di base, in modo da scegliere quella più adatta. Due sono le caratteristiche fondamentali: la grammatura, cioè il peso, e l'orientamento della vena.

Grammatura Il peso si esprime in grammi per metro quadrato (abbreviato in g/mq). Le cosiddette carte "pelure", di bassa grammatura e leggermente traslucide, comprendono la carta velina, quella per pulire le lenti e molte carte giapponesi fabbricate a mano, davvero splendide e sorprendentemente resistenti. Hanno una grammatura compresa fra 10 e 45 g/mq: per avere un termine di paragone, basti pensare che le carte di uso quotidiano, come quella da lettera, pesano dagli 80 ai 120 g/mq e sono definite medio-leggere. Le versioni fino a 150 g/mq sono medio-pesanti e tutte quelle al di sopra dei 150 g/mq sono considerate cartoncino. Oltre i 300 g/mq si parla di cartone: fra l'altro, è bene tenere presente che cartoncino e cartone vengono spesso classificati in base allo spessore e quindi misurati in millimetri, anziché in grammi.

Vena A sua volta, il termine "vena" identifica il verso in cui si dispongono le fibre, verso che nel caso della lavorazione industriale corrisponde alla direzione di scorrimento dei nastri trasportatori. Si tratta di una caratteristica fondamentale: operando nel senso della vena, infatti, risulta più facile piegare e tagliare la carta.

Qualità Il pregio di una carta è determinato dalla qualità della materia prima da cui viene estratta la cellulosa e dal processo di fabbricazione. Per esempio, le carte-valori e la cartamoneta sono ottenute con lavorazione a mano di cellulosa di cotone; le carte colorate si producono miscelando vari pigmenti all'impasto; le versioni più pregiate (da incisione, per usi artistici e legatoria) si ottengono mediante mescolanza di vari tipi di cellulosa, in cui entra sempre una percentuale elevata di cellulosa di cotone. E ancora, la carta patinata viene sottoposta a un trattamento superficiale, detto appunto "patinatura", che la rende più liscia e bianca, lucida oppure opaca.

CARTA DA LUCIDO
È l'ideale per trasferire un disegno sulla superficie da decorare e per la tecnica del ricalco a spolvero (utilizzata per il progetto descritto a pagina 138).

CARTA DI GIORNALE
È in assoluto la più adatta per la tecnica della cartapesta, perché assorbe bene la colla, si modella facilmente sulle forme da rivestire e non crea spessore. Non va mai tagliata, ma sempre strappata seguendo il senso della vena.

CARTONCINO PER STENCIL
Si tratta di carta di manila imbevuta di olio di semi di lino, che la rende resistente ma molto flessibile, in modo che possa aderire anche a superfici curve.

NASTRO DI CARTA
Il pirkka, il filo colorato proveniente dalla Finlandia, "nasconde" un nastro di carta che consente di creare piccoli capolavori. Va srotolato con delicatezza, seguendo il senso dell'arrotolatura e partendo indifferentemente dall'alto o dal basso. Ne esistono due varianti: quello alto 2,5 cm, detto filo, e quello alto 5 cm, noto con il nome di vite. Si acquista nei negozi specializzati in articoli per la decorazione della casa.

COLLE

Un altro materiale di notevole importanza è l'adesivo. Quelli usati nei nostri progetti sono essenzialmente di due tipi. La colla vinilica, termine che identifica un'ampia gamma di preparati il cui componente principale è l'acetato di polivinile, asciuga rapidamente e può essere usata al naturale o diluita con acqua. L'adesivo spray è la colla più pulita e veloce da maneggiare, ma emana esalazioni tossiche, per cui deve essere usato con moderazione e in un locale adeguatamente ventilato.

COLLA PER CARTA DA PARATI

Colla a freddo in polvere, a base di cellulosa, non è efficace quanto la colla vinilica, ma talvolta contiene un fungicida che previene la formazione di muffa (conservatela fuori dalla portata dei bambini). Volendo, potete aggiungere alla miscela, preparata in base alle indicazioni riportate sulla confezione, una piccola quantità di colla vinilica per aumentarne il potere adesivo.

COLORI

Il materiale dell'oggetto da decorare imporrà, per molti versi, la scelta della pittura. La maggior parte dei progetti descritti in questo volume impiega pitture a base acquosa; i colori a olio risultano infatti più brillanti, ma sono più difficili da trattare. Nel primo caso il diluente è l'acqua, mentre le pitture a olio richiedono un solvente come l'acquaragia, sia per preparare le miscele sia per pulire i pennelli.

IDROPITTURA BIANCA OPACA O GESSO ACRILICO PRONTO

Si usano come imprimitura di fondo bianca prima di procedere alla decorazione.

L'idropittura, reperibile nei colorifici, è molto economica (per ottenere una finitura omogenea, lasciate sempre asciugare la mano precedente prima di applicare la successiva). Il gesso acrilico pronto, che si trova nei negozi per belle arti, è più caro ma produce uno strato uniforme ed è particolarmente elastico, cioè non forma crepe una volta asciutto.

COLORI ACRILICI

Sono probabilmente i più versatili: asciugano rapidamente e sono in commercio in un'ampia gamma di tonalità. Si possono miscelare con acqua, ma un medium per acrilici assicura tinte più brillanti. Trattandosi di colori a essiccamento rapido, ricordate di lavare il pennello subito dopo l'uso perché, una volta asciutta, la pittura diventa impermeabile all'acqua e quindi praticamente impossibile da rimuovere.

COLORI A OLIO PER BELLE ARTI

Asciugano molto lentamente e sono piuttosto costosi: pertanto, è meglio usarli su superfici di dimensioni ridotte. Alcuni colori a olio contengono piombo: evitate quindi di utilizzarli nella realizzazione di oggetti destinati a bambini.

SMALTI

Sono specifici per vetro e ceramica, e ideali per le superfici di metallo.

PITTURE SPRAY

Consentono di applicare il colore velocemente e in modo omogeneo. Ricordate comunque di usarle sempre in una stanza ben aerata.

PENNELLI

I più pregiati sono indubbiamente quelli di martora: sono elastici, trattengono abbondanti quantità di pittura e durano a lungo. Sono però i più costosi, con prezzi che possono superare anche di quattro volte quelli dei pennelli sintetici. Nella scelta, preoccupatevi soprattutto della punta, che deve essere sottile e compatta. Un'interessante alternativa è offerta dai pennelli misti martora-sintetico, che hanno prezzi ragionevoli e consentono di produrre lavori di buona qualità.

Comunque, indipendentemente dal materiale, per stendere il colore e le vernici di finitura preferite pennelli piatti di misura media: tenete separati quelli utilizzati per i diversi lavori ed etichettateli, così da riconoscere immediatamente il pennello per la pittura e quello per la vernice. I pennelli sottili per belle arti vi serviranno per riprodurre i particolari. Lavateli con acqua (o con acquaragia, se dipingete con colori a olio) subito dopo l'uso.

PENNELLO PER STENCIL

Detto anche stampiglio, ha una punta tronca e fittissime setole corte e rigide che non trattengono eccessive quantità di colore, re-

quisito fondamentale per evitare che la pittura penetri sotto la mascherina. In alternativa, un normale pennellino da 2,5 cm, purché folto e solido, funzionerà altrettanto bene. Meglio ancora, se disponete di un vecchio pennello da decoratore tagliatene le setole fino a raggiungere un'altezza di 1,5-2,5 centimetri.

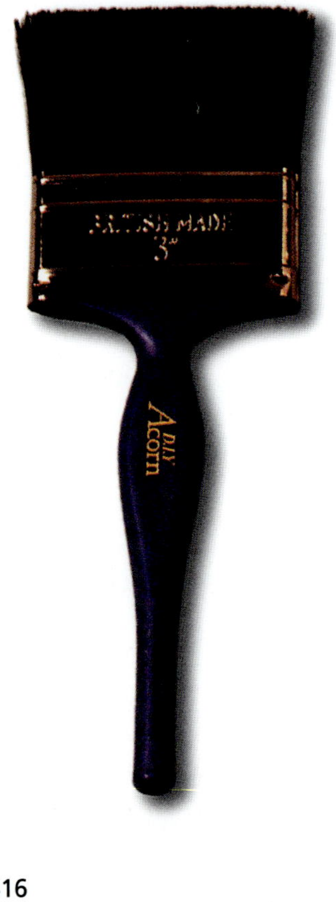

PENNELLESSA
Tipico pennello piatto a sezione rettangolare, si usa soprattutto per trasferire l'oro in foglie sull'oggetto da decorare. Per aumentarne il potere adesivo viene consigliato di passare le setole su un braccio per "elettrizzarle" oppure di stendere sulla pennellessa uno strato di vaselina in pasta.

SPUGNE

Per applicare la pittura possono rivelarsi utilissimi anche dei comuni cuscinetti di gommapiuma con lato di 2,5-5 centimetri e spessore di circa 5 (ovviamente, per colorare superfici molto ridotte dovrete usare pezzetti più piccoli). La gommapiuma, che in alcuni casi si può addirittura recuperare da una vecchia imbottitura, costa davvero poco, per cui a lavoro ultimato potrete eliminarla senza grossi rammarichi. L'unico inconveniente è che, rispetto al pennello, le mani si sporcano più facilmente: pertanto, vi conviene limitare la gommapiuma a lavori con pitture ad acqua.
Infine, la spugna naturale: è sicuramente più cara, ma conferisce un tocco di straordinaria morbidezza alle decorazioni.

VERNICI DI FINITURA

Una vernice poliuretanica proteggerà le vostre decorazioni, prolungandone la durata e conferendo alle tinte una straordinaria luminosità. I tipi di finiture possibili sono tre: opaca, satinata e lucida. La prima produce un effetto tenue e uniforme, la seconda conferisce al lavoro una leggera lucentezza, mentre con la vernice lucida avrete una finitura molto brillante.

VERNICE ACRILICA
Reperibile nelle versioni opaca e lucida, è più costosa della comune vernice, ma non ingiallisce con il passare del tempo.

COLLA VINILICA
Potete diluirla e usarla come una comune vernice. È particolarmente indicata per finiture su vetro e carta da parati.

VERNICE SCREPOLANTE
La reazione prodotta dal contatto tra due vernici, di solito vendute in confezione unica, dà luogo a vistose screpolature. Volendo, potete tinteggiare le crepe con colori a olio; le tonalità terra d'ombra bruciata e terra di Siena sono particolarmente adatte allo scopo.

CERA
Utilizzata per lucidare e al tempo stesso conferire uno strato protettivo, è disponibile sia come cera d'api, sia in molte altre versioni. Dovrebbe essere applicata sulla pittura completamente asciutta e conviene sempre stenderla con un panno morbido e con piccoli movimenti circolari.

MATERIALI PER TECNICHE SPECIFICHE

PELLICOLA DI ACETATO

È fra i materiali più spesso usati per realizzare le mascherine per decorazioni a stencil. Venduta in rotoli o in fogli, è particolarmente utile quando si tratta di riprodurre motivi ripetuti più volte. Il principale svantaggio è la scivolosità, che rende più complesse le operazioni di taglio. Inoltre, tende a lacerarsi in corrispondenza degli angoli e delle sagome più articolate, tanto che si consiglia di limitarne l'utilizzo a modelli semplici e di grandi dimensioni. In alternativa, si può ricorrere al mylar, una pellicola in poliestere più costosa dell'acetato ma praticamente indistruttibile.

COLORI PER STOFFA

In risposta al crescente interesse amatoriale per la pittura su tessuto, la gamma di colori disponibili in commercio è vertiginosamente aumentata. I produttori hanno messo a punto pigmenti più sicuri e facili da usare: si tratta di preparati a base acquosa, atossici e resistenti al ferro da stiro, da usare attenendosi alle indicazioni riportate sulla confezione.

Colori per seta Pigmenti dalle tonalità luminose, si spandono rapidamente e sono indicati per tutti i tipi di seta e per le stoffe di cotone leggero. Le varie tinte, diluibili con acqua, si possono miscelare così da produrre un'ampia gamma di sfumature. Una volta fissati con il ferro da stiro, questi colori sono stabili e resistenti anche a ripetuti lavaggi in lavatrice.

Colori permanenti per tessuto Più intensi e corposi dei precedenti, sono adatti a tutti i tessuti di fibre naturali e si prestano alla maggior parte delle tecniche: pittura tradizionale, spugnatura, applicazione del colore con un pennello per stencil. Si fissano con il ferro da stiro.
Oltre alle versioni normali, sono disponibili pigmenti metallizzati, fluorescenti e opachi.

GUTTE

Sono sostanze liquide a base acquosa, che vengono applicate sui contorni di un disegno: hanno la funzione di creare una sorta di barriera che impedisce la diffusione della pittura. Esistono gutte trasparenti e colorate, metallizzate e non, che, essendo indelebili, diventano parte integrante del disegno.

PASTA DI VETRO

Adoperata soprattutto per delineare e delimitare le varie parti compositive della decorazione, si applica direttamente dal tubetto, ma evitando il contatto diretto del beccuccio erogatore con il vetro. Le paste più usate sono nei colori

nero-piombo, oro e argento. Asciugano molto in fretta.

COLORI PER CERAMICA

Colori a caldo Sono pigmenti in polvere, da miscelare con un essenza grassa e qualche goccia di trementina, che offrono la possibilità di produrre una gamma cromatica praticamente infinita. È una tecnica affascinante, che richiede però una certa abilità nel disegno e, a decoro ultimato, una terza cottura in forno per fissare le tinte, il cosiddetto terzo fuoco. A questo punto, il pezzo che si ottiene è resistente e lavabile con acqua e detersivo. Un'avvertenza importante: una volta cotti, i colori diventano molto più brillanti (il blu addirittura si altera; infatti, la polvere che dopo la cottura diventa blu in origine è violacea). Conviene quindi sempre acquistare le tinte con la tavola-colori predisposta dai produttori per evitare sorprese.

Colori a freddo Sono tinte coprenti a base acquosa che, una volta essiccate, risultano simili agli smalti cotti al forno. Molto brillanti, non sono indicati per decorazioni di oggetti di uso quotidiano (non resistono a temperature forti e a continui lavaggi), né per contenitori di alimenti (sono tossici).

MORDENTI

La funzione dei mordenti è quella di aggiungere colore a un legno, per valorizzarne la tonalità naturale o per scurirla. Sono reperibili in qualunque colorificio, in polvere o in grani da diluire in acqua, alcol o in olio, oppure già pronti per l'applicazione. Si stendono a pennello o mediante un semplice tampone realizzato imbottendo di ovatta un tessuto che non lasci peli (conviene fare prima una prova su un pezzo di legno di scarto dello stesso tipo di quello da decorare).

ORO IN FOGLIE

Esiste in foglie libere e a decalcomania, vendute entrambe in blocchetti da 24 foglie di 8 x 8 cm. Nel primo caso le sottili lamine di oro pressato si applicano con l'aiuto della pennellessa dopo averle tagliate in pezzetti più piccoli. Anche l'oro a decalcomania è pressato, ma è adagiato su carta cerata e si applica esercitando una decisa pressione con il pollice o con un pennello per stencil. In commercio sono disponibili varie tonalità. Di costo nettamente inferiore, il similoro è una lega composta in gran parte da rame unito ad altri metalli, quali zinco e stagno, per esempio. È reperibile in foglie grandi di un colore giallo più o meno carico rispetto a quello dell'oro vero.

VERNICI PER DORATURA

Note anche con il nome di missioni, sono vernici con caratteristiche particolari. Quelle a base acquosa, da diluire con acqua, sono l'ideale per dorature veloci, perché il tempo di attesa fra l'applicazione della vernice e quella della foglia è di 15 minuti. Se però preferite finiture più brillanti, vi conviene ricorrere a una missione a base oleosa: in funzione del tempo di attesa ne esistono tre versioni (3 ore, 12 ore e 24 ore); si diluiscono con acquaragia.

VETRO COLORATO PER MOSAICO

In assoluto il materiale più tradizionale per realizzare un mosaico, si presenta in piccole tessere dotate di grande capacità riflettente. Viene prodotto unendo agli elementi-base del vetro trasparente ossidi metallici specifici, per cui il vetro assorbe alcune lunghezze d'onda assumendo diverse tonalità. Di solito viene classificato e venduto per gruppi di colore: dorati; rossi, arancio e gialli; bianchi, verdi e blu; neri, grigi e marroni. Una versione nota come vetro nuovo antico, di produzione industriale, ha una superficie caratterizzata da segni irregolari che lo rendono simile al vetro soffiato.

PINZA PER MOSAICO

È un attrezzo di acciaio temprato con becchi taglienti di tungsteno, perfetto per spezzare tessere di vetro: va impugnato all'estremità dei manici per poter esercitare la massima pressione.

COLLA PER MOSAICO
Questo adesivo è detto bicomponente perché per l'incollaggio è necessario miscelare due prodotti distinti, l'adesivo-base e l'indurente. Molto resistente alla trazione e all'umidità, essendo piuttosto rigida questa colla regge invece meno agli urti violenti. Oggi esistono applicatori che dosano e miscelano contemporaneamente i due componenti, a tutto vantaggio di una maggiore praticità, precisione e rapidità.

STUCCO PER MOSAICO
Piuttosto economico e dalle eccellenti proprietà adesive, viene applicato sull'intera superficie del mosaico per chiudere le fughe, fissare saldamente le tessere e al tempo stesso esaltare l'andamento del motivo. Si trova già pronto nei colorifici e nei negozi per belle arti.

FIMO
Resina sintetica, che si modella con facilità dopo averla manipolata per qualche minuto così da ammorbidirla. Perché indurisca, è necessaria una cottura in forno (ma non in quello a microonde) a 100-130 °C per circa mezz'ora. Venduto in blocchi colorati, disponibili in ben 42 tinte, una volta verniciato acquista le caratteristiche della porcellana.

CERNIT
Pasta sintetica molto simile al fimo, da cui si differenzia solo per il materiale con il quale è prodotta, è disponibile in un'ampia gamma di colori.

A COMPLETAMENTO DEL CORREDO-BASE

MATITE E PENNARELLI
Sono strumenti preziosi per tracciare le sagome dei vari pezzi. Una matita è perfetta per schizzare i decori su un'imprimitura di fondo bianca; i pennarelli, specie quelli a punta fine, si usano soprattutto per rifinire i contorni.

TAVOLOZZA
L'ideale è una vaschetta a scomparti separati, uno per ogni colore, ma una piastrella o un piattino di ceramica funzioneranno altrettanto bene.

TAGLIERINI O BISTURI
Sono coltelli dalla lama molto sottile e tagliente, conosciuti anche come cutter. Proteggete sempre le lame prima di riporli.

CARTAVETRATA
È necessaria per carteggiare le superfici prima di decorarle e per smerigliare fra uno strato di pittura e uno di vernice. È disponibile in diversi gradi di finezza, dalla extrafine alla ruvida.

COLTELLI E FORBICI
Servono per rifinire i bordi e tagliare carta e cartoncino.
Per sollevare i lati di un oggetto di cartapesta, al fine di rimuoverlo dallo stampo, si usa un coltello a punta smussa.

NASTRO ADESIVO DI CARTA
È uno speciale nastro adesivo usato per fissaggi temporanei, che non lascia tracce.

Creare, Modellare e Dipingere

TECNICHE DI BASE

DÉCOUPAGE

Il termine francese découpage deriva dal verbo *découper*, che significa ritagliare. In origine il verbo si riferiva al ritagliare e stampare la pelle, ma oggi ha assunto il significato di decorare superfici con ritagli di carta. Il procedimento è estremamente semplice e consente di ottenere risultati sorprendenti, pur con poca – se non addirittura alcuna – abilità nel disegnare.
Potete decorare a découpage qualsiasi superficie e qualunque oggetto. È una tecnica che può essere applicata con successo a confezioni di cartone, come scatole di scarpe o di cioccolatini; a oggetti di metallo, come un vecchio secchio, un annaffiatoio oppure una scatola di biscotti; a vasi di vetro e a qualsiasi oggetto di legno.

UN CONSIGLIO

Come ridurre lo spessore della carta

I ritagli dovrebbero essere il più sottile possibile. Comunque, se preferite usare una cartolina o un pezzo di cartone piuttosto spessi, potete assottigliarli nel modo seguente. Operando sul retro del ritaglio, sollevate un angolo del cartoncino con il taglierino. Inserite una matita di traverso e fatela ruotare in direzione dell'estremità opposta fino a rimuovere completamente lo spessore in eccesso.

IL MATERIALE STAMPATO

Le fonti da cui ritagliare le immagini sono praticamente infinite: riviste patinate, vecchi cataloghi, cartoline, biglietti d'auguri e di Natale, libri, giornali carta da regalo... Anche le vecchie mappe e le carte geografiche possono fornire spunti interessanti. Per riprodurre l'illustrazione desiderata potete fotocopiarla e utilizzare il disegno in bianco e nero oppure colorarlo con matite o pastelli. Se la fotocopia è a colori, invece, vi basterà ritagliarla.

PREPARAZIONE DELLE SUPERFICI

Prima di incollare i ritagli del découpage, occorre preparare i vari oggetti in diversi modi.

OGGETTI VERNICIATI O INCERATI
Pulite la superficie con acquaragia per evitare qualsiasi problema di adesione. I mobili con fori o crepe devono prima essere stuccati con un preparato specifico. Una volta asciutto, lo stucco va levigato con cartavetrata; infine, occorre lavare nuovamente la superficie con acquaragia.

LEGNO DIPINTO
Un legno in buone condizioni richiede solo la pulitura con acquaragia. In presenza di imperfezioni, invece, dovrete prima levigarlo con cartavetrata extrafine. Se poi la pittura originaria è scrostata, è necessario carteggiarlo energicamente e poi ridipingerlo.

METALLO NUOVO
Sciacquate l'oggetto in una soluzione di due parti di acqua e una di aceto. Asciugatelo con cura, applicate due mani di vernice antiruggine e carteggiate.

METALLO VECCHIO
Togliete le macchie di ruggine servendovi di un pezzo di lana d'acciaio e quindi trattate l'oggetto come se fosse di metallo nuovo.

CERAMICA
Non necessita di una preparazione particolare, purché la superficie non presenti incrostazioni di polvere o di grasso.

SUPERFICI POROSE
Per trattare una superficie porosa potete usare idropittura opaca bianca o gesso acrilico già pronto per l'uso. Applicate lo strato di fon-

do con un pennello piatto e con movimenti fluidi, tutti nella stessa direzione, esercitando una leggera pressione in modo da produrre una superficie liscia e omogenea.

RITAGLIARE

Ritagliate sempre i pezzi di carta lasciando un margine piuttosto ampio e usando forbici abbastanza grosse. Per i dettagli più minuti ricorrete a forbicine sottili, mentre per le parti molto complesse vi conviene adoperare un taglierino oppure un bisturi.

INCOLLARE

Stendete un sottile strato di colla sul retro del ritaglio, procedendo dal centro verso i bordi. Per maneggiare i pezzetti più piccoli e delicati vi consigliamo di usare un paio di pinzette. Una volta completata la composizione, "frizionatela" con un pezzo di carta assorbente inumidita per eliminare eventuali bolle d'aria. Controllate che tutte le immagini aderiscano perfettamente: se non fosse così, prendete un po' di colla con la punta di uno stecchino, applicatela sotto i ritagli da risistemare ed esercitate una decisa pressione per favorirne la presa.

VERNICIARE

Quando la colla è perfettamente asciutta, applicate una mano uniforme di vernice di finitura diluita con acqua (in rapporto 2 a 1), con movimenti nella stessa direzione ed evitando di passare due volte sulla stessa area. Infine, stendete tre strati di vernice a olio, lasciando asciugare e carteggiando fra una mano e l'altra (pulite la superficie con una pezza umida prima di stendere lo strato successivo).

CARTONAGGIO

Prima di illustrare le tecniche per rivestire oggetti a due e a tre dimensioni, è utile ricordare brevemente un'operazione come l'incisione, molto utile quando si realizzano o decorano oggetti di carta. Incidere significa creare un solco sulla carta in modo che risulti più facile piegarla. Questa operazione, che non è necessaria lavorando con fogli molto sottili, è invece fondamentale quando si usano carte di spessore medio-alto o cartoncini, perché consente di ottenere pieghe nette e una finitura molto accurata. Di solito, per produrre il solco si usa uno strumento detto piegheтta, con il quale si incide il foglio lavorando su quello che diventerà il lato esterno (la carta si piega nel senso opposto alla linea di incisione). Usando un cartoncino, il solco deve essere profondo quanto la metà del suo spessore; nel caso della carta, invece, occorre operare con mano molto leggera per non rischiare di lacerarla.

IL RIVESTIMENTO

Quando ci si appresta a tagliare la carta con cui rivestire un oggetto, è importante calcolare la dilatazione che essa subisce una volta bagnata dalla colla e tenerne conto nelle misure. Questo vale a maggior ragione quando la carta deve combaciare perfettamente perché non sono previsti risvolti (per esempio, per ricoprire l'interno delle scatole). Nel rivestire un oggetto bidimensionale, invece, è necessario lasciare un'abbondanza per i risvolti su tutti i lati della carta: la misura varia in funzione dello spessore del cartoncino da ricoprire, ma in linea di massima 1,5 cm dovrebbero bastare; se l'oggetto è tridimensionale, i risvolti sono necessari solo su alcuni lati.

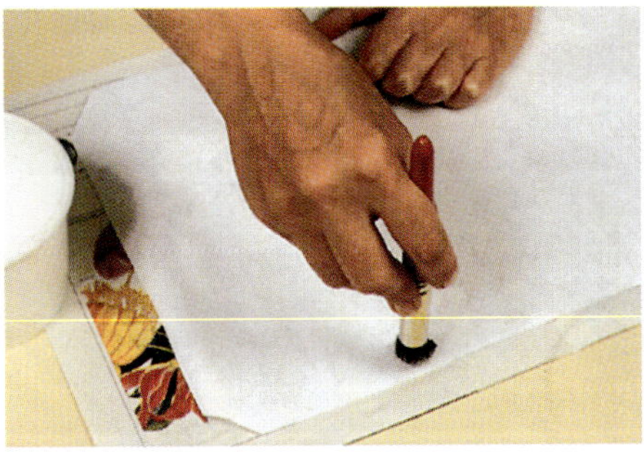
1

2

3

OGGETTI BIDIMENSIONALI

Collocate il cartoncino sul retro della carta e tracciatene la sagoma, lasciando un'abbondanza di 1,5 cm su ogni lato. Quindi ritagliate la carta e rifilate gli angoli a 45°, in modo che, una volta piegati i risvolti, si formino degli angoli retti. Infine, stendete uno strato uniforme di colla sul retro della carta, procedendo dal centro verso l'esterno (1).

Sollevate la carta con cautela e posizionatela sul cartoncino, esercitando una leggera pressione con le mani per eliminare eventuali bolle d'aria (2).

Lavorando rapidamente, capovolgete il cartoncino sul piano di lavoro, piegate tutti i risvolti e lasciate asciugare, possibilmente sotto un peso.

Rifinite gli angoli, facendo aderire perfettamente i lembi con l'aiuto della pieghetta (3).

OGGETTI TRIDIMENSIONALI

In questo caso, calcolare la quantità di carta necessaria è leggermente più complicato, ma il procedimento di incollaggio è analogo: procuratevi qualche striscia piuttosto lunga di carta leggera con cui prendere le misure e tracciate uno schema approssimativo. Qui viene rivestita una scatola rettangolare, ma il metodo è applicabile a qualunque altra forma.

Avvolgete una striscia di carta attorno alla scatola, piegandola con cura in corrispondenza degli spigoli e prevedendo l'abbondanza per i risvolti alle estremità; procedete nello stesso modo per l'altra dimensione. Stendendo le due strisce, disporrete della misura totale del rivestimento (4).

A questo punto, disegnate il modello sul retro della carta: riservate a questa operazione tutta l'attenzione necessaria, con particolare riguardo agli angoli, e prevedete l'abbondanza per i risvolti. Prima di ritagliare la carta, avvolgetela attorno alla scatola per accertarvi che le misure corrispondano perfettamente (5).

Nel rivestire la scatola, dovete procedere per gradi: prima la base, poi i due lati contrapposti con i risvolti e quindi i due restanti lati. Se la carta è molto spessa, rendetela più flessibile inumidendola leggermente con una spugna prima di applicare la colla (6).

Per ricoprire una scatola che in seguito andrà rivestita anche all'interno, è buona regola prevedere risvolti abbastanza lunghi da poter essere ripiegati lungo gli spigoli del fondo: verranno completamente "mascherati" dal rettangolo di carta incollato sulla base, con una finitura molto accurata.

STENCIL

Uno dei principali vantaggi dello stencil nasce dal fatto che sono sufficienti pochi, semplici attrezzi: con un pennello, qualche colore e una mascherina potrete iniziare subito a lavorare. Nei progetti illustrati in questo volume abbiamo utilizzato mascherine pretagliate già pronte, reperibili in una vasta gamma di disegni, ma ci è sembrato utile anche accennare come potete realizzarle personalmente, così da creare raffinati abbinamenti (per esempio, riprendendo un particolare della tappezzeria del divano per decorare a stencil un paralume).

REALIZZARE IL DISEGNO

Trovato il disegno che fa per voi, sarete sorpresi nel verificare con quale facilità possa essere trasformato in mascherina. Se la sagoma è complessa, semplificatela, fotocopiando o ricalcando il soggetto e cercando di individuarne le forme essenziali. A questo punto, annerite gli elementi che lo compongono con un pennarello sottile: potrete già avere un'idea dell'effetto finale.

Oltre ovviamente alle finestre (le aree intagliate attraverso le quali si applica il colore), parte integrante della mascherina sono i cosiddetti "ponti", segmenti di cartoncino (o di pellicola) che separano le singole componenti del disegno: disposti a intervalli regolari, con la loro successione armoniosa contribuiscono a determinare il ritmo del motivo e al tempo stesso conferiscono resistenza alla mascherina.

TRASFERIRE IL DECORO SUL CARTONCINO PER STENCIL

Il metodo più semplice per trasferire il disegno consiste nell'usare della carta carbone. Fissatela al cartoncino per stencil con nastro adesivo di carta e ricalcate l'immagine con una penna a sfera, esercitando una pressione decisa. Prima di rimuoverla definitivamente, sollevate un angolo della carta carbone e controllate il disegno per essere certi di non aver tralasciato qualche particolare.

In alternativa, incollate le fotocopie sui cartoncini utilizzando uno spray adesivo: questo è impermeabile, per cui non subirà alcuna alterazione qualora decideste di dipingere con colori ad acqua. Spruzzatelo sul retro della fotocopia e sul fronte del cartoncino, aspettate che si impregni e quindi incollate le due superfici favorendone l'adesione con un rullo per carta da parati o con il palmo della mano, in modo da eliminare eventuali grinze o bolle d'aria.

Un altro metodo per trasferire il disegno consiste nel ricalcarlo su carta da lucido con una matita morbida. A questo punto si gira il foglio, si fissa al retro del cartoncino con nastro adesivo di carta e si traccia il contorno dell'immagine, ora speculare, esercitando una pressione decisa. Una volta tagliata la mascherina, basterà capovolgerla per avere esattamente il disegno di partenza.

Senza dubbio, trasferire il disegno sulla pellicola di acetato è più semplice. Basta sovrapporla all'immagine, fissandola con il nastro adesivo per evitare che si muova, e ricalcare la sagoma con un pennarello indelebile per vetro.

A decoro ultimato, conviene sempre colorarlo, utilizzando un pastello, un pennarello o una matita colorata, in modo da valutarlo nell'insieme e individuare più facilmente le parti da ritagliare.

tratti a matita, che a decorazione ultimata potrete cancellare facilmente con una gommapane. A questo punto non vi resta che collocare la mascherina, fissandola con pezzetti di nastro adesivo di carta o con puntine da disegno in modo da riuscire a staccarla facilmente e riutilizzarla.
In alternativa, potete ricorrere a un adesivo spray riposizionabile, molto comodo quando si lavora su superfici scivolose o lucide, come un vetro o una piastrella. Tra l'altro, in questo modo produrrete contorni nitidi e senza sbavature.

RITAGLIARE LA MASCHERINA

È opportuno collocare la mascherina su una superficie adatta: un tappetino di gomma appositamente destinato allo scopo o un cartone di fibra compressa sono l'ideale. Iniziate ritagliando dapprima le sagome più piccole: operando nel modo contrario, infatti, i ponti potrebbero spezzarsi e comunque incontrereste maggiori difficoltà. Procedete sempre dal centro verso l'esterno, per evitare di appoggiare continuamente la mano sulla superficie dello stencil con il rischio di danneggiarlo. Usate un bisturi o un taglierino molto affilato, tenendo sempre la lama rivolta verso di voi e cercando di eseguire movimenti fluidi e regolari: quando incontrate una sagoma particolarmente complessa o una linea curva, non muovete la lama ma girate la mascherina. Se nel ritagliare lo stencil commettete un errore, potete rimediare riparando il taglio su entrambe le superfici del cartoncino con il nastro adesivo di carta; qualora il nastro ricoprisse anche parti già definite, ritagliatele nuovamente con l'aiuto del taglierino.

POSIZIONARE LA MASCHERINA

Prima di iniziare la stampinatura, è opportuno indicare il centro del disegno con l'aiuto di una squadra e alcuni segni di registro che consentano di posizionare correttamente la mascherina. Quando si è impazienti di vedere il risultato, può sembrare una perdita di tempo, ma non è così: soprattutto nel realizzare decori ripetuti, come nel caso di una bordura, è l'unico modo per produrre motivi perfettamente diritti e allineati. Ma come trovare il centro di una superficie quadrata o rettangolare? Basta tracciare le diagonali con un righello: il centro è il punto in cui s'incrociano.
Segnate le linee guida con leggeri

APPLICARE LA PITTURA

Miscele di colori ad acqua, corposi tocchi di acrilici e pitture a olio si applicano attraverso la mascherina per mezzo di un pennello, un pezzo di gommapiuma o una spugna. Ogni metodo produce una finitura specifica, per cui conviene fare qualche prova per individuare il più adatto. In ogni caso, il segreto è diluire le tinte solo quel tanto che basta per amalgamarle, perché devono risultare coprenti: occorre pertanto lavorare il più possibile "a secco". Miscelate i colori sulla tavolozza o su un comune piattino di ceramica, intingete la sola punta del pennello e quindi eliminate la pittura in eccesso tamponando su un pezzo di carta assorbente da cucina. Stendete le tinte picchiettando delicatamente, senza strofinare o trascinare il pennello sullo stencil perché in questo caso il colore potrebbe filtrare sotto la mascherina. Come regola generale, nell'appli-

care i colori è bene iniziare dalle tonalità più chiare, per poi inserire man mano quelle più scure, che si ottengono sovrapponendo più strati leggeri, sempre con il pennello poco carico di pittura. Per non rischiare di produrre sbavature, rimuovete la mascherina solo una volta che le tinte sono perfettamente asciutte.

LE RIFINITURE

Su superfici come la ceramica, le piastrelle e il vetro, eventuali errori si correggono rapidamente, perché la pittura si rimuove con facilità; in altri casi, invece, è praticamente impossibile cancellare il motivo una volta impresso. Ma non è il caso di perdersi d'animo perché, dopo aver staccato il cartoncino o la pellicola di acetato, potrete comunque intervenire con un pennellino da pittura rifinendo la decorazione.
Una volta che il motivo è asciutto, vi conviene proteggerlo e fissare i colori con uno strato di vernice poliuretanica o acrilica.

MOSAICO

Nella realizzazione del disegno per un mosaico non esistono regole fisse, anche se è sempre consigliabile semplificare e stilizzare il più possibile l'immagine. I principali aspetti da considerare sono la destinazione finale del mosaico e le sue proporzioni.
Iniziate riproducendo il soggetto al naturale: riuscirete a stimare con maggiore precisione il numero delle tessere necessarie e a individuarne più facilmente l'andamento, specie se avete ancora scarsa dimestichezza di questa tecnica. E, a meno che non stiate realizzando un decoro ripetuto o geometrico, disegnate a mano libera: il mosaico risulterà indubbiamente più mosso e vivace.

TAGLIARE LE TESSERE DI VETRO

Le tessere vanno posizionate fra i due becchi taglienti della pinza per mosaico, con il lato "diritto" verso l'alto e in modo che i becchi si trovino esattamente sulla linea di taglio. A questo punto, tenendo la tessera fra pollice e indice, si serrano i manici facendo leva.

- Per tagliare una tessera a metà, posizionate i becchi della pinza perfettamente al centro e serrate esercitando la stessa pressione con le due mani. Per tagliare una tessera in quarti, ripetete la stessa operazione su ogni metà.
- Per smussare il bordo di una tessera in modo da favorirne l'adesione a una superficie curva, posizionate i becchi della pinza in base all'inclinazione desiderata e serrate i manici.
- Sesti od ottavi di tessera si usano spesso per delineare sottili linee di contorno. Dopo aver tagliato la tessera in due operando come di consueto, da ogni metà si ricavano tre o quattro parti uguali.
- Per sagomare forme circolari od ovali si usa una tecnica leggermente diversa. Disegnate direttamente la forma da realizzare sulla tessera con un pennarello, tagliate i quattro angoli e poi rifilate la tessera con la pinza, a partire dal bordo, fino a ottenere la sagoma desiderata.

PASTA AL SALE

Questa arte, conosciuta soprattutto in Germania, è oggi molto popolare anche in Italia.
Basta utilizzare ingredienti semplici come farina, acqua e sale, nelle quantità di volta in volta consigliate, per realizzare creazioni davvero esclusive. Determinanti, agli effetti del risultato finale, sono un po' di esperienza e la perfetta conoscenza del proprio forno (i tempi di cottura e le temperature consigliate sono indicati nelle modalità di esecuzione di ogni progetto).

COLORARE I PEZZI

I metodi possibili sono due: colorare l'impasto oppure il pezzo finito. Nel primo caso si aggiungono all'impasto piccole quantità di pigmento, lavorandolo fino a ottenere una tonalità omogenea, e una volta realizzato l'oggetto lo si lascia essiccare all'aria per un paio di giorni prima di metterlo in forno. La colorazione a pezzo finito, invece, si esegue dopo la cottura: è una tecnica che richiede una certa abilità con i pennelli, perché usando tinte troppo intense si rischia di "appesantire" il lavoro.

RIFINIRE E LUCIDARE

Al pezzo finito e asciutto vanno tolte eventuali imperfezioni usando della carta smerigliata, se necessario. A questo punto bisogna trattare la superficie con una vernice protettiva, lucida oppure opaca a seconda del gusto personale. È importante che ogni lavoro sia protetto anche sul retro, soprattutto se verrà appeso, per evitare spiacevoli sorprese e irrimediabili crepe dovute all'umidità.

CARTAPESTA

Di origini antichissime, la tecnica di creare oggetti mediante sovrapposizione di strati di carta e di colla è tanto affascinante quanto "sporchevole".
Ecco allora un utile accorgimento prima di iniziare: proteggete il piano di lavoro con un foglio di plastica, in parte per preservarlo e in parte per evitare che la vostra creazione aderisca alla superficie.

PREPARARE LA CARTA DI GIORNALE

Preparate un'adeguata quantità di strisce di carta di giornale, di diverse misure in funzione dell'oggetto da realizzare.
Una delle poche regole della cartapesta riguarda proprio la carta, che non va mai tagliata, ma strappata seguendo il senso della vena. Il termine "vena" identifica il verso in cui si dispongono le fibre, verso che corrisponde alla direzione di scorrimento dei nastri trasportatori in fase di produzione della carta.
Il verso si scopre proprio mediante la prova dello strappo; operate prima in verticale e poi in orizzontale: la parte che cederà più facilmente è quella che segue il senso della vena.
Il "metodo dello strappo" produce contorni frastagliati e conferisce all'oggetto di cartapesta un aspetto più naturale e spontaneo rispetto ai risultati che si ottengono tagliando le strisce con un paio di forbici.

APPLICARE LE STRISCE

Stendete la colla su una o entrambe le superfici delle strisce, esercitando una discreta pressione con le dita per eliminare eventuali eccedenze.
Conviene aspettare qualche minuto prima di applicarle, soprattutto se si usano carte povere di colla, come quella di giornale o il cartone da imballaggio.
Come è facile intuire, la dimensione dell'oggetto condiziona quella delle strisce di carta, anche se molti artisti sfruttano volutamente questo aspetto per produrre "effetti speciali": per esempio, rivestendo una superficie curva con striscioline molto sottili, otterrete una finitura liscia e uniforme; usando invece strisce piuttosto larghe, si formerà una serie di grinze e riuscirete a suggerire l'effetto della trama.

QUANTI STRATI DI CARTA?

Il numero degli strati di carta da applicare dipende dalle dimensioni del progetto e dal grado di solidità richiesto.
Se si tratta di rivestire un piccolo modello di cartoncino (per esempio, per realizzare un articolo di bigiotteria) sono sufficienti due strati di carta di giornale, ma per una ciotola nella quale collocare della frutta ne occorreranno almeno otto.

TEMPI DI ESSICCAMENTO

Il tempo necessario perché la colla asciughi dipende dalla temperatura ambientale e dalle condizioni climatiche. Volendo, per accelerare i tempi potete mettere l'oggetto in forno, purché a temperatura bassissima.
Se applicate uno strato di carta per volta, riuscirete a valutare senza difficoltà quando è arrivato il momento di stendere il successivo; se invece rivestite la vostra creazione in una sola seduta, vi conviene verificare lo stato di essiccamento non prima di due o tre giorni.

OPERAZIONI DI FINITURA

Dopo aver rifilato i bordi, è buona regola "mascherare" la linea di taglio con piccole strisce di carta.
Se invece dovete assemblare vari pezzi, vi conviene incollarli mantenendoli poi in posizione con nastro adesivo di carta per almeno mezz'ora, il tempo necessario perché la colla faccia presa.
Quando l'oggetto è asciutto, rimuovete il nastro adesivo e coprite le linee di giunzione con striscioline di carta. In alcuni casi è utile levigare la cartapesta con cartavetrata: iniziate con la versione a grana media e proseguite con quella a grana fine, rimuovendo via via con un pennello le inevitabili particelle di polvere prodotte.

Cucirini
108
8m Fast colour

RICAMO, UNCINETTO E MAGLIA

MATERIALI E ATTREZZI

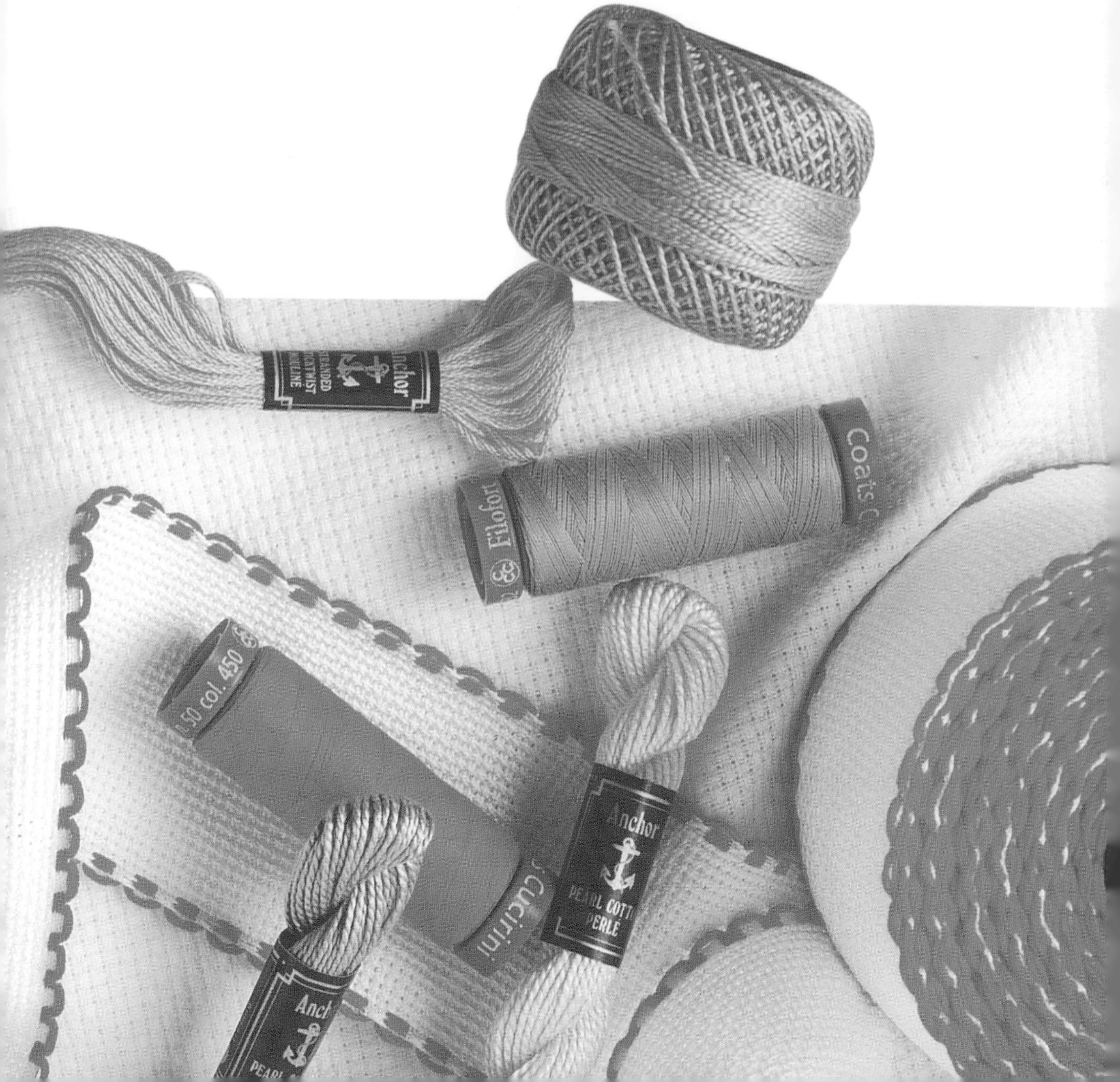

Chi si vuole dedicare al ricamo, all'uncinetto, al filet e alla maglia oggi può disporre di una vasta scelta di filati e stoffe di qualità, oltre a una grande varietà di utensili e accessori, alcuni essenziali, altri soltanto utili.
In queste pagine è riportata una breve rassegna dei materiali e degli attrezzi indispensabili; sono tutti facilmente reperibili nelle mercerie e nei negozi specializzati.

TESSUTI

Nella scelta del tessuto si deve sempre tener conto dell'utilizzo finale del lavoro, della varietà dei filati impiegati e della tecnica di ricamo usata.
I tessuti normalmente adoperati per il ricamo a fili contati, a cui il punto croce e il mezzo punto appartengono, sono tessuti a trama regolare. Essi hanno lo stesso numero di fili per centimetro in entrambe le direzioni, orizzontale (trama) e verticale (ordito).

TELA AIDA

È il tessuto più adatto, e il più utilizzato, per il punto croce. Di cotone o di lino, è disponibile in pezze di altezza di 180 cm e in bordini alti dai 2,5 ai 10 cm; è caratterizzata normalmente da una finitura opaca.
La trama evidenzia una quadrettatura che può variare dai 40 ai 72 quadretti ogni 10 cm dando così origine – a parità di schema – a ricami di dimensioni differenti.

ALTRI TESSUTI

Fra i più usati i tessuti di lino a trama regolare e ben definita, come il lino da ricamo o la tela Assisi, a trama piuttosto grossa.
Molti tessuti vengono creati appositamente per il ricamo a punto croce. Questi comprendono, tra gli altri, la tela Aida a riquadri – con fili di tessitura in colori contrastanti – per tovaglie e cuscini, i tessuti damascati con inserti in tela Aida, ideali per tovaglie e copriletti, il tessuto Etamine e la tela Malmö. Per ricamare su tessuti non a fili contati – come la tela jeans, il velluto o la maglia – si usa il cencio della nonna, una speciale tela a maglia sottile e regolare, da sfilare a ricamo eseguito.

FILATI

NEL RICAMO A FILI CONTATI

Come regola generale, il filo utilizzato dovrebbe essere dello stesso spessore di quelli del tessuto. Di solito la lana non viene ritenuta una scelta indicata.
Quelli impiegati più frequentemente sono il cotone Muliné e il cotone Perla.

Cotone Muliné Si tratta di un filato lucido, composto da sei fili facilmente separabili. Un singolo filo può essere utilizzato in lavori molto delicati; più fili producono un effetto più marcato. È disponibile in centinaia di colori ed è estremamente versatile.

Cotone Perla Questo cotone è caratterizzato da due capi ritorti che producono un effetto perlato. È disponibile in diversi spessori, dal n. 3 (spesso) al n. 12 (molto sottile); il n. 5 è quello più comunemente usato ed è il più adatto

per iniziare a ricamare. Lucentezza e resistenza sono le caratteristiche che lo rendono perfetto per molti tipi di lavori.

CON L'UNCINETTO

Qualsiasi filato, dalla seta più sottile alla lana, fino alla canapa più grossa, si presta a realizzare lavori a filet; è utile precisare, però, che i filati più indicati per creare pizzi e merletti sono quelli realizzati in cotone, bianco oppure colorato. In commercio è disponibile un'ampia varietà di tipi, che differiscono per qualità e spessore.
La maggior parte dei filati di cotone sono *mercerizzati*, hanno cioè subìto un particolare trattamento che li ha rinforzati e resi più lucidi. Alcuni sono stati anche *stabilizzati*, il che significa che non stingono e non scoloriscono neppure se sottoposti a lavaggi con acqua molto calda.
Per i filati in commercio la grossezza è indicata da numeri compresi da 5 a 100 per contraddistinguere, rispettivamente, il filato più spesso e il più sottile, con un'ampia gamma di misure intermedie. Le fotografie in queste pagine illustrano vari tipi di filati di cotone prodotti dalla Coats Cucirini, da scegliere in funzione del progetto che di volta in volta intendete realizzare. Per esempio, i cotoni perlé, come i tipi Sudan e Pellicano, producono un effetto rustico; il Trifoglio, ritorto a 4 fili e lucido, esalta la compattezza del lavoro. Nei progetti all'uncinetto che presentiamo in questo volume è stato utilizzato il filo di Scozia "Freccia": dotato di torsione e brillantezza davvero ineguagliabili, viene prodotto in due varianti ed è indicato per lavori "preziosi", analogamente al filo per uncinetto "Anchor", con doppia torsione e molto brillante.
Se si affrontano creazioni importanti, come per esempio tovaglie, copriletti, tende o bordi molto lunghi, è buona regola acquistare tutto il filato necessario per l'esecuzione in una sola volta: così facendo, eviterete differenze di colore dipendenti dal bagno diverso, che risultano molto evidenti anche nel bianco.

LAVORI A MAGLIA

I filati impiegati nel lavoro a maglia sono composti da un numero variabile di capi più o meno ritorti, che ne determinano il peso e la grossezza. Si definisce secco, o crudo, un filato molto ritorto, adatto per la lavorazione di punti complessi o motivi in rilievo.

Un filato meno ritorto è invece morbido, spesso peloso o vellutato, adatto per capi eleganti lavorati con punti semplici.
Le fibre di cui sono composti i filati sono naturali o sintetiche. Le naturali possono essere di origine animale, come lana, mohair, angora, cashmere, alpaca e seta, oppure vegetale, come cotone e lino. Le sintetiche, poliestere e acrilici, sono più pratiche.
I filati vengono in genere venduti in gomitoli pronti all'uso o in matasse da dipanare prima di iniziare il lavoro.

ACCESSORI

È importante scegliere gli accessori adatti al vostro particolare progetto. Gli aghi da cucito e da ricamo sono disponibili in una vasta gamma di dimensioni; anche le forbici, gli spilli e le matite da stoffa sono elementi indispensabili.
Il ricamo a fili contati viene meglio eseguito utilizzando un telaio circolare, che facilita il conteggio dei fili del tessuto. Un supporto per il telaio vi consentirà di

avere entrambe le mani libere per il ricamo.

AGHI

Da tappezzeria Praticamente tutti i lavori a fili contati vengono eseguiti con aghi da tappezzeria, caratterizzati dalla cruna allungata e dalla punta rotonda. Questi scivolano facilmente tra i fili del tessuto, senza perforarlo, e variano in misura da 13 (grande) a 26 (piccolo). La dimensione dell'ago è sempre specificata nell'elenco del materiale occorrente per ciascun progetto.
Per i lavori in grande scala può essere necessario un ago da maglia (sostanzialmente, un ago da tappezzeria più grande). Assicuratevi che la cruna dell'ago sia abbastanza larga per il filo; la punta dovrebbe separare i fili del tessuto in modo da lasciar passare facilmente il filo da ricamo.

Aghi appuntiti e aghi da rammendo Vengono adoperati per le imbastiture e le rifiniture. Gli aghi appuntiti sono di utilizzo generico nel cucito; quelli da rammendo sono adatti alle imbastiture, poiché la loro lunghezza consente di cucire facilmente diversi punti per volta.

GLI UNCINETTI

Gli uncinetti sono piccoli arnesi di forma allungata, una sorta di aghi, lunghi circa 15 cm, simili a quelli che si utilizzano per la maglia ai ferri, che derivano il loro nome da una delle estremità ritorta a uncino non troppo appuntito. Sono realizzati con diversi materiali – fra i quali acciaio, alluminio, plastica, legno, osso – che variano in funzione della grossezza desiderata. Questa viene misurata in mm e varia da 0,60 a 12.

Uncinetti in acciaio Per i filati sottili, come quelli impiegati di solito nei lavori a filet, si usano gli uncinetti in acciaio. Partono da 0,60 e arrivano a 2,5. Un tempo la numerazione degli uncinetti d'acciaio era espressa con numeri convenzionali (dal n. 1, che corrisponde all'attuale 2, fino al n. 14, il più piccolo, che è pari allo 0,60 degli odierni strumenti). Ne esiste ancora qualche esemplare in alcune case, ma oggi non sono più in commercio.

Altri tipi di uncinetto Per i filati più grossi (lana, rafia, ciniglia), si usano uncinetti contraddistinti da numeri più alti, dal 2,5 (esistono anche mezzi numeri) al 12, realizzati con i materiali più disparati, come la plastica, l'alluminio o il legno.

FERRI PER LA MAGLIA

Sono realizzati in alluminio, plastica o legno e hanno lunghezza e diametro variabili. Sono contrassegnati da numeri dal 2 al 10. Normalmente sono diritti e con una punta, ma ne esistono anche con doppia punta e di forme diverse in funzione del tipo di lavoro.

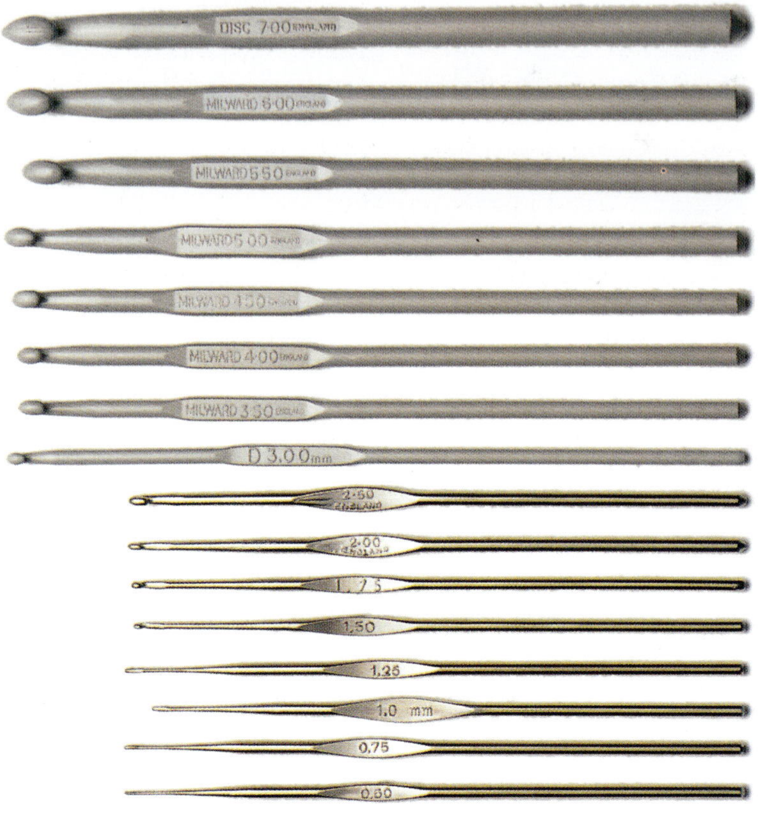

PELLICANO
Coats Cucirini
PELLICANO
PERLATO
ART. 1921
Anchor
1,00 N.30
Anchor
0,75 N.40

TELAI PER RICAMO

Rotondi Sono i più utilizzati e sono disponibili in diverse dimensioni. Vengono impiegati per la realizzazione di piccoli progetti o di sezioni di disegni più grandi. Servono a mantenere teso il canovaccio, così da consentire punti uniformi anche quando il lavoro viene staccato dal telaio. La maggior parte dei telai rotondi da ricamo è dotata di una vite sul cerchio esterno per regolarne la tensione; i telai a molla hanno invece un anello di tensione interno, che regola la chiusura e l'apertura a scatto del telaio.

A rulli Di forma rettangolare, sono disponibili in diverse dimensioni e consentono di lavorare su grandi superfici.

A cornice Rappresentano un'alternativa più economica ai telai a rulli e si compongono di tenditori di legno incastrati l'uno nell'altro agli angoli, sui quali viene tesa la tela. Occorre tener presente che con questo tipo di telaio lo spazio ricamabile è quello interno alla cornice.

FORBICI

Data la varietà di forbici esistenti, è importante procurarsi quelle più adatte. Acquistate forbici di buona qualità, utilizzandole solo per il cucito, e noterete che rimarranno affilate a lungo. Le forbici da sarto, impiegate per tagliare grandi scampoli di tessuto, sono caratterizzate da lunghe lame e sono l'ideale per i lavori in grande scala. Le forbici da ricamo sono piccole e con le punte aguzze. Si usano per i tagli di precisione e i filati sottili. Le punte di queste forbici dovrebbero combaciare, scorrendo agevolmente.

SPILLI

Gli spilli sottili, lunghi e con la capocchia di vetro sono facili da maneggiare. La capocchia di vetro è resistente al calore del ferro da stiro.

METRO A NASTRO E RIGHELLO

Servitevi di un metro a nastro per misurare il tessuto e di un righello per contare i fili.

DITALE

Si consiglia di utilizzare un ditale, per cucire in modo efficiente senza rischiare di pungersi.

ALTRI ATTREZZI

Oltre a quelli appena descritti, vi sono attrezzi molto utili, anche se non indispensabili, che vi potranno facilitare nell'esecuzione dei lavori.

Squadra Questo strumento è indispensabile per misurare con precisione gli angoli di 90°.

Pennarelli per stoffa L'inchiostro può essere indelebile, solubile in acqua o sensibile all'azione della luce. Prima di usarli sul canovaccio da ricamare, sperimentateli su un pezzo di tessuto.

Nastro adesivo o fettuccia Avvolgete i bordi del canovaccio con nastro adesivo o fettuccia per evitare che si sfilaccino. La fettuccia, al contrario del nastro adesivo, deve essere cucita.

Cartelletta portafili È utile per mantenere in ordine e rendere facilmente accessibili i fili di ciascun progetto.

Ricamo, Uncinetto e Maglia

TECNICHE DI BASE

RICAMO A FILI CONTATI

Prima di cominciare un ricamo è importante sapere quanto spazio occupano i punti sul tessuto, stabilire quale ago utilizzare e la quantità di filo da impiegare.

PREPARAZIONE DEL TESSUTO

Perché i tessuti siano pronti per il ricamo sono necessarie alcune semplici operazioni preliminari.

PRELAVAGGIO E STIRATURA
Lavate il tessuto prima di lavorarlo, per evitare restringimenti del ricamo alla fine del lavoro.

- Tagliate un quadratino di 5 cm di lato dal tessuto. Appoggiatelo su un foglio di carta e tracciatene accuratamente i contorni.
- Immergete il quadratino di stoffa in acqua calda per almeno 10 minuti, fatelo asciugare e quindi stiratelo. Sovrapponetelo al quadrato disegnato. Se notate che si è ristretto, immergete l'intero tessuto in acqua calda e lasciate asciugare.
- Stirate il tessuto per eliminare eventuali grinze con un ferro da stiro a vapore oppure a secco, utilizzando un panno umido.

COME POSIZIONARE IL RICAMO

- Prima di cominciare calcolate quanto spazio occuperà il ricamo sulla tela.
- Quindi tagliate la tela tenendo un margine di 10 cm per lato.
- Dopo aver tagliato la tela contornatene i margini con un sorfilo per evitare che si sfilacci mentre effettuerete il lavoro.
- Calcolate il centro della tela per posizionare il ricamo: eseguite due filze centrali, una nel senso della lunghezza e una nel senso della larghezza; il punto d'incrocio delle due filze corrisponderà al centro della tela e dovrà coincidere con il centro del disegno (foto 1).
- Eseguite filze di cinque punti, che vi consentiranno un rapido controllo dello svolgimento del lavoro.
- Quando il progetto è particolarmente elaborato eseguite altre filze, distanziate di cinque punti, in modo da ottenere una griglia; questo faciliterà il riscontro del vostro lavoro con lo schema che state seguendo (foto 2).
- Un consiglio: tracciate una griglia di cinque quadretti per cinque sullo schema del ricamo che desiderate realizzare; il riscontro del vostro lavoro con lo schema risulterà ancora più agevole.
- Iniziate a ricamare procedendo sempre dall'alto verso il basso e nel centro del lavoro.
- Cominciate con i colori dominanti e riproducete i particolari in un secondo tempo.

L'INTELAIATURA DEL TESSUTO

Eseguire un ricamo su un tessuto montato su un telaio presenta numerosi vantaggi. Aiuta nella stesura regolare dei punti e lascia le mani libere, facilitando il conteggio dei fili e accelerando il lavoro.
Il telaio più semplice e più diffuso è quello rotondo composto da due cerchi di diametro leggermente diverso, che si incastrano l'uno nell'altro. Il cerchio più esterno può esse-

1 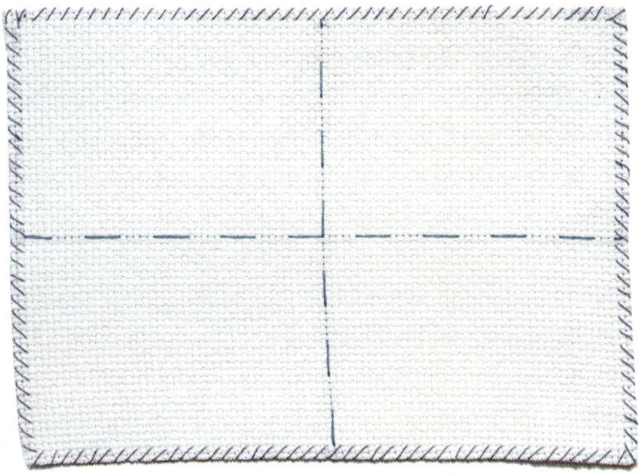

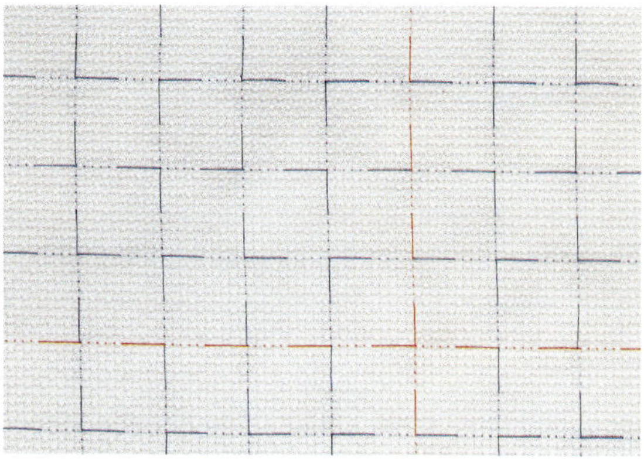 2

re dotato di una vite regolabile o di una molla, che permette la tensione di tele di diversa consistenza (1).
Per montare il tessuto sul telaio appoggiate il lavoro sul cerchio più piccolo, centrando il motivo da ricamare, tendetelo e premete sopra il cerchio più grande in modo da bloccare il tessuto fra i due cerchi (2).
Se il cerchio più grande è munito di vite regolabile, appoggiatelo sul cerchio più piccolo con la vite leggermente allentata, quindi stringete la vite in modo da fermare perfettamente il lavoro (3).
Man mano che procedete con il lavoro, riposizionate la tela sul telaio centrando il ricamo. L'uso corretto del telaio implica che le mani siano libere: con la mano destra, che sta sopra il telaio, si infila l'ago da sopra a sotto il lavoro; con la mano sinistra, che sta sempre sotto il telaio, si rimanda l'ago verso l'alto. Se il vostro telaio non è dotato di un piedistallo o di un morsetto con cui fissarlo al tavolo da lavoro, dovrete tenerlo accostato da una parte al tavolo e dall'altra al vostro corpo. Se dovete ricamare su tessuti scivolosi o molto delicati, fasciate il cerchio più piccolo con una fettuccia e fermate i capi con alcuni punti: in questo modo darete alla tela una tensione maggiore (4).
Per i tessuti particolarmente leggeri vi consigliamo di sovrapporre alla tela un foglio di carta velina, che strapperete al centro dopo aver montato il telaio (5).
Se la tela da ricamare è troppo piccola per essere montata sul telaio, fissatela con punti di imbastitura a un pezzo di cencio della nonna e montate questo sul telaio. A lavoro ultimato, tagliate il cencio della nonna in eccesso tutt'attorno al ricamo e sfilatelo dal retro della tela (6).

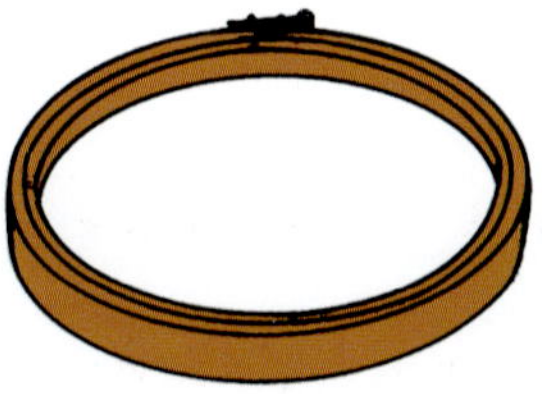
1

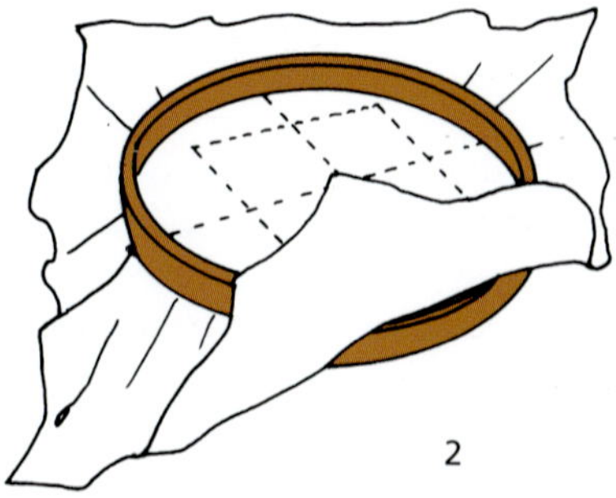
2

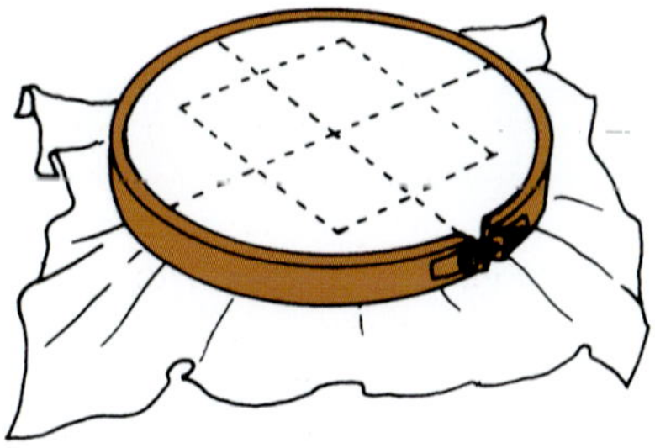
3

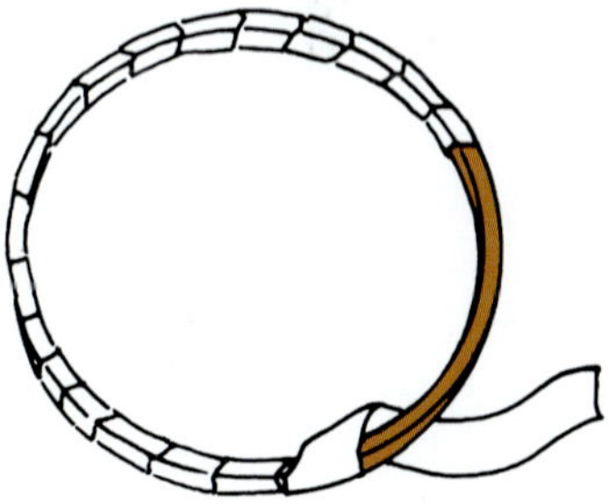
4

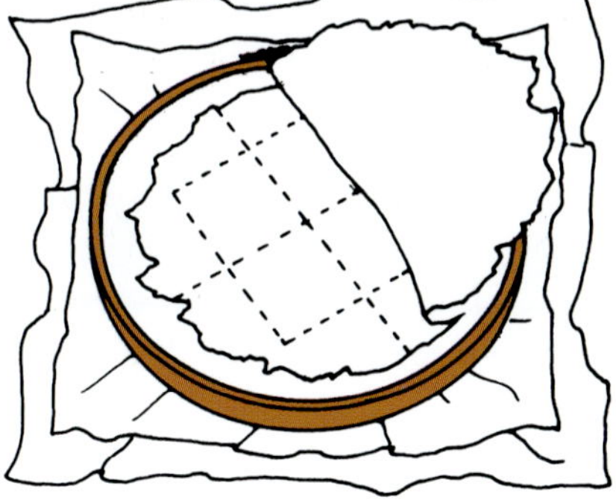
5

6
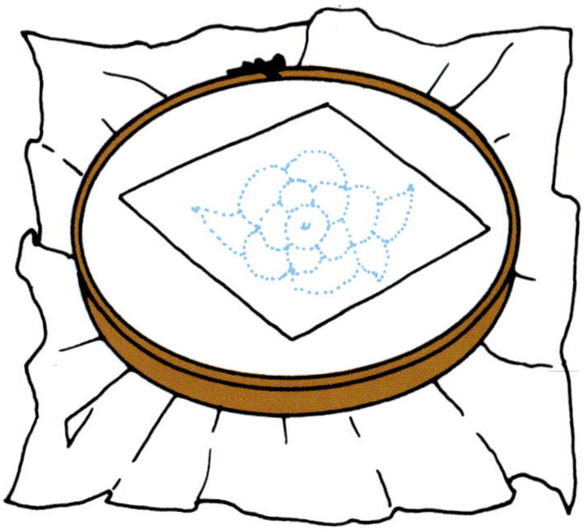

PUNTI

Nelle pagine che seguono è descritta, con l'aiuto di disegni esplicativi, l'esecuzione dei principali punti utilizzati nel ricamo a punto croce.

Punto croce singolo

1 Puntando l'ago dall'alto verso il basso, eseguite un punto obliquo di andata e un punto obliquo di ritorno, uscendo un filo sotto.

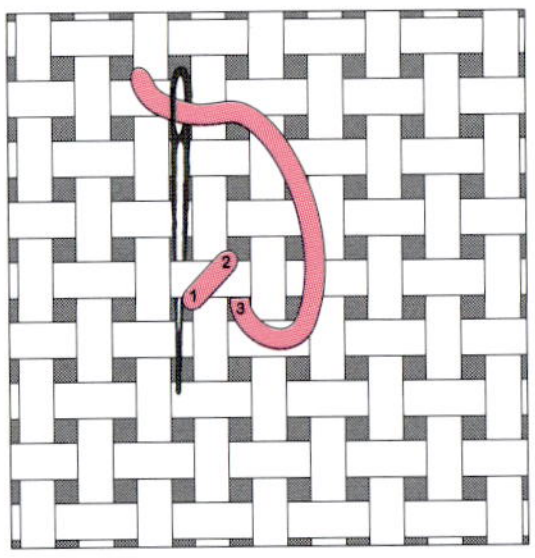

2 Eseguite il successivo punto obliquo di andata.

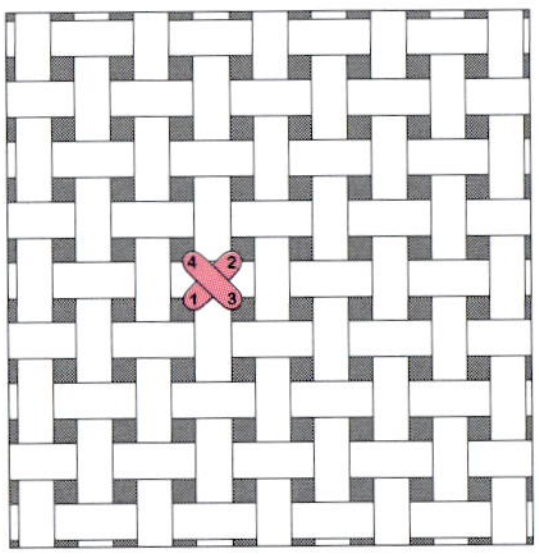

3 Completate la crocetta uscendo un filo sotto.

4 Retro del lavoro.

Punto croce in verticale in un solo giro dall'alto verso il basso

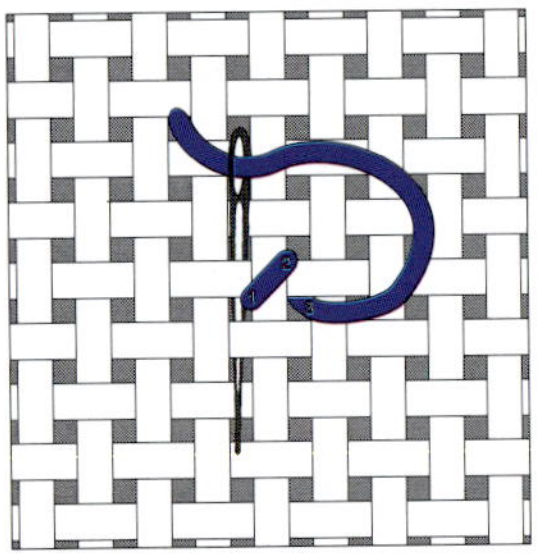

1 Puntando l'ago dall'alto verso il basso, eseguite un punto obliquo di andata e un punto obliquo di ritorno, uscendo un filo sotto.

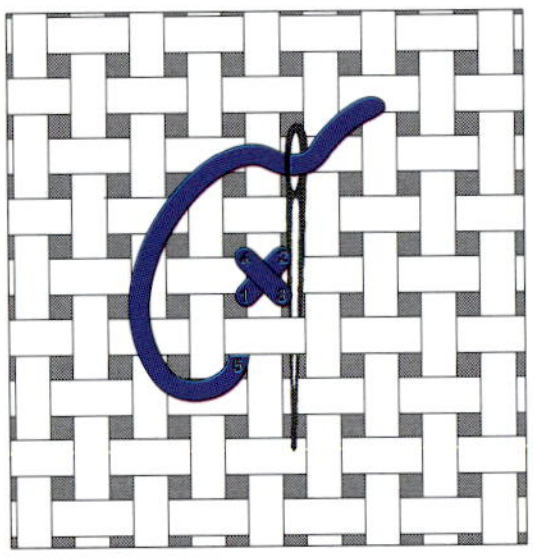

2 Eseguite il successivo punto obliquo di andata.

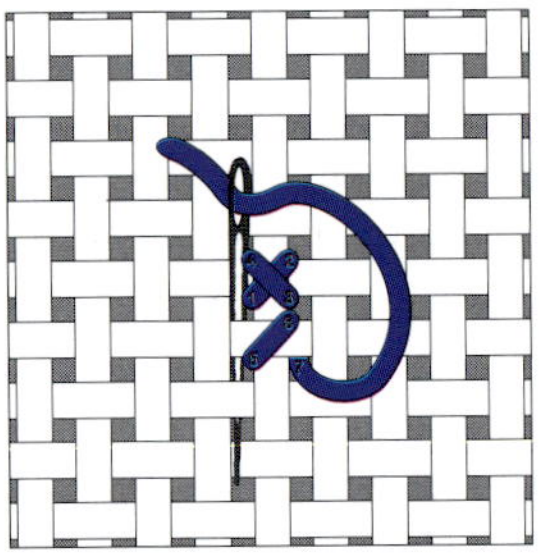

3 Completate la crocetta uscendo un filo sotto.

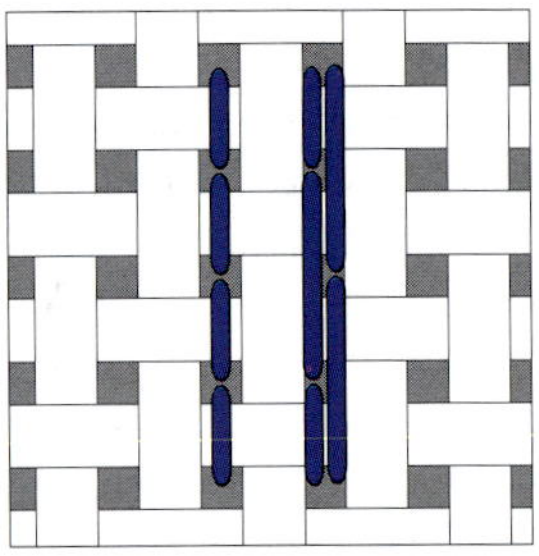

4 Retro del lavoro.

Punto croce in verticale in un solo giro dal basso verso l'alto

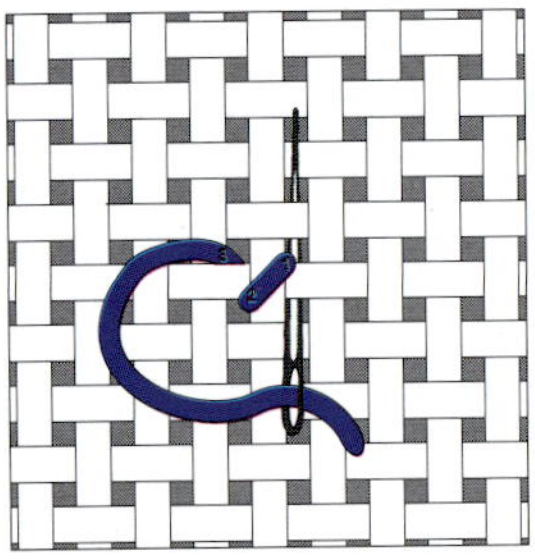

1 Eseguite un punto obliquo di andata puntando l'ago nel tessuto verticalmente dal basso verso l'alto, quindi completate la crocetta con un punto obliquo di ritorno uscendo un filo sopra, dove ha inizio il punto successivo.

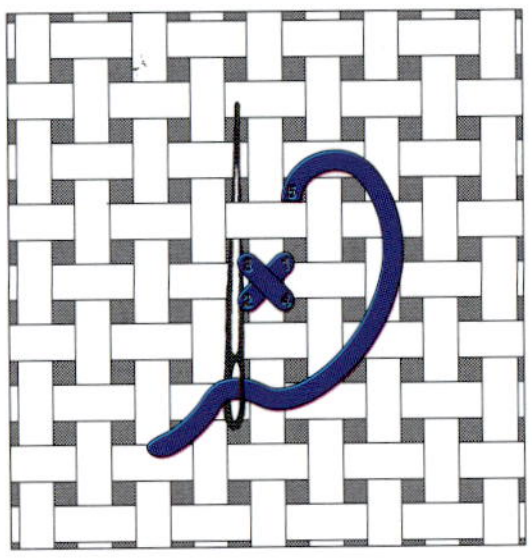

2 Eseguite il successivo punto obliquo di andata.

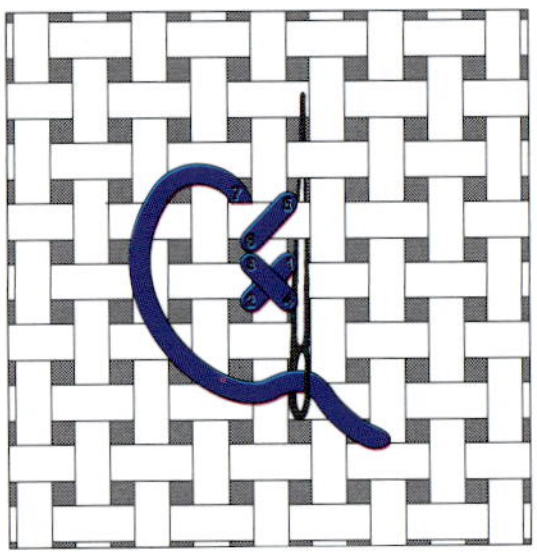

3 Completate la crocetta con un punto obliquo di ritorno, uscendo un filo sopra.

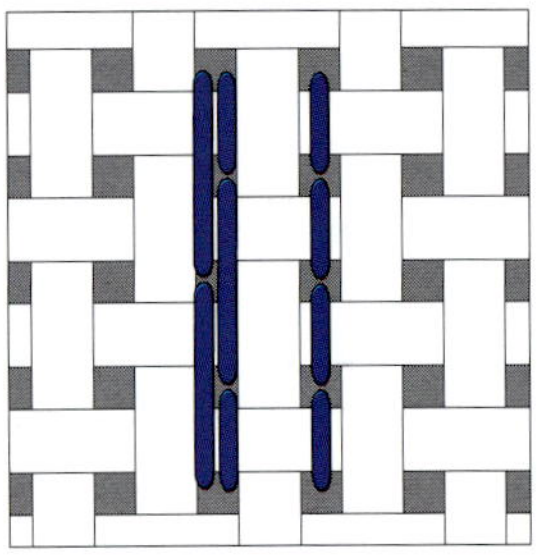

4 Retro del lavoro.

Punto croce in diagonale in un solo giro dal basso verso l'alto

1 Eseguite un punto obliquo di andata dirigendo l'ago orizzontalmente da destra verso sinistra.

2 Completate la crocetta con un punto obliquo di ritorno puntando l'ago verticalmente dal basso verso l'alto.

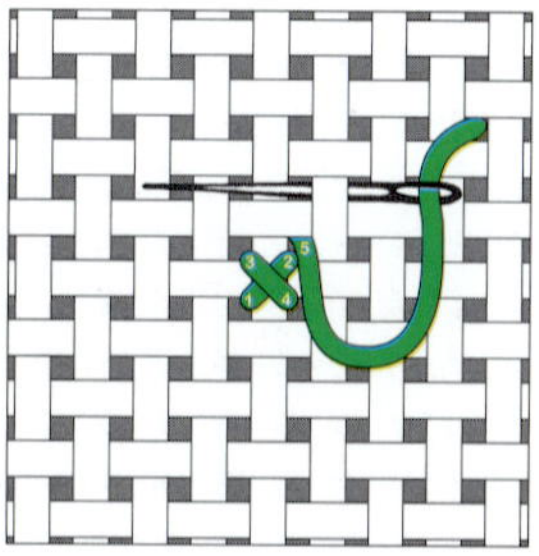

3 Proseguite alternando i movimenti.

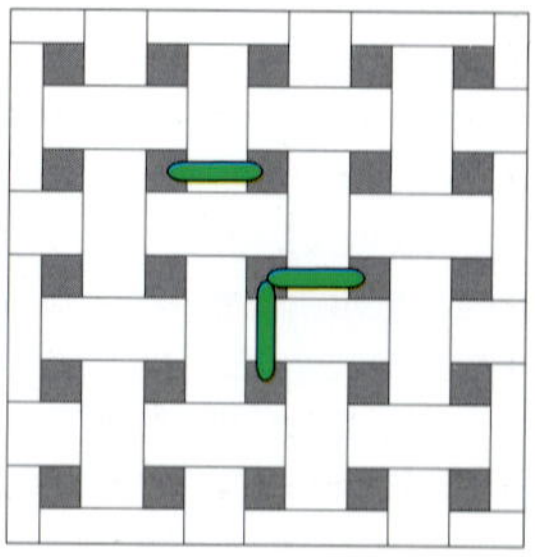

4 Retro del lavoro.

Punto croce in diagonale in un solo giro dall'alto verso basso

1 Eseguite un punto obliquo di andata dirigendo l'ago verticalmente dal basso verso l'alto.

2 Completate la crocetta con un punto obliquo di ritorno puntando l'ago orizzontalmente da destra verso sinistra.

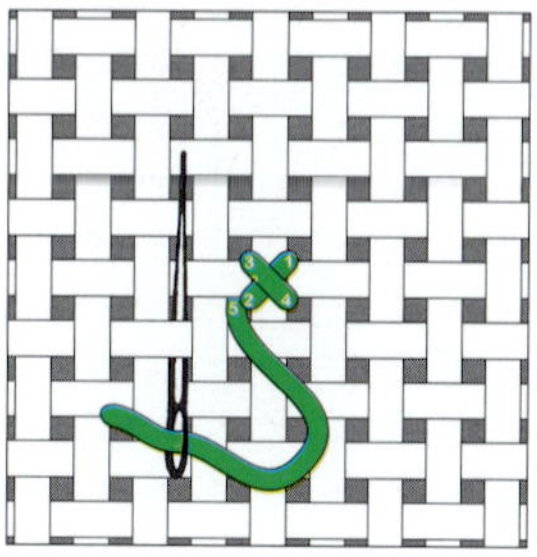

3 Eseguite il successivo punto obliquo di andata e proseguite alternando i movimenti.

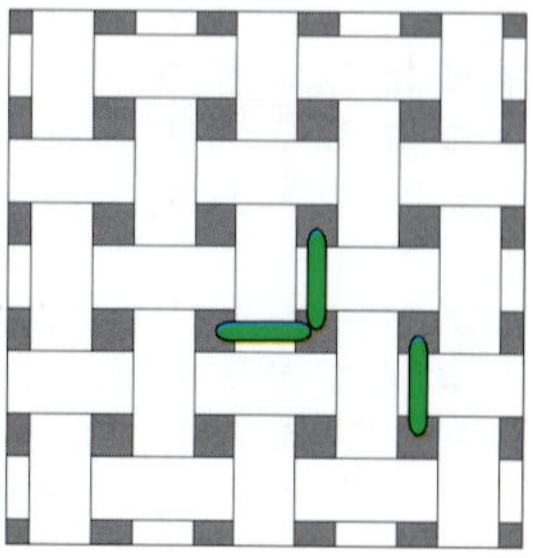

4 Retro del lavoro.

Punto croce in orizzontale in giri di andata e ritorno

1 Lavorate da sinistra verso destra.

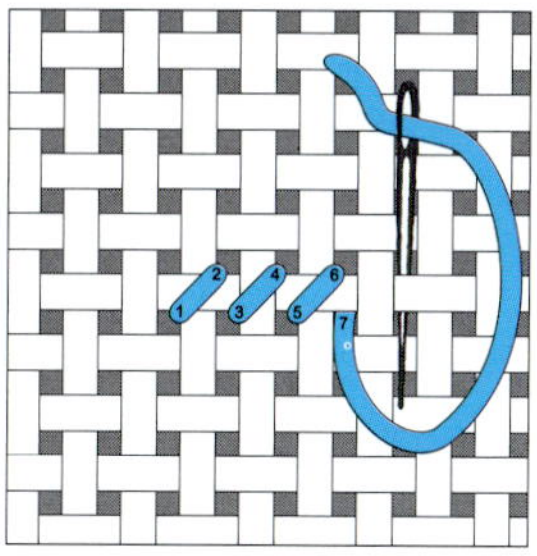

2 Eseguite alcuni punti obliqui di andata dirigendo l'ago dall'alto verso il basso.

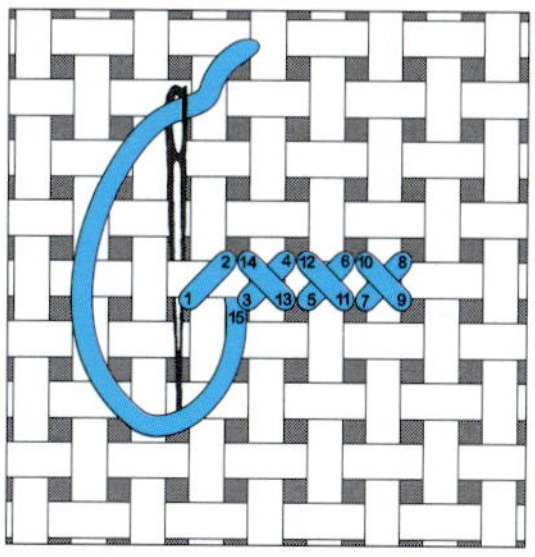

3 Lavorate il giro di ritorno da destra verso sinistra su quello di andata; completate le crocette con punti obliqui puntando sempre l'ago dall'alto verso il basso.

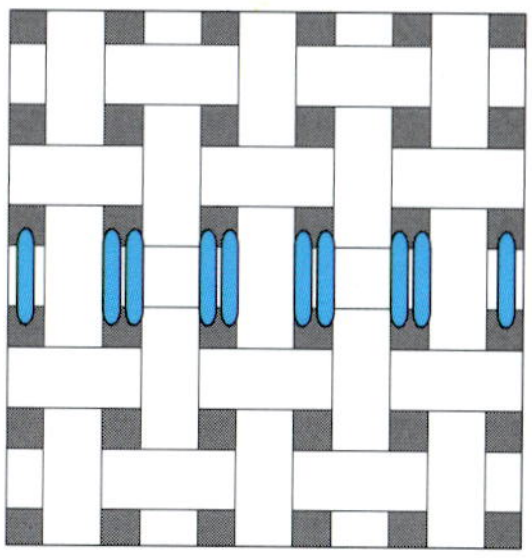

4 Retro del lavoro.

Punto croce in diagonale in giri di andata e ritorno

1 Puntando l'ago dall'alto verso il basso, eseguite un punto obliquo di andata e un punto obliquo di ritorno spostando di un filo sotto e un filo a destra. Proseguite alternando punti obliqui di andata e punti obliqui di ritorno.

2 Completate le crocette puntando l'ago dal basso verso l'alto; completando i punti obliqui di ritorno, passate prima il filo sotto il punto in modo che alla fine del lavoro i punti obliqui di andata risultino sotto i punti obliqui di ritorno.

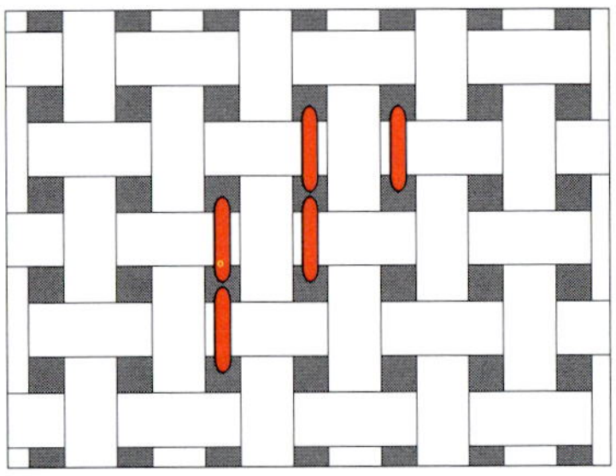

3 Retro del lavoro.

Affrancatura di inizio lavoro con la trama

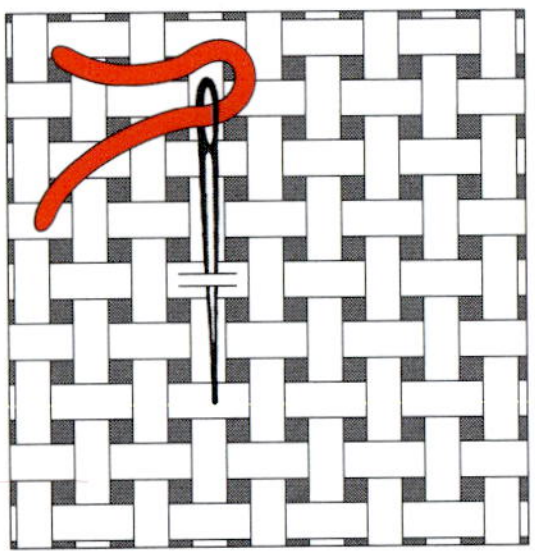

1 Sul diritto del lavoro passate l'ago sotto i due fili di trama (i fili orizzontali del tessuto).

2 Tirate il filo lasciando sporgere solo l'estremità della gugliata e passate nuovamente l'ago sotto i due fili di trama uscendo in basso a sinistra così da fermare il filo.

3 Eseguite il primo punto obliquo di andata puntando l'ago verticalmente dall'alto verso il basso.

4 Procedete nel lavoro seguendo la tecnica più adatta.

Affrancatura di inizio lavoro con l'ordito

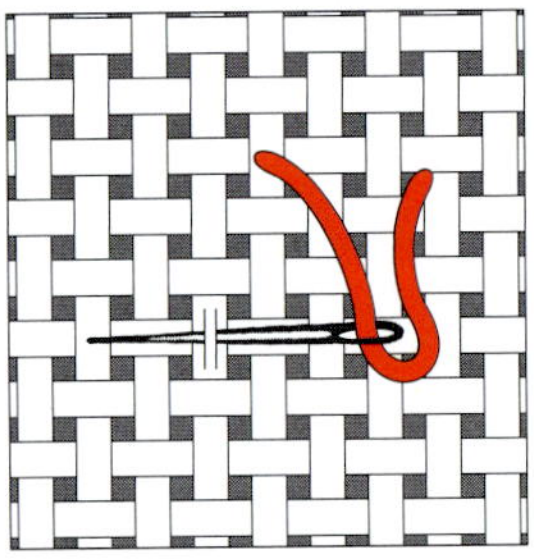

1 Sul diritto del lavoro passate l'ago sotto i due fili di ordito (i fili verticali del tessuto).

2 Tirate il filo lasciando sporgere solo l'estremità della gugliata e passate nuovamente l'ago sotto i due fili di ordito uscendo in basso a sinistra così da fermare il filo.

3 Eseguite il primo punto obliquo di andata puntando l'ago verticalmente dall'alto verso il basso.

4 Procedete nel lavoro seguendo la tecnica più adatta.

Chiusura del punto croce in verticale in un solo giro

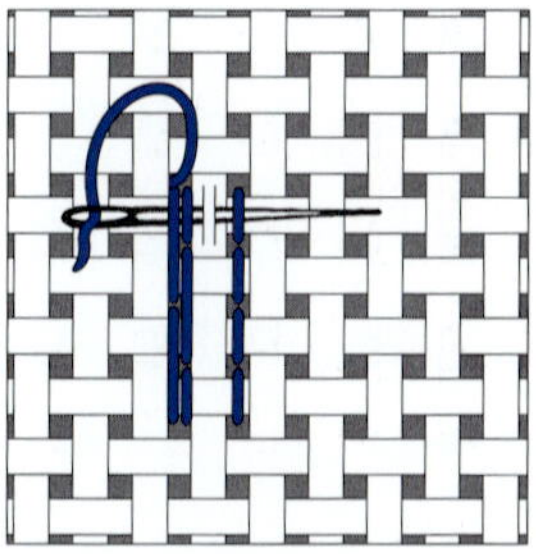

1 Sul rovescio del lavoro passate l'ago sotto i fili del ricamo, sotto i fili dell'ordito e sotto il filo del ricamo parallelo ai primi.

2 Tirate tutta la gugliata e passate l'ago sotto i fili della trama. Ripetete i passaggi descritti passando l'ago sotto i successivi fili del ricamo e tagliate il filo.

Chiusura del punto croce in diagonale in un solo giro

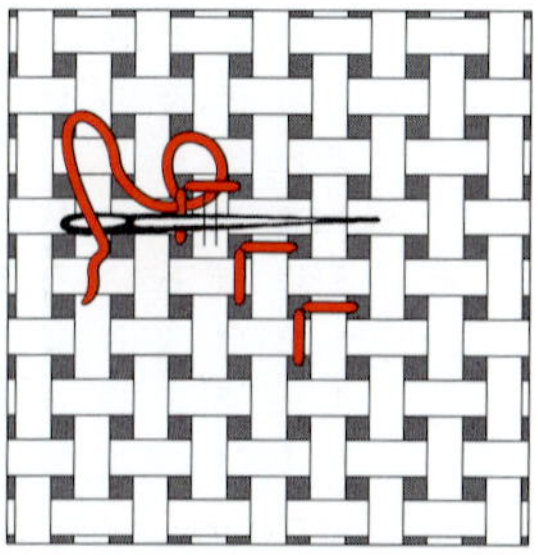

1 Sul rovescio del lavoro passate l'ago sotto i fili del ricamo e sotto i fili dell'ordito.

2 Tirate tutta la gugliata e ripetete i passaggi descritti passando l'ago sotto i successivi fili del ricamo; tagliate il filo.

Chiusura del punto croce in orizzontale in giri di andata e ritorno

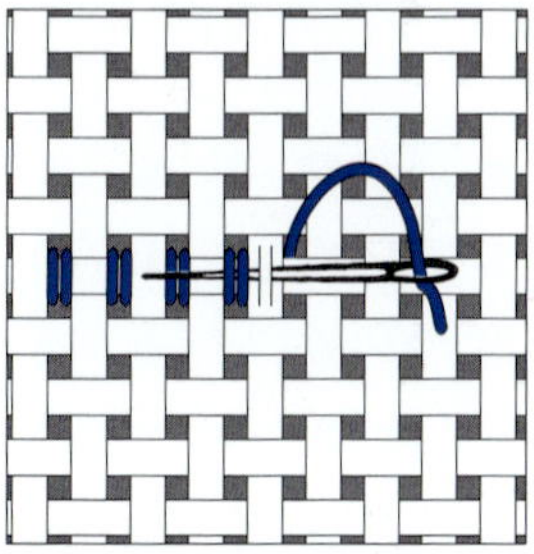

1 Sul rovescio del lavoro passate l'ago sotto i fili dell'ordito e sotto i successivi fili del ricamo.

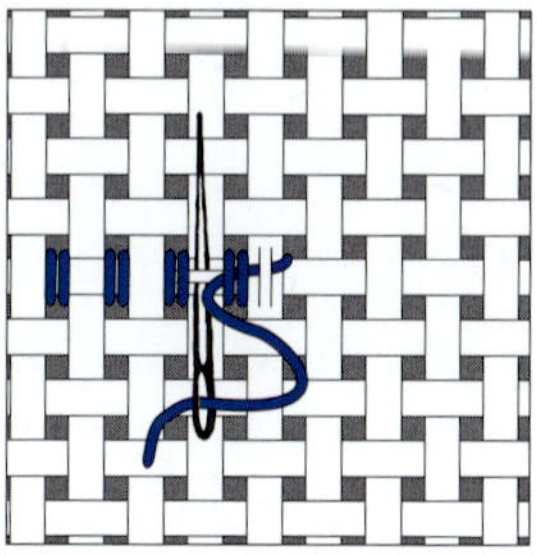

2 Tirate tutta la gugliata e passate l'ago sotto i fili della trama. Ripetete i passaggi descritti passando l'ago sotto i successivi fili del ricamo e tagliate il filo.

Chiusura del punto croce in diagonale in giri di andata e ritorno

1 Sul rovescio del lavoro passate l'ago sotto i fili dell'ordito e sotto il filo del ricamo.

2 Tirate tutta la gugliata, passate l'ago sotto il filo del ricamo, sotto i fili dell'ordito e ancora sotto il filo del ricamo. Ripetete i passaggi descritti passando l'ago sotto i successivi fili del ricamo e tagliate il filo.

Punto croce doppio

Si lavora in un solo giro, da sinistra a destra, e si capovolge ogni volta il lavoro per eseguire la riga successiva. Per fissare il filo di inizio lavoro adottate lo stesso sistema del punto croce normale; per il cambio di gugliata, vi consigliamo di affrancare il filo sul rovescio passando sotto i punti già affrancati. Il punto croce doppio si presta al ricamo di forme essenzialmente geometriche, ma soprattutto per realizzare e riempire righe o quadrati.

1 Il punto di inizio è, come il punto di chiusura, più piccolo degli altri. Eseguite i due punti di inizio: dopo aver fissato il filo, uscite in 1 e completate fino a 4. Proseguite fino a 9.

2 Per ottenere il punto croce a righe sovrapposte, dopo aver eseguito il punto di chiusura della riga capovolgete il lavoro e ripartite da 1.

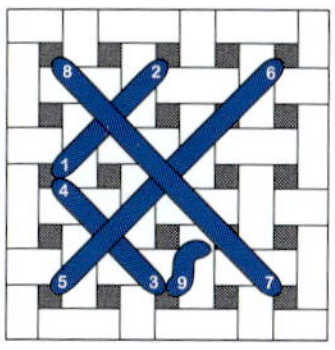

1

2

Punto stella

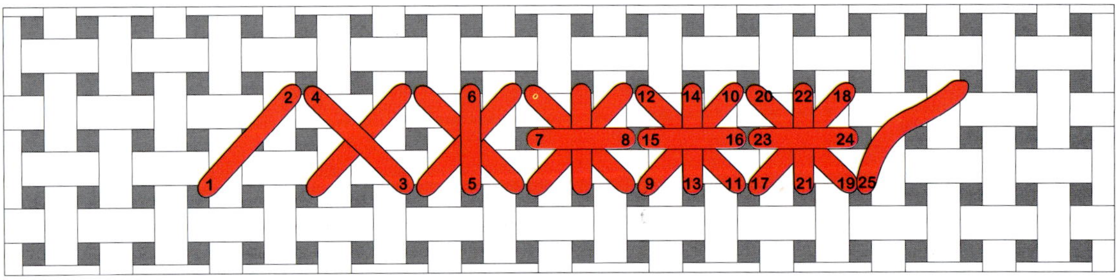

Il punto stella può essere eseguito su tutti i tessuti a trama regolare e si possono usare vari tipi di filato. L'affrancatura del filo a inizio lavoro è la stessa del punto croce; il lavoro procede da sinistra a destra prendendo 8 x 8 fili di tessuto nel caso di ricamo sul lino, oppure due quadretti di tela Aida. Puntate l'ago verticalmente ed eseguite un punto croce completo e di seguito un punto verticale e uno orizzontale; quindi uscite in posizione per eseguire il punto seguente.

1/4, 2/4 e 3/4 di punto croce

Questi punti vengono impiegati nel ricamo a punto croce per eseguire linee continue in diagonale, nonché linee curve, oppure per ottenere sfumature di colore particolari.

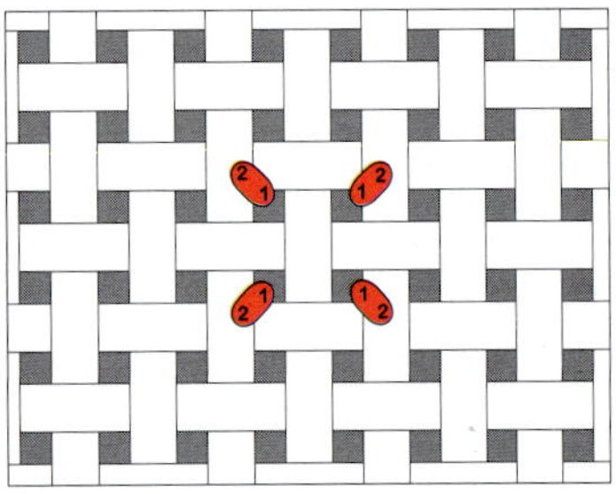

1 Il quarto di punto croce è simboleggiato sullo schema da un quadratino attraversato da una diagonale, colorato nella parte che rappresenta il punto da eseguire.

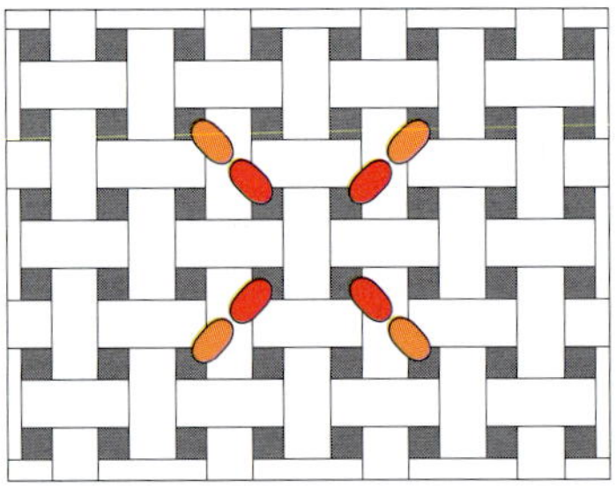

2 Quando entrambe le metà del quadretto presentano due colori differenti si eseguono separatamente i due quarti di punto croce, così da ottenere le sfumature.

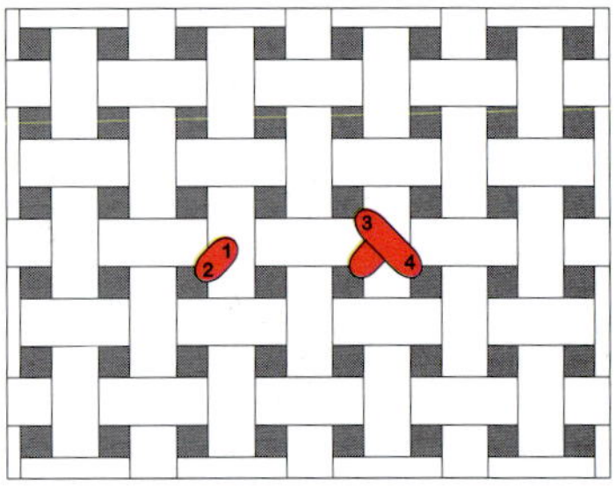

3 Il tre quarti è un quadratino separato da una breve diagonale, dove il colore occupa una metà.

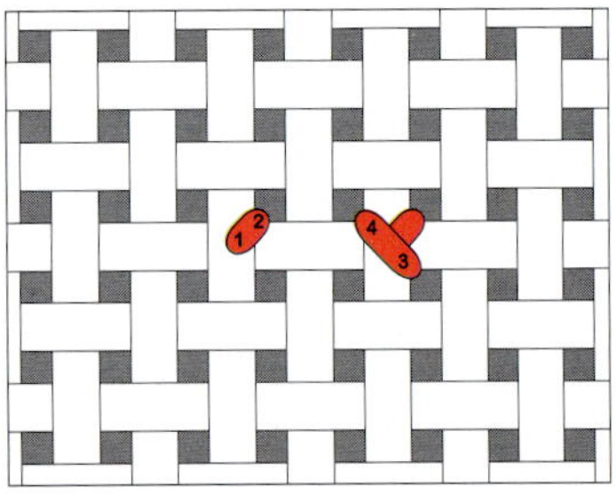

4 Quando il mezzo punto è di ritorno sta sopra il quarto di punto croce.

5 Quando il mezzo punto è di andata viene eseguito prima del quarto di punto croce e quindi risulta sotto quest'ultimo.

6 In questo modo tutti i punti hanno la stessa inclinazione.

IL CENCIO DELLA NONNA

Per ricamare a punto croce su tessuti che non presentano una trama regolare e non permettono il ricamo a fili contati, come per esempio maglia e jeans, dovete ricorrere al cencio della nonna, una tela a trama sottile e regolare.

Ecco come fare.

1 Imbastite il cencio della nonna a drittofilo sul tessuto da ricamare, delimitando anche il centro nel caso in cui il motivo da realizzare occupi una superficie piuttosto ampia.

2 Lavorate a punto croce, prendendo sia il cencio della nonna sia il tessuto sottostante. Ricamate contando i fili del cencio della nonna, ma tenendo i punti leggermente tesi.

3 Quando avete terminato il ricamo, con una pinzetta sfilate, a uno a uno, tutti i fili del cencio della nonna; partendo da un angolo sfilate prima i fili in una direzione, poi nell'altra.

Sul tessuto rimarrà solo il ricamo.

4 In alternativa al cencio della nonna potete utilizzare il canovaccio a uno o due fili, procedendo nello stesso modo.

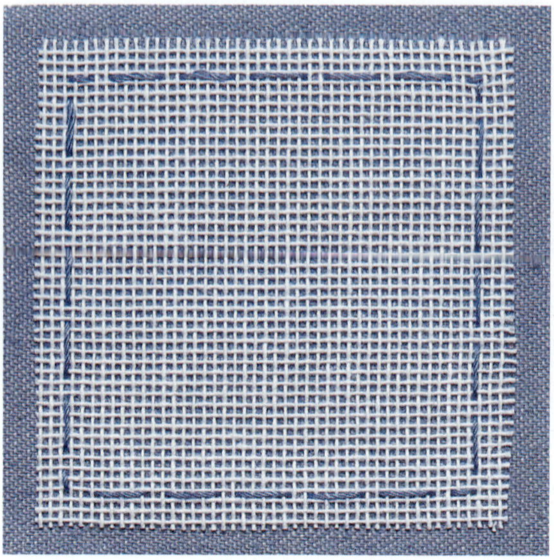
1

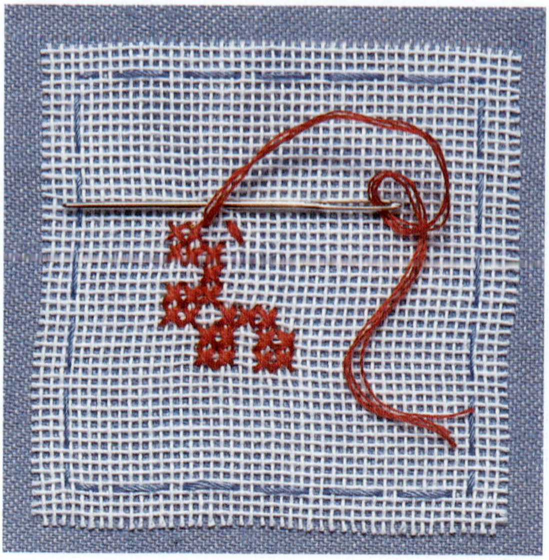
2

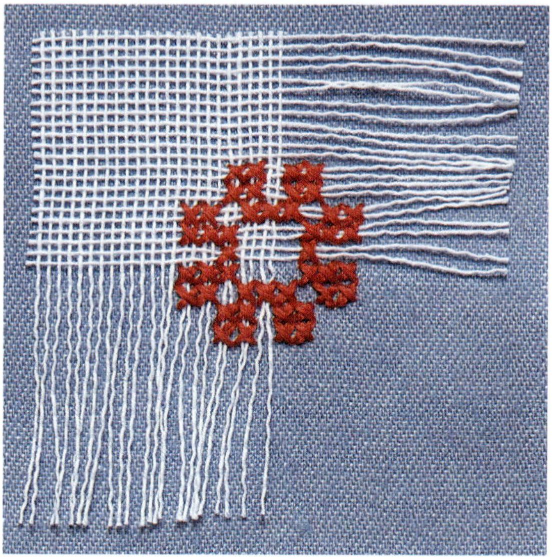
3

4

PUNTO CROCE SU TESSUTO A QUADRETTI

La lavorazione a punto croce su tessuto a quadretti (zephir) permette di ottenere effetti cromatici molto particolari. Lo zephir presenta una quadrettatura in tre differenti gradazioni di colore ed è disponibile in diverse tinte. La grandezza del quadretto determina la dimensione dei punti.

1 Ricamate file verticali di punti seguendo la numerazione sul disegno. Ogni punto deve essere eseguito sui quadretti scuri del tessuto.

2 Ricamate file verticali di punti seguendo la numerazione sul disegno. Ogni punto va ricamato sui quadretti bianchi del tessuto.

3 Eseguite il giro di andata partendo da sinistra, seguendo la numerazione sul disegno; una volta terminato il giro completate i punti eseguiti con punti di ritorno, partendo da destra e seguendo la numerazione sullo schema.

4 Ricamando i motivi proposti tutti in fila, otterrete il risultato illustrato in fotografia.

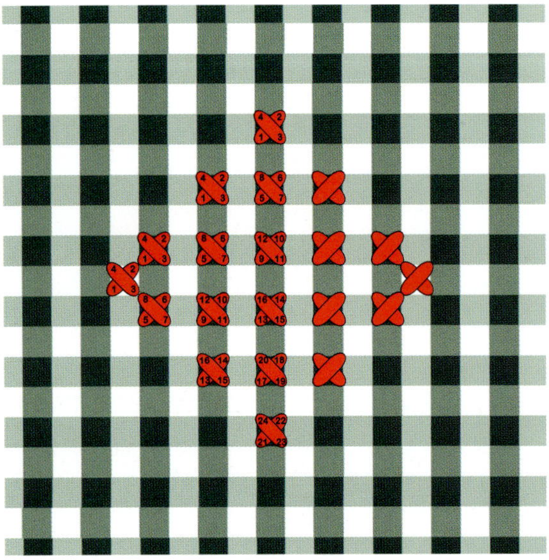
1

2

3

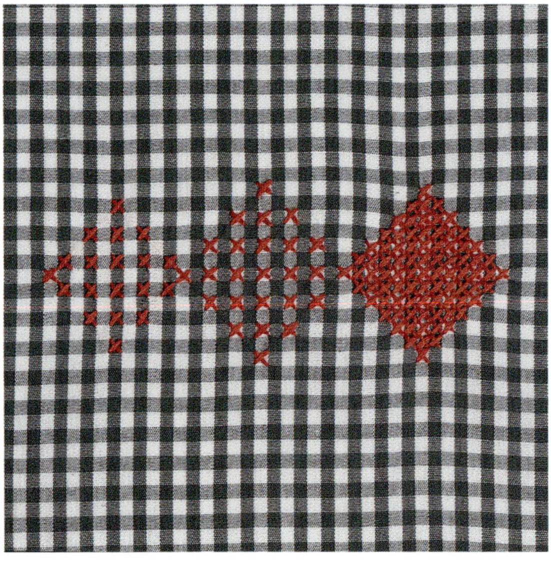
4

PUNTO CROCE SU MAGLIA RASATA

La maglia rasata si presta a essere ricamata a punto croce seguendo qualsiasi schema. Occorre solo tener presente che le maglie sono più larghe che alte, quindi la figura che ne risulterà apparirà schiacciata. Non sempre il risultato potrà essere di vostro gradimento: per ovviare a questo inconveniente, si può ricamare su un punto in larghezza e due in altezza.

Per il ricamo utilizzate un filo della stessa grossezza del filato usato per la maglia, senza mai tirarlo troppo, perché in caso contrario potrebbe deformarsi.

1 Affrancate il filo passandolo sotto alcuni punti della maglia.

2 Lavorate da sinistra a destra, come per il punto croce, prendendo una maglia in larghezza e una in altezza.

3 Come mostra la fotografia, eseguendo questo tipo di lavorazione la figura risulta schiacciata.

4 Affrancate il filo passandolo tra due maglie in altezza.

5 Lavorate prendendo una maglia in larghezza e due in altezza.

6 La figura allungata, come potete verificare osservando la fotografia, è invece il risultato dell'altro tipo di lavorazione.

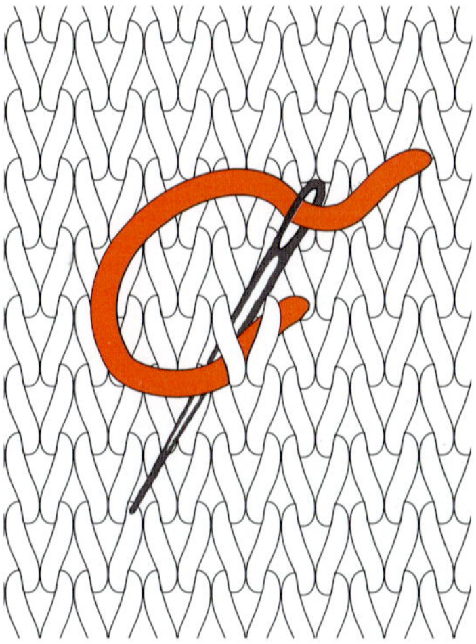

1

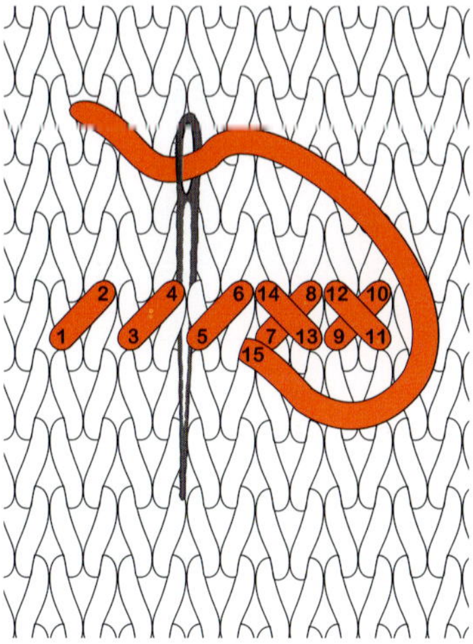

2

3

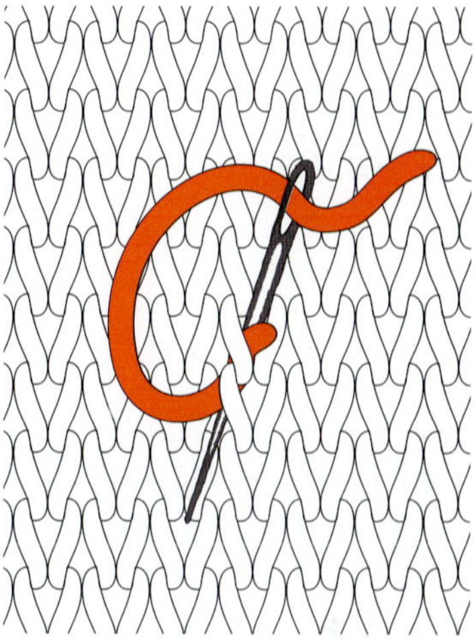

4

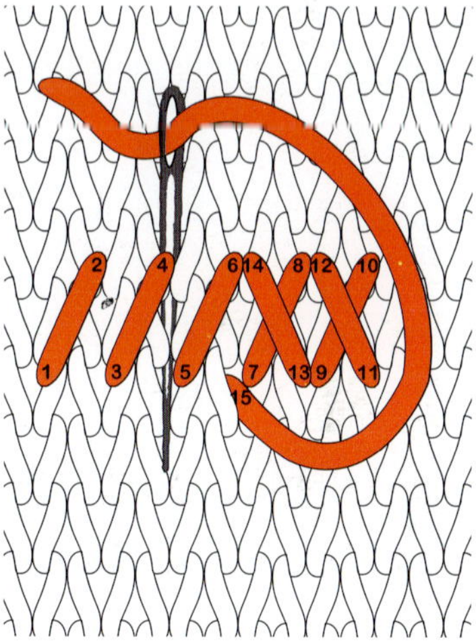

5

6

IL PUNTO ASSISI

Il punto Assisi, chiamato anche ricamo d'Assisi, è un'applicazione del punto croce semplice in cui figure stilizzate, fiori e forme geometriche sono contornate dal punto scritto, generalmente nero, e lasciate vuote su un fondo ricamato a punto croce in una tinta vivace: bluette, rosso mattone o verde.
Molti schemi per il punto croce possono essere usati per il ricamo d'Assisi invertendo semplicemente le zone piene e le zone vuote.
Si possono usare tutti i tessuti a trama regolare, con fili di ordito e trama uguali tra loro, anche se il tessuto tradizionalmente impiegato è la tela Assisi.
Eseguite i contorni del motivo a punto scritto in colore contrastante: entrate e uscite negli spazi che si sono formati nel primo giro facendo attenzione che l'ago passi sopra in entrata e sotto in uscita, così da creare una linea di contorno senza antiestetici gradini.
Qui sotto proponiamo gli schemi di alcuni motivi da ricamare a punto Assisi. Nelle fotografie, invece, si può verificare il risultato del lavoro eseguito.

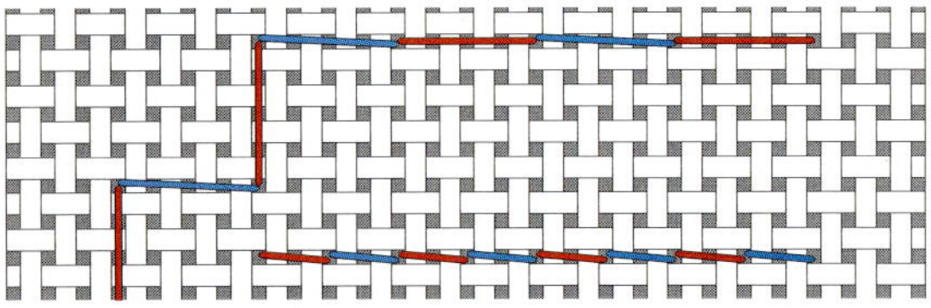

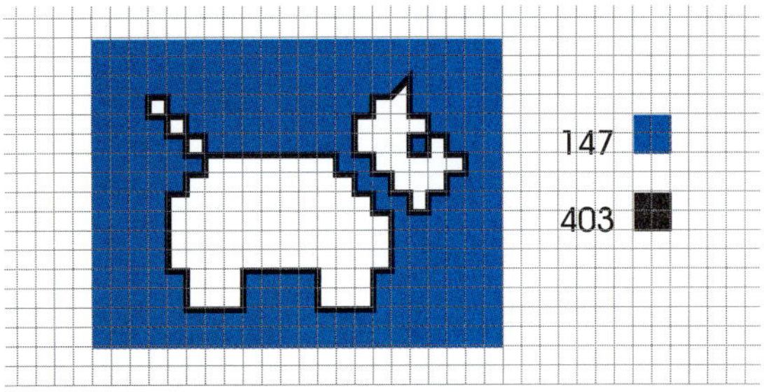

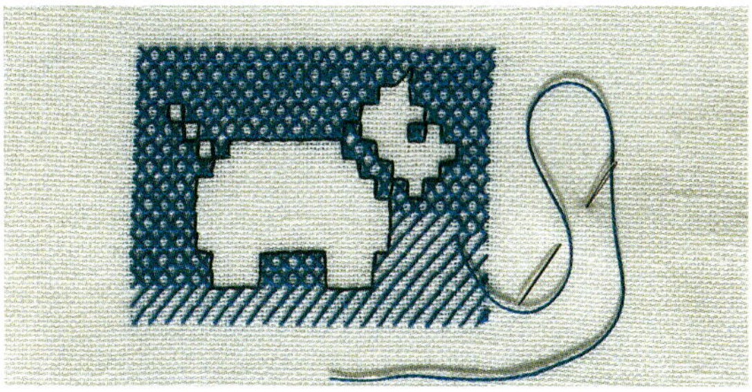

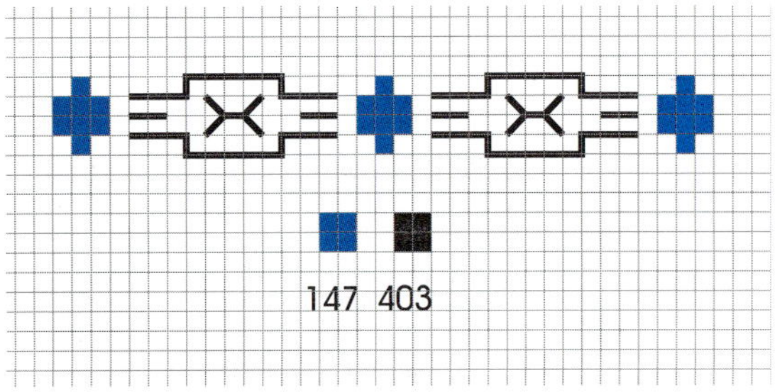

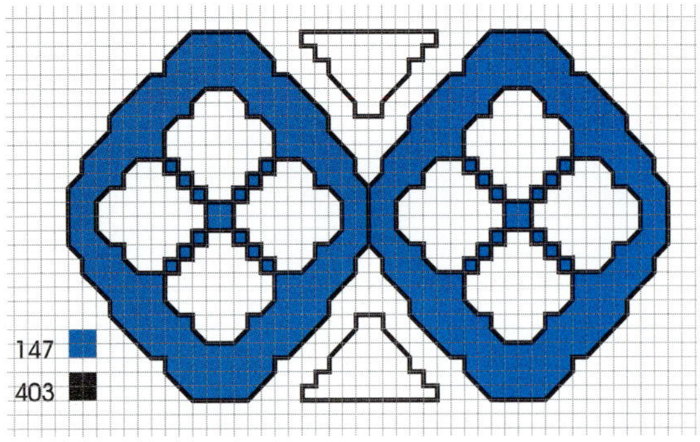

LA RIFINITURA: IL PUNTO QUADRO

Il punto quadro è un punto di rifinitura che consente di realizzare l'orlo.

1 Tenendo il lavoro sul rovescio, nascondete il filo di inizio nello spessore dell'orlo ed eseguite i primi tre punti tenendo l'ago orizzontale, uscite in 3; entrate in 4; uscite con l'ago orizzontale; con l'ago verticale uscite in 7; passate prima sopra e poi sotto l'orlo ripiegato e uscite in 8.

Continuate seguendo la numerazione e proseguite fino al termine del lavoro.

2 Diritto del lavoro

3 Nello schema in basso a destra troverete il motivo ricamato sul portatovagliolo illustrato dalla fotografia (qui sotto).

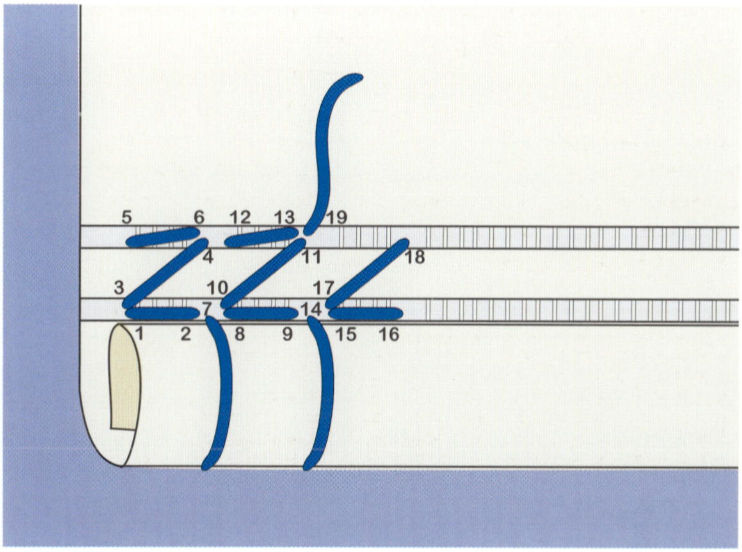

1

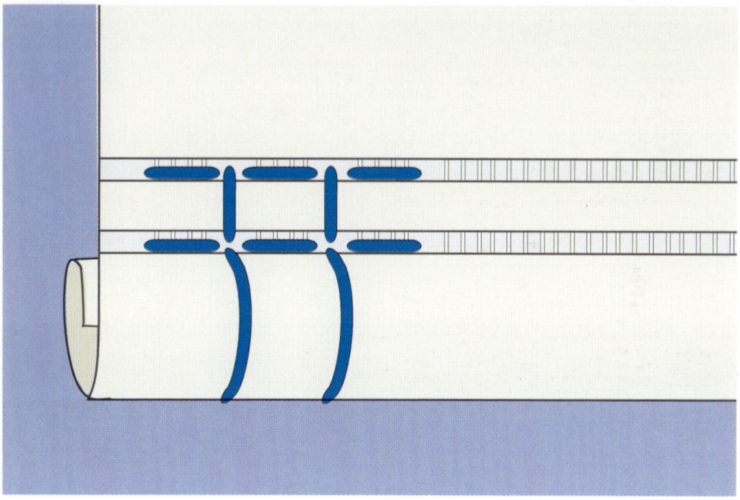

2

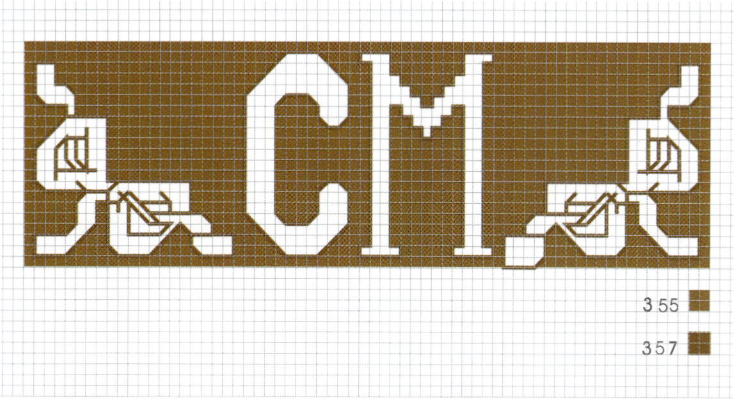

3

UNCINETTO

Le pagine che seguono hanno lo scopo di consentire alle lettrici meno esperte di acquisire in breve tempo le nozioni di base per poter realizzare i progetti proposti in questo volume.
Comunque, anche chi ha una certa dimestichezza con l'uncinetto potrà disporre di un veloce "ripasso" dei punti base, così da introdurre qualche variante nelle proprie creazioni.

ISTRUZIONI PER L'ESECUZIONE DEI LAVORI

Fino all'introduzione dei gragici, le istruzioni dei lavori all'uncinetto consistevano in una descrizione scritta del lavoro, molto dettagliata e quindi in genere piuttosto lunga (maglia dopo maglia, riga dopo riga), in cui ogni singolo passaggio viene spiegato con termini tecnici, comunemente abbreviati, che lo descrivono con precisione.

GRAFICI GIAPPONESI

Il sistema più recente, adottato in questo volume, consiste nell'uso di grafici in cui le catenelle e le varie maglie, stilizzate ciascuna in un simbolo semplice da ricordare e da leggere, vengono disposte in modo da riprodurre esattamente il progetto nella sua forma essenziale. Comunemente questi grafici vengono chiamati giapponesi perché è in Giappone che sono nati e si sono sviluppati fino a diventare un vero e proprio linguaggio ormai diffuso in tutto il mondo.
Apparentemente più complicato, in realtà questo metodo è molto semplice da seguire, in quanto offre una visualizzazione perfetta del lavoro, che viene rappresentato nella sua forma esatta servendosi per ogni parte proprio del simbolo che la contraddistingue. In effetti, il disegno è formato dai vari simboli relativi alle singole lavorazioni, disposte nello spazio nello stesso numero e nella medesima posizione in cui si trovano nel progetto finito. Ogni segno, dunque, corrisponde a una maglia o a un passaggio della lavorazione.

LAVORARE CON IL GRAFICO

Si inizia leggendo il grafico: si individuano, cioè, le lettere, i numeri delle righe o dei giri, la freccia di inizio lavoro, quelle del senso della lavorazione; quindi si leggono i simboli, controllando eventualmente con la foto riportata all'inizio di ogni progetto o con la spiegazione contenuta nelle pagine finali (che corrisponde perfettamente al grafico e al lavoro).
Quando è tutto chiaro non resta che mettersi all'opera, seguendo il grafico e, se può facilitare il compito, spuntando con la matita i vari passaggi una volta che siano stati "doppiati".

L'UNCINETTO A RETE, O FILET

Il filet è un pizzo a quadretti: quadretti pieni fatti con punti alti e quadretti vuoti fatti con catenelle che si alternano per creare ogni genere di motivo.
Questa lavorazione, molto facile da realizzare, fino a poco tempo fa veniva utilizzata per eseguire pizzi e bordi per la biancheria della casa. Oggi, con frequenza sempre maggiore, viene impiegata anche per l'esecuzione di capi molto più impegnativi come camicette, casacche, tovaglie, tende, cuscini e copriletti.

COME SI LAVORA

Per eseguire i lavori proposti, dopo aver avviato il numero di catenelle indicato, basta seguire con attenzione lo schema. Si inizia a lavorare dal segno di avvio seguendo la direzione delle frecce e le eventuali lettere o numeri che appaiono.
In tutti gli schemi dei motivi a filet, salvo diverse indicazioni, i quadretti pieni (gruppi) e quelli vuoti (spazi) si lavorano come segue: *gruppo*: ★1 maglia alta in ciascuna delle 3 maglie successive★, ripetere da ★ a ★ per tutti i quadretti riportati sullo schema; *spazio*: ★1 maglia alta, 2 catenelle, saltare 2 maglie★, ripetere da ★ a ★ per tutti i quadretti vuoti riportati dallo schema.
Bisogna tenere presente, inoltre, che la 1ª maglia alta di ogni riga viene sostituita da 3 catenelle e che l'ultimo quadretto di ogni riga, pieno o vuoto che sia, va sempre chiuso con una maglia alta. A questo punto non resta che seguire con cura l'alternanza dei quadretti sullo schema per ottenere il motivo proposto.

Quando lo schema non riporta il numero di catenelle da avviare e non c'è un testo di spiegazione, si possono calcolare moltiplicando per 3 il numero dei quadretti e aggiungendo 1 catenella (base della 1ª maglia della 1ª riga) più 3 catenelle (1ª maglia alta della 1ª riga) se il primo quadretto è pieno, più 5 catenelle (2 per la 1ª maglia alta e 3 per il 1° spazio della 1ª riga) se il primo quadretto è vuoto.
Nello schema alcune volte compaiono delle linee azzurre e delle linee rosse: quelle azzurre delimitano zone di 10 quadretti di lato, semplificando così i conteggi per seguire lo schema, quelle rosse evidenziano la parte di motivo che si ripete.

CONSIGLI UTILI

● A garanzia di una buona riuscita del lavoro, soprattutto agli inizi (e specie se si devono realizzare capi con misure strettamente vincolanti) è buona regola eseguire un campione di 5 cm di lato utilizzando il filato e l'uncinetto suggeriti. A questo punto si confronta il numero delle maglie e delle righe o giri del campione con quello riportato nella spiegazione del progetto (è sufficiente fare una proporzione tra le catenelle d'inizio e la lunghezza del lavoro finito, tra le righe o i giri e l'altezza dello stesso). Eventuali differenze dipendono dal modo di lavorare personale: per esempio, se la maglia è troppo stretta conviene aumentare il diametro dell'uncinetto; se è troppo larga è opportuno adoperarne uno con diametro minore.

● Attenzione anche a come giuntate il nuovo gomitolo: nei limiti del possibile è bene farlo sempre all'inizio di una riga, e comunque lasciando una "coda" del gomitolo ormai terminato abbastanza lunga da poter essere affrancata con qualche punto indietro servendosi di un ago da maglia, esattamente come il capo del nuovo gomitolo.

● Quando procedete in righe di andata e ritorno, al termine di ogni riga, prima di voltare il lavoro e proseguire con la successiva, aggiungete alcune catenelle: la loro funzione è quella di evitare che il lavoro "tiri" deformandosi. In assenza di diverse indicazioni, il numero delle catenelle dipende dal punto usato, e precisamente: 1 catenella per la maglia bassa, 2 catenelle per la mezza maglia, 3 catenelle per la maglia alta, 4 catenelle per la maglia altissima, 5 catenelle per la maglia tripla.
Dopo aver lavato il capo, collocatelo fra due teli di spugna in attesa che asciughi ed eliminate la maggior parte dell'acqua tamponando. Quando l'acqua sarà quasi completamente assorbita dai teli, stendetelo con cura, eventualmente bloccandolo lungo i margini con qualche spillo così da conferirgli la forma originaria. Volendo, potete inamidare il capo con prodotti appositi o immergerlo in una soluzione di acqua e amido di riso, oppure acqua e zucchero (quest'ultima operazione va riservata ai progetti che devono risultare rigidi, come determinate bomboniere o piccoli cestini per confetti), lasciando poi asciugare all'ombra per evitare che il tessuto ingiallisca.

PUNTI BASE

COME TENERE IL FILO
E IMPUGNARE L'UNCINETTO

La mano sinistra regge il filo che si srotola dal gomitolo e lo fa passare dal davanti verso il retro fra il mignolo e l'anulare, dal retro in avanti intorno al mignolo e dal davanti verso il retro fra l'indice e il medio; con mignolo, anulare e medio abbassati, il filo viene fatto passare dal retro in avanti intorno al dito indice. Nel corso della lavorazione il filo è tenuto fermo tra l'indice e il pollice.

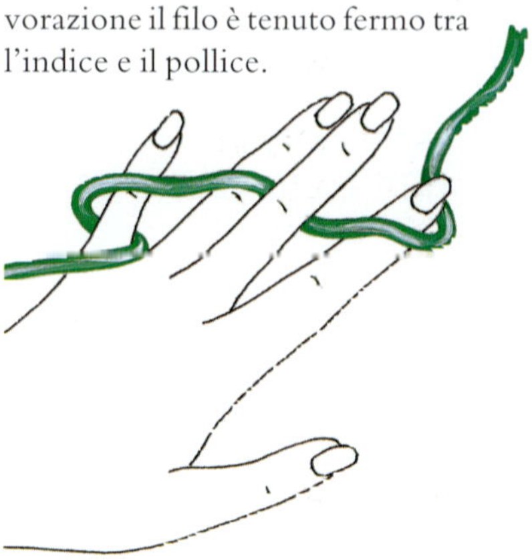

Con la mano destra impugnate l'uncinetto come una penna, guidandolo nel movimento con il medio a cui è appoggiato.

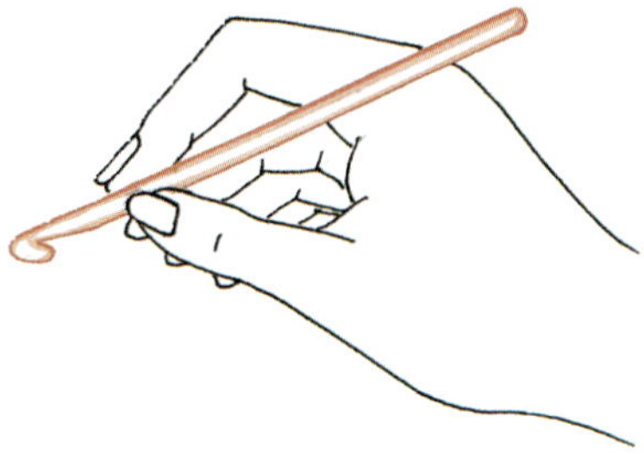

Nelle pagine seguenti vengono illustrati i punti base, e le loro varianti, corredati da disegni che mostrano i vari passaggi della lavorazione.

La catenella (cat.)

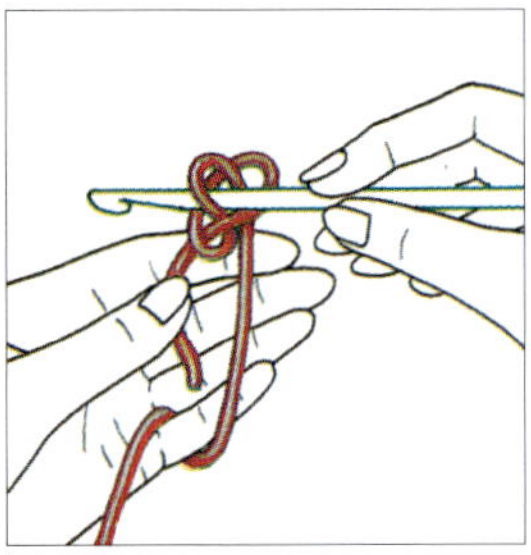

1 Preparate un occhiello, inserite l'uncinetto e agganciate il filo facendolo girare da dietro in avanti intorno all'uncinetto. Estraete il filo e tiratelo in modo da formare un cappio.

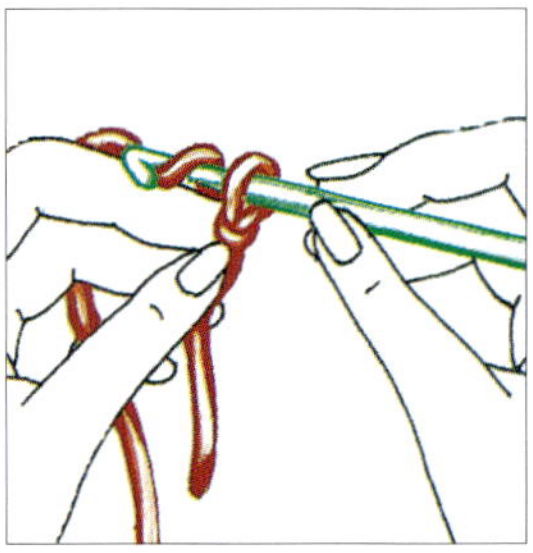

2 Tenendo il cappio tra il pollice e l'indice, sollevate il filo dopo averlo appoggiato sull'indice, passando con l'uncinetto fra il dito e il filo da dietro in avanti (questo movimento si chiama "gettato").

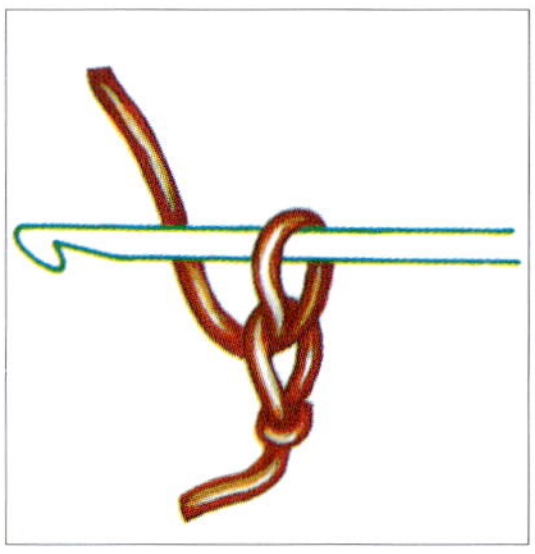

3 Agganciate il filo con l'uncinetto e fatelo passare attraverso il cappio, formando così la prima catenella, o maglia volante.

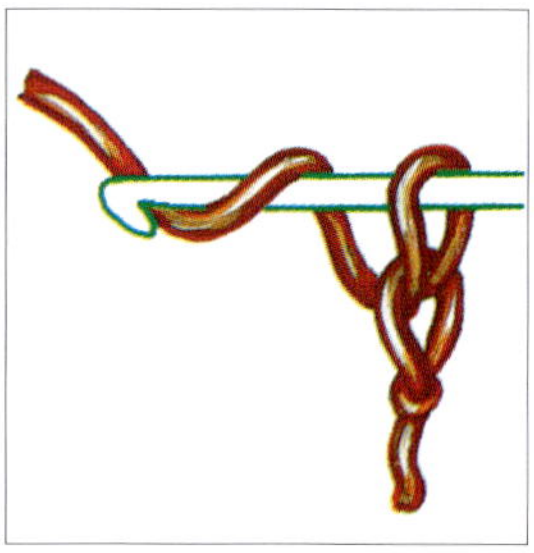

4 Riportate il filo sull'uncinetto da dietro in avanti ed estraetelo dall'asola. Operate nello stesso modo per tutte le catenelle necessarie.

La catenella doppia (cat. doppia)

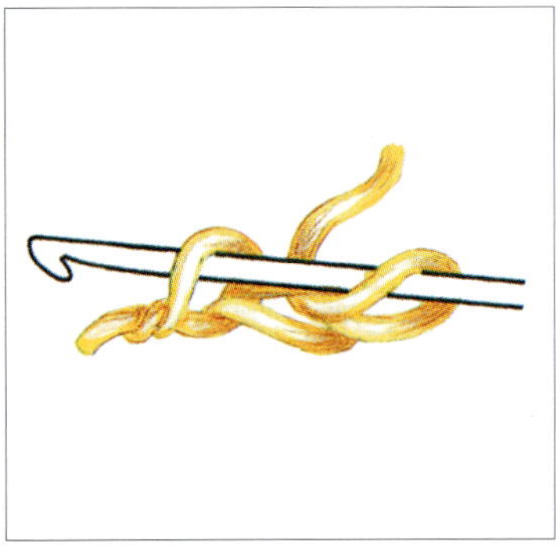

1 Avviate 2 catenelle e inserite l'uncinetto nella prima.

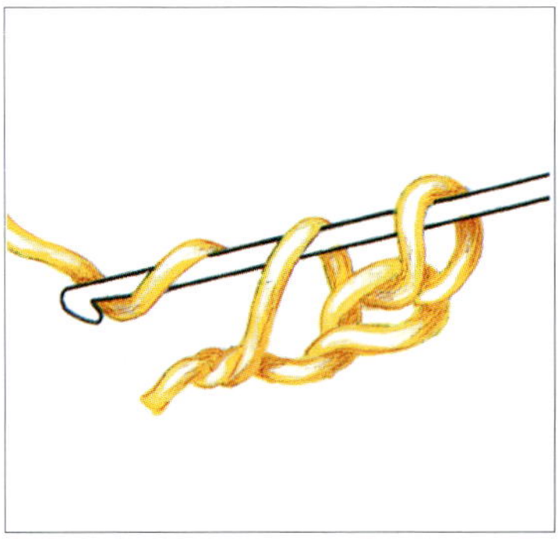

2 Portate il filo sull'uncinetto, da dietro in avanti.

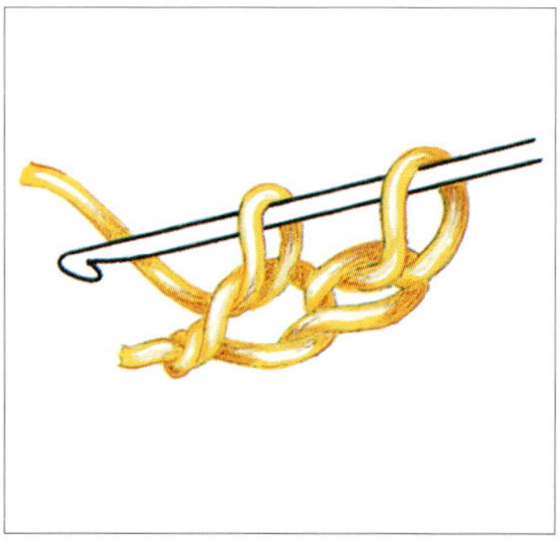

3 Estraete la prima maglia, cioè agganciate il filo e fatelo passare nel cappio.

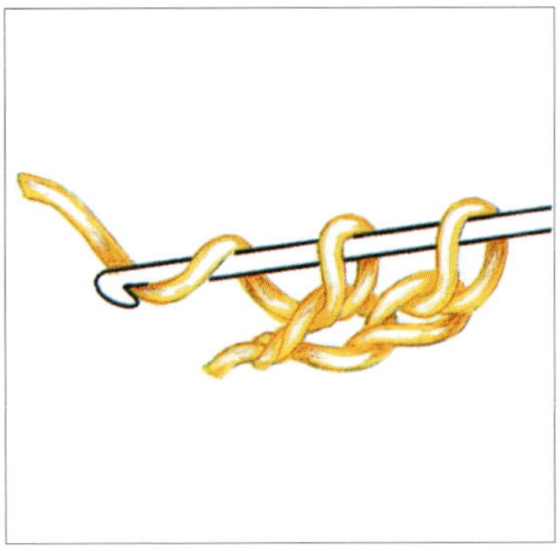

4 Riportate il filo sull'uncinetto, sempre da dietro in avanti.

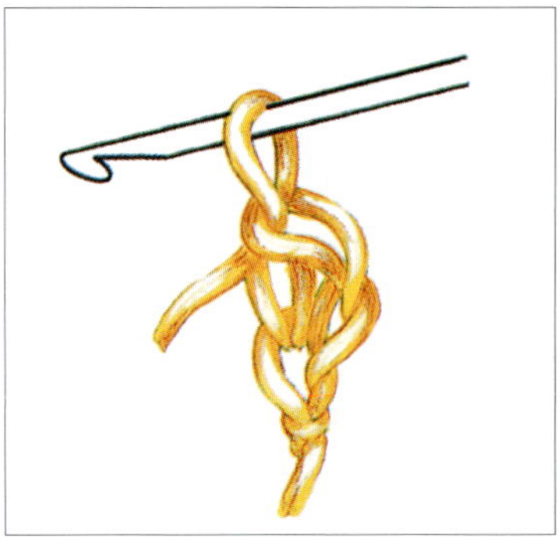

5 Estraete una maglia facendola passare, contemporaneamente, attraverso i 2 cappi sull'uncinetto.

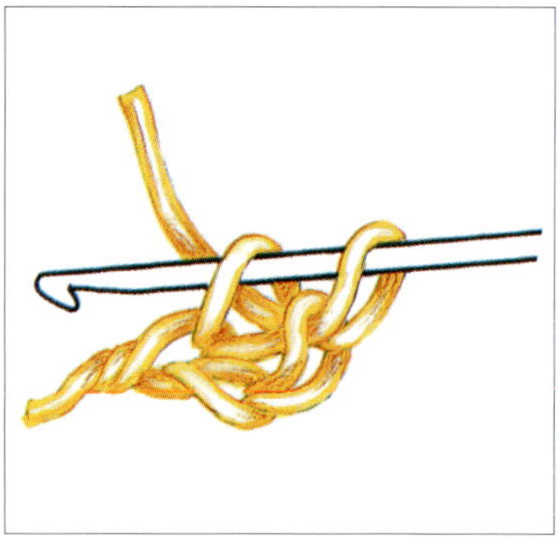

6 Inserite l'uncinetto nel primo cappio sulla sinistra e ripetete i passaggi 2, 3, 4 e 5 per tutta la lunghezza necessaria.

La maglia bassissima (m. bss., o mezza maglia bassa)

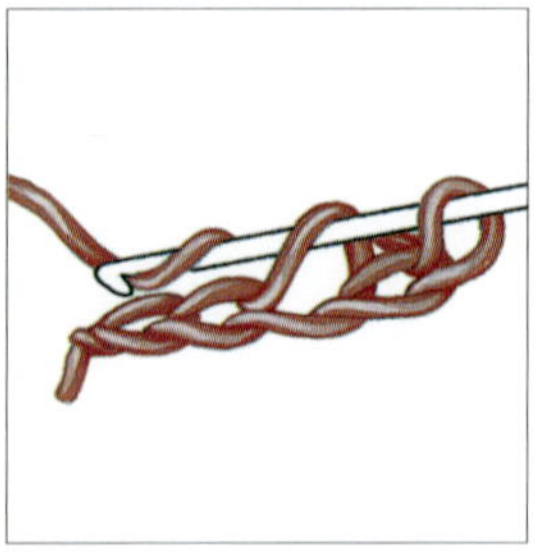

1 Inserite l'uncinetto nella seconda maglia della catenella di base, sulla sinistra; passate il filo sull'uncinetto.

2 Estraete una maglia.

3 Chiudete la maglia estratta, passandola contemporaneamente attraverso la maglia della catenella e il cappio sull'uncinetto. Chiudere una maglia significa far passare il filo estratto attraverso tutte le maglie sull'uncinetto.

4 Riprendete la lavorazione dal punto 1 e ripetete fino all'ultima maglia della catenella di base.

La maglia bassa (m. bs.)

1 Inserite l'uncinetto nella seconda maglia della catenella di base, sulla sinistra; passate il filo sull'uncinetto.

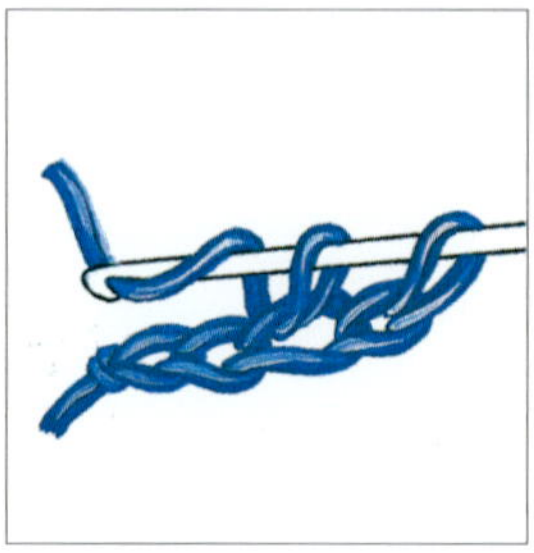

2 Estraete una maglia e portate il filo sull'uncinetto.

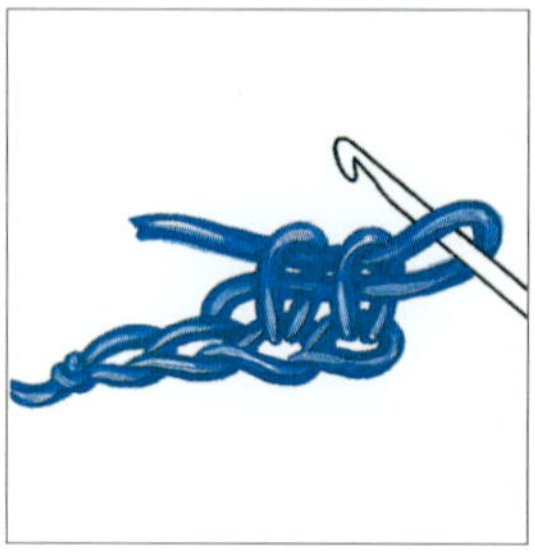

3 Chiudete la maglia, cioè estraetela facendola passare contemporaneamente attraverso le 2 maglie sull'uncinetto.

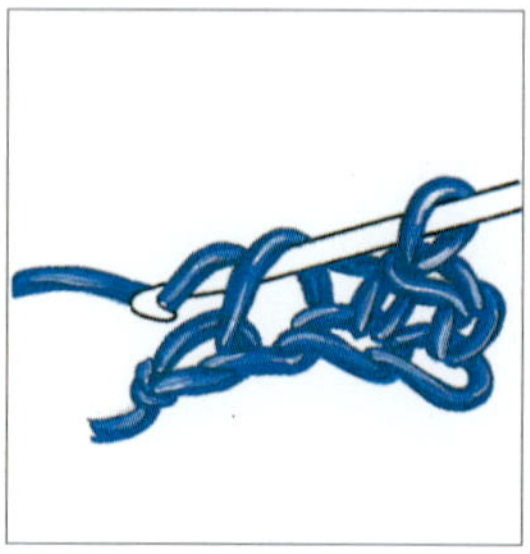

4 Ripetete dal punto 1, inserendo ogni volta l'uncinetto nella prima maglia a sinistra.

La maglia bassa doppia (m. bs. doppia)

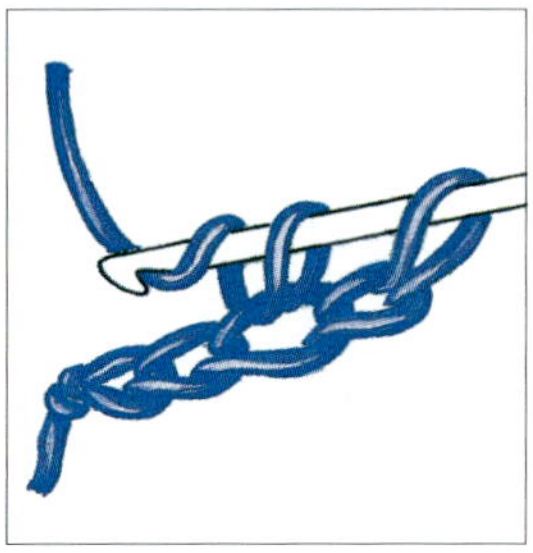

1 Inserite l'uncinetto nella seconda maglia a sinistra, portate il filo sull'uncinetto ed estraete una maglia come nelle figure 1 e 2 della maglia bassa.

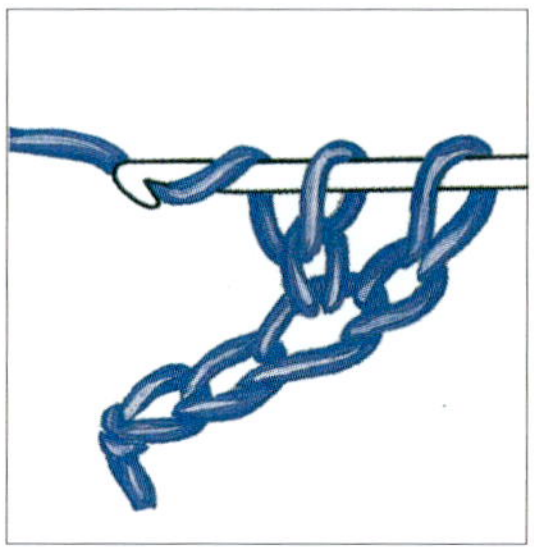

2 Estraete una maglia e portate il filo sull'uncinetto.

3 Passate il filo attraverso le 2 maglie che si trovano sull'uncinetto.

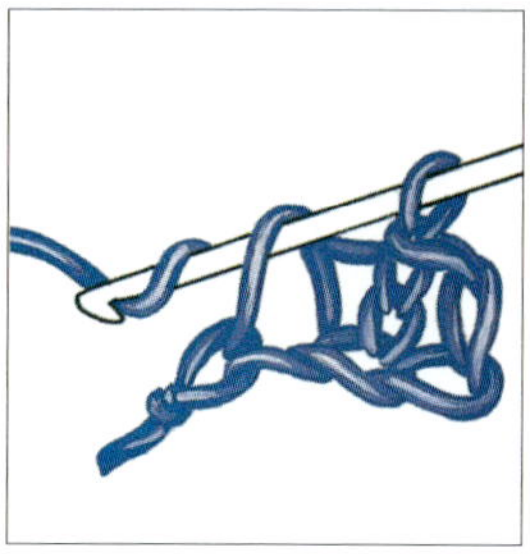

4 Ripetete dal punto 1, entrando ogni volta nella prima maglia sulla sinistra.

La mezza maglia alta (mezza m. alta)

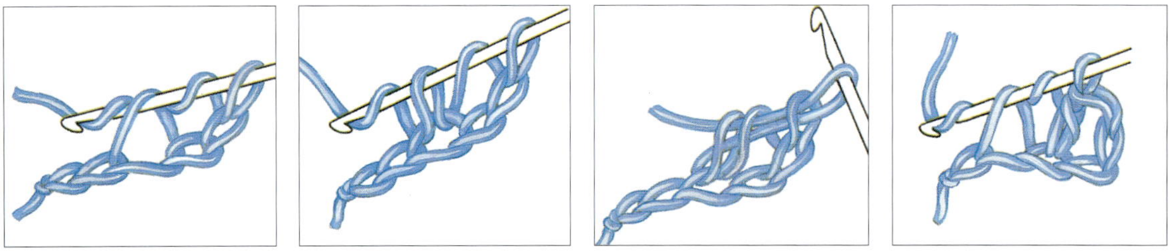

1 Inserite l'uncinetto nella prima maglia di base, cioè la terza maglia a sinistra dello strumento, e portate il filo sull'uncinetto.

2 Estraete una maglia (in totale si avranno 3 maglie sull'uncinetto); portate il filo sull'uncinetto.

3 Chiudete la maglia, cioè passate contemporaneamente il filo attraverso le 3 maglie sull'uncinetto.

4 Ripetete i passaggi 1, 2 e 3 entrando ogni volta nella prima maglia di base a sinistra.

La maglia alta (m. alta)

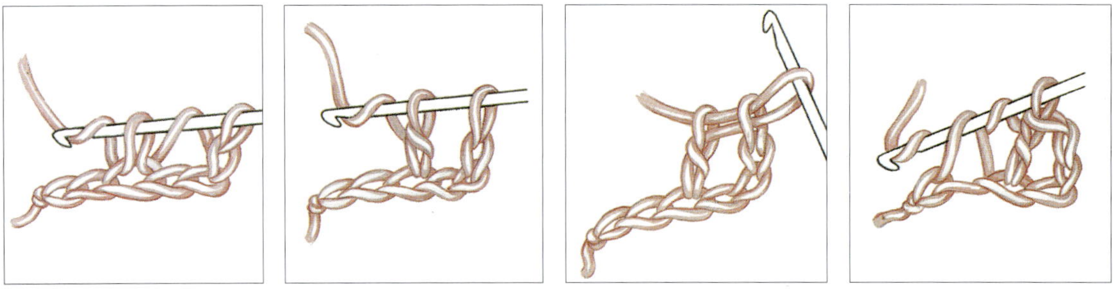

1 Procedete come ai punti 1 e 2 della mezza maglia alta; portate il filo sull'uncinetto.

2 Passate il filo attraverso 2 delle 3 maglie sull'uncinetto; portate il filo sull'uncinetto.

3 Chiudete la maglia passando il filo attraverso le ultime 2 maglie sull'uncinetto.

4 Riprendete dal passaggio 1, entrando ogni volta nella prima maglia sulla sinistra.

La maglia altissima (m. alts., o maglia alta doppia)

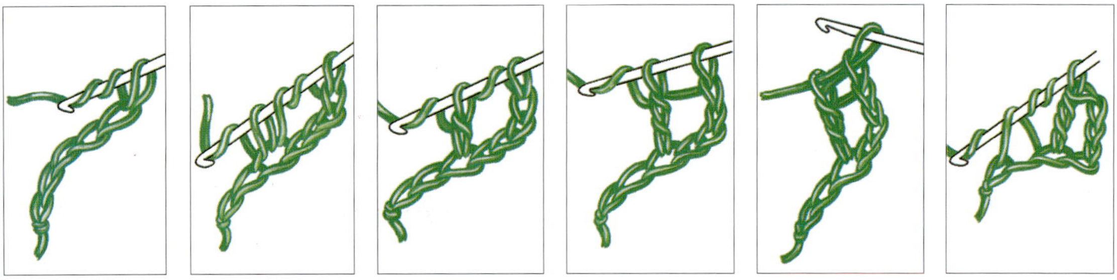

1 Avvolgete due volte il filo sull'uncinetto, procedendo da dietro in avanti.

2 Inserite l'uncinetto nella prima maglia della catenella di base (la quinta dall'uncinetto) ed estraete una maglia.

3 Portate il filo sull'uncinetto e passatelo attraverso 2 delle 4 maglie sull'uncinetto. Quindi portate di nuovo il filo sull'uncinetto.

4 Passate il filo attraverso 2 delle 3 maglie rimaste sull'uncinetto; poi, filo sull'uncinetto.

5 Chiudete le 2 maglie sull'uncinetto.

6 Riprendete dal punto 1, entrando ogni volta nella prima maglia a sinistra dell'uncinetto.

La maglia tripla (m. tr.)

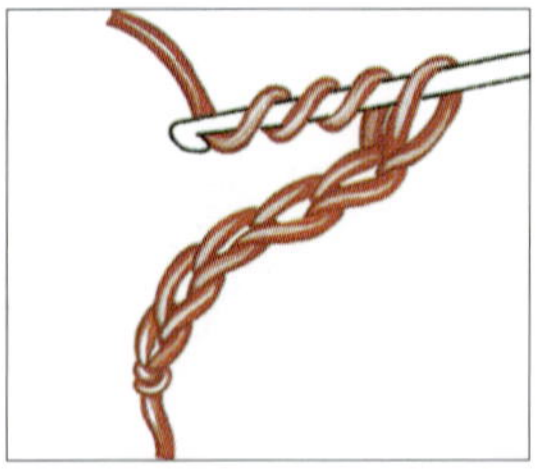

1 Si lavora come per la maglia alta doppia, mettendo tre volte il filo sull'uncinetto anziché due.

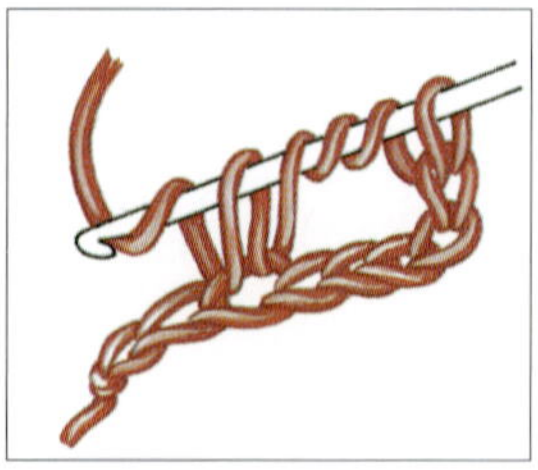

2 Inserite l'uncinetto nella sesta maglia a sinistra, estraete una maglia (5 maglie sull'uncinetto); portate il filo sull'uncinetto.

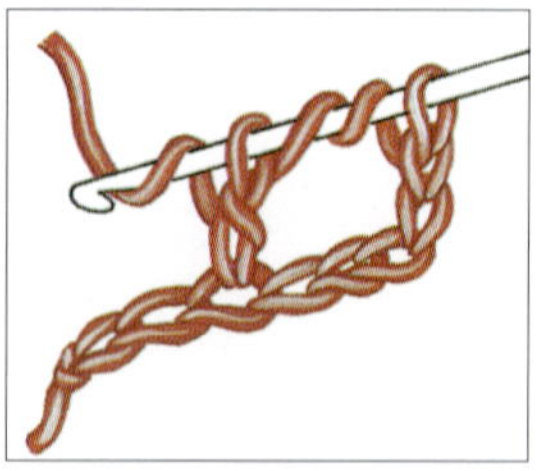

3 Passate il filo attraverso le prime 2 maglie sull'uncinetto; portate il filo sull'uncinetto.

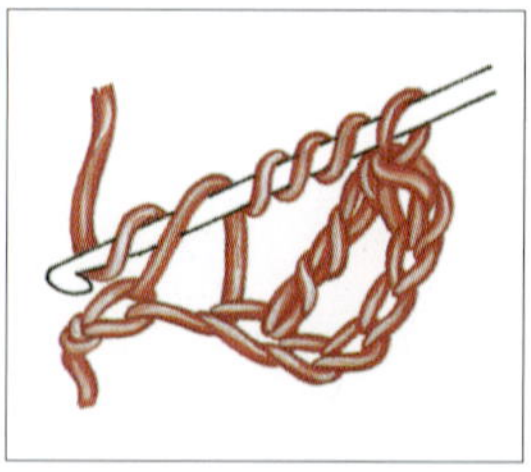

4 Con gettati successivi chiudete a due a due tutte le maglie che si trovano sull'uncinetto e ripetete dal punto 1, entrando ogni volta nella prima maglia a sinistra.

Le maglie multiple

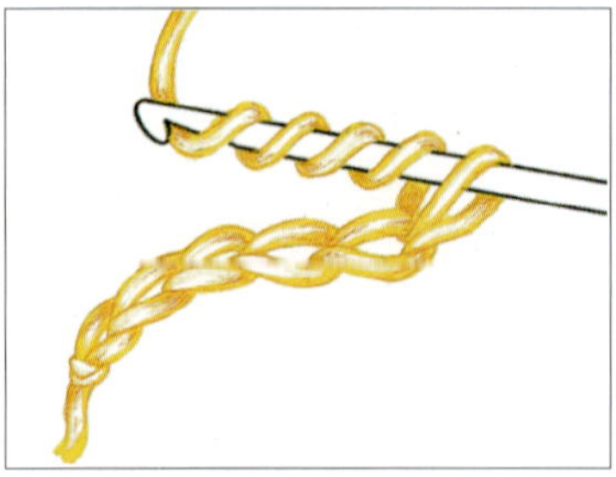

1 Maglia quadrupla. Gettate 4 volte il filo sull'uncinetto, lavorando come per la maglia tripla, ma inserendo l'uncinetto nella 7ª catenella; chiudete a 2 a 2 tutte le maglie.

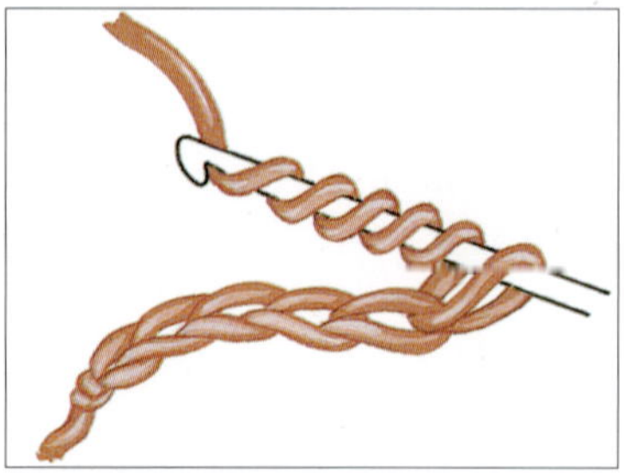

1 Maglia quintupla. Gettate 5 volte il filo sull'uncinetto, lavorando come per la maglia tripla, ma inserendo l'uncinetto nell'8ª catenella; chiudete a 2 a 2 tutte le maglie.

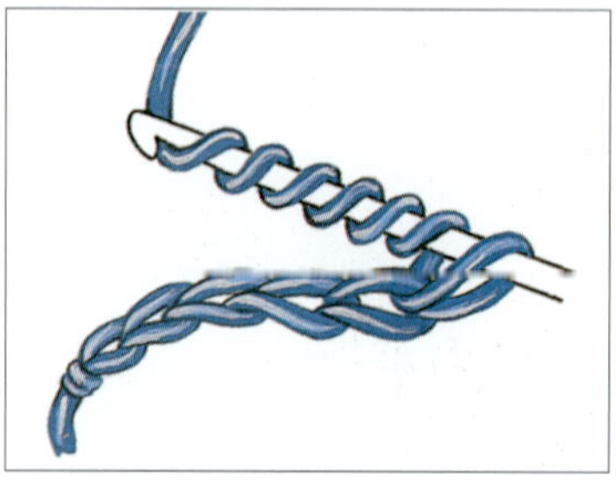

1 Maglia sestupla. Gettate 6 volte il filo sull'uncinetto, lavorando come per la maglia tripla, ma inserendo l'uncinetto nella 9ª catenella; chiudete a 2 a 2 tutte le maglie.

Due maglie alte a gruppo

1 Nel punto in cui unire a gruppo 2 maglie alte, portate il filo sull'uncinetto, entrate nella maglia di base seguente, estraete il filo, rimettetelo sull'uncinetto e fatelo passare attraverso 2 maglie (otterrete così una maglia alta non chiusa); riportate il filo sull'uncinetto.

2 Entrate nella maglia seguente, estraete il filo, mettetelo sull'uncinetto e fatelo passare attraverso 2 maglie, ottenendo 2 maglie alte non chiuse. Riportate il filo sull'uncinetto e fatelo passare attraverso le 3 maglie sull'uncinetto, tirandolo leggermente per chiuderle.

Due maglie altissime a gruppo

1 Nel punto in cui unire a gruppo 2 maglie altissime, portate 2 volte il filo sull'uncinetto, entrate nella 1ª maglia a sinistra, estraete il filo, ★rimettetelo sull'uncinetto e fatelo passare attraverso 2 maglie★, ripetete da ★ a ★ per 2 volte (otterrete così una maglia altissima non chiusa); riportate 2 volte il filo sull'uncinetto.

2 Entrate nella maglia seguente, estraete il filo, ★mettetelo sull'uncinetto e fatelo passare attraverso 2 maglie★, ripetete da ★ a ★ per 2 volte ottenendo 2 maglie altissime non chiuse. Riportate il filo sull'uncinetto e fatelo passare attraverso le 3 maglie sull'uncinetto, tirandolo leggermente così da chiudere a gruppo le 2 maglie altissime non chiuse.

Come iniziare la seconda riga se la prima maglia è ...

...una maglia bassa

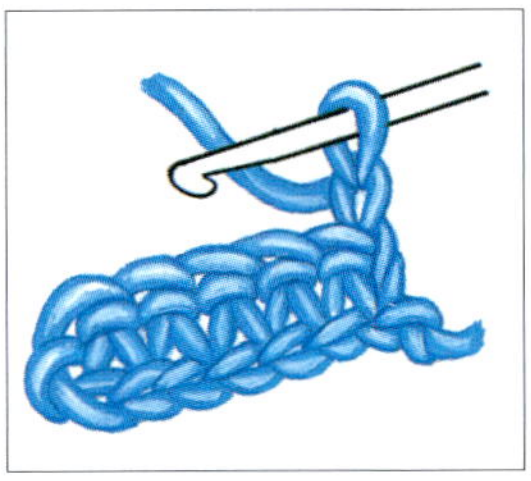

1 Invece della prima maglia bassa della riga o giro, eseguite 1 catenella.

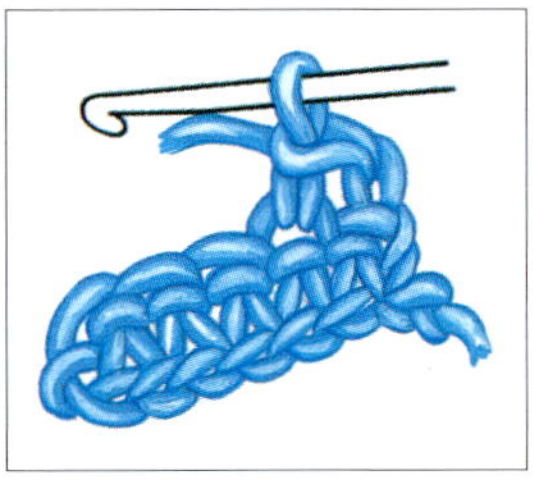

2 Lavorate la seconda maglia puntando nella penultima delle maglie lavorate nella riga o giro precedente.

...è una mezza maglia alta

1 Invece della prima mezza maglia alta della riga o giro, eseguite 2 catenelle.

2 Lavorate la seconda maglia puntando nella penultima delle maglie lavorate nella riga o giro precedente.

...una maglia alta

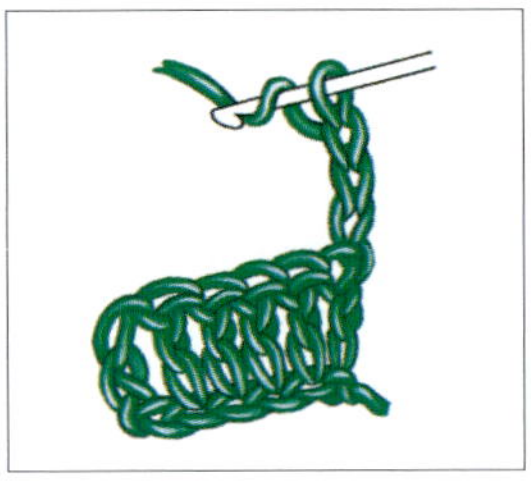

1 Invece della prima maglia alta della riga o giro, eseguite 3 catenelle.

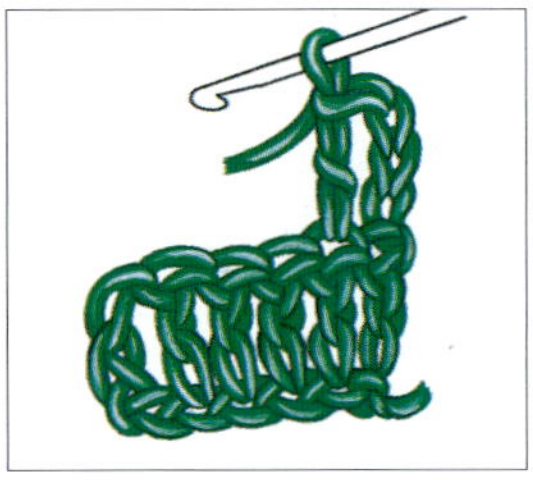

2 Lavorate la seconda maglia puntando nella penultima delle maglie lavorate nella riga o giro precedente.

...una maglia altissima

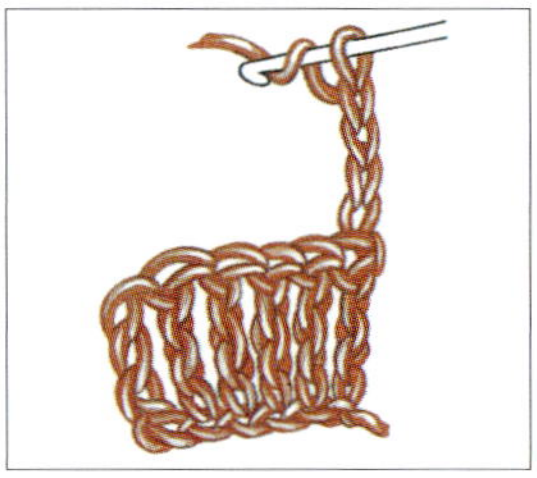

1 Invece della prima maglia altissima della riga o giro, eseguite 4 catenelle.

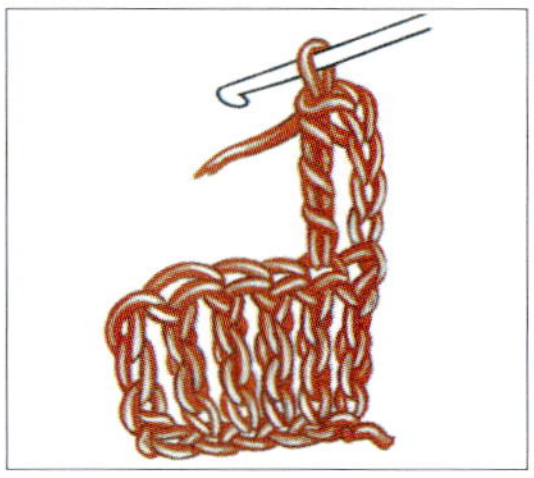

2 Lavorate la seconda maglia puntando nella penultima delle maglie lavorate nella riga o giro precedente.

Come si punta l'uncinetto nella maglia sottostante

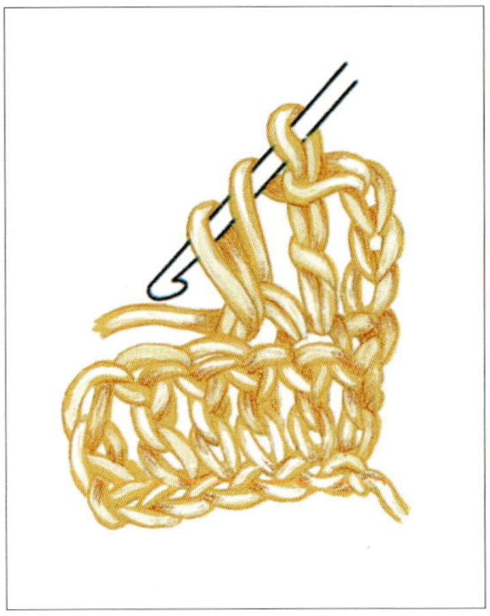

1 Nella maglia di base: puntate l'uncinetto nel centro della maglia, sotto entrambi i fili della maglia di base.

2 Nel filo dietro della maglia di base: puntate l'uncinetto soltanto sotto il filo posteriore dei due fili della maglia di base.

3 Nel filo davanti della maglia di base: puntate l'uncinetto soltanto sotto il filo anteriore dei due fili della maglia di base.

Gli aumenti

Interni semplici

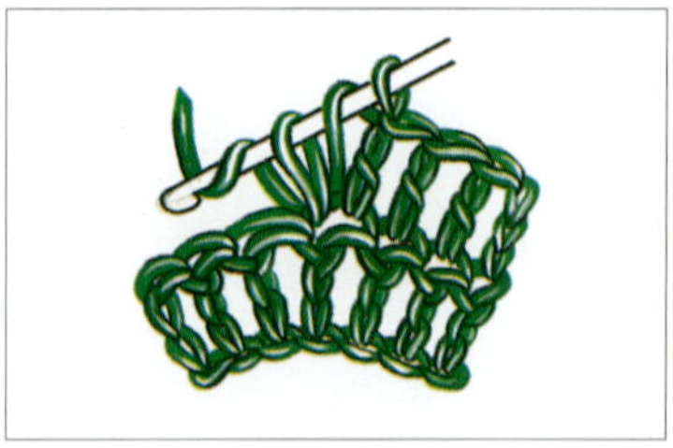

1 Lavorate 2 maglie nella maglia che segue o che precede. Otterrete, rispettivamente, aumenti verso sinistra o destra.

Interni doppi

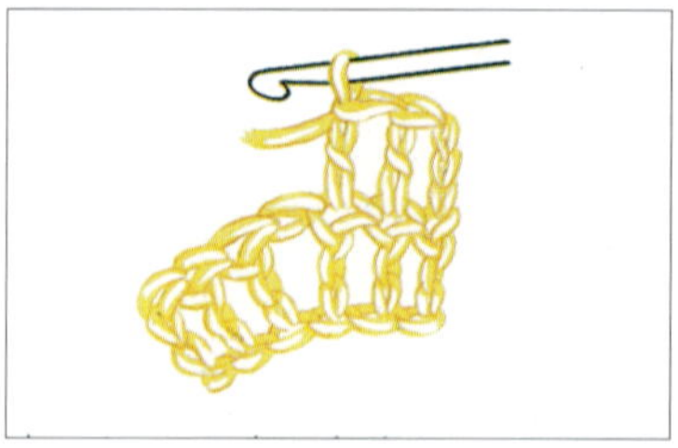

1 Nella riga precedente, lavorate una catenella volante nella posizione desiderata per gli aumenti.

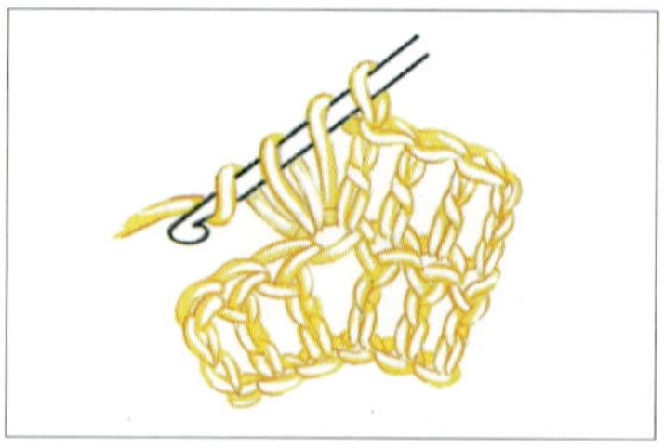

2 Nella riga seguente, lavorate 2 maglie dell'aumento doppi, puntando nella catenella volante.

Esterni

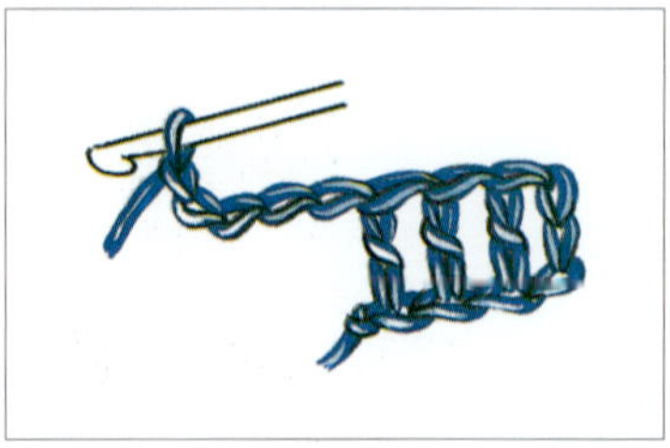

1 Alla fine della riga che precede gli aumenti, lavorate tante catenelle volanti quanti sono gli aumenti. Nella riga seguente lavorate 1° aumento puntando nella 1ª catenella volante

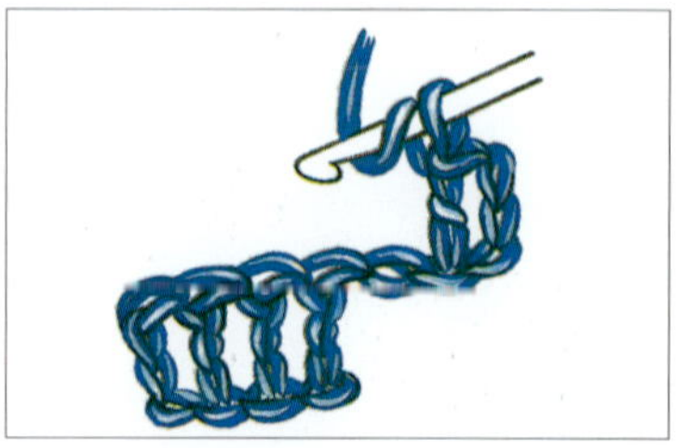

2 Lavorate le maglie di aumento successivo, puntando man mano nelle catenelle volanti successive

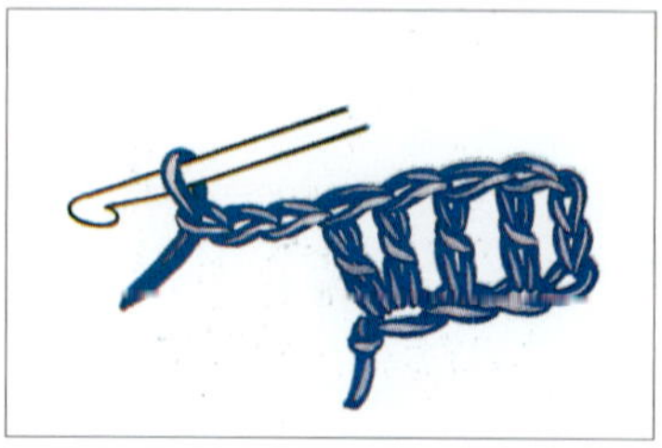

3 In alternativa, alla fine della riga precedente gli aumenti, eseguite un aumento nell'ultima maglia di base e lavorate poi tante catenelle volanti quanti sono gli aumenti meno 1. proseguite come al punto 2.

Le diminuzioni

Interne su maglie alte

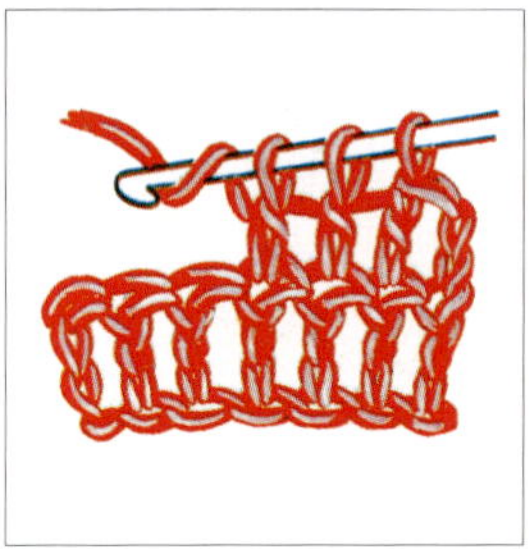

1 Lavorate 2 maglie alte non chiuse nel punto in cui deve essere eseguita la diminuzione, poi gettate il filo sull'uncinetto ed estraetelo dalle 3 maglie presenti.

Esterne alla fine della riga

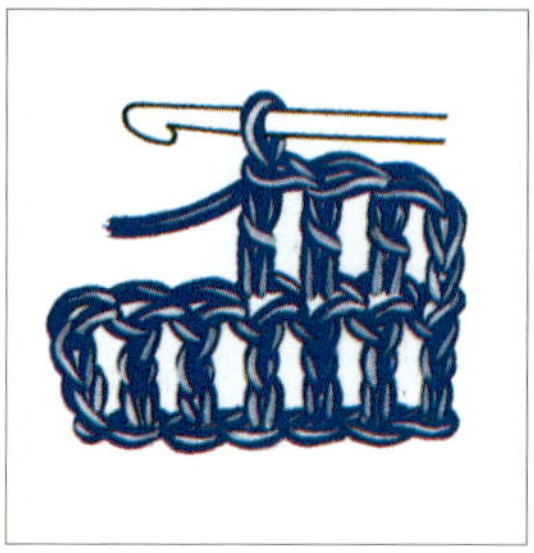

1 Se le diminuzioni sono più di due, non lavorate tante maglie quante sono le diminuzioni da fare.

Esterne all'inizio della riga

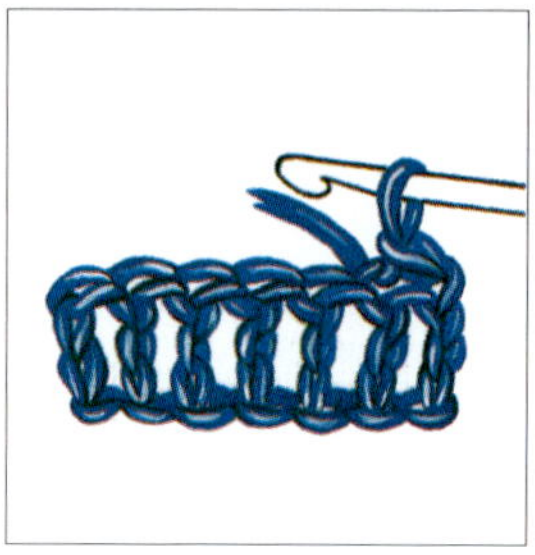

1 Lavorate una maglia bassissima nella penultima maglia lavorata della riga precedente.

2 Proseguite eseguendo complessivamente tante maglie bassissime quante sono le maglie da diminuire, poi iniziate la riga normalmente sostituendo sempre la 1ª maglia con il numero necessario di catenelle volanti.

Rete filet con spazi e gruppi lavorata con maglie alte

1 Il fondo a rete è formato da maglie alte e catenelle. Per ottenere il primo spazio (foro) della rete, avviate un numero di catenelle volanti multiplo di 3 + 7, poi lavorate una maglia alta puntando nell'ottava catenella a partire dall'uncinetto.

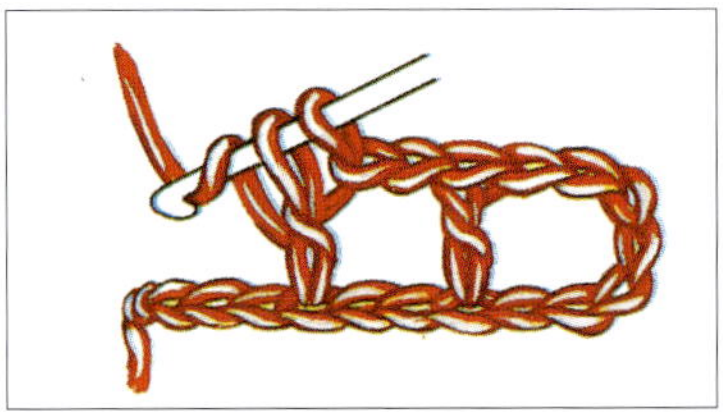

2 Avviate 2 catenelle volanti, saltate 2 maglie di base, poi 1 maglia alta nella maglia di base seguente. Ripetete questo passaggio fino all'ultima catenella.

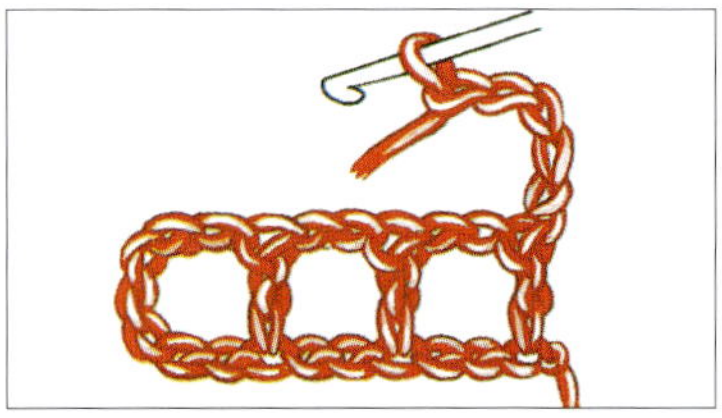

3 Voltate il lavoro e avviate 5 catenelle (= 1 maglia alta più 2 catenelle per lo spazio).

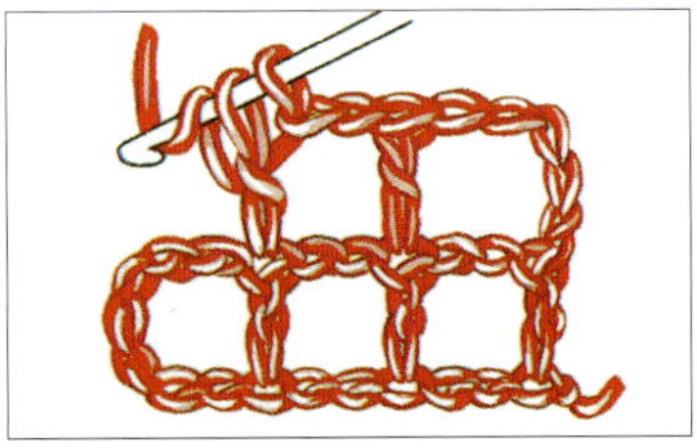

4 Lavorate 1 maglia alta, puntando nella maglia alta sottostante, e 2 catenelle volanti. Ripetete fino alla fine della riga.

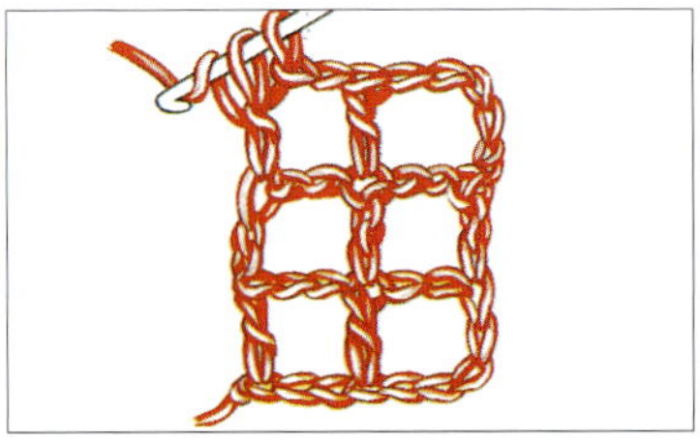

5 Terminate la riga eseguendo l'ultima maglia alta nella terza catenella sottostante. In ogni riga successiva ripetete dal passaggio 3.

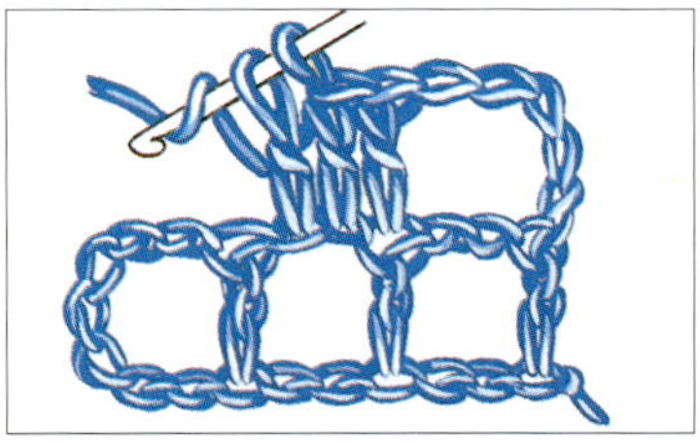

1 Per eseguire un gruppo su uno spazio, lavorate 1 maglia alta su quella della riga precedente e 2 maglie alte puntando l'uncinetto sotto l'arco formato dalle 2 catenelle volanti della riga seguente. Ogni gruppo è formato da 3 maglie alte.

Rete filet con spazi e gruppi lavorata con maglie altissime

1 Ogni quadretto è composto da 3 catenelle e 1 maglia altissima. Si lavora su un numero di catenelle pari a un multiplo di 4 + 10. Per il primo quadretto della prima riga, lavorate una maglia altissima sull'undicesima catenella; proseguite avviando ★3 catenelle volanti, saltate 3 catenelle di base e lavorate 1 maglia altissima nella catenella seguente★. Ripetete da ★ a ★ per tutti gli spazi.

2 Seconda riga e seguenti: 4 catenelle (= prima maglia altissima); ★3 catenelle e 1 maglia altissima puntando nella penultima maglia altissima sottostante★. Ripetete da ★ a ★ per tutti gli spazi.

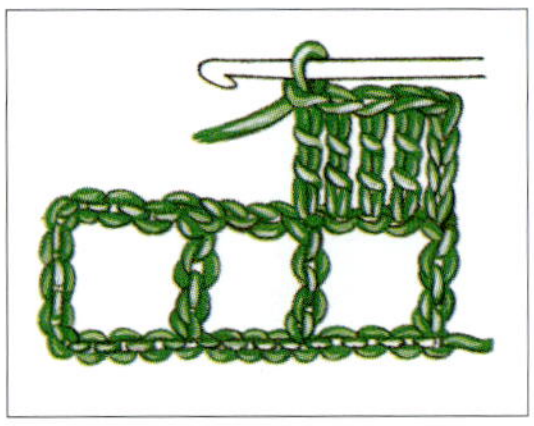

1 Ogni gruppo è composto da 4 maglie altissime. All'inizio del lavoro, per eseguire un gruppo su uno spazio: 4 catenelle (= prima maglia altissima); ★3 maglie altissime puntando sotto l'arco formato dalle 3 catenelle sottostanti; 1 maglia altissima sulla maglia altissima sottostante★. Ripetete da ★ a ★ per ogni gruppo.

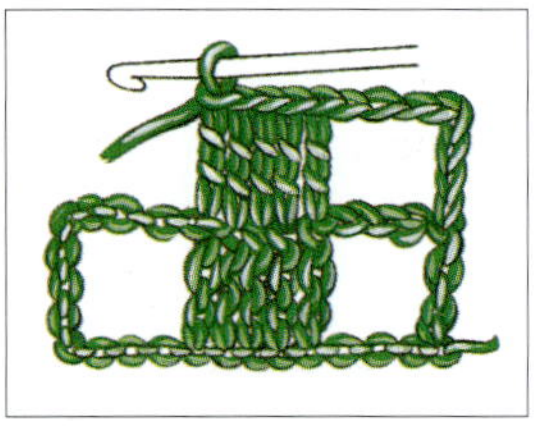

2 Se il gruppo deve essere lavorato sopra un altro gruppo: ★eseguite 1 maglia altissima sopra ognuna delle maglie altissime che formano il gruppo sottostante★. Ripetete da ★ a ★ per ogni gruppo.

Aumenti degli spazi all'inizio della riga

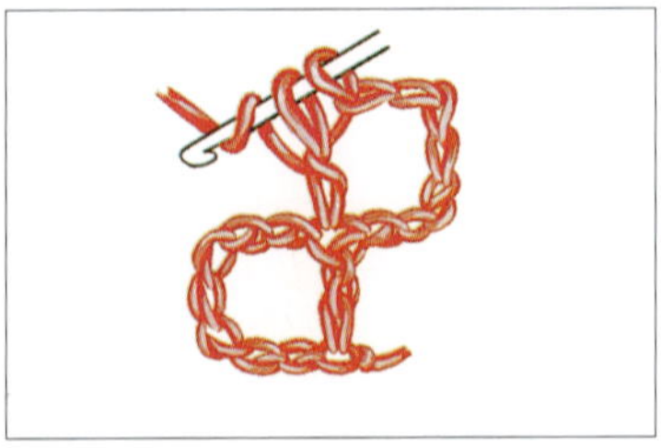

1 Se lo spazio da aumentare è solo 1, lavorate 7 catenelle volanti, puntate nell'ultima delle maglie alte lavorate nella riga precedente e lavorate 1 maglia alta.

2 Se gli spazi da lavorare sono 2, lavorate 10 catenelle volanti, puntate nell'8ª catenella volante a partire dall'uncinetto e lavorate 1 maglia alta (1° spazio), 2 catenelle volanti, puntate nell'ultima delle maglie alte della riga precedente e lavorate 1 maglia alta (2° spazio).

3 Se gli spazi da aumentare sono più di 2, moltiplicate per 3 il numero degli spazi da aumentare e lavorate un numero di catenelle volanti uguale a questo più 5 (= 1 maglia alta più 2 catenelle volanti).

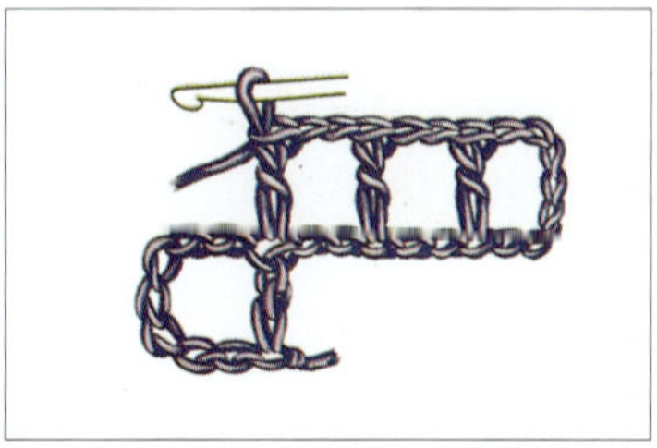

4 Lavorate il 1° spazio di aumento eseguendo 1 maglia alta nell'8ª catenella volante a partire dell'uncinetto.

5 Eseguite il 2° spazio di aumento lavorando 2 catenelle volanti e 1 maglia alta nella 3ª catenella.

6 Lavorate gli spazi seguenti di aumento, fino al penultimo, ripetendo il movimento 5, quindi lavorate l'ultimo spazio di aumento eseguendo 2 catenelle volanti e 1 maglia alta nell'ultima delle maglie alte lavorate nella riga precedente.

Aumenti degli spazi alla fine della riga

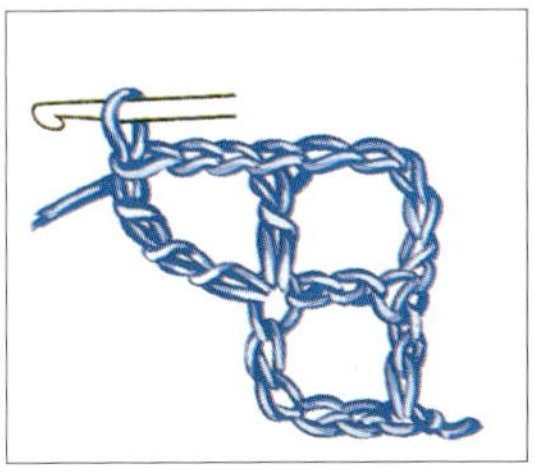

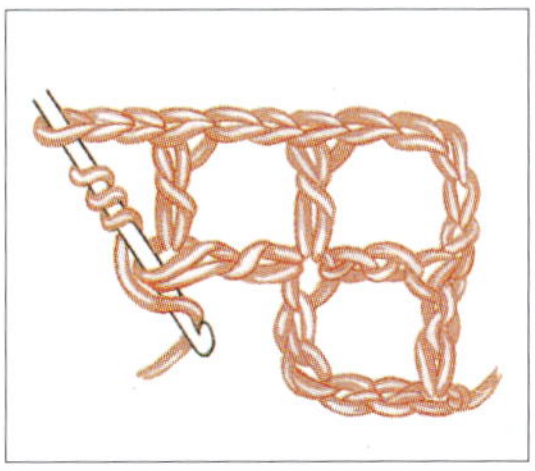

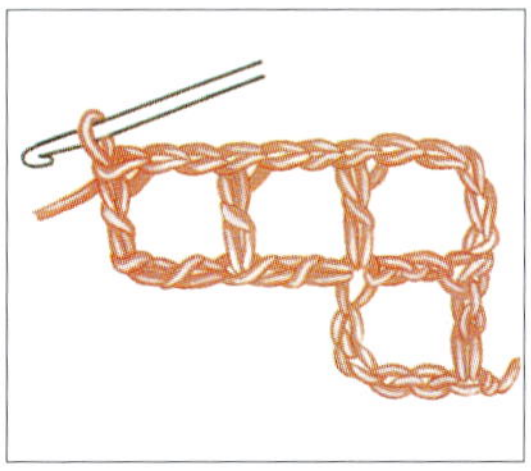

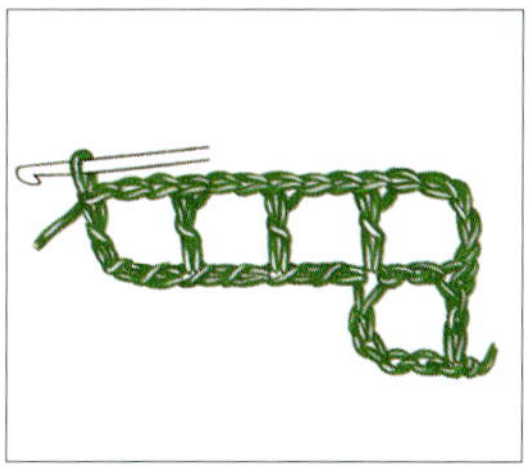

1 Per aumentare 1 spazio, terminata la riga, lavorate 2 catenelle volanti e 1 maglia alta tripla eseguita puntando l'uncinetto nella stessa maglia in cui avete lavorato l'ultima maglia alta della riga.

2 Se gli spazi da aumentare sono 2, procedete come al passaggio 1, eseguite 2 catenelle, puntate a metà della barretta verticale della maglia alta tripla appena lavorata e lavorate un'altra maglia alta tripla per ottenere il 2° spazio.

3 Lavorate ogni ulteriore spazio di aumento ripetendo il passaggio 3.

4 Se gli spazi da aumentare sono più di 2, lavorate il primo ripetendo il passaggio 1.

Aumenti dei gruppi all'inizio della riga

Aumento di un gruppo

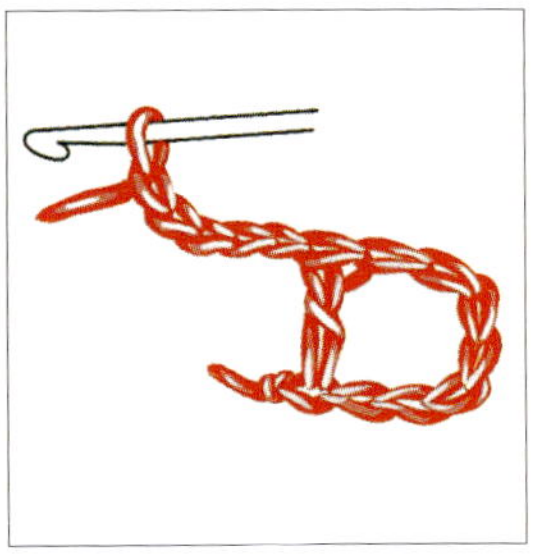

1 Lavorate 5 catenelle volanti.

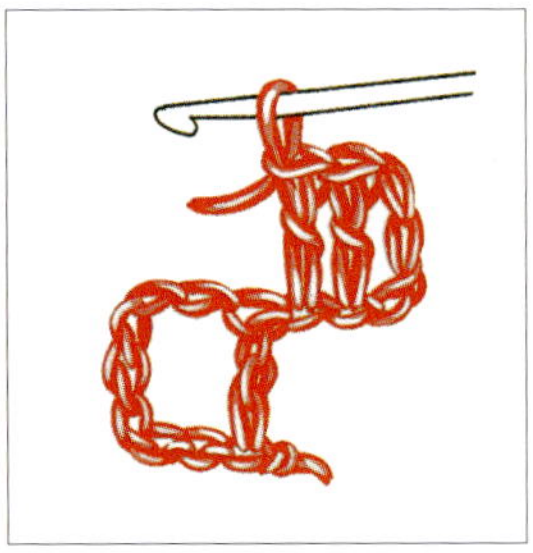

2 Eseguite il 1° gruppo di aumento lavorando 1 maglia alta rispettivamente nella 4a e 5a catenella a partire dall'uncinetto.

Aumento di due o più di due gruppi

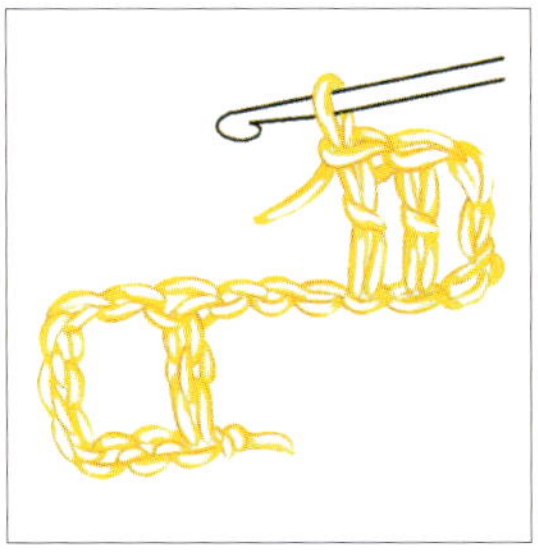

1 Moltiplicate per 3 il numero dei gruppi da aumentare e lavorate un numero di catenelle uguale al risultato più 2. Eseguite il 1° gruppo di aumento lavorando una maglia alta nella 4ª e poi nella 5ª catenella.

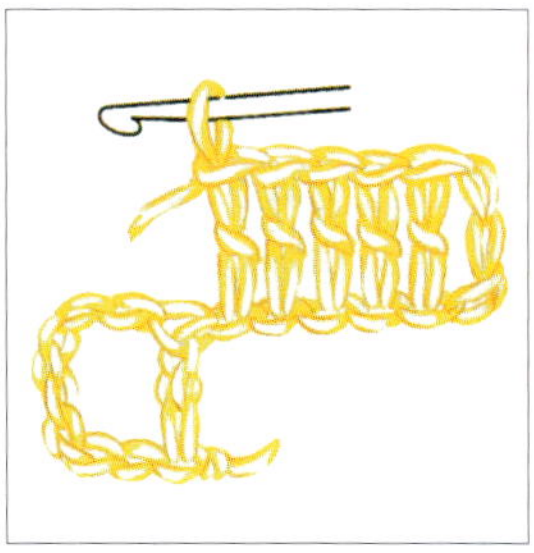

2 Eseguite gli altri quadretti pieni di aumento lavorando 1 maglia alta in ogni catenella volante successiva.

Aumenti dei gruppi alla fine della riga

Aumento di un gruppo

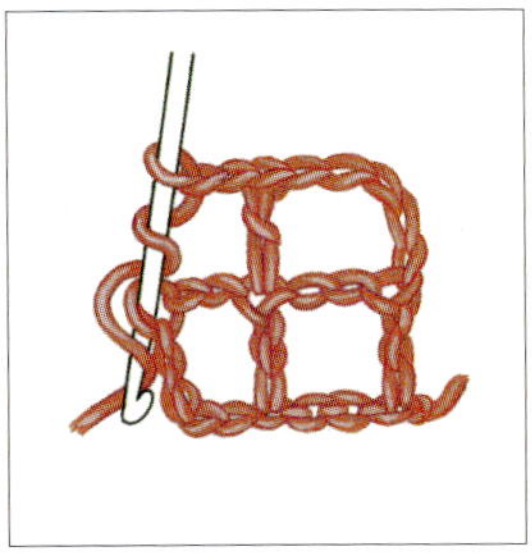

1 Al termine della riga, lavorate 1 maglia alta per chiudere l'ultimo gruppo spazio o gruppo.

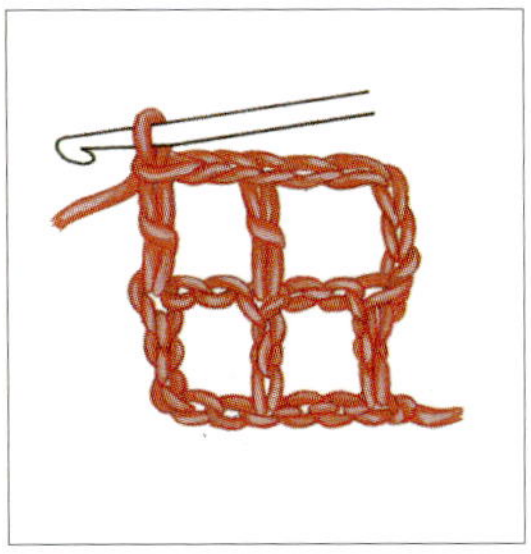

2 Alla fine della riga l'ultima maglia appare come in figura.

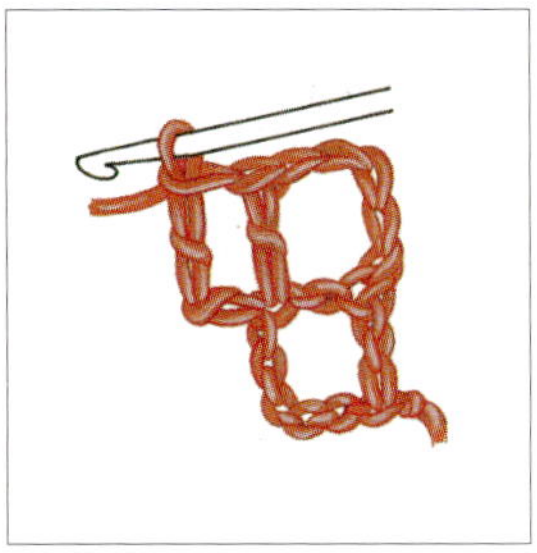

3 Ripetete il passaggio 2 puntando a metà di questa nuova maglia altissima.

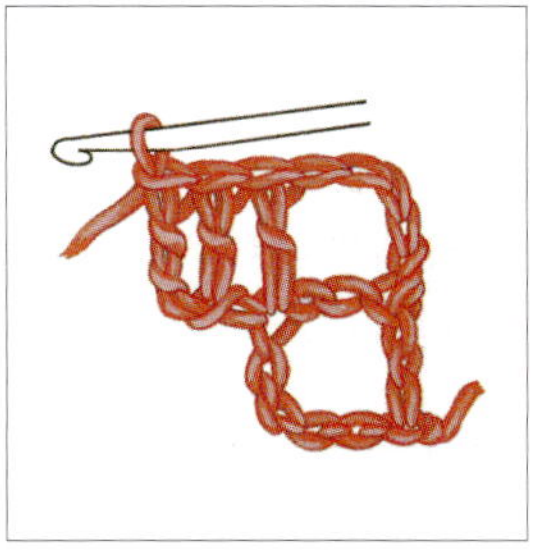

4 Ripetete il passaggio 3; per chiudere il gruppo lavorate un'ultima maglia altissima.

Aumento di due gruppi

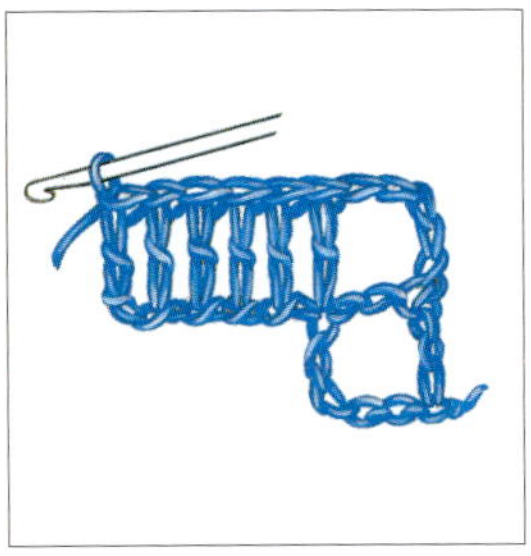

1 Eseguite 2 volte i passaggi 1-4 dell'aumento di un gruppo riportato qui sopra.

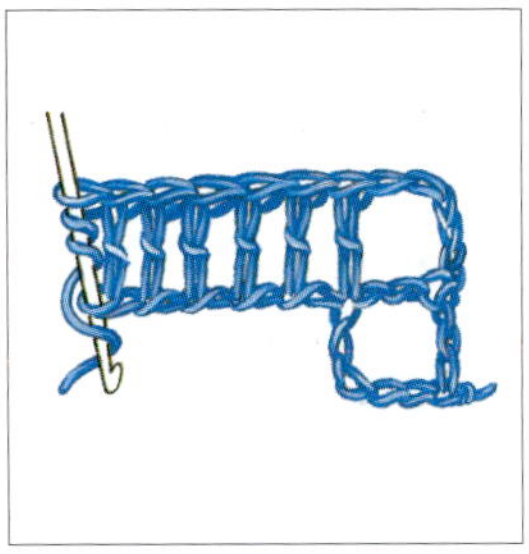

2 Per chiudere l'ultimo gruppo aumentato, lavorate 1 maglia altissima a metà dell'ultima maglia altissima.

Aumento di più due gruppi

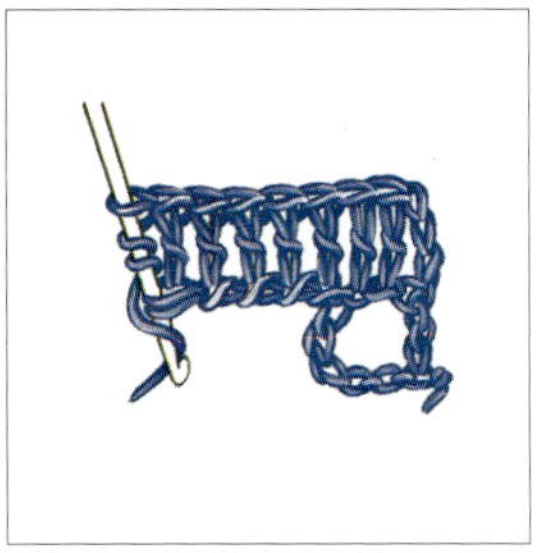

1 Per ogni gruppo da aumentare ripetete i passaggi 1-4 dell'aumento di un gruppo riportato qui sopra.

2 I gruppi verranno formati ognuno da 3 maglie altissime cui si aggiunge la 4ª di chiusura.

Diminuzione di uno spazio all'inizio della riga

1 Alla fine della riga precedente, lavorate la penultima maglia alta non chiusa.

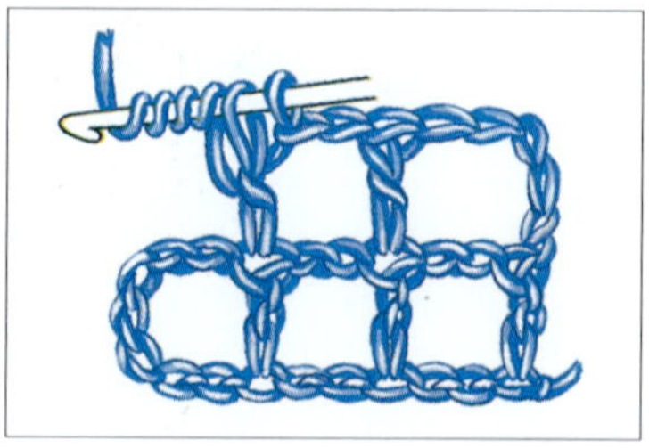

2 Mettete 4 volte il filo sull'uncinetto.

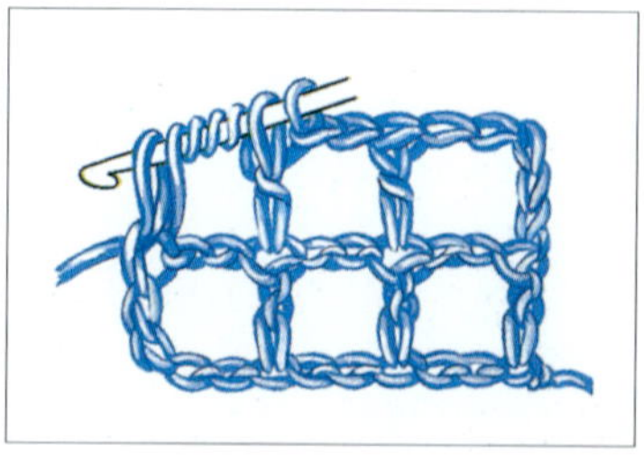

3 Entrate nell'ultima maglia della riga ed estraete il filo.

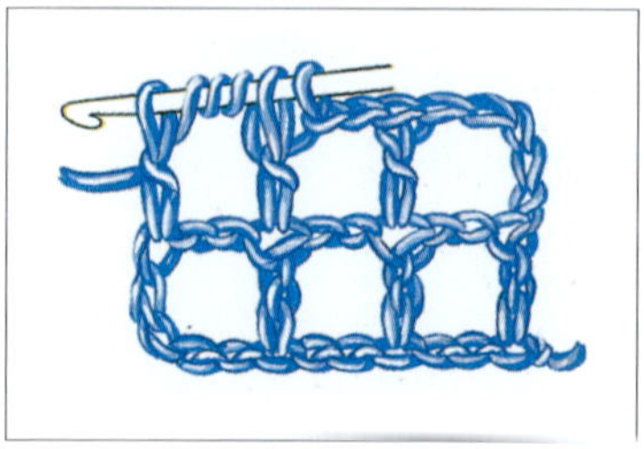

4 Con un gettato chiudete 2 maglie sull'uncinetto.

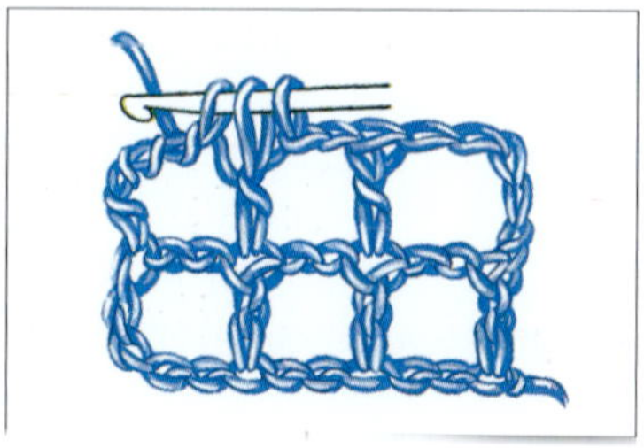

5 Ripetete il passaggio 4 per tre volte.

6 Con un gettato chiudete le 3 maglie rimaste sull'uncinetto.

Diminuzione di un gruppo all'inizio della riga

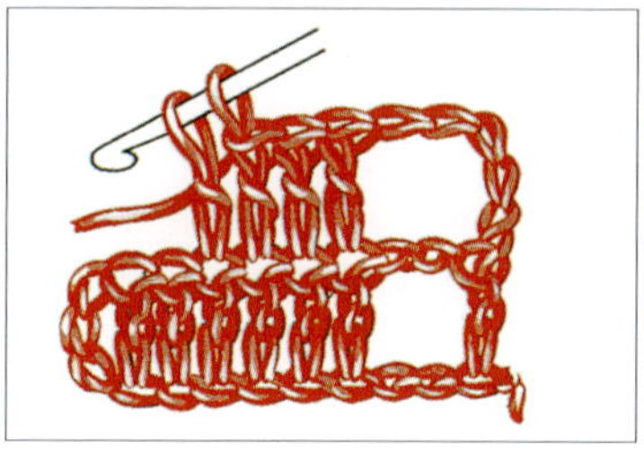

1 Alla fine della riga precedente, non chiudete l'ultima maglia del penultimo gruppo.

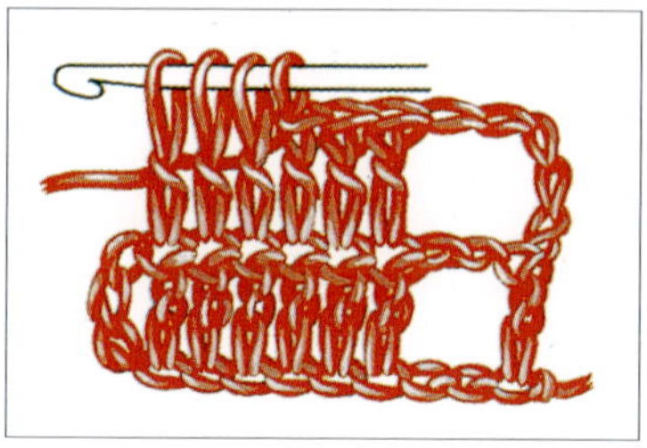

2 Lavorate 1 maglia alta non chiusa in ognuna delle 2 maglie alte seguenti.

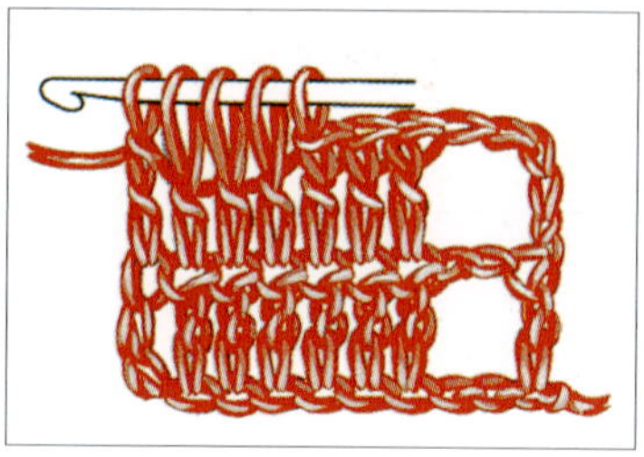

3 Lavorate 1 maglia altissima non chiusa nell'ultima maglia.

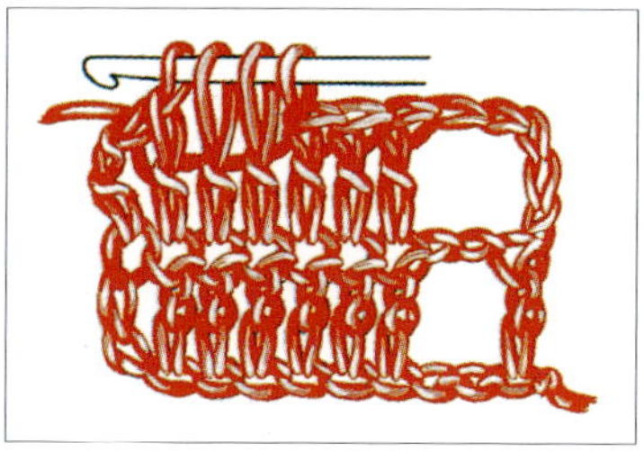

4 Con un gettato chiudete 2 maglie sull'uncinetto.

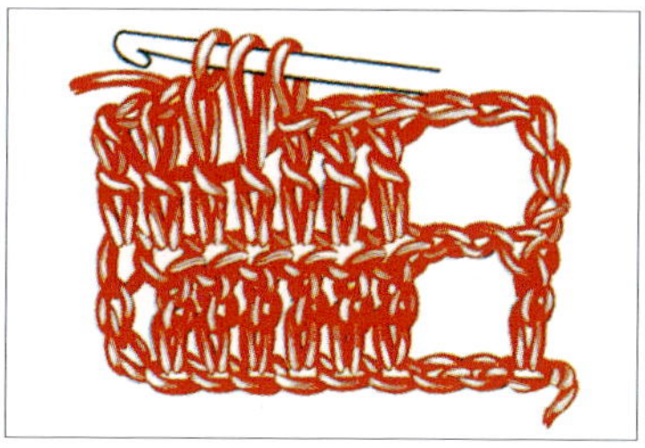

5 Ripetete una volta il passaggio 4.

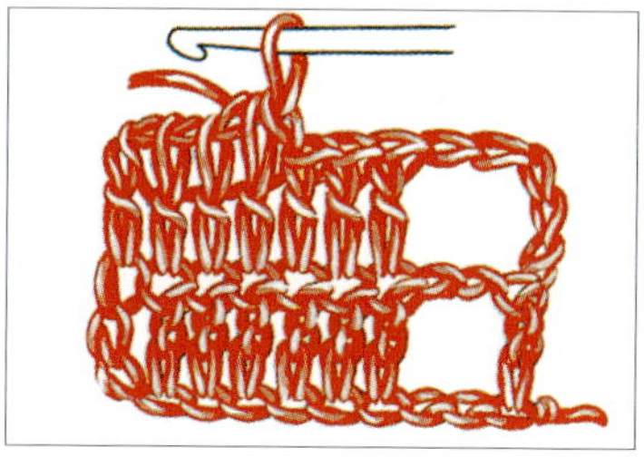

6 Con un gettato chiudete le 3 maglie rimaste sull'uncinetto.

Lavorazione dell'angolo con motivo

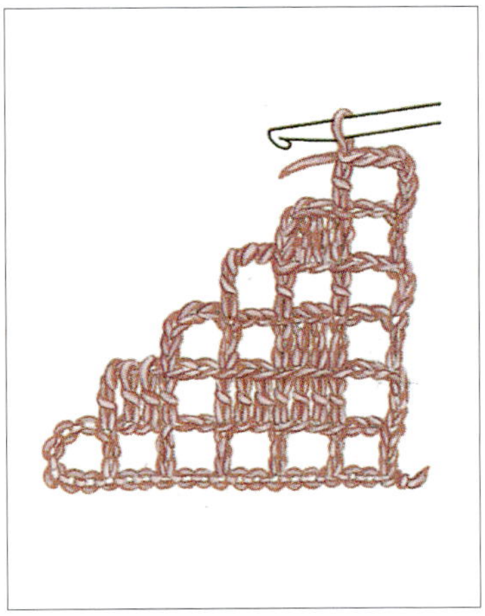

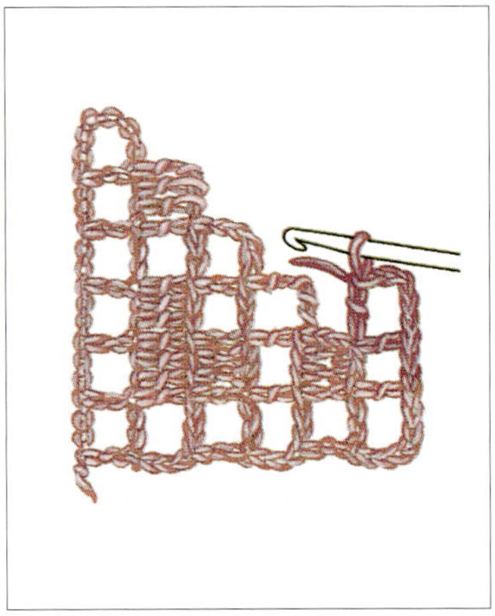

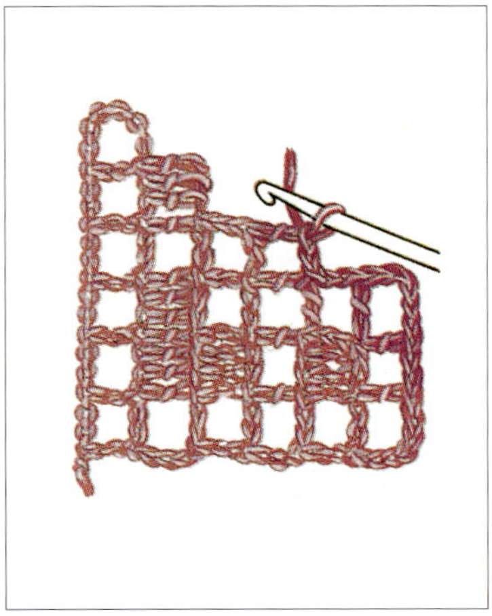

1 Si lavora su spazi di numero pari. Alla fine della riga precedente a quella in cui devono iniziare le diminuzioni, eseguite la terz'ultima maglia alta senza chiuderla e proseguite lavorando una diminuzione con spazio o con gruppo (vedi pag. 23) come indicato nello schema.
Girate il lavoro e diminuite di un altro spazio o gruppo come indicato nello schema.
Ripetete queste operazioni fino ad avere un solo spazio.

2 Iniziate la lavorazione dell'angolo eseguendo un altro spazio sull'archetto di 5 catenelle sottostante.
Ruotate il lavoro in modo che la "costa" degli spazi diventi la base del lavoro.
Eseguite 5 catenelle e lavorate 1 maglia alta puntando l'uncinetto nella catenella in cui avete lavorato la maglia precedente.

3 Eseguite 2 catenelle. Lavorate 1 maglia bassissima presa sotto la maglia alta quadrupla che si presenta, 2 catenelle e 1 maglia alta presa nell'archetto di 5 catenelle che si presenta.

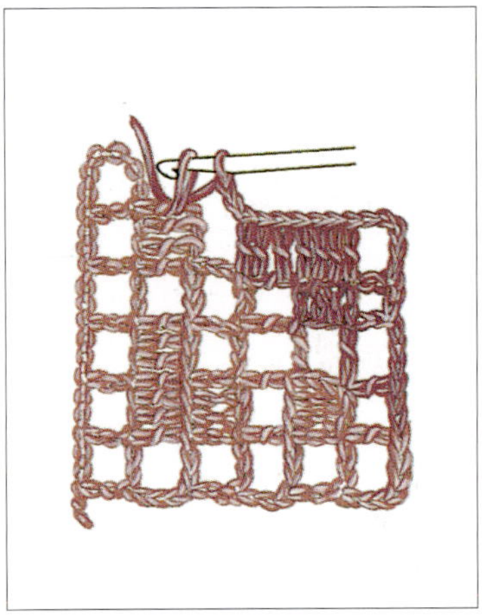

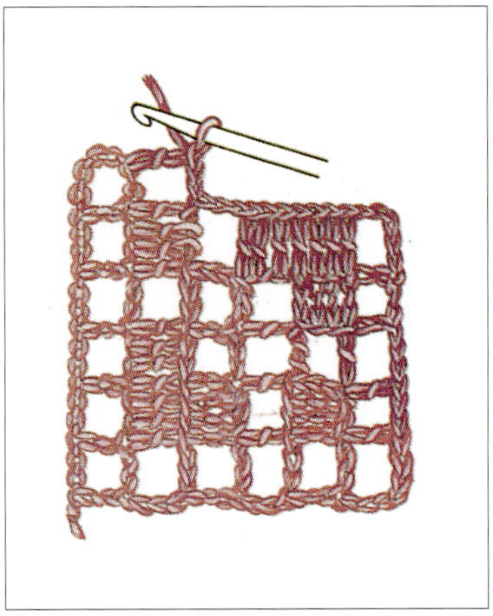

4 Voltate il lavoro. Eseguite un gruppo e completate con uno spazio.
Voltate ancora il lavoro eseguendo uno spazio, lavorate di seguito due gruppi, poi lavorate 2 catenelle e 1 maglia bassissima presa sotto la maglia alta quadrupla che si presenta.

5 Eseguite 2 catenelle e 1 maglia alta presa nell'ultimo archetto di 5 catenelle che si presenta.
Voltate il lavoro e proseguite seguendo lo schema della lavorazione con spazi e gruppi.

Rifiniture di bordi a filet

Pippiolino con maglia bassissima

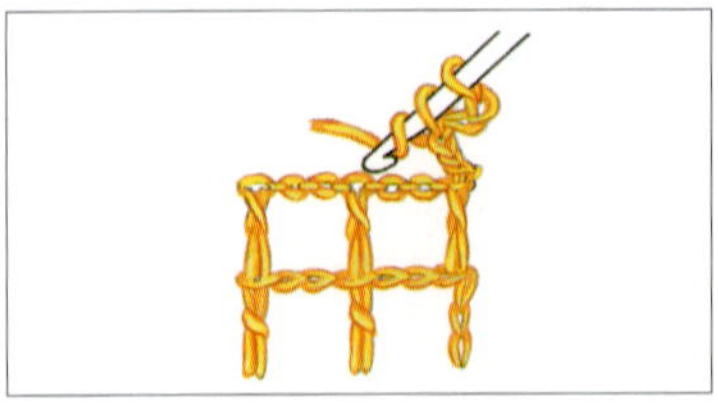

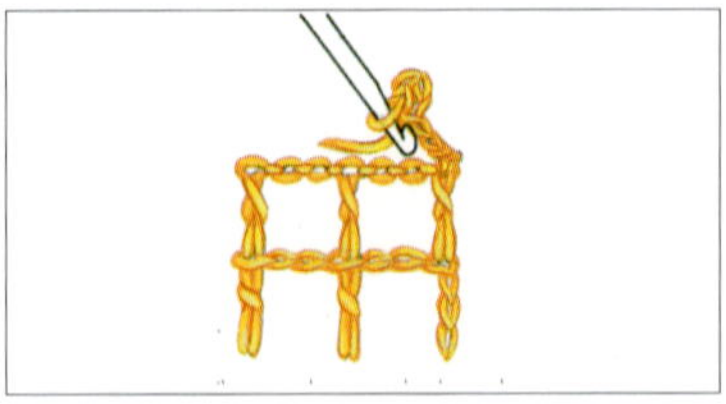

1 Chiuso l'ultimo giro e terminato il lavoro, per rifinire il bordo eseguite 1 catenella, lavorate 1 maglia bassa sulla maglia alta sottostante e 5 catenelle volanti. Entrate con l'uncinetto nella 3ª catenella e gettate il filo sull'uncinetto

2 Estraete il gettato da entrambe le maglie presenti sull'uncinetto, ottenendo così una maglia bassissima.

3 Lavorate 2 catenelle volanti, 1 maglia bassa sulla maglia alta sottostante e, riprendendo la lavorazione dal punto in cui si lavorano 5 catenelle, proseguite così fino al termine della riga.

Archetti a maglia bassa

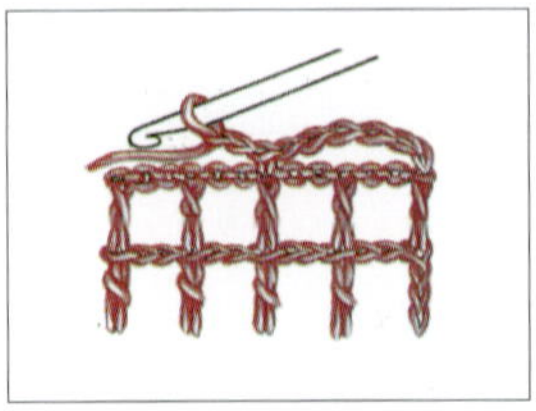

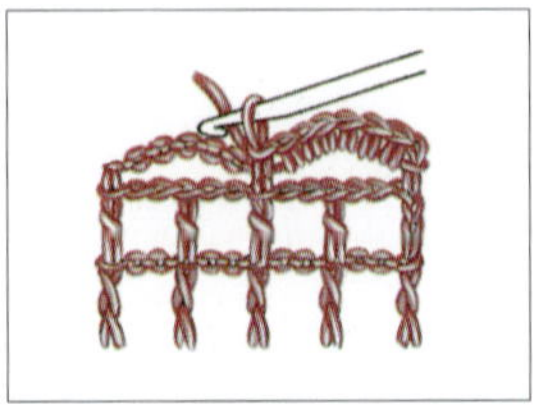

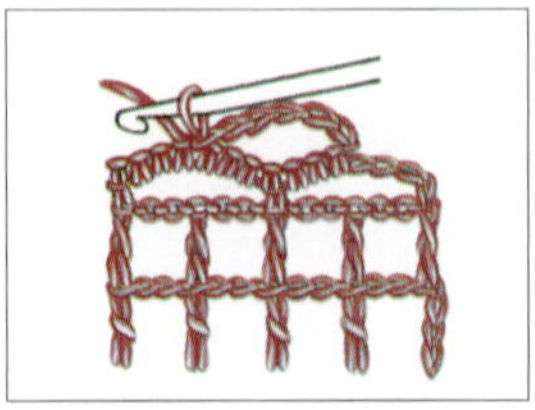

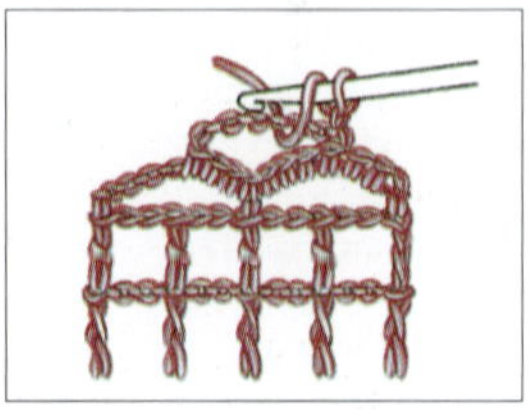

1 Chiuso l'ultimo giro e terminato il lavoro, per rifinire il bordo eseguite 6 catenelle volanti, lavorate 1 maglia bassa sulla 2ª maglia alta sottostante e continuate tutta la riga lavorando 5 catenelle volanti e 1 maglia bassa sulla 2ª maglia alta sottostante.

2 Voltate il lavoro ed eseguite 1 catenella, di seguito lavorate 6 maglie basse sull'archetto di 5 catenelle sottostanti, 1 maglia bassa sulla maglia bassa sottostante.

3 Proseguite lavorando 3 maglie basse sull'archetto seguente. Girate il lavoro ed eseguite 6 catenelle volanti e 1 maglia bassissima tra la 3ª e la 4ª maglia bassa sottostante.

4 Voltate di nuovo il lavoro ed eseguite 1 catenella e 6 maglie basse sull'archetto sottostante. Lavorate sull'archetto inferiore le altre 3 maglie basse e 1 maglia bassa sulla maglia alta sottostante. Ripetete il passaggio 3 fino a completare la riga.

Ventaglietti a maglia altissima

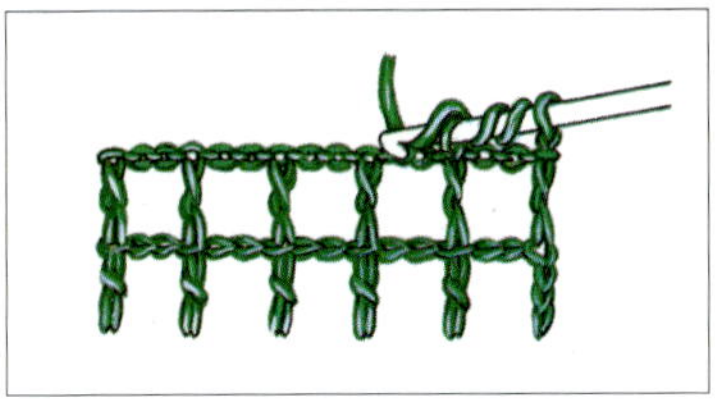

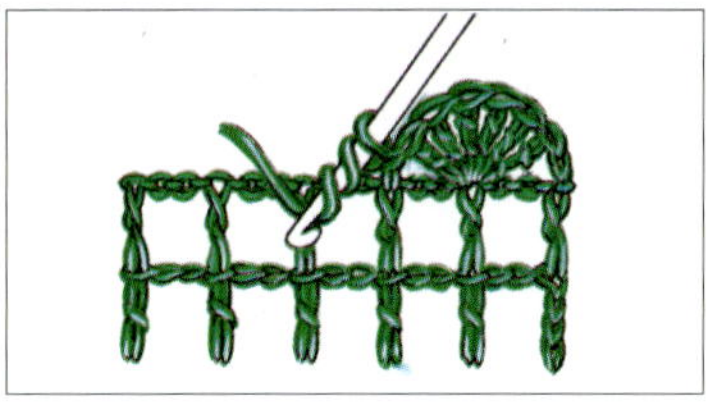

1 Chiuso l'ultimo giro e terminato il lavoro, per rifinire il bordo eseguite 1 catenella, gettate 2 volte il filo sull'uncinetto ed estraete 1 maglia dalla 1ª maglia alta sottostante.

2 Chiudete con un gettato le prime due maglie presenti sull'uncinetto, con un secondo gettato chiudetene altre due e infine con un ultimo gettato chiudete le restanti maglie presenti sull'uncinetto. Proseguite nello stesso modo lavorando un'altra maglia altissima inserendo l'uncinetto sempre nella stessa maglia sottostante.

3 Lavorate 6 maglie altissime prese tutte nella stessa maglia alta sottostante. Lavorate 1 maglia bassa sulla maglia alta seguente e proseguite lavorando un ventaglietto composto da 6 maglie altissime e 1 maglia bassa fino ad avere completato la riga.

MAGLIA

Avviare le maglie è il primo passo del lavoro ai ferri e consiste nel realizzare la riga di punti che costituirà il bordo inferiore del lavoro.

Avvio con un ferro

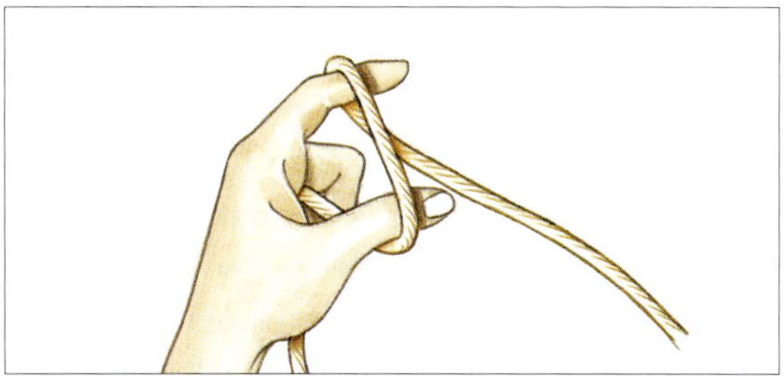

1 Mettete il filo sul pollice e l'indice della mano sinistra, tenendo a destra il gomitolo e a sinistra un tratto di filo che, per poter avviare tutte le maglie necessarie, dovrà essere lungo quanto tre volte la larghezza della parte da lavorare .

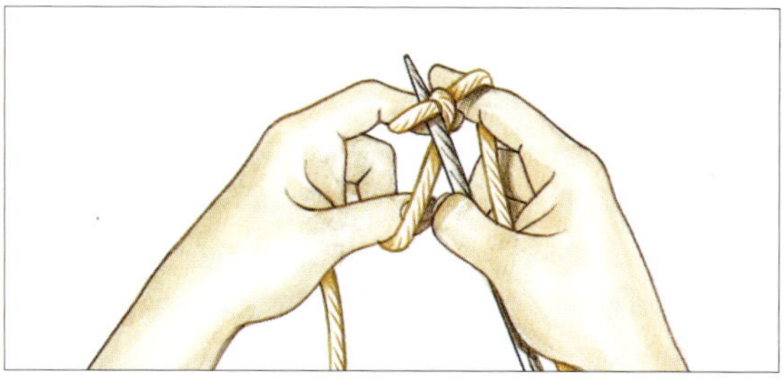

2 Tenete il ferro con il pollice della mano destra e il filo proveniente dal gomitolo sull'indice, infilate la punta nell'anello formatosi a sinistra, da sotto a sopra.

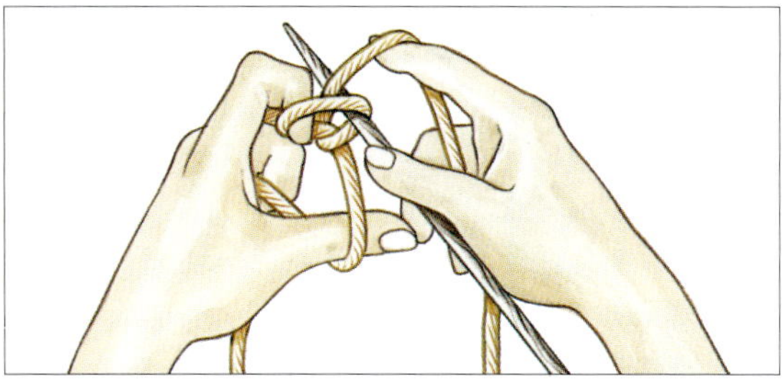

3 Portate il filo proveniente dal gomitolo sul ferro, sollevando l'indice.

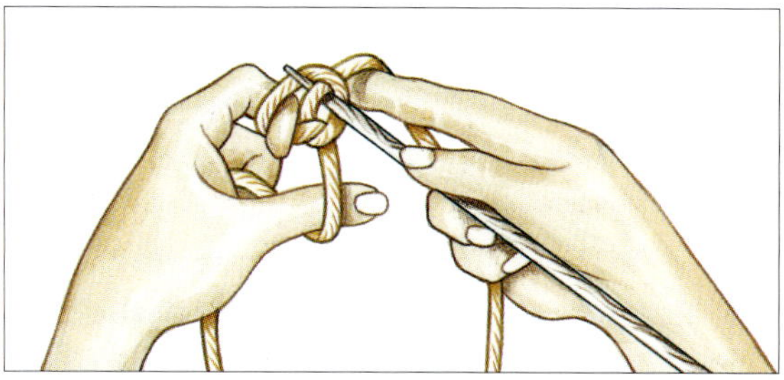

4 Estraete il ferro dall'anello e, contemporaneamente, un filo che corrisponderà alla 1ª maglia.
Tirate i fili e stringete la maglia che si è formata sul ferro; procedete nello stesso modo per tutte le altre maglie da avviare.

Avvio con due ferri

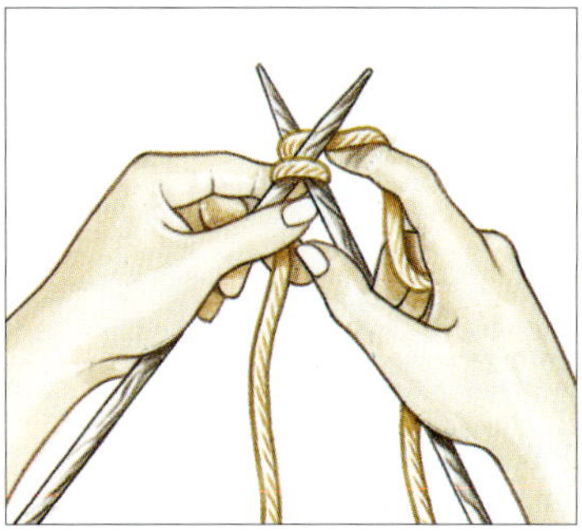

1 Fate la prima maglia come spiegato nell'avvio con un ferro e portate il ferro a sinistra. Prendete il secondo ferro e infilate la punta nella maglia del ferro di sinistra.
Mettete il filo sul ferro di sinistra, aiutandovi con l'indice della mano destra.

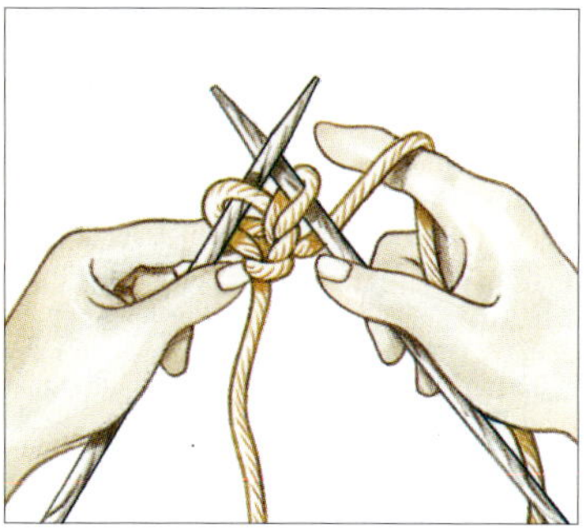

2 Estraete il filo con la seconda maglia, facendo scivolare il ferro destro.

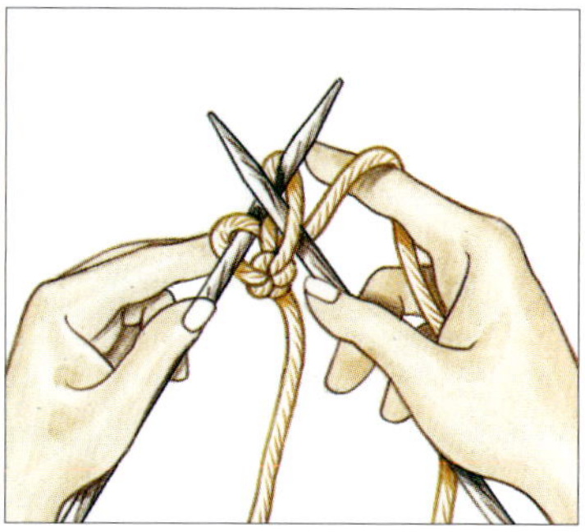

4 Mettete la nuova maglia sul ferro sinistro, inserite la punta del ferro destro nell'ultima maglia eseguita, dal davanti al dietro. Ripetete per le altre maglie.

Avvio tubolare con un filo di colore diverso

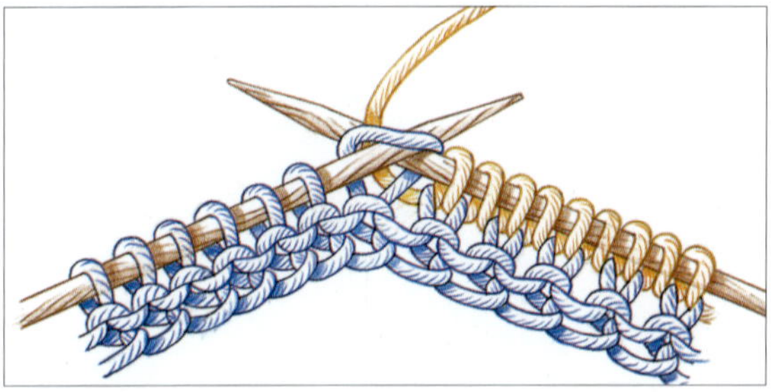

1 Con un filo di colore diverso avviate metà del numero delle maglie necessarie + 1. *1° ferro*: 1 m. diritta (cimosa), *1 gettato e 1 m. diritta*; ripetete da * a * per tutto il ferro e terminate con 1 m. diritta, la cimosa.

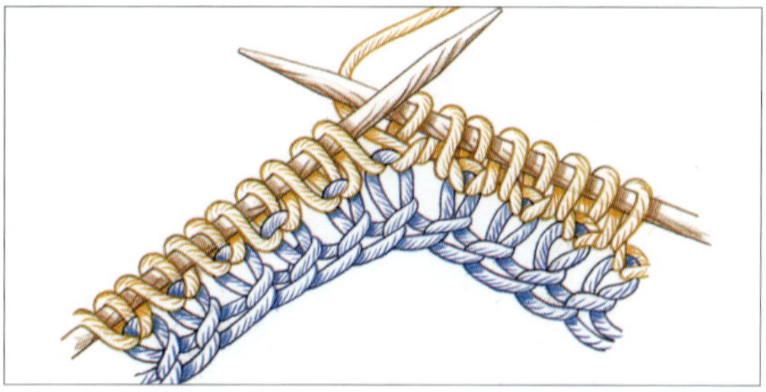

2 *2° ferro*: passate sul ferro di destra le m. che si presentano a rovescio (come se si dovessero lavorare a rovescio) e lavorate a diritto il gettato del ferro precedente.

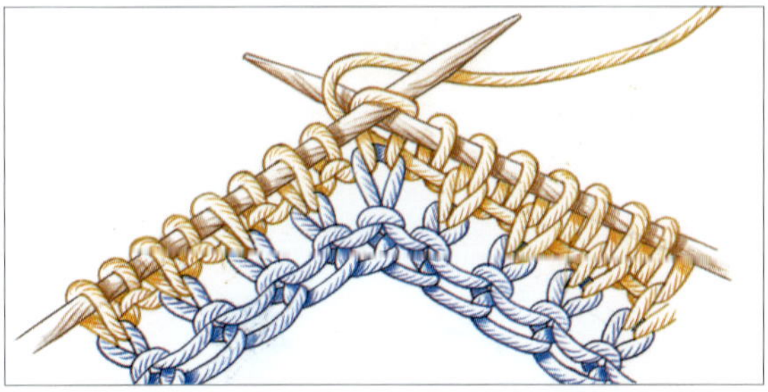

3 *3° ferro*: lavorate a diritto le m. che avete passato nel ferro precedente e passate a rovescio le m. lavorate a diritto.

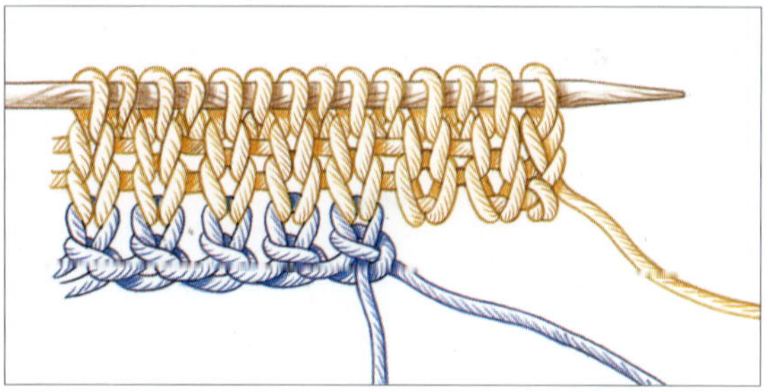

4 Al termine sfilate il filo di colore contrastante usato per avviare le maglie.

Avvio tubolare con il filo del lavoro

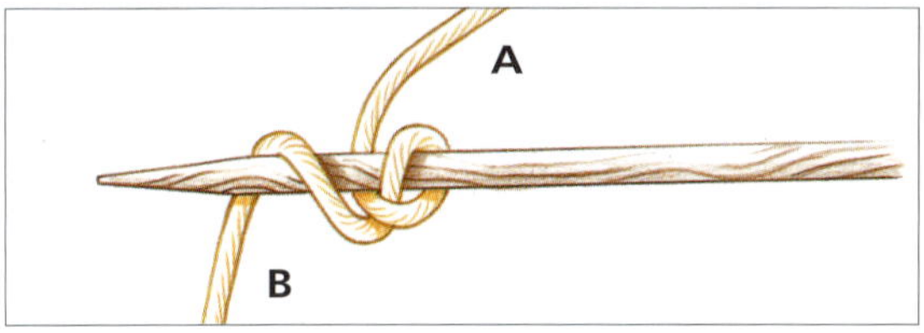

1 Fare un anello come spiegato per l'avvio con un ferro. Tenere il ferro a destra con un tratto di filo A a destra e quello del gomitolo B a sinistra. Portare il filo B sopra il ferro.

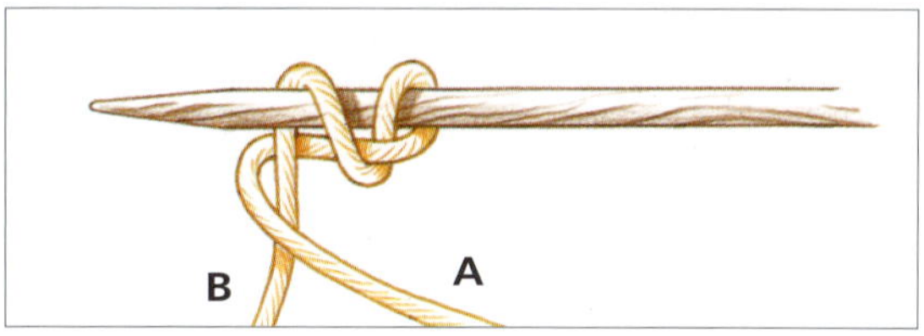

2 Portare il filo A sotto al ferro, da dietro in avanti, formando così la 2ª maglia che è a diritto. Riportare nuovamente sul ferro il filo B, da davanti verso dietro.

3 Riportare il filo A da davanti verso dietro, passando sotto al ferro (fig. 3). Si è formata la 3ª maglia. Ripetere i movimenti descritti fino ad avere il numero di maglie necessarie + 1.

4 Nel ferro seguente lavorare a diritto le m. diritte e passare a rovescio le maglie rovesce. Far cadere dal ferro la 1ª maglia avviata. Lavorare altri 2 ferri e proseguire secondo le istruzioni.

Diritto e rovescio

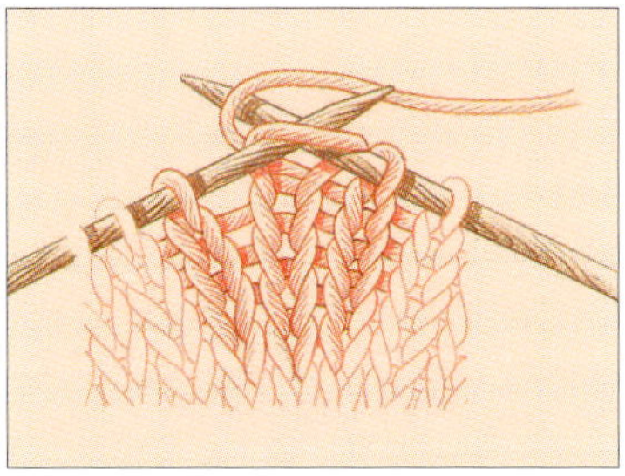

La maglia diritta

Puntare il ferro destro nella m. sul ferro sinistro, da davanti verso dietro, avvolgere il filo ed estrarre la m. attraverso la m. sul ferro.

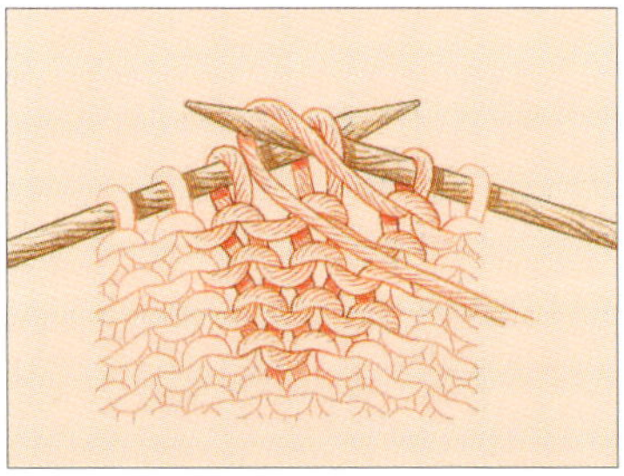

La maglia rovescia

Puntare il ferro destro nella m. sul ferro sinistro, da sotto a sopra, avvolgere il filo ed estrarre la m. attraverso la m. sul ferro.

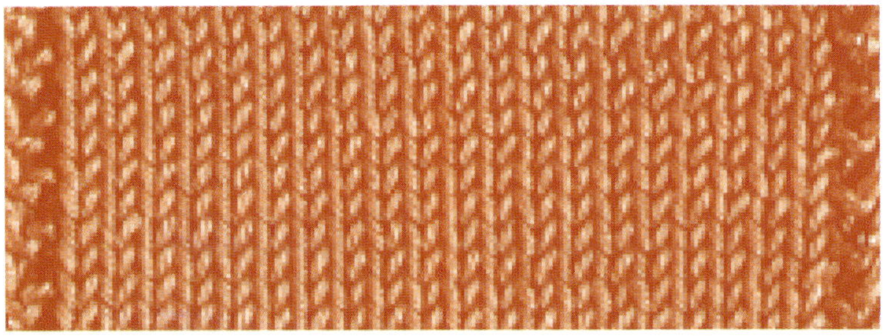

Maglia rasata diritta

Si lavora su un numero di m. pari o dispari.
1° ferro: a diritto.
2° ferro: a rovescio.
Ripetere sempre questi 2 f.

Maglia rasata rovescia

Si lavora su un numero di m. pari o dispari.
1° ferro: a rovescio.
2° ferro: a diritto.
Ripetere sempre questi 2 f.

Maglia legaccio

Si può lavorare in due modi diversi, ma il risultato è sempre uguale.
1° ferro e tutti i ferri seguenti: a diritto.
1° ferro e tutti i ferri seguenti: a rovescio.

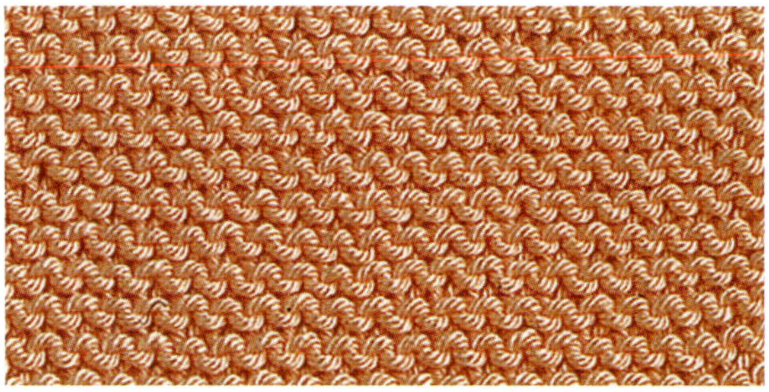

Coste semplici

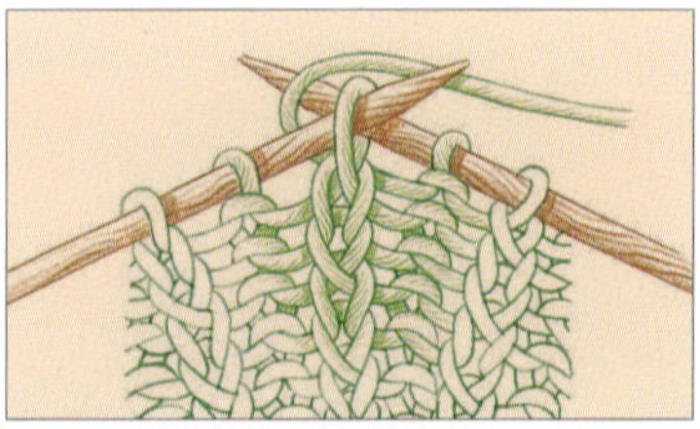

La maglia diritta ritorta

Puntate il ferro destro nel filo dietro la m. e lavorate 1 m. diritta.

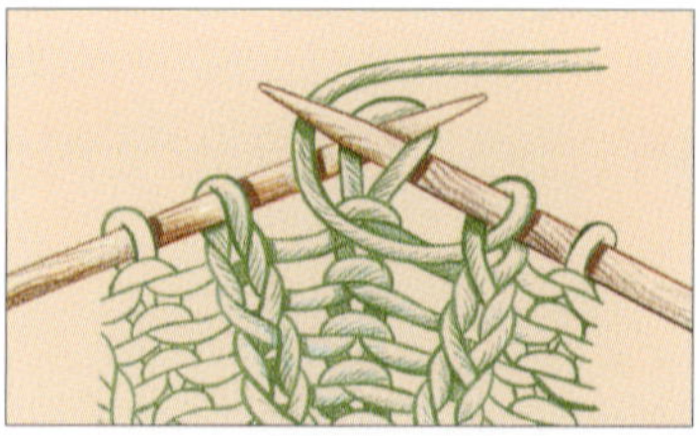

La maglia rovescia ritorta

Puntate il ferro destro nel filo dietro la m., da dietro in avanti e lavorate 1 m. rovescia.

Punto coste 1/1

Si lavora su un numero di ferri pari.
1° ferro: *1 m. dir., 1 m. rov.*.
2° ferro: lavorate le m. come si presentano.
Ripetere sempre questi 2 ferri.

Punto coste 1/1 ritorte

Si lavora su un numero di m. pari.
1° ferro: *1 m. dir. ritorta, 1 m. rov.*; ripetete da * a *.
2° ferro: *1 m. dir., 1 m. rov. rit.*; ripetete da * a *.
Ripetete sempre questi 2 ferri.

Indici e Referenze

Indice per Tecniche

O

P

R

S

T

U

V

Indice Analitico

A

B

C

D

F

G

I

J

L

M

N

SEZIONI

FANTASIE DI CARTA,
UN TOCCO DI COLORE,
ARTI APPLICATE,
MODELLARE MATERIALI

Progetti e realizzazione di Jocelyn Kerr Holding,
English Home Design, via Palermo 14, Milano.

Fotografie: Gianni Cigolini, Antonio Mazza.

Si ringrazia vivamente della collaborazione
Lucia Pianta Civati (realizzazione dei progetti a pagina 26, 36, 42, 46, 62)
e Giovanna Ianello (realizzazione dei progetti a pagina 82, 92, 94, 96, 176, 192).

Jocelyn Kerr Holding
è un nome molto noto nel campo delle arti decorative.
Nel 1988 ha aperto a Milano, nel quartiere di Brera, l'English Home Design,
un punto vendita e un atelier unico nel suo genere, dove con una folta
schiera di collaboratori svolge un'entusiasmante attività
di laboratorio-bottega per la produzione e la vendita di complementi
d'arredo realizzati artigianalmente e di scuola di decorazione
con corsi di diverso indirizzo. È autrice di molti titoli sull'argomento.
Per De Agostini ha collaborato alla pubblicazione a fascicoli *Capacissima*,
con cui ha riscosso un grande successo.